1

川普總統（Donald J. Trump）、第一夫人梅蘭妮亞（Melania Trump）和他們的兒子巴隆（Barron，11 歲），2017 年4 月17 日攝於白宮。

2

2016 年10 月《走進好萊塢》錄音帶外洩後，川普的競選搭檔麥克．潘斯（Mike Pence，右）發表強硬聲明。有人認為他有心取代川普成為共和黨總統候選人，並找前任國務卿康朵莉莎．萊斯（Condoleezza Rice）和他搭檔。

3

川普在2016 年12 月提名艾克森一美孚石油公司前任執行長雷克斯．提勒森（Rex Tillerson）出任國務卿。他告訴助理，提勒森相貌堂皇，很配他將在世界舞台扮演的角色。提勒森在艾克森服務40 年，是政治素人，沒有任何政府公職經驗。競選經理凱莉安妮．康威在電視上說「這是一位十分川普型的人選」，保證會有「重大影響」。

提勒森和川普經常起衝突，他稱總統是個「白痴」，後來在2018 年3 月13 日遭到免職。

4

陸戰隊退役將領、國防部長詹姆斯．馬提斯（James Mattis），協助白宮高級經濟顧問葛瑞．柯恩和幕僚祕書羅布．波特，向川普強調維持《美韓自由貿易協定》的必要性。馬提斯說：「總統先生，金正恩對我們的國家安全構成最即刻的威脅。我們需要南韓這個盟國。乍看之下，貿易似乎和這一切不相干，其實它是核心元素。我們這麼做不是為了南韓。我們幫南韓是因為它幫我們。」2018 年12 月23 日川普要求馬提斯在2019 年元旦前提早離職。

參謀首長聯席會議主席約瑟夫・鄧福德（Joseph Dunford）主張維持北約組織、反對退出美韓自由貿易協定。當川普要求軍方擬訂攻打北韓的戰爭計畫時，鄧福德大為震驚。鄧福德說：「我們在提報計畫給總統之前，需要更完整的情資。」

6

共和黨籍國會眾議員麥克·龐培歐（Mike Pompeo）深受川普寵信，獲提名為中央情報局局長。龐培歐起先試圖為阿富汗戰爭找出中間路線。中央情報局的準軍事部隊能否擴張，就不必大量增調軍隊前往阿富汗呢？局內老人勸阻他，認為中央情報局應該避免對阿富汗戰事過度承諾。龐培歐告訴總統，中央情報局無法取代派在阿富汗的傳統兵力。
他後來取代提勒森，出任國務卿。

7

川普覺得司法部長傑夫·賽辛斯（Jeff Sessions）自請迴避穆勒對俄羅斯介入2016 年大選之調查，有負他提拔的美意。川普說：「傑夫不是一個願意和我共患難的人。」賽辛斯的自請迴避是「白痴」、「叛徒」和「智障兒」。川普哀嘆：「我怎麼會被人說服找他來當我的司法部長呀？他在阿拉巴馬鄉下開一家個人律師事務所，都不夠格。他當司法部長，還能做出什麼成績？」他在2018 年11 月7 日遭川普罷黜。

8

川普的第一任白宮幕僚長萊恩斯·蒲博思（Reince Priebus）認為，白宮在健保和稅制改革等重大議題上沒有起領導作用，外交政策也不一致、甚至相互牴觸。他的結論是，川普的白宮沒有組成政敵團隊，而是掠奪者團隊。「當你把蛇和老鼠、鷹和兔子、鯊魚和海豹放在沒有牆籬的動物園裡，天下當然大亂。這就是川普白宮的寫照。」2017 年7 月，蒲博思去職，改由國土安全部部長約翰·凱利接任白宮幕僚長。

9

陸戰隊退役將領、國土安全部部長約翰·凱利（John Kelly）私底下批評白宮的失序和混亂。凱利告訴總統，他有自信可以整頓它。但是川普在2017年7 月透過推特宣布他為新任幕僚長，卻讓他大為意外。凱利不久即被川普冷落，2018 年12 月14 日川普指派穆瓦尼（Mick Mulvaney）代理凱利之職。

10

退役將領麥可·佛林（Michael Flynn）因對他和俄羅斯駐美大使基斯雅克的談話扯謊，在2017 年2 月13 日辭掉川普第一位國家安全顧問的職位。佛林後來就向聯邦調查局說謊一事承認有罪，但是強烈否認犯了叛國罪。

11

川普的第二位國家安全顧問麥馬斯特中將（H. R. McMaster）認為國防部長馬提斯和國務卿提勒森組成「二人幫」，把他拒於門外。他相信馬提斯和提勒森已經認定總統和白宮瘋狂了。因此他們想要不受麥馬斯特、更不用說也不受川普干預或介入，執行、甚至制訂自身的政策。麥馬斯特說：「設法說服、而非繞過總統，才是效忠總統的應有作法。」

12

川普和他的國家安全顧問麥馬斯特（左起）、幕僚長凱利和國務卿提勒森統統不合。反之，副總統潘斯保持低調，避免衝突。

13

全國經濟委員會主席葛瑞．柯恩（Gary Cohn）和幕僚祕書波特組成同盟，有時候也取得國防部長馬提斯支持，遏阻川普某些最危險的衝動。柯恩說：「我們不是為了國家這麼做，我們是拯救他不去做錯事。」

14

總統女婿傑瑞德・庫許納（Jared Kushner）掛名白宮高級顧問，幾乎獨力安排川普第一次出國訪問。2017 年5 月在沙烏地阿拉伯的高峰會議穩固了沙烏地王國、波斯灣其他國家及以色列與美國的關係。他在川普外交政策顧問抗拒下完成此一任務。

15

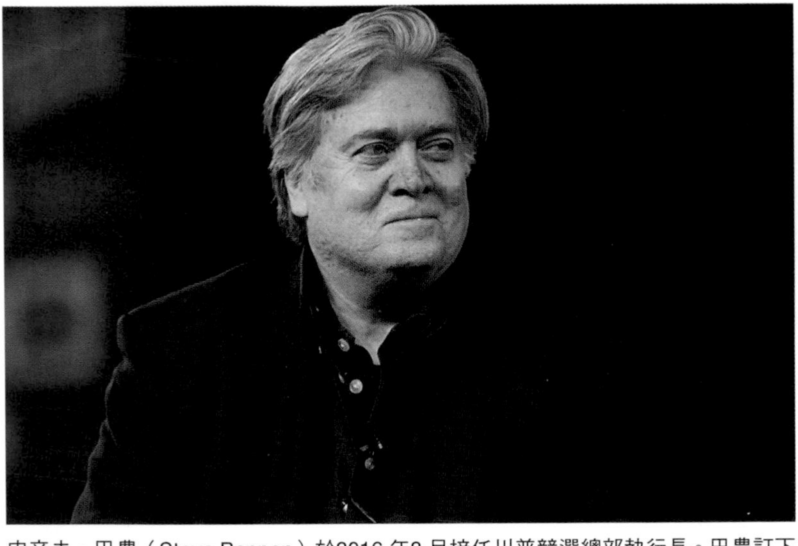

史帝夫・巴農（Steve Bannon）於2016 年8 月接任川普競選總部執行長。巴農訂下三大選戰主題：「第一、制止大規模的非法移民，並且開始限制合法移民，以便搶回我們的主權。第二、把製造業就業機會帶回國內。第三、退出那些沒有意義的國外戰爭。」

16

川普總統36 歲的女兒伊凡卡（Ivanka Trump）也掛名白宮高級顧問，她對父親的影響力讓白宮其他官員憤懣和抗拒。首席策士巴農和她爆發尖銳對罵，痛斥她：「妳是個他媽的幕僚！妳什麼都不是，只是個他媽的幕僚！妳在這裡四處走動，彷彿妳在主管一切，妳不是的。妳只是個幕僚。」
伊凡卡吼回去：「我不是幕僚！我從來不是幕僚。我是第一千金。」

17

凱莉安妮・康威（Kellyanne Conway）在2016 年8 月轉任川普競選經理。她創造出「隱性的川普選民」的名詞——「全國找不到一個隱性的希拉蕊選民。他們已經全部亮相。」

18

霍普・希克斯（Hope Hicks，右）在川普競選期間擔任新聞祕書，後出任白宮策略溝通主任。她和許多人一樣，試圖管住川普愛發推特的習慣，都沒成功。她告訴川普：「政治上，這不會有幫助的。你不能在推特上像失控的大砲、砲火濫射。你會被許多這種東西打到。你在自找麻煩。你犯了大錯。」圖左為現任白宮新聞祕書莎拉・哈克比・桑德斯（Sarah Huckabee Sanders）。

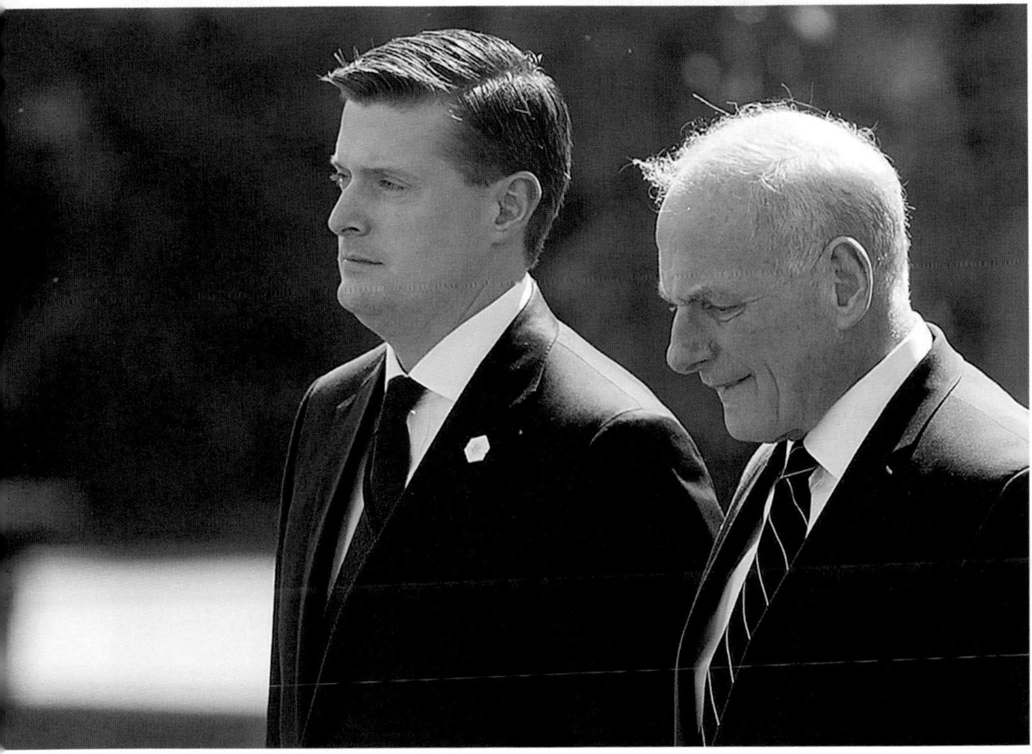

幕僚祕書羅布・波特（Rob Porter，左）負責向川普簡報決定備忘錄及其他重要文件。他和柯恩聯手，試圖阻止川普最危險的經濟和外交政策之衝動。
波特告訴一位副手：「我的第三項職責是，試圖對他某些真正危險的構想做反應，同時試圖提出理由，讓他相信它們可能不是好主意。」

20

67 歲的哈佛經濟學博士彼得·納瓦羅（Peter Navarro）受川普延攬到白宮任職。川普和納瓦羅都深切相信貿易赤字有害美國經濟。納瓦羅也贊同川普有關課徵鋼鐵及鋁關稅的政策，不過其他人則少有支持。

21

南卡羅萊納州共和黨籍聯邦參議員林西·葛萊漢（Lindsey Graham）力促川普對北韓採取強硬路線。葛萊漢告訴川普：「你不會想要你的履歷表上記載，在你主政期間，北韓這個核子國家製造出可以打到美國的飛彈。」
「如果他們有了突破，有了可以打到美國的飛彈，你必須摧毀它們。」

22

聯邦調查局局長詹姆斯・柯米（James Comey）在2017 年5 月遭到川普免職。川普告訴白宮幕僚長蒲博思和法律顧問麥甘恩：「我已經做出決定，因此休想勸阻我。柯米是個譁眾取寵者，已經失控、不聽使喚。」
川普逮住柯米處理希拉蕊・柯林頓電子郵件案不當的指控，做為將他免職的理由。

23

前任聯邦調查局局長羅伯・穆勒（Robert Mueller）被派為特別檢察官，調查俄羅斯干預選舉、以及與川普競選總部是否有關聯。川普沒有核定由他回鍋接替柯米的聯邦調查局局長職缺。
川普說：「他剛來過這裡，而我沒有聘他回鍋擔任聯邦調查局局長。當然現在他有了一把斧頭可以砍我。」

約翰．陶德（John Dowd）在2017 年5 月加入川普的辯護律師團隊。他說服總統不接受穆勒調查之作證。但是川普卻又改變心意，他無法說服川普回心轉意，於2018年3 月辭職。
陶德告訴川普：「總統先生，身為律師、又是法院訴訟過程相關人員，當我完全明白你不能時，我不能還坐在你旁邊，允許你回答問題。」

25

白宮法律顧問唐納・麥甘恩（Don McGahn）希望總統在穆勒調查中援引行政特權，不交出文件。川普的律師陶德不同意，並與穆勒合作，以便加快調查進展。
「我們最好多用蜂蜜、而非酸醋」。

26

川普偕同第一夫人梅蘭妮亞與中國國家主席習近平及彭麗媛夫婦合影。川普認為，中國支持對北韓制裁是因為他與習近平私交深厚的結果。儘管接獲警告，習近平是在利用他，川普仍說：「當你們大家都說我們應該和他們敵對時，我跟他交情好，不是挺好的嗎？如果不是因為我和習主席交情好，他們絕對不會那麼做的。我能讓他們做些別人要求不來的事。」

根據美國情報機關研判，34 歲的北韓領導人金正恩比起他父親金正日，在領導北韓的核武器和飛彈計畫上是更有效率的領袖。金正恩接受武器和飛彈試射無可避免會失敗。他不像他父親那樣，在失敗後就把負責的官員和科學家處決。川普認為美國和北韓之間衝突上升是意志的對決。

「這完全是涉及到領導人對領導人、男子漢對男子漢、我和金正恩的對決。」

恐懼

川普入主白宮

鮑布・伍華德——著　林添貴——譯

FEAR

TRUMP IN THE WHITE HOUSE

BOB WOODWARD

目錄
Contents

推薦序
全世界都面臨莎士比亞時刻

王健壯

美國新聞界有兩位調查記者的典範，一是伍華德，另一是赫許（Seymour Hersh）。

赫許今年八十一歲，比伍華德年長六歲，也比他早成名。他們二人同是老派記者，同屬扒糞新聞（muckraking journalism）學派的傳人，赫許六〇年代以揭發越戰時期美軍在美萊村冷血屠殺婦孺事件而成名，伍華德在七〇年代因調查水門醜聞，最後逼得尼克森辭職下台而成名。四、五十年後的今年，他們的名字已經變成品牌，報導保證獨家，出書保證暢銷，影響力也絲毫不減當年。

但在報導方法論上，伍華德與赫許卻有同有異。相同的是，他們都大量使用匿名消息，而且都嚴守絕不洩露消息來源的倫理守則，伍華德替水門醜聞中的「深喉嚨」守密三十多年，後來是卸任聯邦調查局副局長費爾特（Mark Felt）晚年自己曝光了身分；赫許本來已經寫好一本有關小布希副總統錢尼（Dick Cheney）的調查報導體傳記，而且預收出版社的天價版稅，但因消息來源擔心身分暴露會有危險，赫許毅然決定將這本書留中不發。

這兩位信守古典價值的老派記者，為什麼要違逆新聞報導的存證法則而大量使用匿名消息？

他們二人的理由都是：不匿名就不可能取得完整真相，匿名可以換來坦白。赫許寫的中情局非法進行國內監聽，季辛吉密謀暗殺智利總統阿葉德，首次波灣戰爭結束後美軍將領仍然下令濫殺伊拉克士兵，以及美軍在伊拉克監獄虐囚醜聞等調查報導，無一不是採訪軍情機關高層官員而完成；伍華德寫的九位總統白宮內幕的調查報導，也是完全依賴像「深喉嚨」一樣的華府「國王人馬」。但列入記錄（on the record）的採訪方式，沒人敢講真話，不列入記錄（off the record）的採訪方式，雖有真相卻不能報導，可報導但不可透露身分的深度背景（deep background）採訪方式，變成了不得已的唯一選擇。「赫黑」與「伍黑」們對他們這種難以查證的匿名報導方法論，雖然長期嚴厲抨擊，但「伍粉」與「赫粉」卻因對品牌的信賴，對他們始終信之不疑。

但他們二人在方法論上的相異之處，卻在於赫許對報導有是非善惡的價值判斷，也有充滿強烈自由派色彩的立場傾向，字裡行間隨處可見憤怒的火苗，典型的辣手寫文章。但伍華德卻自喻是「牆上的蒼蠅」（fly on the wall），只記錄而不分析，只觀察而不判斷，事實很大，觀念卻小。有人嘲諷他只是個有權力者的速記員，替匿名來源服務而非替公眾服務，他卻說「我的工作不是在選邊」，所以他的報導只是寫故事，只是重建新聞現場，因此場景、對話與細節，能多詳盡就多詳盡，典型的非虛構紀實報導；「紐約時報」前任總編輯艾布拉姆森（Jill Abramson）就讚美伍華德的書寫風格是「真相的黃金標準」。

赫許與伍華德的其他相異處還包括：伍華德採訪必用錄音，赫許卻全靠筆記；伍華德寫報導有專人協助，赫許卻始終是獨來獨往的孤狼；伍華德在《華盛頓郵報》待了四十多年，從默默無聞的華府地方小記者做到媒體名流，赫許卻像是游牧記者，五十年來游走於《紐約時報》、《紐約客》與《倫敦書評》等傳統媒體之間；伍華德是名流聚會的座上賓，赫許卻厭惡社交，雖然「天下誰人不識君」，他的日常生活卻像個不折不扣的老宅男。

他們二人的武功路數雖然不盡相同，但記者調查要有人脈，就像礦工採礦要有礦脈一樣，而人脈就是新聞理論中所謂的「管道新聞學」，伍華德與赫許則是管道新聞學的教科書樣板。赫許自稱是「政府內部異議分子的喉舌」，伍華德被公認是「最能讓權力中人向他告解的記者」。他們的人脈既廣且高，赫許可以半夜拜訪已故CIA局長柯比（William Colby）的住宅，伍華德去白宮橢圓形辦公室的次數更是美國記者之最，除川普外，四十多年來歷任總統、副總統從未拒絕過他的訪問，每個人都在等他的邀訪電話，每個人對他都像對待神父與心理醫師一樣，老布希的副總統奎爾甚至接受過他多達二十次的訪問。

但管道新聞學中有個「倫理兩難」的課題必須面對。小布希奉伍華德如上賓，在白宮接受他訪問後意猶未盡，又邀他去布希家族的德州牧場作客並進行續訪，其結果就是讓伍華德對伊拉克擁有大規模毀滅性武器的政府假訊息深信不疑。敘利亞總統阿塞德一向拒外國記者於千里之外，卻唯獨對赫許例外，其結果就是當全世界都證實阿塞德對人民施放沙林毒氣時，只有赫許獨排眾議。成也管道，敗也管道，管道可能取得權威內幕，但管道也可能讓真相妥協，在伍華德與赫許的新聞生涯中，都曾經多次被這個「倫理兩難」的課題挑戰；最新的例證是，伍華德在《恐懼》這本新書中，對已辭職的白宮首席經濟顧問柯恩（Gary Cohn），以及因家暴前科而辭職的總統幕僚秘書波特（Rob Porter），幾乎無一字負面描述，就讓人批評逾越了倫理兩難那道紅線。

伍華德寫的這本《恐懼》，就如同四十二年前他寫的那本「最後歲月」（The Final Days）一樣，在他筆下的尼克森與川普，就像莎士比亞筆下幾近瘋狂崩潰的李爾王，暴躁、易怒、反覆與猜疑；李爾王在戲終前吶喊「哭吧，哭吧，你們這些鐵石心腸的人，為我而哭吧」，尼克森在辭職前一天晚上，邀季辛吉到白宮林肯寢室與他跪下禱告後，也邊哭邊用拳頭猛擊地毯，不斷喃喃自語：「我到底做了什麼？事情怎麼會變成這樣？」伍華德更爆料尼克森當時不但酗酒，而且有明顯的自殺傾向，白宮幕僚為此把他所有的安眠藥都偷藏起來。

川普跟尼克森一樣，也患了嚴重的「李爾王症」。白宮被他的幕僚長形容像「瘋人鎮」；他每天發推文的臥室，也被形容是「魔鬼工作室」；他每天看電視六到八個小時；每天必上推特，最多一天發過近二十則推文，幼稚如青少年，也被人嘲諷他不是三軍統帥，而是推文統帥，但他卻自稱「我是一四〇字的海明威」。他的國務卿罵他是個「他媽的大白痴」；國防部長說他對國際的了解只有「國小六年級的程度」；幕僚長說他「根本不了解任何事情，也根本不知所云」；他的經濟顧問與私人律師不約而同說他是個「他媽的職業說謊者」。

季辛吉以前雖然嘲諷尼克森是個「肉丸總統」，但與滿嘴髒話的川普閣員與幕僚相比，季辛吉反而像個紳士。閣員罵總統已屬不可思議，川普的不可思議卻比閣員猶有過之。他在開會時經常fuck來shit去，他把白宮幕僚長形容像「鑽來鑽去的小老鼠」，司法部長是個「智障」，海地是個「茅屎坑國家」。有人因此形容白宮不白，已成黃宮，簡直變成了髒話滿天飛的淫穢宮；伍華德筆下的白宮，比莎士比亞筆下的不列顛王宮，更像一齣虛構非現實的戲劇。

「最大的權力就是恐懼」，這是川普對伍華德說過的一句「名言」；而伍華德在《恐懼》中讓人感受到的最大恐懼，卻是發現川普竟然是個「看帳本治國的總統」。駐韓美軍每年要花費三十多億美元，川普認為山姆大叔當了冤大頭，所以他要撤軍，要撤薩德飛彈，甚至威脅要終止每年讓美國有一百多億美元赤字的《美韓自由貿易協定》；對北約，對《北美自由貿易協定》，對課徵中國等國高額關稅，甚至對聯合國，對任何雙邊或多邊國際組織，以及從敘利亞、阿富汗等地撤軍，他也是看損益表而決定美國的去留。但川普帝國的老闆也許可以不做賠本生意，甚至可以投機逃稅，美利堅合眾國的總統如果也凡事唯錢是問，看到報表有赤字，就要毀掉這個協定退出那個組織，二戰後至今所形成的國際秩序豈不旦夕崩解？但川普會擔心這個影響全球的結果嗎？他的回答一定是：I don't give a shit。

《恐懼》中的川普，就是現代版的李爾王、進階版的尼克森，但「誰怕川普？」這是英國《衛報》記者康拉德（Peter Conrad）寫《恐懼》書評開頭的第一句話，他的答案是「全世界所有人都怕」；然而，台灣也要怕川普嗎？伍華德在這本書中其實已經給了答案，他引述川普問他幕僚的一句話：「告訴我，我們花錢保護台灣，到底得到了什麼？」川普的大哉問，當然就是台灣的大恐懼。

【推薦者簡介】王健壯，世新大學客座教授。知名新聞人、作家，曾任《新新聞》週刊社長、《中國時報》社長、風傳媒發行人、《上報》董事長。

推薦序

事實與謊言的對決

張鐵志

1.

美國最著名的記者鮑布・伍華德說：「新聞工作的起點是認知到這是一個沒有邊界的工作。每個人都有不同版本的真相（truth），但事實（facts）卻是不容否認的。這就是現實。」

伍華德和同事伯恩斯坦（Carl Bernstein）在七〇年代初對水門案的調查報導讓總統尼克森狼狽下台，被視為是新聞史上最有影響力的報導。那時他只有二十九歲。其後他和伯恩斯坦把這個過程寫成書《總統的人馬》（*All the President's Men*），成為一本經典，並翻拍成電影，由勞勃瑞福和達斯霍夫曼主演。伍華德成為調查記者的理想原型。

後來他又寫（或合寫）了十八本書，其中十二本是排行榜第一名（其中包括對九個總統的報導），並兩次獲得普立茲獎。二〇一八年，他又寫了關於川普的這本《恐懼：川普入主白宮》，當然再次造成震撼。

不過，此時和彼時有一個巨大的差別：七〇年代初的他們對水門案真相的追求是孤獨的探索，但此刻關於川普的各種醜聞與荒謬卻是無所不在。所以這本書到底有什麼獨特之處？

2.

川普對出版界最大的貢獻就是創造了「川普學」這個風潮。在他剛當選初期，一種關於川普的新書類型是討論他為何當選，以及對美國社會（尤其是白人的憤怒）的深度分析——美國到底發生了什麼事讓學者專家如此陌生？

其後，另一種主題也如雨後春筍般出現：民主之死，這些既是因為他們看到川普的威權傾向，也是因為擔憂自由民主理念在整個西方世界之衰亡，畢竟川普當選同一年出現英國脫歐，而二〇一七至二〇一八年在歐洲又有很多排外極右政黨崛起，更不要說中國力量在全球的快速躍升。

伍華德這本書的主題在某個意義上比較傳統：關於川普總統的白宮決策內幕。但他所呈現的是一副更驚人的景象——一個史上從未出現過的瘋狂與荒唐，以及高層官員的「行政政變」。讓人不敢相信這是全球最有權力的國家。此前伍華德和伯恩斯坦在《總統的人馬》後，寫過一本關於尼克森倒台過程的書《最後的日子》（*The Final Days*），該書也是描述透尼克森白宮內部的荒誕，但和川普比起來，那一切都非常正常。

他的第一任幕僚長蒲博思（Reince Priebus）說川普經常發推特的總統房間是「魔鬼的工作室」（devil's workshop）。他更形容白宮內部的運作是：「當你把一隻蛇、一隻老鼠、一隻隼、一隻兔子、一條鯊魚和一隻海豹放在一個沒有圍牆的動物園中，一切就會變得混亂和血腥。這就是發生在白宮中的狀況。」

川普本來就是一個情緒不穩定、缺乏知識、好大喜功、粗俗無禮、講話不經大腦的人，但在這書中，他的無知和粗暴是驚人的——他會公開侮辱高級官員，說他們是弱智、白痴。但他的官員也不會客氣——幕僚長約翰凱利（John Kelly）在一個小型會議中說：「他是一個白癡（an idiot）。去說服他任何事情都是沒意義的。他完全失控。我們就像是在一個瘋人鎮上。」（雖然他後來否認說過這句話。）國務卿則說他是一個「大白痴」（a fucking moron），他的國防部長把他相比於一個十一歲小孩，他的首席經濟顧問說他是一個「職業騙子」。

伍華德的厲害在於，書中的描述不是如一般電視名嘴們「聽說」，而都是有憑有據，來自最高層官員的直接引述。

本書另一個關鍵重點就是呈現高級官員們如何「一起故意的阻止他們認為總統最危險的衝動。以至於這個全世界最有影響力國家的行政權力出現神經崩潰」。當然這些官員認為他們是在保障公眾利益，是真正的愛國者。*

這可以說是一種「行政上的政變」，是透過隱藏的行動破壞美國總統的意志及其憲政權力。這些策略從他桌上偷偷拿走文件、不拿公文給他批，到拖延再拖延，或提出法律上的限制。

本書第一幕就是川普的首席經濟顧問柯恩從總統桌上偷偷拿走一封信，這封信是幕僚代總統所擬要發給南韓總統的，內容是美國要退出與南韓的自由貿易協定。對柯恩來說，這後果太嚴重。不過，後來川普沒發現這封信被拿走。

又如川普一度打電話給國防部長馬提斯（James Mattis）說要「他媽的殺掉」敘利亞領導人阿

薩德，馬迪斯說好，我們來處理。但掛掉電話後，他和身邊的人說我們不會這樣做，我們有太多事要考慮。（最後當然也沒有這麼做。）

川普也曾想禁止跨性別人士擔任軍職。幕僚準備了一份備忘錄列出四種選擇，從完全禁止到維持歐巴馬的開放政策。但川普根本沒有讀這個備忘就發推特說要禁止，包括國防部長在內的所有軍事領袖都事先不知情。所以他們事後用各種方式抵制，最後政策還是接受跨性別者入伍。

這本書描述的瘋狂還是在法律邊界內。這本書完成後不久，川普前競選總幹事保羅·馬納福（Paul Manafort）被判刑，川普的長期律師麥可·柯恩（Michael Cohen）也認罪，而針對川普的特別調查還沒結束。

然而，選民對這一切並不是不知道。二〇一六年投票時的出口民調顯示，61%的選民認為川普不適任總統的工作，64%認為他不誠實或不可信賴。所以，至少有許多投給川普的選民認為他是不適任或不誠實的。人民並沒有被騙。

川普的傳記作者歐布萊恩（Tim O'Brien）也說，川普白宮的內部狀況和過去幾十年川普企業的內部狀況，以及川普在總統競選期間的狀況，其實是一樣的。他一直是如此。沒有人應該對現在的情況感到驚訝。

即使知道這一切，選民還是選擇了他，這是對民主的諷刺嗎？**

3.

伍華德是來自一個報社仍然瀰漫香菸煙霧的時代，他是一名仍然用錄音機和筆記本，會在半夜敲門找人問事情的老派記者。他沒有推特。四十年來，他不斷的敲門，不斷尋找下一個深喉嚨。

他唯一目的就是讓事實說話。很少在報導中放進自己的判斷，也不太提供分析，包括本書。在接受媒體 Vox 專訪時，他說：「我想我們的工作不是去喜歡或討厭人，而是去解釋與理解：去訴說這個人到底做了什麼，這些行為的意涵是什麼，是什麼驅動他，以及他們到底是誰。」

針對其他關於川普的媒體報導，他說：「我覺得有太多人都失去了客觀性，對川普太情緒化。我可以理解這些，但這不是媒體該做的事。媒體應該回應的是真正發生的事情。」

這個「中立」態度使得他遭到不少知名作家的嚴厲批評，如美國的重量級作家、記者迪迪安（Joan Didion）認為他在後水門的著作中太被動，沒有去提供判斷和結論是不應該的。另一位已故知名評論家克里斯多福・希鈞斯（Christopher Hitchens）則更尖酸的說他只是「有權者的速記員」。

但伍華德對這些批評的回應是，他堅信「我的工作不是提供判斷，而是提供事實，讓人民來做判斷」。

當然，這個議題沒有唯一的答案。伍華德有他個人的選擇，但也的確，媒體除了提供資訊與事實，提出判斷與表達立場是不可避免的。一個理想的公共領域是有不同的價值與立場，基於堅實的證據與論證不斷對話與辯論。

然而，在這個「後真相時代」，當電視與社交媒體上充斥各種論斷與推測、漫天飛著各種「假新聞」與另類事實（alternative facts）時，伍華德對事實的堅持是無比珍貴的。

這也讓追求事實的伍華德與習慣說謊的川普成為最鮮明的對比。

你猜，看到此書必然暴躁跳腳的川普對本書的評價是什麼？

「這是一本小說」（a work of fiction），並在推特上說伍華德是「一個騙子」。

這果然是川普。

【推薦者簡介】張鐵志，作家、文化評論者。

* 二〇一八年九月，《紐約時報》難得刊出一名匿名的投書，來自川普政府的高級官員，他寫道：川普真正的困局在於「他的政府中的許多高級官員努力的從內部阻礙他的部分議程和他最糟糕的傾向。我知道，因為我就是他們中的一員。」「我們認為，我們的第一責任是對這個國家負責，而總統卻持續以一種危及合眾國健康的方式行事……問題的根源在於總統沒有道德觀念。任何與他共事的人都知道，他不會被指導他決策的清晰可辨的基本原則所束縛」。這篇文章叫〈我是川普政府中的一名抵抗者〉。https://www.nytimes.com/2018/09/05/opinion/trump-white-house-anonymous-resistance.html

** 當然嚴格來說，他在普選票上輸給對手希拉蕊・柯林頓。

推薦序

當瘋狂成為一種常態

唐家婕

川普的白宮真的有這麼瘋狂嗎？

每每返台休假，茶桌飯桌前總會迸出這個話題。美國總統真的如此情緒用事？一則推文就能頒布政令、人身攻擊、開除部屬、發動可能的戰爭？他能大剌剌的把女兒女婿延攬入閣，彷彿黑手黨老大一樣，用人決策只問親疏忠誠、罔顧司法？跟歐巴馬時代比起來，川普的白宮真的不一樣了嗎？

這些最基本的問句、以及那些瞪大的眉眼常常把我點醒。那種感覺有點像是在極荒狀態生活過久的求生者，看見一上桌的食物就狂吞猛嚥，直到旁人輕點你的肩膀，「欸，不夠的話……我們其實可以再點喔！」慢速說完以後，還遞上一張繡花的擦嘴紙巾。

扒著食物的你，停格後才看見湯裡反射滿臉油水的自己。

當你慢慢把視野拉開，望向周遭整個大環境；當你又回到那個最基本的問題，彷彿才恍然體悟：是啊，自己在這個瘋狂已成常態的狀態下，過了整整兩年。

川普時代的記者們長出一系列特有的適應生存方式。

基本配備之一是必須把川普的推特即時通知開啟（他在二〇一八年平均每天發出十則以上），作息、上工時間隨之調整。第二是基本處於全時間待命狀態，週間、特別是週五傍晚盡量婉拒各種可能的社交活動(記錄顯示，川普常在週五下班時間發布重要白宮人事、政策變動)。此外，因應新聞故事可能在一天內巨大變化，記者們也開始小心翼翼的在截稿時間前才開始確認角度，而後落筆。最後，除了記錄事實之外，記者擔任事實查核員的角色越來越重（《華盛頓郵報》的事實查核系統顯示，川普上任近兩年來已經發表了超過七千五百個錯誤或誤導性的言論）。

一個典型採訪川普新聞的日子是這樣的：以二〇一八年十一月七日為例，那是期中選舉結束、共和黨輸掉眾議院掌控權的隔一天。

白宮在上午八點三十五分發出採訪通知，規定記者必須在十點四十五分前趕到現場就位。川普記者會的主題未定，時長未定。

趕到白宮東廂，你跟著其他近百位趕來的記者們擠進了會議現場，人們像是玩大風吹遊戲似的試圖搶到更靠近講台的座位。

川普登場，先是照稿對期中選舉的結果做出簡短評論，主題是自己如何為共和黨創造了巨大的勝利，保住參議院。

隨後，當川普的眼神開始掃射台下，真正的好戲才要登場。這是一種越來越頻繁的「隨點隨問」方式。按川普的情緒好壞，他抬著下巴瞇著眼、手指向台下「看對眼」的記者發問。話題從選後兩黨合作、築牆經費、移民言論等內政，到白宮人事司法部長、發言人還做多久？再到通俄門調查、川金二會、G20準備工作、與普丁會面、還有與沙烏地阿拉伯關係等外交問題……，期間川普還間接宣布了麥克・潘斯（Mike Pence）將繼續是二〇二〇年總統選舉的副手人選。

川普自顧自的掌握節奏，基本上一個問題不會停留太久，也不會給出邏輯清楚、論述完整的解答，但充滿戲劇效果的你來我往不斷發生，狂言語錄一個接一個。

除了像小學風紀股長一樣對記者反覆喊著「坐下、坐下、坐下」、「安靜、閉嘴、安靜」之外，川普還批評一位非裔女記者的問題是「種族歧視」、暗諷一位日本記者的口音讓人「聽不懂」、並一度跟CNN駐白宮記者阿克斯塔當眾「吵」了起來，食指指著台下大罵「CNN應為有你這樣的人為他們工作為恥。你是一個無禮、糟糕的人。」只因為CNN記者緊握著麥克風試圖追問通俄門事件。

當下一位提問的ABC新聞記者試著為阿克斯塔辯護，稱他是一個勤奮的記者。川普又突然像是調皮的中二生一般，語帶譏諷的回道：「老實說，我也不是很喜歡你們。」幾秒後，川普又繼續攻擊阿克斯塔，「當你報導假新聞——CNN報導很多假新聞——你就是人民的公敵。」

你一手拿著錄音筆，瞠目結舌的歪頭看戲；一手試圖融入現場的氛圍，偶爾嘗試舉手提問。

一個半小時的記者會結束，當你保持冷靜回到電腦前即將下筆，司法部長賽辛斯（Jeff Sessions）的辭職信在推特上傳開。過不了多久，白宮吊銷CNN白宮記者採訪證、並指控其性騷擾的聲明也傳來。你內心糾結的問著自己，這篇稿子的主題……還要寫期中選舉嗎？

在川普的白宮裡，顯然這場記者會跌宕起伏與餘波，也不過是一個尋常狀態。資深記者伍華德的《恐懼》，基本上更細緻的把這個狀態的時間及空間軸攤開。以與第一當事人的訪談記錄及文件，帶讀者走到瘋狂狀態的核心。

從二〇一六年中，川普參選總統階段、被《時代》雜誌譽為最偉大的操控家巴農（Steve Bannon）正式上位操盤開始，揭開大選時期川普選情起死回生的幾次重大轉折。到連川普自己都訝異的勝選後，物色內閣、國安團隊人選的內部鬥爭。再到入主白宮後，一場場內政、國防、外交決策幕後令人咋舌、髒話滿天的爭執過程以及宮廷鬥爭。最後結束在二〇一八年三月底，代表川普處理通俄門案律師陶德的辭職離去。

伍華德筆下勾勒出一位情緒不穩、浮躁狂妄、好勇鬥狠、藐視程序與制度、偏好阿諛奉承又對屬下極其殘忍、對基本事實缺乏認識又痴迷於電視——決策及處理情緒能力都不及成人的美國總統。各種生動還原的場景基本呼應到類似川普記者會般的故事線——川普恣意的像丟下炸彈般做出瘋狂的決策；幕僚汲汲營營於內鬥的同時，又忙亂的一次又一次收拾殘局，試圖為國家降低傷害。

已經出過關於九位美國總統著作的伍華德，一直以詳實的記述風格、和頑固堅持的調查能力著稱。如今，這種難得冷靜的報導語調，意外成為對比川普瘋狂咆哮聲的完美解藥。

【推薦者簡介】唐家婕，台灣台中人，現居華盛頓特區。新浪新聞美國站站長、駐白宮記者。

「真正的力量是——其實我不願意用這個字——恐懼。」

候選人川普接受鮑布・伍華德和羅伯・柯士達（Robert Costa）專訪時所說。
時間：二〇一六年三月三十一日
地點：華府川普國際大飯店

獻給艾莎

作者的話

衷心感謝伊芙琳．杜飛（Evelyn M. Duffy），她是我過去涵蓋四位總統、五本書的助手。川普總統激起支持者和批評者的激烈情緒，形成極大的挑戰。伊芙琳立即明白，關鍵的挑戰是獲取新的資訊，進行查證，並且將其放在事件脈絡中，盡可能深入報導白宮。

伊芙琳曉得這是在寫歷史，我們必須趁著記憶猶新、文件和筆記仍在，盡可能快速取得資訊。有時候我們必須在一兩天內研究、採訪、轉錄和改寫本書的部分內容。它們涵蓋從北韓到阿富汗和中東的外交政策；並且涉及貿易、移民和稅制改革等各種國內問題。

她確保我們依據具體日期，圍繞著特定場景建立故事，列舉參與者，並且交代事情經過。伊芙琳具有卓越的職業道德和最深刻的公平意識、好奇和誠實。她提供給我一大堆的研究、背景、年表、剪報，以及她的見解。她還列出尚未有答案的主要問題，以及尚待深入追蹤的其他訪談。

伊芙琳為本書帶來無盡的見解和智慧，可謂全面的合作者，她的努力和精神堪稱是共同作者。

給讀者的話

本書採訪是根據新聞界「深層背景」的原則進行。這表示所有的資訊都可以使用，但是我不會說出是誰提供。這本書取材自對第一手參與者或事件見證人數百小時的訪談紀錄。幾乎所有的人都允許我錄音錄下我們的訪談，俾能更準確的敘述故事。當我必須講出某位參與者確切的引文、想法或結論時，這些資訊來自這位人士、他直接知情的同事，或是來自會議記錄、個人日記、檔案和政府或個人的文件。

川普總統本人拒絕接受本書作者的採訪。

序曲

二〇一七年九月初，川普入主白宮已經進入第八個月，前高盛銀行總裁、總統白宮高級經濟顧問葛瑞．柯恩（Gary Cohn）小心翼翼的走進橢圓形辦公室總統的大辦公桌。

六十三歲的柯恩童山濯濯、急性子、充滿自信。他在高盛銀行任職二十七年，替客戶賺了數十億美元，也替自己賺進數億美元家產。他賦予自己隨時進入川普橢圓形辦公室的特權，總統也接受此一安排。

桌上有一封只有一頁的信函稿，是幕僚替總統代擬、要送給南韓總統，通知他美國將終止美韓自由貿易協定（United States-Korea Free Trade Agreement, KORUS）。

柯恩嚇壞了。過去幾個月，川普一直威脅要退出此協定，這是兩國經濟關係、軍事同盟，以及更加重要的絕對機密情報作業的基礎。

根據一九五〇年代雙方簽訂的條約，美國在南韓派駐兩萬八千五百名部隊，並且操作機密、且敏感的「特准接觸項目」（Special Access Program, SAP），它提供絕對機密、密碼情報和軍事能力。北韓洲際彈道飛彈現在已有能力攜帶核子武器，或許可以打到美國本土。北韓發射的飛彈需要三十八分鐘到達洛杉磯。

這些計畫使美國有能力在七秒鐘之內偵測到北韓發射洲際彈道飛彈。美國部署在阿拉斯加的相等能力需要十五分鐘才能偵測到——這是極其驚人的時間差異。

能在七秒鐘之內偵測到飛彈發射，使美國軍方有充分時間擊落北韓飛彈。美國駐軍南韓代表國家安全的精髓。

南韓視美韓自由貿易協定攸關它的經濟，美國退出協定可能導致整個關係解體。柯恩不敢相信川普總統會冒失去攸關美國國家安全的重大情報資產的風險。

這一切全都源自川普不滿意美國每年對韓國貿易有一八〇億美元的赤字，而且每年還要花三十五億美元經費維持駐韓美軍兵力。

儘管幾乎天天都有報導說白宮內部是多麼混亂和意見不合，民眾並不曉得內部實情。川普經常反反覆覆、難得安靜下來，而且喜怒無常。他常常亂發脾氣，大小事都可以令他暴跳如雷。他提到美韓自由貿易協定時，動輒就說：「我們今天就退出。」

但是現在信函草稿就擺在他桌上[1]，押上日期：二〇一七年九月五日，它極可能引爆國家安全的大災禍。柯恩擔心川普若是看到它，會立刻簽名。

柯恩把這封信函稿從總統桌上抽起，擺進標示「保存」的一個藍色卷宗。

他後來告訴一名助理：「我從他桌上偷走它。我不能讓他看到它。他絕對不能看到這份文件。我必須保護國家。」

在白宮無政府狀態，以及川普頭腦混亂之下，他根本不會注意這封信函稿不翼而飛。

通常負責整理總統文件的幕僚祕書羅布・波特（Rob Porter），要負責草擬類似此一致南韓總統的信函。但是這一次很驚人，這封信函稿經由另一不詳的管道送到川普桌上。在任何總統的白宮裡，幕僚祕書職位不高，卻關鍵重大。幾個月來，波特就決定備忘錄和其他總統文件向川普做簡報，它們包括對軍方及中央情報局祕密活動下達的最為敏感的國家安全指令。

四十歲的波特身高六呎四吋，有點瘦，摩門教徒，是個灰色的人：一個不搶眼的組織人，出身哈佛大學和哈佛法學院，也曾拿過羅德學人獎學金。

波特後來發現又有好幾份類似的信函稿，皆設法由柯恩或是他確保不讓任何一份放到總統桌上。

柯恩和波特連手破壞他們認為是川普最衝動、危險的命令。這份文件和其他類似文件消失無蹤。當川普桌上有文稿等待核批時，柯恩有時候逕自將它抽走，總統也忘了。如果它真的放在他桌上，他就會簽字。柯恩私底下說：「我們不是為了國家這麼做，我們是拯救他不去做錯事。」

這幾近行政上的政變，破壞美國總統的意志及其憲政權力。

除了替總統協調政策決定和行程，以及經管文件之外，波特告訴一位副手：「我的第三項職責是，試圖對他某些真正危險的構想做反應，同時試圖提出理由，讓他相信它們可能不是好主意。」

另一個策略就是拖延、再拖延、提出法律上的限制。律師出身的波特說：「可是拖延公事、不拿公文給他批、或者告訴他——依循法規，而非只是藉口——這件事還需要查證，或者我們還需要走一段程序，或是我們還未拿到法律顧問審查意見——比起從他桌上抽走公文，更常發生十倍以上。感覺上，我們一直走在懸崖峭壁邊緣。」

有好幾天或好幾個星期，情況似乎受到控制，他們從懸崖峭壁邊緣退後一兩步。「其他時間，我們跌下懸崖，必須有所行動。這就像你總是走在懸崖峭壁邊緣一樣。」

雖然川普從來沒有提起找不到九月五日那封信稿，但是他可沒有忘掉他要退出美韓自由貿易協定。波特告訴一位副手說：「這封信稿出現好幾個不同的版本。」

後來在橢圓形辦公室一次會議中，美韓自由貿易協定受到激烈辯論。川普說：「我不管，我聽夠了這些辯論！我不想再聽了。我們要退出美韓自由貿易協定。」他開始口述要旨、要求部屬再擬一封信。

總統的乘龍快婿傑瑞德．庫許納（Jared Kushner）很把老丈人的話當一回事。三十六歲的庫許納官拜白宮高級顧問，雍容鎮定、氣質近似貴族。他在二〇〇九年娶了川普的女兒伊凡卡（Ivanka）。

由於他坐在最靠近總統的位子，庫許納開始記下川普口述要旨。

川普交代他：寫完這封信後交給我，我才好簽名。

庫許納在把總統口述要旨修改成信件的過程中，被波特聽到這件事。

他告訴庫許納：「把草稿交給我。如果要寫信，我們不能在餐巾紙背面作文章。我們必須以不會讓我們難堪的方式撰寫公文。」

庫許納把他起草的內容送交給波特。其實它沒有太大用處。波特和柯恩繕打出一些內容，以顯示他們有按照總統指示辦事。川普期待立即回報。他們不能空手去見他。信稿只是托詞。

在另一次正式會議上，反對退出美韓自由貿易協定的一方又提出各種論據——美國過去從來沒有退出自由貿易協定；它牽涉到法律問題、地緣政治問題、重大的國家安全和情報問題；這封信還不宜發出。他們提出事實和邏輯阻止總統。

川普說：「好吧，我們再修正這封信。我要看到下一個版本。」

柯恩和波特沒再起草另一個版本。因此沒有東西可以呈給總統。這個議題在總統日理萬機的忙碌中，暫時消失了。川普還有別的事夠他忙的。

但是，美韓自由貿易協定這個問題不會消失。柯恩找上國防部長詹姆斯·馬提斯（James Mattis）商量。這位陸戰隊退役將領或許是川普內閣和幕僚群中最有影響力的人物。沙場老將馬提斯將軍在陸戰隊服役四十年。他身高五呎九吋、身材筆直，飽歷風霜的容貌。

柯恩告訴馬提斯：「我們徘徊在懸崖峭壁邊緣。這一次我們可能需要支援。」

馬提斯儘量不到白宮走動，也盡可能專注軍事事務，但是理解箇中緊急，他來到橢圓形辦公室。

他說：「總統先生，金正恩對我們的國家安全構成最即刻的威脅。我們需要南韓這個盟國。

乍看之下，貿易似乎和這一切不相干，其實它是核心元素。」

美國在南韓的軍事及情報資產是我們能防衛自己、不受北韓侵襲的能力之磐石。請勿退出美韓自由貿易協定。

川普問，為什麼美國每年要花十億美元在南韓部署反彈道飛彈系統？他對「終端高空防禦飛彈」系統（Terminal High Altitude Area Defense, THAAD）*很不爽，曾經威脅要將它撤出南韓，搬回到奧瑞岡州波特蘭。

馬提斯說：「我們這麼做不是為了南韓。我們幫南韓是因為它幫我們。」

總統似乎默認有理，但這只是暫時性質。

二〇一六年，川普以候選人身分告訴鮑布．柯士達（Bob Costa）**和我，他對總統職責下的定義：「遠比其他任何事情都更重要[2]，那就是我們國家的安全……這是第一、第二和第三……軍事要強大，不能讓壞事從外頭發生在我們國家。我當然認為這會一直是我的第一要務。」

事實上，美國在二〇一七年被束縛在一個情緒激動、反覆無常、難以捉摸的領袖之言行舉動上。他的手下聯手、刻意阻止某些他們認為總統最危險的衝動。這是全世界最強大的國家行政權神經崩潰。

以下請聽我細細道來。

待決

2017年9月5日

大韓民國總統
文在寅閣下
青瓦台
首爾
大韓民國

貿易部長
金鉉宗閣下
貿易工業暨能源部
世宗市
大韓民國

敬啟者：

美韓自由貿易協定（下稱協定）依其目前形式，並不符合美國經濟整體最佳利益。因此，根據協定第24條第5款規定，美國謹此提出照會，希望終止此協定。根據協定第24條第五款規定，協定將在本照會提出後180天終止。這段期間，美國預備與大韓民國就兩國相關經濟議題進行談判。

美國總統
唐納・川普　謹上

美國聯邦貿易代表
羅伯・賴海哲

※以上為二〇一七年九月五日川普擬照會南韓總統退出美韓自由貿易協定的信函草稿。柯恩從川普總統橢圓形辦公室桌上將它抽走，不讓它被簽發。

譯注
＊通稱薩德飛彈防禦系統。
＊＊《華盛頓郵報》記者。

注釋——

本章訊息主要來自和第一手消息來源多次深度背景訪談

[1] 作者取得這份文件。

[2] 二〇一六年三月三十一日作者對川普的專訪紀錄。

1 投石問路

二〇一〇年八月，史帝夫・巴農（Steve Bannon）接到一通電話。當年他五十七歲，是右翼政治影片製作人。六年後，他接掌川普競選總統總部主席。

老朋友大衛・波西（David Bossie）劈頭就問：「你明天晚上要幹嘛？」波西是國會眾議院共和黨調查員、保守派積極分子，追打比爾・柯林頓（Bill Clinton）和希拉蕊・柯林頓（Hillary Clinton）夫婦的醜聞將近二十年。

巴農回答：「伙計，我正在剪輯替你拍的那些他媽的影片。」

二〇一〇年國會期中選舉即將到來。此時茶黨運動來勢洶洶，共和黨聲勢鼎盛。

「大衛啊，我們已經又交出兩支影片了。我正在剪輯。現在每天要替『公民團結起來』（Citizen United）工作二十個小時。」這是波西領導的一個保守派政治行動委員會，專門製作反柯林頓的影片。

「你能跟我一起到紐約嗎？」

「幹什麼？」

波西說：「去見唐納・川普。」

「談什麼事呀？」

波西說：「他正在考慮競選總統。」

巴農問：「競選哪一國的總統啊？」

波西堅稱，不，他很認真的。他已經和川普碰面、談論好幾個月了。川普要求再見面談談。

巴農說：「伙計，我沒有時間打手槍。川普絕對不會競選總統的。算了吧。對抗歐巴馬？算了吧。我沒時間搞這些我操他媽的胡搞瞎搞。」

「你不想見見他？」

「不見。我沒有興趣見他。」巴農曾經在洛杉磯主持一個星期天下午電台談話秀，節目名稱「勝利時段」（*The Victory Sessions*），號稱是「有思想的人的電台秀」；川普曾經接受過他三十分鐘的專訪[1]。

巴農說：「這個傢伙不是當真的。」

波西說：「我認為他挺認真的。」川普是個電視名流，有個著名的節目「誰是接班人」（*The Apprentice*），在國家廣播公司電視網（NBC）上曾經一連數週高居收視率第一。「去見見他，我們又不會有什麼損失。」

巴農終於同意到紐約川普大樓拜訪。

他們搭乘電梯到二十六樓的會議室。川普熱切歡迎他們，而波西表示他準備了詳細的簡報。這是替川普惡補上課。

他說，第一部分說明如何參加共和黨初選、贏得勝利。第二部分說明如何競選美國總統、挑戰歐巴馬。他描述標準的民意調查策略，也討論程序和議題。波西是傳統的、有限政府的保守派，對於茶黨運動勃興大為驚訝。

波西說，這是美國政治上重要的一刻，茶黨的民粹主義正在橫掃全國。小人物爭取嗆聲。民粹主義是推翻政治現狀、支持小人物的草根運動。

川普提醒他們：「我是生意人。我不是在政壇上專業攀爬樓梯的人。」

波西說：「如果你要競選總統，你必須了解許多小事情、以及許多大事情。」小事情諸如登記截止日期、各州的初選規定——全是枝微末節。「你必須了解政策面，以及如何爭取黨代表。」他說，但是首先：「你需要了解保守派運動。」

川普頻頻點頭。

波西說：「你在某些議題上會碰上問題。」

川普說：「我對議題不會有問題的啦。你究竟在說什麼呀？」

波西說：「首先，從來沒有支持墮胎的人贏過共和黨初選。而很不幸的是，你非常支持婦女有權選擇墮胎。」

「你這話是什麼意思？」

「紀錄顯示你捐款給支持墮胎權的候選人。你也發表過這類談話。你必須反墮胎、支持生命才行。」

川普說：「我反墮胎、我支持生命。」

「可是，紀錄歷歷在案。」

川普說：「這可以修補的。你只要告訴我怎麼改就行啦。我——你怎麼稱它的？支持生命。我支持生命。我現在就告訴你。」

巴農對川普這套演員手腕印象深刻，隨著川普講話，他越加折服。川普相當投入，而且反應敏捷。他體格高大，懾服全場。他的確有兩把刷子。他也像在酒吧裡朝著電視節目滔滔不絕發表意見的人。像在皇后區市井江湖打混的人。依照巴農的評估，川普就是阿奇・班克（Archie Bunker），但他是真正專心的阿奇・班克。*波西說：「第二件大事是你的投票紀錄。」

「你是什麼意思？我的投票紀錄又是哪裡不對了？」

「這涉及到你是否經常投票。」

「你在說什麼啊？」

波西說：「這是共和黨的初選。」

川普很有信心的說：「我每次都投票。我從十八、二十歲起，每次都投票。」

波西說：「實際上，這是不正確的。你要曉得這是公開的紀錄。」波西的國會調查員哪是幹假的，他亮出一疊紀錄。

「他們不曉得我投給誰。」

「不，不，不，我們不是說你把票投給誰，而是你是否經常投票。」

巴農發覺川普對最起碼的政治事務都一竅不通。

川普堅稱：「我每次都投票。」

波西引述紀錄說：「事實上，你這一輩子只在一次初選投票。」

川普說：「那是他媽的謊言。那是完全的謊言。每次可以投票，我都去投票。」

波西說：「你只在一次初選投票，那大概是一九八八年的共和黨初選。」

川普臉不紅、氣不喘，來個一八〇度大轉彎：「你說的對極了，那是投給魯迪。」朱利安尼（Rudy Giuliani）在一九八九年參加初選、角逐紐約市長。「這也在紀錄裡頭喔？」

「是的。」

川普說：「我可以克服它。」

波西說：「或許這些事情都無關緊要，但是它們或許真的重要。如果你要向前走，你必須照顧到每個細節。」

接下來輪到巴農上陣。他把話題轉到茶黨何以興起。茶黨並不喜歡菁英，民粹主義（populism）

譯注

* 阿奇．班克是美國一九七〇年代知名電視連續劇《一家人》（All in the Family）的主人翁。它使用反諷的手法，讓這位歧視黑人及其他有色種族、反墮胎、反嬉皮的白人保守人士為劇中主角，藉由他荒唐的言論及漸趨開明的態度來反映美國一九七〇年代社會的脈動。一九七一至七九年上演期間，收視率極高，一些評論者認為它使用喜劇因素觸及種族問題以提高收視率。另外則有一部分人認為它反應了美國人在一九七〇年代的種族矛盾。

講究的是凡夫俗子，他們曉得制度遭到操縱。它反對害工人流血的扈從資本主義和內線交易。

川普說：「這個我喜歡。我就是 popularist（迎合大眾的）。」他連這個字都拼錯。

巴農說：「不，不，不，是 populist（民粹主義者）。」

川普堅持：「是呀，是呀，就是 popularist 呀！」

巴農投降。起先，他以為川普不了解這個字。但是川普或許是用他自己的方式說話——迎合民心。巴農曉得英國非知識分子的一般大眾早先用 popularist 稱呼民粹主義。

會議進行了一個小時，波西說：「我們還有另一個大問題。」

川普顯得比較擔心，「又有什麼問題啦？」

波西說：「你有80％的捐款捐給民主黨員。」波西認為這是川普最大的政治負債，只是他沒有說出來。

「那是狗屎，胡說八道！」

波西說：「那是公開紀錄。」

川普顯然十分震驚：「還有這種紀錄喔！」

「你捐出去的每筆捐獻都有紀錄。」公開揭露所有的政治捐獻是標準作業。

川普說：「我一向都平等對待。」他說，他的政治獻金是兩黨候選人雨露均沾。

「其實你捐的還不少。但是80％捐給民主黨人。芝加哥、大西洋城……」

川普說：「我不能不捐呀，所有這些我他媽的民主黨人經管這些城市。你要蓋旅館，你必須給他們油水。是他們來找我的。」

巴農說：「請你聽仔細。這就是大衛想說的。以茶黨身分競選的人，這些問題正是他們在抱怨的。你這種人從事的就是內線交易。」

川普說：「我會克服它。全被操縱了嘛！這是遭到操縱的制度。這些傢伙敲詐我很多年了。我不想給。他們全都找上門來。你如何不開一張支票……」

川普說，皇后區有個政客，「老傢伙帶一支棒球棒。你走進去，一定得給他一些東西——通常是現金。如果你不送禮，什麼事都辦不了，什麼東西都蓋不成。但是如果你去拜山門，留下信封，事情就好辦了。這就是江湖規矩。不過，放心啦，我可以改正。」

波西說，他擬訂了一份路徑圖。「這是保守派運動。茶黨來來去去，民粹主義起起伏伏。保守運動從高華德（Barry Goldwater）* 以來就是礎石。」

他說，其次，我要建議你在愛荷華、新罕布夏和南卡羅萊納三個州競選時，當做是在競選州

譯注

* 高華德是美國共和黨保守派領導人物，有「保守派先生」之譽。他在一九五三至一九六五年，以及一九六九至一九八七年，長期代表亞里桑那州擔任聯邦參議員。一九六四年經共和黨提名為總統候選人，但是慘敗給民主黨的現職總統林登．詹森（Lyndon B. Johnson）。詹森及其陣營將高華德描繪成一個反動分子，但高華德的支持者則讚揚他對於聯邦政府權力、工會、以及福利國家制度的反抗。他的敗選使美國自由派有機會展開他們的「大社會計畫」（Great Society）。

長一樣。它們是最早舉行黨團會議或初選的三個州。「競選時拿出在地口號，就像要當他們的州長一般。」很多參選人犯了重大錯誤，試圖在二十七個州展開競選活動。「當做在競選三個州的州長，你會真正有機會。全力拚三個州，在這三個州締造勝績。其他各州會聞風而來。」

川普說：「我可以贏得提名。我可以打敗這些傢伙。我才不鳥他們是誰。我明白了。我可以搞定這些事情。」

每個立場都可以重新修訂、重新談判。

川普說：「我支持生命。我可以立刻著手。」

波西說：「你必須先這麼做。你需要開出二十五萬至五十萬美元之間的個人支票，捐給國會參眾議員。他們全會來拜訪你。你正視他們的眼睛，跟他們握手，送給他們一張支票，由於我們需要某些奧援，你必須一對一進行，他們才曉得是誰照料他們。日後至少這是你建立關係的起點。」

波西又說：「你就說，這張支票請你笑納。兩千四百塊錢」——這是政治獻金上限。「它必須是個人支票，結結實實的錢，捐給他的競選活動，讓他們知道這是出自你個人口袋。共和黨人立刻就會明白你對這件事挺當真了。」

波西說，所有這些錢是參選總統政治藝術的核心。「日後它們將收回巨大的紅利。」捐給俄亥俄、賓夕凡尼亞、維吉尼亞和佛羅里達等幾個兵家必爭各州的共和黨候選人。

另外，波西又面授機宜：「你必須出一本討論政策的書。你必須出一本你對美國及其政策有何高見的書本。」

巴農詳盡解說中國如何成功的從美國搶走就業機會和投資資金。他對中國的威脅念茲在茲。

波西後來問巴農：「你覺得怎麼樣？」

巴農說：「我對這個傢伙印象很好。」至於競選總統嘛：「機會是零。首先，那兩項行動。這個王八蛋不會開支票的。他是別人開支票、付錢給他，他在背面簽名兌領的人。你提醒他是對的，但是他絕對不會開支票。」

「對於政策書，你怎麼說？」

「他絕對不會寫出政策書的。你他媽的饒了我好不好。首先，沒有人會買它。除非它是瘋狂的有趣，根本就浪費時間嘛。」

波西說，他只是試圖讓川普做好準備，如果他真的決心要參選的話。川普有非常獨特的資產：他和政治過程完全不相干，是個政壇素人。

他們告辭時，波西腦子裡一直在思索——六年後絕大多數美國人也一樣思索——他不會參選的。他不會登記的，他不會宣布的，他不會公布他的財務資料的。對吧？以上任何一件事，他都絕對不會做的。他絕對不會當選的。

波西還是忍不住再問一次巴農：「你認為他會參選嗎？」

巴農再次說：「沒有機會。零機會。比零還小。伙計，你瞧瞧他過的是什麼樣他媽的生活。算了吧！他不會參選的。」

注釋

本章訊息主要來自和第一手消息來源多次深度背景訪談。另參見 ***Let Trump Be Trump*** by Corey Lewandowski and David Bossie（New York: Hachette, 2017）.

[1] 川普曾經接受過他三十分鐘的專訪：“Bannon’s ‘Victory Sessions’ Goes National,” *Breitbart*, February 23, 2012.

2 脫穎而出

六年後。

如果事情不是按下述不太可能、隨意、不經心的方式發展，幾乎可以肯定的說，今天的世界將大大不同。川普在二〇一六年七月二十一日接受共和黨總統候選人提名，而他的競選活動在二〇一六年八月十三日上午出現一大轉折。

史帝夫・巴農現在是右翼新聞媒體「布萊特巴特新聞網」（Breitbart News Network）主持人。他坐在紐約市布萊恩特公園（Bryant Park）一張長凳上埋首讀報，這是他每個週末星期六的例行公事。他先瀏覽《金融時報》，再轉到《紐約時報》。

《紐約時報》頭版新聞標題赫然就是：「內部任務失敗[1]，管不住川普的嘴。」距離總統大選投票日還有三個月。

巴農心想：「噢，老天爺呀。」

巴農大戲的第一幕就是他的外表——永遠是一件破舊的野戰軍服夾克，罩在好幾件恤衫上。第二幕是他的作風——永遠是咄咄逼人、自以為是、大嗓門說話。

《紐約時報》記者報導，他們採訪和川普接近、或是與他的競選總部來往的二十位共和黨匿名消息人士。報導把川普形容為慌亂、疲憊、悶悶不樂、容易犯錯、與金主不和的人。他在佛羅里達、俄亥俄、賓夕凡尼亞和北卡羅萊納這幾個決定選戰結果的兵家必爭之州陷入危險境地。報導把情況描寫得很不堪，而巴農曉得這全部是真實。他估計川普可能以二十個百分點——肯定是兩位數——的差距，敗在民主黨提名人希拉蕊·柯林頓手下。

川普備受媒體聚光燈注意，沒有錯，但是除了共和黨全國委員會提供的布局之外，他的選務人員都還沒到位。巴農曉得川普的競選總部就是一小撮人——一位演講稿撰稿人，以及大約六個人手的先遣部隊，他們通常以最克難的方式借用全國各地老舊的體育場或曲棍球比賽場預先安排群眾集會。

儘管如此，川普卻在黨內擊敗另十六位參選人，脫穎而出贏得共和黨提名，而且以粗俗、顛覆之姿一馬當先贏得全國注意。

哈佛商學院畢業的巴農，現在已經六十三歲，具有強烈民族主義的「美國優先」觀點。他打電話給芮貝卡·梅瑟（Rebekah Mercer）。

梅瑟和她的家族是共和黨最大、最有爭議的金主之一；金錢是美國政治、尤其是共和黨政治的引擎。梅瑟家族有點處於邊緣，但是他們的慷慨解囊，讓他們在桌上買到一席位子。他們也投資布萊特巴特。

巴農告訴梅瑟：「大勢不妙，因為這一切將歸罪到我們頭上。」布萊特巴特在川普聲勢低沉時替他敲鑼打鼓。「布萊特巴特要完蛋了。」

芮貝卡說：「你為什麼不出手呢？」

巴農說：「我這輩子從來沒主持過選務。」他根本就是門外漢。這個點子相當荒謬。

她說：「馬納福這傢伙會壞事。」她指的是川普的競選經理保羅・馬納福（Paul Manafort）。「沒有人真正在管事。川普肯聽你的話。他一直在物色成年人替他辦事。」

巴農說：「妳聽我說，我沒有問題，赴湯蹈火都幹。但是他為什麼要用我？」

她說：「他一直都是圈外人。」她提起《紐約時報》這篇報導：「這件事已經產生恐慌。」

換言之，川普因為迫於無奈，想要聘用巴農。

梅瑟打電話給川普，他即將到紐約噴射機足球隊（New York Jets）東主伍迪・詹森（Woody Johnson）位於長島東漢普敦的家，出席募款餐會。通常，梅瑟家族只開支票，不需要見候選人。但是這一次他們要求川普撥出十分鐘時間。

在一間小日光室裡，高頭大馬、一頭紅髮的芮貝卡劈哩叭拉說起來。她父親鮑布・梅瑟（Bob Mercer）是個智商很高的數學家，則幾乎不說話。他是經管五百億美元、相當成功的避險基金「文藝復興科技」（Renaissance Technologies）背後的首腦人物。

她告訴川普：「馬納福一定得走路。」她說他把事情弄得一團糟。

川普問：「妳有什麼建議？」

她說：「史帝夫・巴農願意加入。」

「他不會幹的。」

她回答，他「鐵定」會加入。

巴農當天晚上和川普通了電話。

巴農提起《紐約時報》那篇報導。「這件事挺尷尬的。你比它說的好得太多了。我們應該會贏。老天爺，怎麼能讓希拉蕊・柯林頓贏呢。」

川普批評起馬納福。他說：「他像個僵屍。」在電視上毫無作戰力。

「我們明天碰個面，把這件事整合一下吧。我們會贏的。」巴農趕緊說：「但是我們對外先完全保密。」

川普同意第二天——星期天——上午碰面。

當天，另一位政治人物萊恩斯・蒲博思（Reince Priebus）也憂心忡忡。四十四歲的威斯康辛州律師蒲博思現任共和黨全國委員會主席。*過去五年任內，他四處奔走，布建網絡關係。他愉快的舉止讓人看不出他是個帝國建設者。蒲博思主持黨的財務大計，聘用有給職的六千五百名第一線黨工，經常在電視上亮相，也有他自己的文宣作業系統。現在，他處於很為難的位置。

私底下，蒲博思認為八月分災禍連連。「一盞熱燈一直照不停。」該怪罪的就是川普本人。

蒲博思打從一開始就試圖替選戰領航。川普二〇一六年六月十六日宣布參選當天，大肆批評墨西哥人是「強暴犯」，蒲博思打電話給他，表示：「你不能這樣講話。我們一直很認真賣力的爭取西班牙語裔的支持。」

川普才不肯放低聲調。有人抨擊他，他一定加倍奉還，全力反擊。沒有一位主席曾碰上像川普這樣的頭痛人物。

詭計多端的的參議院多數黨（共和黨）領袖米奇．麥康諾（Mitch McConnell）悄悄給蒲博思打了通電話。他的訊息是：忘了川普，把共和黨的經費轉移給我們這些參議員候選人，關掉給川普的金錢水源。

但是蒲博思希望和川普維持關係，他堅決站在川普和麥康諾的中間。他認為這在戰術上完全正確。為了黨的生存和他自己，他必須這麼做。他告訴川普：「我百分之百支持你。我敬愛你。我會繼續為你效勞。但是我也必須保護黨，我的職責不能只照顧你。」

蒲博思同意出面替川普站台，向群眾集會介紹他。他認為這是對即將淹水溺死的人伸出援手。

《紐約時報》有關管不住川普口無遮攔的這篇報導是個打擊[2]。蒲博思認為：「天哪！真的太糟了。」選戰正在瓦解。他下了結論：「根本不是選舉作戰。他們在鬧笑話。」

《紐約時報》的報導有太多地方讓蒲博思感覺到，這二十個消息人士若非在破壞選戰，就是

譯注

* 美國政黨全國委員會主席地位及職掌類似台灣政黨的中央黨部祕書長。

想替自己臉上貼金。

蒲博思認為，情勢嚴峻，甚至對川普、對黨都是最悽慘的一刻。當前只有一條路可以走：全面升高戰火。以最凶猛的進擊來掩飾重大弱點。

那個星期天上午，巴農依約來到曼哈坦的川普大樓；他告訴守衛，他和川普先生有約。守衛說：「真有意思。他週末從來不會到這裡的。」

巴農打電話給川普。

川普解釋說：「嗨，我在貝德敏斯特（Bedminster）。」——川普國家高爾夫俱樂部所在地。「既然你不在這兒，那我就去打高爾夫了。你過來吧，我們一起吃午飯。一點鐘見。」

他接下來仔細告訴巴農如何開車四十英里到紐約市西邊這個球場。

巴農說：「我會找到的。」

「不，你要右轉到響尾蛇橋路，然後再右轉走約一哩。」

「我會找得到的。就是你的川普國家俱樂部。」

不，川普還是堅持，你一定要弄清楚。巴農從來沒聽過川普如此鉅細無遺詳細交代事情。他嘮嘮叨叨提供完整的開車指示。

巴農找了一位司機將他在中午時送到貝德敏斯特，確保自己不會遲到。進到俱樂部，他被帶到一張備有五個座位的餐桌。

工作人員說，你來早了。其他客人一點鐘才會到。

巴農問，還有其他人喔？

羅傑・艾爾斯（Roger Ailes）、克里斯・克里斯蒂（Chris Christie）州長和「市長」——魯迪・朱利安尼——也都會出席。

巴農肚子裡暗自幹譙，他不是來這裡當眾接受面試的。他和川普已經講好了，不應該再被別人品頭論足。

艾爾斯是福斯新聞網（Fox News）創辦人，長期的共和黨積極分子，可以追溯到尼克森總統時期。他最先到。他曾經提攜巴農。

艾爾斯一開口就是：「究竟他媽的怎麼一回事啊？」開始痛批整個選情發展。

巴農問：「數據有多難看？」

「這將是大爆炸。」

巴農說：「我昨晚和川普通話。梅瑟父女跟他談過。我是來接管競選總部的。但是先別告訴其他兩位。」

艾爾斯又重覆一次：「究竟他媽的怎麼一回事啊？你根本不懂競選事務。」這根本不可能嘛。

「我知道，但是任何人都能把目前的一團亂搞得更有組織。」

雖然巴農認識艾爾斯多年，但他從來不在艾爾斯的福斯新聞網露面。

巴農曾經說過：「我從來不上福斯新聞網，是因為我不願意欠他一份情……絕對不欠羅傑人情，否則他就他媽的擁有你了。」

這和他與川普的關係呈鮮明對比。在他眼裡，川普是乞求者。川普在二〇一五年十一月至二〇一六年六月期間，曾經接受巴農的「布萊特巴特每日新聞」一系列專訪[3]，透過天狼星XM（Sirius XM）衛星電台播出。

艾爾斯說，他們是來進行每週例行的辯論準備。川普和希拉蕊．柯林頓的第一次總統候選人大辯論，排在一個半月之後的九月二十六日。

巴農說：「準備辯論？就你和克里斯蒂、魯迪三個人幫他？」

「這是第二次。」

巴農說：「他真的有為辯論做準備？」他突然間大感敬佩。

「不是啦，他來打高爾夫，我們跟他討論選務等等事情。但是我們試圖讓他養成習慣。」

這時競選經理保羅．馬納福走了進來。

經常自命是「噴火的民粹主義者」的巴農一看就有氣。馬納福一身穿著打扮彷彿要上遊艇出海遊玩的模樣，活生生的南漢普敦名流架式。

川普到了，一屁股坐下來。熱狗、漢堡立刻上桌。巴農認為，這是十一歲小孩的夢幻餐點。川普已經狼吞虎嚥，兩根熱狗下肚。

川普拿《紐約時報》管不住川普大嘴巴的這篇報導問馬納福，這種報導怎麼會上報紙。這就是川普的矛盾：他最愛批評主流媒體、尤其是《紐約時報》——可是儘管罵得口沫橫飛，他又認為《紐約時報》是一份可做歷史紀錄的大報，大致上相信它的報導。

川普問馬納福：「保羅，我是個娃娃嗎？你是不是這麼說，我是個娃娃呢？你在電視上表現糟透了。你一點活力都沒有，你不代表競選總部。我現在好好告訴你，你再也不得上電視。」

「唐納……」馬納福試圖辯解。

巴農猜想這種套近、直呼名字的同儕說話方式讓川普不爽。

於是巴農說：「川普先生，你必須了解一件事情。這則報導有許多匿名消息人士，我們不知道它們的真實性。」

川普回答說：「不，我可以分辨得出來。」他把火氣燒向馬納福：「他們洩密。」他曉得報導裡引述的字句句句屬實。

巴農說：「很多東西查不出來源。」沒有人具名說話，全都躲躲藏藏。「《紐約時報》根本淨是他媽的撒謊。算了吧，這全是狗屎。」儘管他知道這個故事是真的，巴農繼續扮演反對派角色。

川普不接受這套說詞。這則報導是警世福音，而且競選總部充滿了洩密者。川普又繼續痛罵馬納福一陣子，才又轉向一些選戰故事，講了半個小時。然後，馬納福告辭。

川普告訴巴農：「你老兄要幫忙喔。這件事太糟了，它失去控制。這傢伙根本是個魯蛇，他根本沒在主持選務。我聘用他只是幫我度過黨代表大會。」

巴農說：「別擔心任何這些數字。別擔心什麼十二至十六個百分點，或者民調說些什麼。別擔心那些兵家必爭的戰場州。這件事很簡單。」他說，全國三分之二選民認為我們（美國）站在錯誤的一邊，並且全國四分之三選民認為我們在走下坡。這就給變革奠定舞台。希拉蕊是過氣人物，這一點很清楚。

巴農可以說是等了一輩子才迎接來這一刻。他解釋說：「差別在這裡。我們只需要跟希拉蕊比較、凸顯差異。你必須記住一件事。」他複誦他的一句口頭禪：「這個國家的菁英只對管理衰退感到自在。對不對？」

川普點頭表示同意。

「美國的勞動人民是不同意的，他們希望美國再次偉大。我們將要簡化這場選戰。她是自在的管理衰退的腐敗、無能菁英現狀的代言人。你是希望美國再次偉大的、被遺忘的人民的代言人。我們只需要抓住這一、兩個主題。」

巴農繼續說：「第一、我們將要制止大規模的非法移民，並且開始限制合法移民，以便搶回我們的主權。第二、你將把製造業就業機會帶回國內。第三、我們將要退出那些沒有意義的國外戰爭。」

對川普而言，這些都不是新思想。一個星期前的八月八日，他在底特律經濟俱樂部演講[4]，就高唱這些調子、砲打希拉蕊：「她是代表過去的候選人。我們才是代表未來的力量。」

巴農說：「這些是她無法防衛的三大主題。她就是開放邊界的一幫人、她是簽訂差勁的貿易協定的一幫人，使得就業機會流失到中國。而且她是新保守派。對不對？」

川普似乎同意，希拉蕊是個新保守派。

巴農說：「她支持每一場對外戰爭。我們只需痛擊她，那就行了。只要堅守這個作法。」

巴農又說，川普還有其他優勢。他的發言不像帶有政治色彩。這正是歐巴馬在二〇〇八年民主黨初選、對抗希拉蕊．柯林頓時的特色，當時的她講話就像訓練有素的政客。她的節奏過度訓練有素，即使講真話，聽起來也像在撒謊。

巴農說，像希拉蕊這樣的政客無法自然的講話，他們只會機械式的說話，就像剛走出民調和焦點小組，拿政治詞令回答問題。它是舒緩的、一點都不刺耳，不是發自內心或發自深刻的信念，而是出自某些支領高薪的顧問代擬的重點提示——毫無怒氣。

川普說，好，你就來擔任競選總部的執行長。

巴農說：「我不想掀起呂廷陰謀這種紛紛擾擾的大故事。讓馬納福繼續掛名競選總部主席。但是他沒有實權，讓我總管兵權。」

他們也講好了，內定凱莉安妮．康威（Kellyanne Conway）出任競選經理。康威是個脾氣火爆、說話直率的共和黨民調專家，已經在競選總部裡工作。

巴農提議：「我們讓她每天上電視，亮出女性友善的面孔。因為凱莉安妮是個戰士，但是人們喜歡她。我們就是需要討喜的人。」

他又頗有自知之明的補充一句：「我絕不上電視。」

康威也從來沒有經管過選舉。這下子，閃亮的候選人、競選總部執行長和競選經理，三個人全是菜鳥、素人。

凱莉安妮·康威這個月正忙著監督拍攝一些競選廣告。

川普問她：「是我掏錢請這些人嗎？」

他抱怨攝影機擺設的位置。器材似乎太舊，他也不喜歡燈光照明，拍出來的影片也不是高解析度。他對這個攝影班子嘀嘀咕咕：「告訴他們，我可不付錢。」這是他的標準台詞。

後來他說：「除了凱莉安妮之外，我希望別人都先走。」

他彷彿徵求她的評估，問她：「大家都告訴我，比起希拉蕊·柯林頓，我這個候選人高明多了。」

「喔，是的，長官。不需要民調。」但是他們可以另有不同作法。「你正和總統史上失業率最高的候選人競爭。如今開始感覺到我們也是同一副德性。」

「不，我們才不呢！」

「感覺就是這樣。我看過你在初選時的表現，當時你顯得快樂多了。」

川普說：「我很懷念那段日子，就我們少數幾個人在全國各地飛來飛去，搞群眾造勢，見選民。」

她承認：「那些日子已經過了。但是公平的講，我們應該能把它們複製在大選策略和過程上，讓你最大化那些本事和喜樂。」

她繼續大膽直言：「你知道你正在輸嗎？但是你不該輸的。我看過這些民調數字。」有線電視新聞網（CNN）這天說，川普的支持度掉了五到十個百分點。「有條路可以扳回的。」

「怎麼說？」

她認為他做了某些連自己都不查覺的事情。「可能當選的謊言像從共和黨身上吸走了血」，淨說些什麼他贏不了，不會當選。

選民對共和黨總統提名人不抱希望。那些評論說：「你必須支持米特．羅穆尼（Mitt Romney），他是唯一一個能贏的人。你必須支持約翰．馬侃（John McCain），他能贏。傑布能贏，馬可能贏。*但這一位……」──川普、你──「不能贏。做決定的是人民，我再也不會被愚弄。」他不就贏了共和黨提名嗎？

「你並沒有豎立傳統的競選活動，就號召了龐大的群眾。你已經建立一個運動。人民感覺他們就是其中一部分。他們不買門票。我可以告訴你，我在民調中看到什麼。我們有兩大障礙。」她說，他們再也不應該做全國民調。做全國民調的「媒體蠢透了」。要贏得大選，關鍵在選舉人

譯注

* 傑布指的是佛羅里達州前任州長傑布．布希（Jeb Bush）、即小布希總統的弟弟；馬可指的是佛羅里達州聯邦參議員馬可．魯比歐（Marco Rubio）

團——贏得兩百七十張選舉人票。他們必須集中火力搶攻八個州，大約就是八個決戰州。

康威說：「老百姓需要明確的東西。」川普在七月分公布他的退伍軍人署十項改革計畫、或五項稅務改革計畫時，效果都不錯[5]。「老百姓需要這一類明確的東西，而且需要一再聽到。」

「我看到的第二個罩門是，老百姓需要肯定你真正能兌現你的承諾。因為如果你不能兌現，如果生意人不能執行和兌現，你不過是另一個政客。可是你並不是啊。」

這是自我推銷。川普似乎同意往前邁進這條路。

他問說：「妳認為妳管得了這件事嗎？」

她問：「『這件事』是什麼事？我現在管文宣製作。」

川普說：「整個選戰。整件事。妳願意往後幾個月看不到妳家小孩嗎？」

她當場就接受。「長官，我樂意為你效命。你可以贏得大選。我不會以為自己和你平起平坐。我絕對不會直接喊你的名字。」

注釋——

本章訊息主要來自和第一手消息來源多次深度背景訪談。

[1] Alexander Burns and Maggie Haberman, "The Failing Inside Mission to Tame Trump's Tongue," *The New York Times*, August 14, 2016, p. A1.。在此查閱 https://www.nytimes.com/2016/08/14/us/politics/donald-trump-campaign-gop.html

[2] 同前注。

[3] David A. Fahrenthold and Frances Stead Sellers, "How Bannon Flattered and Coaxed Trump on Policies Key to the Alt-

Right," *The Washington Post*, November 15, 2016.

[4] Donald J. Trump, "Remarks to the Detroit Economic Club," August 8, 2016. Online by Gerhard Peters and John T. Woolley, *The American Presidency Project*. http://www.presidency.ucsb.edu/ws/?pid=119744.

[5] Louis Nelson, "Trump Outlines 10-Point Plan to Reform Veterans Affairs Department," *Politico*, July 11, 2016.

3 菜鳥當家

那個星期天晚上，巴農就去上班——直接殺到紐約市川普大樓，競選總部。這是他第一次踏進總部，離投票日還有八十五天。

他搭電梯直上十四樓。這個八月的晚上，太陽還沒下山。他預期一踏進總部，會有上千人問說：巴農到這兒來幹什麼？他必須掰個故事掩飾一下。

當他走進戰情室、快速反應中心，四周全是電視牆。房裡只有一個人。在巴農眼裡，這人是個黃毛小子。

巴農問他：「你是哪位？」

「安迪・蘇拉比安（Andy Surabian）。」

「我操他媽的，其他人都到哪裡去了？」

蘇拉比安回答：「我不知道耶。星期天晚上，這裡都是這個樣子。」

「這裡是競選總部？」

「是呀！」

「我的意思是一切事務都由這裡發號施令？」

是的。蘇拉比安指一指，這是資深通訊主任傑生・米勒（Jason Miller）的辦公室，那是霍普・希克斯（Hope Hicks）的辦公室。後者是模特兒出身的年輕女郎，擔任總部主要的新聞聯絡工作，她或許是和川普最親近的幕僚人員。而在下是蘇拉比安，戰情室主任。

「你們這些傢伙週末上班嗎？」

蘇拉比安說，是呀。有些人在華府上班，有些人會打電話進來。

巴農按捺著性子，再問一遍：「週末時候，這個地方有人上班嗎？」

「平常大概就是這個樣子。」

「傑瑞德死到哪裡去了？我必須和傑瑞德和伊凡卡講話。」巴農聽說，川普愛婿傑瑞德・庫許納是這兒的策畫者和天才。

傑瑞德和伊凡卡這對小夫妻正在娛樂界大亨、民主黨金主大衛・吉芬（David Geffen）三億美元的豪華遊艇上——全世界最大的私人遊艇之一——遨遊克羅埃西亞外海，與魯伯特・梅鐸（Rupert Murdoch）的前任妻子鄧文迪等人逍遙度假。

馬納福打電話找巴農。他要求碰面一談。

馬納福說：「你何不就上樓來談一談？」

哪裡？

「川普大樓啊。」

巴農必須先下樓到大堂，換乘通往住宅區的電梯。搭著電梯扶搖直上時，巴農心裡頭暗自盤算，莫非這是川普提供給他的競選總部主席的禮遇？「如果他要送我個川普大樓的閣樓華邸，有何不可？」這可比他在布萊恩特公園的窩居好多了。

結果：這是馬納福的家。

巴農替馬納福感到難過。這位競選經理震驚於川普的推特帳戶十分成功、強大有力，自己也開了一個推特帳戶。但是紐約《每日新聞》在四月的報導寫，「讓美國再度淫蕩」[1]，它指出馬納福——他可能不曉得推特是個公開論壇——竟然跟隨曼哈頓中城一家集體雜交和換妻俱樂部「墮落」（Decadence）的活動。

《每日新聞》說：「馬納福跟隨時髦的打屁股地方——它自命是本市『最親密的換妻俱樂部』。」

馬納福的宅邸非常漂亮。他的太太凱薩琳（Kathleen）是個律師，穿著一襲白色長洋衫，有如電視劇《朝代》（*Dynasty*）裡的女明星瓊・考琳斯（Joan Collins）。她年紀已逾六旬，但是在巴農看來，彷彿四十出頭。

馬納福說：「我衷心感謝你替我說話。唐納就是這個樣子，他一向就是如此。」

巴農說：「我認為他太盛氣凌人。」

馬納福揮揮手、表示不用太介意。他說：「大家都告訴我，你非常了解媒體。」

「我經營一個右翼網站。我熟悉媒體作業。」

馬納福說：「我需要你替我看看這個東西。」[2]他交給巴農一份《紐約時報》新聞的草稿副本，其標題是「烏克蘭祕密帳冊揭露川普的競選主管拿了錢。」

巴農繼續讀下去：「手寫的帳冊顯示（親俄羅斯政黨）有一二七〇萬美元未揭露的現金，支付給馬納福先生。」

巴農驚呼一聲：「我操他媽的有一千兩百萬美元現金來自烏克蘭喔！」

馬納福太太嚇了一跳，坐直了身體：「怎麼回事？」

馬納福說：「沒事，沒事，甜心。」

巴農問：「它什麼時候會見報？」

「可能今晚就發表。」

「川普知道這件事嗎？」

馬納福說，川普不知情。

「你知道這件事已經有多久了？」

馬納福說，兩個月了。《紐約時報》在兩個月前開始調查。

巴農又讀了十段。馬納福死定了。

馬納福說：「我的律師告訴我，別跟他們合作。這只是試探性的東西。」

「你應該開除你的律師。」

「我是這麼考慮。」

「你必須打電話給川普……去跟他面對面講清楚。如果消息上了報，而他完全不知情，你就完了。你是怎麼拿到一二七〇萬美元現金的啊？」

馬納福說：「這全是謊話。我也有開銷的。」

「你什麼意思？」

他解釋說：「我只是總顧問，底下還有很多人的。」在烏克蘭有許多人在他底下工作。「這些錢全都轉付出去，我從中間拿不到五十萬美元。」

「這報導裡頭全部看不到，報導裡根本沒提它。它講的是『你拿到一二七〇萬美元現金』，好嗎？」

巴農打電話找傑瑞德。

他說：「你必須立刻趕回來。」

《紐約時報》關於馬納福拿錢的文章[3]，當天夜裡就在網路版上發表，次日在實體報上登出。果如巴農預料，川普氣瘋了，他事前竟然毫無所悉。

川普在電話裡告訴蒲博思，要巴農接任競選總部執行長。蒲博思很驚訝，川普竟然又找了個門外漢、菜鳥來總管選戰，但是他並沒有多說。他跟巴農的布萊特巴特現在是面和心不和。他被布萊特巴特追殺兩年，指責他是共和黨菁英的一員之後，他便發展出一套新策略——以利跟布萊特巴特合作比較方便，少去招惹他。

民調顯示，只有70％的共和黨人支持川普，但他們需要有90％的支持。這表示必須爭取黨中央站到川普這一邊。

巴農在多年前和蒲博思曾有一面之緣。他問：「嘿，你不認識我？我要請你今天下午過來這裡。還有那位女生凱蒂．華爾許（Katie Walsh），我剛聽說她是超級巨星。」蒲博思和共和黨全國委員會幕僚長華爾許握有全國每個可能投票的選民資料庫。

巴農要確保共和黨全國委員會不會捨棄川普。外間盛傳金主紛紛袖手，黨內人人試圖自保，以免被川普拖累。

蒲博思向他保證，絕對不會。我們絕對不會棄川普於不顧。

巴農說：「我們必須保持團隊合作。」

「你認為你能勝任嗎？」

「嘿，川普不管細節的。」巴農說，全靠我們拿主意。

巴農日後以他典型的出口成「髒」評論說：「我在八月十五日伸頭出去親蒲博思的屌，告訴建制派，沒有你們、我們贏不了。」

即使川普和他的競選團隊不知道，蒲博思卻很清楚，川普需要共和黨全國委員會全力挺他。川普幾乎沒有第一線人員在現場和選民共同呼吸，也根本不懂最基本的政治學初階入門常識。

蒲博思過去好幾年全力以赴，把共和黨全國委員會重新打造為以數據為重的機構。共和黨全國委員會汲取歐巴馬打贏選戰的策略，開始投入大量經費——超過一億七千五百萬美元——進入分析科學和大數據，追蹤個別的初選選民，並且將資訊運用到各地區，劃分街坊「戰區」，配置大量志工耕耘。

一直以來，人們都認為一旦共和黨提名人選出爐，共和黨全國委員會就會把這輛巨大的新型旅行車掛在已經相當強大的競選總部架構上。即使共和黨全國委員會在初選期間遭受所有的謾罵[4]——川普一度稱共和黨全國委員會為「丟人現眼」和「騙局」，並稱蒲博思「應該自己感到慚愧」，共和黨全國委員會實際上就是川普的助選人員。

第一步，是讓第一線工作人員把缺席投票或提前投票的選票，送到他們認為是支持川普的人手中；這些人在國家數據庫中從零到一百的評分中獲得九十分或以上。俄亥俄州大約有六百萬選民，其中約一百萬人得九十分或以上。這一百萬人將成為爭取提前投票的目標，第一線工作人員和志工將追著每個人，直到他把票投出。

接下來，第一線工作人員將設法說服那些得分為六十到七十的人，試圖說服他們投票給川普。系統旨在減少聯繫選民的隨機性，以確保志工和第一線工作人員集中精力在那些最有可能投票給川普的人身上。

競選總部在八月十七日宣布高階人事異動。《紐約時報》報導：「川普決定派布萊特巴特新聞網站董事長史帝芬·巴農擔任他的競選總部執行長，是悍然排斥共和黨長期以來努力讓他斷絕砲火亂轟和種族歧視言論惡習的表現。這些作風幫他贏得黨內提名，但現在卻威脅到他的當選機會……不過，對於川普先生來說，起用巴農先生在政治上等於訂購舒適食品。」[5]

巴農試圖讓川普坐下來，向他詳細說明戰略細節，以及如何專注特定的幾個州。但是這位候選人沒有興趣討論這些事情。

巴農向川普擔保，「如果你堅持這個劇本，並（與希拉蕊・柯林頓）進行比較和對戰，我敢從形而上學肯定，你將獲勝。每個潛在的數字都與我們同在。」

巴農後來說：「我發覺，我是導演，他是演員。」

凱莉安妮・康威七月分曾經到費城觀察為期四天的民主黨全國代表大會。她專心聽演講，和黨代表聊天，也上電視。她的觀察心得影響她現在的策略。「他們的訊息是，川普是個壞蛋，但我們不是川普。其他的訊息就是種族、性別和同性戀等等。」

康威創造一個字詞「隱性的川普選民」。這是指那些對於擺在他們眼前的選票相當困惑的人。他們說：「天啊！我老爸、我爺爺和我全是工會會員。我要投川普一票嗎？」這裡是個問號。「我要把票投給億萬富翁共和黨人嗎？」又是一個問號。

「還有一些婦女會說，你也曉得，我是支持選擇權的……但我不認為〈羅控訴韋德案〉（*Roe v. Wade*）會改變。* 但是我不明白為什麼我們日常生活越來越拮据，所以我就這樣投票了。」

大多數媒體不相信「隱性的川普選民」這一套。但是蒲博思和華爾許的資料庫，讓共和黨全國委員會和競選總部幾乎清清楚楚的明白每個可能選民的種種特質——他們喝哪種牌子的啤酒？開哪家車廠、哪種型號的汽車？他們家子女的年齡和學校，他們的房屋貸款狀況，他們抽哪種牌子的香菸等。他們是否每年申請狩獵許可？他們訂閱槍械雜誌、或是《新共和》這類的自由派雜誌？

康威說：「全國找不到一個『隱性的』希拉蕊選民。他們已經全部亮相。」

關於希拉蕊．柯林頓，她說：「她似乎沒有任何訊息要傳遞給選民。換做我是她，我一定要找到一個訊息。我要買到一個訊息，它必須非常正面、進取和樂觀。到目前為止，我在她身上完全看不到樂觀進取。」

歐巴馬在八個關鍵州，兩度拿下超過50％的選票，希拉蕊．柯林頓卻突破不了50％的民意支持度。康威同意巴農的看法，如果川普的競選方針能揪住希拉蕊猛打，別跟她辯論川普的好壞，他們可以贏得那些「隱性的川普選民」。如果競選方針只圍繞著川普，「那我們大概輸定了」。

巴農重申，六年前、二〇一〇年他初次見川普時得到的印象：「我看到了阿奇．班克（Archie Bunker）……他是提貝里烏斯．格拉古（Tiberius Gracchus）。」——即西元前二世紀羅馬的民粹主義者，他主張把土地從富有的貴族地主手中移轉給窮人。

巴農看看時程表——教育週快到了，接下來是婦女週。第三週是中小企業週。這好像是老喬治．布希在一九八〇年代打選戰。典型的鄉村俱樂部共和黨人。他說：「把這些狗屎通通丟出去。」

巴農向傑瑞德・庫許納提出一個新計畫，因為川普在每個決戰州都落後兩位數。新計畫分為三個階段：

第一階段是之後六個星期，即八月中旬到九月二十六日，也就是預定和希拉蕊第一次辯論之日。「如果我們能把差距追到五至七個百分點之間，我們就可以建立勝選的橋梁。」

第二階段是辯論之後二週。這是極其危險的時期。巴農說：「他對辯論可說是完全沒有準備。她會宰了他，因為她精於辯論和政策。」巴農又說，對付辯論的方法就是臨機應變。川普讓人捉摸不定，不會有問題。「在辯論時我們什麼都不能做……他可以走動走動，做點連接。」不過他還是悲觀：「我們會被打垮……我們在這兒將會大輸。」

第三階段是大選投票日之前最後三個星期，即最後一次辯論到十一月八日。巴農認為，出身高盛銀行的競選總部全國財務委員會主席史帝夫・米努勤（Steve Mnuchin）所主持的募款活動是低能的笑話。他們必須找川普本人掏腰包，候選人花自己的錢並沒有上限。

巴農說，他看到數據顯示，有可能贏得俄亥俄州和愛荷華州。另外，他們還必須贏得佛羅里達州和北卡羅萊納州。然後，賓夕凡尼亞、密西根、威斯康辛和明尼蘇達會回到共和黨懷抱——但是這一切聽起來像是天方夜譚。

譯注

＊〈羅控訴韋德案〉是美國聯邦最高法院大法官在一九七三年以七比二票通過的一項指標性判例。它規定依據憲法第十四條修正案所保護的隱私權，可以延伸至婦女的墮胎權。

他說：「這是諸神的黃昏（Gotterdammerung）。」——即最後大決戰。

馬納福離職的消息在八月十九日公布。

八月二十二日，《時代週刊》的封面是一張川普溶解的臉孔，標題就是「溶化」（Meltdown）。[6]

注釋——

本章訊息主要來自和第一手消息來源多次深度背景訪談。

[1] Jennifer Fermino, "Senior Donald Trump Adviser Appears to Be Fan of NYC Bondage, Swinger's Club," New York Daily News, April 12, 2016.

[2] Andrew E. Kramer, Mike McIntire and Barry Meier, "Secret Ledger in Ukraine Lists Cash for Donald Trump's Campaign Chief," The New York Times, August 14, 2016.

[3] 同前注。

[4] Bob Cusack, "Trump Slams RNC Chairman, Calls 2016 Process 'A Disgrace,' " The Hill, April 12, 2016.

[5] Jonathan Martin, Jim Rutenberg and Maggie Haberman, "Donald Trump Appoints Media Firebrand to Run Campaign," The New York Times, August 17, 2016.

[6] View the cover online at http://time.com/magazine/us/4447970/august-22nd-2016-vol-188-no-7-u-s/.

4 鹹豬手之辯

套用國家安全局的術語，俄國人「數位入侵」（reconnoitering）的跡象，最早出現在二〇一五年夏天、地方及州級的選舉委員會已經電腦化的選民登記名冊上——名冊列舉了選民的姓名和地址*。最初發生在伊利諾州，然後散布到全國二十一個州。[1]

國家安全局和聯邦調查局發現更多網路入侵的情資，全國情報總監詹姆斯·克拉普（James Clapper）擔心俄羅斯可能會利用數據設法竄改或操縱投票。他心想，只有俄羅斯人這麼幹嗎？的確，俄國人一直在搞鬼。

克拉普不敢掉以輕心，把初步情資也列入呈報給歐巴馬的「總統每日簡報」（President's Daily Brief, PDB）當中，這是最高等級的絕密簡報。歐巴馬每天透過預寫程式的 iPad 閱讀簡報，

譯注

* 美國並沒有戶口制度，因此選民必須另行註冊登記、才能取得投票資格。許多州登記時，選民若注明是民主黨或共和黨黨員，只限於在該黨初選投票，而且每次選舉都可變更登記。這也是為什麼彭博曾經是民主黨員、後來以共和黨籍及無黨籍三度當選紐約市長，最近又傳說他將在二〇一九年二月以前決定是否登記為民主黨籍、爭取二〇二〇年總統候選人提名。而且美國有些州並非電腦投票，大部分州允許提前投票或不在籍投票。不是沒有發生過投票人在公定投票日之前已經去世、或轉至另一州郡登記為選民的情事。俄羅斯駭入各州選務機構是有可能影響選舉的。

然後再把 iPad 交還。類似的 iPad 也分發給指定的「總統每日簡報」瀏覽人，包括國務卿、國防部長、國家安全顧問和中央情報局局長，只不過這些人必須在總統閱讀簡報時也在現場一起閱讀，然後iPad也要交還、不得攜出會議室。

二〇一六年七月，「維基解密」（Wiki Leaks）和「華府特區解密」（DC Leaks）開始發布俄羅斯駭客團體「舒適小熊」（Cozy Bear）和「花俏小熊」（Fancy Bear）從民主黨全國委員會伺服器偷走的電子郵件。[2] 華府特區解密也是專門發布駭客偷來的政府和軍事材料的網站。

有關俄羅斯涉入選舉的情報，引起歐巴馬的國家安全會議高度關切。隨著時間進展，情資越來越清楚、越有說服力。

歐巴馬總統應該親上全國電視黃金時段、宣布此一發現嗎？會不會讓人覺得他在抨擊川普，把這位共和黨提名人和俄羅斯扯在一起呢？會不會造成反彈，讓人覺得他在介入美國大選，試圖扭轉選情，暗助希拉蕊．柯林頓呢？

但保持緘默也有危險：天啊！我們知道俄羅斯介入這件事，可是我們沒有動作，我們沒有告訴警方？大選過後可能出現反彈，撲向歐巴馬及其國安團隊。

在非常不可能、幾近不可思議的機會下，川普當選了，這項情報也公開了，問題就會變成：他們知道什麼？他們何時知道？他們做了什麼？

中央情報局局長約翰．布瑞南（John 0. Brennan）強烈主張不要亮牌。布瑞南試圖保護中央情報局的情報來源。他說：「現在你看到（他個人、以及中情局整個機構）陷入的兩難局面」。金律是「保護情報來源」。不過，他也需要有些作為。

布瑞南需要和他的對手——俄羅斯聯邦安全局局長亞歷山大・波特尼可夫（Alexander Bortnikov）討論敘利亞局勢以及美國外交官遭到騷擾的問題。他請示歐巴馬是否可以向波特尼可夫提起俄方介入選舉的問題。

歐巴馬批准這樣私下接觸的作法。

八月四日，布瑞南告訴波特尼可夫：你們介入我們的選舉，我們已經知道了。我們有確鑿證據。

波特尼可夫矢口否認。

次日（八月五日）[3]，二〇一〇至二〇一三年擔任中央情報局副局長、兩度代理局長的麥克・莫瑞爾（Mike Morell），在《紐約時報》言論版發表一篇文章，標題是「我主持過中情局。現在我支持希拉蕊・柯林頓」。莫瑞爾指控川普，「不自覺的成為俄羅斯聯邦的特務。」

克拉普奉命向所謂的國會「八人幫」做簡報。他們是參、眾兩院共和黨和民主黨的四位領袖，以及參、眾兩院情報委員會的四位正、副主席。

克拉普相當震驚兩黨領袖竟然立場南轅北轍。共和黨人對簡報內容通通不喜歡；民主黨人則津津有味，追問細節和消息來源。簡報結束後，他很沮喪，情報越來越成為政客互踢的皮球。

到了秋天，情資報告顯示，莫斯科——和幾乎每個人都一樣——相信希拉蕊將會贏得大選。俄羅斯總統普丁的影響作業開始改變策略，轉而專注在破壞她當選總統的可能性。

克拉普和國土安全部部長傑．詹森（Jeh Johnson）是官員中最焦慮的人，亟欲提醒民眾俄國人已介入選情。十月七日星期五下午三點[4]，他們聯名發表聲明，正式指控俄羅斯試圖干預美國選舉。不過，他們在公開聲明中並未點出普丁的名字。

「美國情報機關深信俄羅斯政府近來指示從美國個人及機構竊取電子郵件的活動。這些竊取和揭露活動意欲干預美國選舉過程。俄羅斯的最高階官員是唯一能夠核准這些行動的人。」

克拉普、詹森和希拉蕊競選總部預期，這將是週末最火紅的大新聞，記者們也開始追這條消息。

不料，一個小時之後的下午四點五分[5]，《華盛頓郵報》記者大衛．法倫賀德（David Fahrenhold）發出一則報導，標題是「川普在二〇〇五年有過對女性極其猥褻的言談」。

《郵報》發布從國家廣播公司電視節目《走進好萊塢》（*Access Hollywood*）流出的一段錄音，川普大辣辣的誇耀自己的性能力。他說他可以隨意撫摸、親吻女性。川普說：「當你是明星時，她們讓你為所欲為。可以抓她們的私處。」

《走進好萊塢》這段錄音造成政治大地震。俄羅斯干預選舉的消息也被它淹沒了。

詹森日後說：「我預期它在未來幾天會受到熱切討論。[6]新聞界越深入發問，這個議題就會炒熱起來。」不料新聞界卻「因為貪欲、性和鹹豬手更吸睛，轉到牧場另一端」。

川普發給《郵報》一段簡短聲明：「這是更衣室裡的玩笑話，發生在很多年前的私人談話。比爾．柯林頓在高爾夫球場對我講過更不堪的話。如果任何人覺得被冒犯了，我道歉。」[7]

不到半個小時之後，維基解密在下午四點三十分又推出當天新聞另一顆震撼彈，發布從希拉蕊競選總部主席約翰．波德斯塔（John Podesta）個人帳戶駭到的數千則電子郵件。它們揭露希拉蕊向華爾街金融家收費演講的節錄講稿（這是她原本拒絕公布的）、波德斯塔與競選總部同仁來往的電子郵件，以及柯林頓競選總部和民主黨全國委員會主席唐娜．布瑞姬兒（Donna Brazile）之間的通訊，它們涉及到即將進行的辯論可能會的問題和主題。

午夜之後——全國政治圈對於《走進好萊塢》這段錄音湧入惡評的數個小時之後——川普透過影片道歉：「我從來沒有說我是個完美的人……這些話不能反映我是什麼樣的人。我說過它，我錯了，我道歉……我發誓明天會改過向善，也絕對不再讓你們失望。讓我們坦誠說話。我們活在真實世界。這只不過是調虎離山計……比爾．柯林頓曾經真正欺負女性，而且希拉蕊曾經霸凌、攻訐、羞辱和恐嚇受他侵害的人……星期天辯論會上見。」[8]

川普的最高本部在次日、即十月八日星期六上午於川普大樓頂樓集會。

蒲博思告訴巴農：「金主全走了，人人要退出。保羅．萊恩（Paul Ryan）今天下午會退出。」失去金主和共和黨籍國會眾議院議長的支持，代表末日到了。蒲博思說：「大勢已去。」

巴農說：「你為什麼說大勢已去？」

「人人都要撤銷他們的支持。我甚至連潘斯是否肯支持，都沒有把握。」非常龜毛、忠誠的副總統候選人也質疑這件事。

巴農說：「我操他媽的，你是在嚇唬我嗎？伙計，那只是一段錄音。」

蒲博思說：「你不懂的。大勢已去了。」

大伙兒在川普的華宅碰面。川普坐在他那張大金椅上。

他問：「百分比怎麼樣？ＯＫ，讓我們一個一個來。我真心希望知道，你們有何建議？有何忠告？」

蒲博思先開口：「你有兩個選擇。要嘛就是現在退選，否則就是在美國史上最大的山崩敗選中輸掉，然後終身羞恥。我已經被壓得喘不過氣來。每位領袖、每位國會眾議員、每位參議員，在共和黨全國委員會中我介意的每個人——他們全都氣瘋了。他們全都告訴我，你若不是慘敗、就是需要退出大選。我已經無計可施了。」

川普說：「我很高興我們是以積極論調開始。」

巴農對蒲博思說：「別來這套屁話好嗎？它是狗屎！」

蒲博思繼續說：「如果你現在退選，潘斯預備更上層樓接棒，讓康蒂．萊斯（Condi Rice）擔任他的副總統搭檔。」萊斯在小布希總統政府中擔任過國家安全顧問以及國務卿。

巴農大聲說：「這種事根本不會發生。荒唐透頂！操他媽的荒唐。」巴農出任競選總部執行長不到兩個月，他們已經透過無數的造勢活動把民調差距砍掉一半。川普現在是一顆搖滾巨星。穿短褲、戴棒球帽的紐澤西州長克里斯・克里斯蒂端坐一旁。

克里斯蒂以肯定完蛋的語氣說：「這不是競選的問題。大勢已去了。這涉及到你的品牌，你已經奮鬥了一輩子。這些孩子」——他指指川普的兒子小唐納和女婿傑瑞德・庫許納。「你必須替他們保住品牌，否則品牌就完了。」

魯迪・朱利安尼說，川普現在勝選機率不到50%。「基本上，你只有40%的機會。」

凱莉安妮・康威問：「我們要不要找《六十分鐘》？」她提議公開懺悔。「你不能在星期天做這件事，因為辯論會排在星期天……或者你打電話給美國廣播公司或國家廣播公司，讓他坐在沙發中間，伊凡卡和梅蘭妮亞分坐在兩旁，基本上就是哭一哭、表示道歉。」

梅蘭妮亞・川普（Melania Tramp）就站在康威建議他們坐的沙發椅後面。很顯然，她很生氣。

梅蘭妮亞以她的斯洛維尼亞腔說話，揮手表示不贊同：「不能這樣做。絕對不行。不，不，不。」

巴農相信，比起其他任何人，她對川普最具影響力，而且她能夠分辨誰在練肖話、誰在說真話。「她在幕後是個大榔頭。」

川普問巴農：「你認為呢？」

巴農說：「百分之一百。」

漏。

川普問：「百分之一百什麼？」

「百分之一百，你會贏。」他經常以百分之一百來表示肯定。

川普大吼一聲：「少在那裡放屁。我煩死你說什麼百分之一百。我需要知道你真心想法！」

蒲博思不相信百分之一百，也認為在座沒有任何人相信它。他看到川普很懊惱自己闖了大紕漏。

巴農再說一遍：「百分之一百。」川普的話是「更衣室裡的閒聊」。支持者還是會挺你，「他們擔心的是拯救國家」。和比爾・柯林頓做對比很方便，「我們將拿你的說話和他的行動做對比」。比爾・柯林頓是川普的正對面，就和希拉蕊和他恰恰對立一樣，或許現在更可以打這張牌。

川普問：「我們該怎麼做？」

「傑瑞德和我包下今晚八點的希爾頓飯店宴會廳。我們將在臉書上放話，號召一千個大榔頭（hammerhead），」——巴農用這個詞稱呼川普的死硬派支持者——「戴上紅色棒球帽出席。你就他媽的把場子炒熱起來，抨擊新聞媒體。我們要加倍奉還。X死他們！對不對？」

川普似乎很高興。

其他人都反對。大家吵成一團，不過還是出現折衷辦法。

康威負責打電話給美國廣播公司，安排美國廣播公司主播大衛・穆爾（David Muir）坐直升機趕來紐約。朱利安尼和克里斯蒂負責替川普寫一份引言，然後穆爾有十分鐘時間做一項專訪。

巴農認為這是政治自殺。這將斷送掉整個競選，川普會輸掉二十個百分點。

他說，他們必須讓希爾頓飯店知道會有造勢活動，因為他們必須多撒點銀子。

蒲博思再次表示，川普應該退選。「你們大家不曉得自己在幹什麼。大家都會完蛋的。」

著名的共和黨人開始要求川普退選，讓賢給麥可・潘斯（Michael Pence）。潘斯正在俄亥俄州奔走。《走進好萊塢》錄音爆出時，他已經抵達第一線。

下午一點前不久，潘斯發表聲明：「身為丈夫和父親，我對於昨天發表的十一年前那段影片中所描述的川普之語言和行為，感受到被冒犯。我不能縱容他的評論，也不能為它們辯護。我很欣慰他已經向美國人民表示後悔和道歉。我們替他家人祈禱，盼望他明天晚上出現在全國面前時，有機會展現他內心的感受。」[9]

媒體開始傳說，潘斯交給巴農一封密封的信，力促川普退出大選。

兩小時後，梅蘭妮亞・川普發出一份聲明：「我先生所使用的字眼是我不能接受、也感到冒犯的。這並不代表我所認識的男人。他具有領袖的心智。我希望人民會如我一樣，接受他的道歉，專注在我們國家和世界面臨的重要議題。」[10]

下午三點四十分，川普在推特上貼文：「媒體和建制派處心積慮逼我退選——我絕不會退選，絕不會讓我的支持者失望！」[11]

川普坐了下來。美國廣播公司專訪的準備工作也相繼展開——它的收視率很可能打破紀錄。朱利安尼和克里斯蒂交給川普一張他們的建議。

川普讀了起來：「對於一位總統而言，我的語言不恰當、不能被接受。」這全是政治語言——當然不是川普的本意，全然是朱利安尼和克里斯蒂的意思。川普的臉馬上一沉。

他說：「我不能這麼說。這是狗屎。太軟弱了。你們太軟弱了。」

巴農曉得他會如此反應。他只是閉嘴不作聲而已。

克里斯蒂說：「唐納，你不明白。」

朱利安尼說：「唐納，唐納，唐納，你必須這麼做。」你要想想那些地方的媽媽選民們的感受呀。

時間滴答滴答的流逝。

巴農轉身問康威：「妳要怎麼取消這場專訪？」

康威回答說：「你不能取消。他們已經到了」——美國廣播公司製作團隊和大衛・穆爾都已經到了。

巴農再說一遍：「妳要怎麼取消這場專訪？」

康威說：「我的信用全押上去了。你不能取消它。它已經排定了，即將進行了。」

巴農說：「這件事不能做。他不會做的。如果他說了引言，妳不能讓他接受現場專訪。他會操他媽的被剁成肉塊。」道歉不是川普會走的路，如果稍後他又被問起，他會倒退回去、講出前後牴觸的話。

他們試圖改寫稿子。

川普又讀了兩行。他說：「我不要這麼說。」

川普大樓的玻璃很厚，但是他們可以聽到支持者在街上吼叫——「可憐的人」的暴動，希拉蕊．柯林頓用這個字貶抑他們，可是川普陣營也照抄不誤。

川普宣布：「他們是我的人馬！我要下樓去。不用管造勢活動了。我要在樓下現場講話。」

祕密勤務局保鑣堅持：「你不能下樓。你不能踏出大樓。」

川普說：「我要下樓。」他起身就走：「太棒了。」

康威試圖攔阻。「你不能取消（美國廣播公司的專訪）啊！」

「我才不管。我不幹。那是個蠢主意。我從來不想做。」

巴農即將隨著川普踏進電梯，克里斯蒂喊了一聲：「等一下。」

他退後一步，川普帶著兒子小唐納、康威和祕密勤務局保鑣逕自坐電梯下樓。

克里斯蒂痛罵巴農：「你是他媽的大麻煩。打從一開始就一直製造問題。」

「你說什麼？」

「你老是慫恿他。你附和他每一項最糟的直覺。這件事完蛋了，你將遭受責備。每一次他有了糟糕的直覺，你總是鼓吹他。這丟人丟透了。」

在巴農眼裡，克里斯蒂塊頭高大。巴農心想，你這個死胖子，我們在這兒單挑吧。

但是他回答說：「州長先生，飛機明天要起飛。」他們預定飛往聖路易市，參加第二場總統候選人辯論會。「如果你上了飛機，你就是團隊一員。」

到了樓下，祕密勤務局讓步。川普可以踏出大樓，但只能在街上短暫現身。支持者和抗議者相互叫陣，說不定會有武器藏身其中。

下午四點三十分，川普踏出大樓，高舉雙手，和支持者握手幾分鐘。祕密勤務局探員和紐約市警員將他團團圍住。

有個記者問：「你還留在戰局裡嗎？」[12]

川普答說：「百分之一百。」

除了朱利安尼之外，川普總部每個人都拒絕出現在星期天上午的談話節目。蒲博思、克里斯蒂，甚且可靠的、備有厚重盔甲的、絕不說不的康威，原本都排定現身，卻通通取消。[13]

朱利安尼出現在所有五大電視新聞網上，完成所謂的「全套金斯伯格」——這是對夢妮卡・柳文斯基（Monica Lewinsky）律師威廉・金斯伯格（William H. Ginsburg）的敬佩之語。他在一九九八年二月一日，一天之內出現在所有五大新聞網的星期天節目上。

朱利安尼在每個節目上都重述同樣的話[14]：川普的話「惡劣、可怕、應受譴責」，他也已經道歉。川普已經不是二〇〇五年錄音上錄下的那個人。「大轉型」的總統大選已經使他判若兩人。[15]何況，維基解密揭露的約翰・波德斯塔電子郵件，讓我們看到希拉蕊・柯林頓到高盛銀行演講，顯示她一反公開的自由派立場，私底下和華爾街你儂我儂。全國老百姓應該更嚴厲關注它。

巴農通常不太看星期天談話秀，這一天可特別打開電視機關心。這天上午可說是砲火猛烈。當有線電視新聞網的傑克・泰伯（Jack Tapper）說，川普這些話等於是性攻擊，「就基本人性而言，都令人真切感到冒犯」時，朱利安尼被迫承認：「是的，它是如此。」[16]

朱利安尼累壞了，但是他證明他的友誼和忠誠。他在每個節目都一再借重他的天主教信仰：「你懺悔你的罪愆，你下定堅定決心不再重犯此一罪愆。然後神父賜你寬恕，接下來，你可能改過向善。我的意思是，我們相信這個國家的人民可以改變。」[17]

朱利安尼彷彿累癱了，勉強趕上要出發前往聖路易市辯論會的專機。他坐到川普隔壁位子。川普戴著眼鏡正在閱讀文件，抬頭瞪了這位紐約市前市長。

川普大聲說：「魯迪，你真是個娃娃啊！我這一輩子從來沒看過對我更差勁的辯護。他們在那兒脫了你的尿布，你像個需要換尿布的小娃娃。你什麼時候才會成為一個男人啊？」

川普又把矛頭指向別人，尤其是巴農。

「你為什麼推他上陣？他沒辦法替我辯護，我需要有人替我辯護，我的人都到哪裡去了？」

巴農回嘴：「你在說什麼啊？這傢伙是唯一上陣的人。」

川普說：「我不要聽。那是個錯誤。他不應該上陣。他太軟弱，你太軟弱。魯迪，你輸了。」

朱利安尼仰天長嘆，面無表情。離預定起飛時間過了一會兒，克里斯蒂沒有出現。巴農痛罵一聲：「我操這個傢伙。」飛機起飛、不等他了。

注釋

本章訊息主要來自和第一手消息來源多次深度背景訪談。

二〇一七年雅虎新聞／哈芬頓郵報（*Yahoo News/Huffington Post*）口述歷史計畫「十月的六十四小時：一個週末如何炸毀美國政治規則」（64 Hours in October: How One Weekend Blew up the Rules of American Politics）兼具深度和廣度的報導是本章很重要的資料來源。它由 Michael Isikoff, Dylan Stableford, Hunter Walker, Holly Bailey, Liz Goodwin, Lisa Belkin, Garance Franke-Ruta 和 Gabby Kaufman 連線報導，由 Dylan Stableford 執筆撰述。全文可詳閱 https://www.huffingtonpost.com/entry/yahoo- 64-hours-october-american-politics_us_59d7c567e4b072637c43dd1c.

[1] Pam Fessler, "10 Months After Election Day, Feds Tell States More About Russian Hacking," NPR, September 22, 2017.

[2] Eric Lipton, David E. Sanger and Scott Shane,"The Perfect Weapon: How Russian Cyberpower Invaded the U.S.," *The New York Times*, December 13, 2016; Ellen Nakashima, "Cybersecurity Firm Finds Evidence That Russian Military Unit Was Behind DNC Hack," *The Washington Post*, December 22, 2016.

[3] Michael J. Morell, "I Ran the C.I.A. Now I'm Endorsing Hillary Clinton," *The New York Times*, August 5, 2016.

[4] Joint Statement from the Department of Homeland Security and Office of the Director of National Intelligence on Election Security, Department of Homeland Security [archived], October 7, 2016.

[5] David A. Fahrenthold, "Trump Recorded Having Extremely Lewd Conversation About Women in 2005," *The Washington Post,* October 8, 2016.

[6] Yahoo News Staff, "64 Hours in October: How One Weekend Blew Up the Rules of American Politics," *Yahoo News / Huffington Post*, October 6, 2017.

[7] David A. Fahrenthold, "Trump Recorded Having Extremely Lewd Conversation About Women in 2005," *The Washington Post*, October 8, 2016.

[8] "Transcript of Donald Trump's Videotaped Apology," *The New York Times*, October 8, 2016.

[9] Yahoo News Staff, "64 Hours in October: How One Weekend Blew Up the Rules of American Politics," *Yahoo News / HuffingtonPost*, October 6, 2017.

[10] 同前注。

[11] 同前注。

[12] 同前注。

[13] Brent Griffiths, "Trump Campaign Manager Reemerges to Show Support for GOP Nominee," *Politico*, October 9, 2016; *State of the Union* transcript, CNN, October 9, 2016.

[14] *Meet the Press* transcript, NBC, October 9, 2016.

[15] *Fox News Sunday* transcript, Fox News, October 9, 2016.

[16] *State of the Union* transcript, CNN, October 9, 2016.

[17] *This Week* transcript, ABC, October 9, 2016.

5 當選美國總統

朱利安尼在有線電視新聞網和國家廣播公司上各說了一次[1]，他不預期川普會在當天晚間的辯論會上追打比爾．柯林頓或希拉蕊的私生活。但是巴農已安排他認為機不可失的必殺絕招。

巴農向川普說明，聲稱曾遭柯林頓性攻擊、或希拉蕊試圖破壞她們的四名女子，將出現在辯論會會場。寶拉．瓊斯（Paula Jones）指控柯林頓向她暴露性器官，後來柯林頓付她八十五萬美元，和解了性騷擾官司。華妮塔．布洛德里克（Juanita Broaddrick）聲稱柯林頓曾經強暴她。凱薩琳．威理（Kathleen Willey）指控柯林頓在白宮對她性攻擊。凱西．薛爾登（Kathy Shelton）指控十二歲時遭希拉蕊的委託當事人強暴，而希拉蕊為了替他辯護，汙衊她。

這是挖柯林頓舊傷疤的奧斯卡級名單，可以引爆各界對他在阿肯色州長和白宮任內種種醜聞的記憶。

巴農說，辯論會前，他們將安排這四位女性和川普一起坐下來，並且邀請記者過來採訪。

「這些他媽的媒體以為他們是來採訪辯論準備的結尾。我們讓他們進到房間來，這些女生就在房間裡。然後就是現場直播。『碰』！」

焦土作戰。巴農最喜歡的方式。

川普一整天都透過推特在轉貼布萊特巴特網頁上有關控訴柯林頓的女士之相關新聞。

川普說：「我喜歡，我喜歡！」他得意洋洋的站起來。

晚間七點三十分之前，記者們進入聖路易市四季飯店，[2]川普和四位女子已經在房間等候。巴農和庫許納站在房間後頭，笑得闔不攏嘴。

七點二十六分，川普在推特上貼文：「請加入我的臉書直播，我將完成最後的辯論準備」[3]——有線電視新聞網實質上也現場直播。

這幾位女性朝著麥克風噴火。

華妮塔．布洛德里克說：「行動聲響比言語大得多。川普先生可能說了一些髒話，但是比爾．柯林頓強暴我，而且希拉蕊．柯林頓威脅我。」

辯論會主辦單位不同意指控柯林頓的四位女士按照巴農的計畫，坐進舞台前方的貴賓家族廂房，因此她們最後才進場，坐在觀眾席第一排。

辯論會一開始，共同主持人、有線電視新聞網的主播安德生．古柏（Anderson Cooper）就提起《進入好萊塢》的錄音。[4]他說：「這是性攻擊。你誇耀你曾經性攻擊女性。你明白嗎？」

川普從容接招：「當我們面對的世界是伊斯蘭國砍人腦袋……到處都是戰爭和可怕、又可怕的景象，而且有那麼多的壞事……是的，我為它感到尷尬，我也痛恨它，但那是更衣室的閒聊。我會狠狠修理伊斯蘭國。」

稍後不久，川普說：「如果你看看比爾．柯林頓，更是惡劣。我是說說話，他卻是真正採取行動……這個國家的政治史上從來沒有任何人如此玩弄女性。」

然後，川普宣布，凱西．薛爾登和寶拉．瓊斯兩人就坐在觀眾席上，他說：「當希拉蕊……談到我十一年前說的話時，我認為那真是丟人現眼，我認為她才應該自己感到羞恥。」

共同主持人、美國廣播公司的瑪莎．雷達茲（Martha Raddatz）必須要求觀眾不要鼓掌，希拉蕊．柯林頓才能講話。

大衛．波西現在擔任巴農的競選副經理，負責日常事務管理，每天要做出數百個決定。他很快就發現誰才是真正有權的人。他和巴農、康威及庫許納一起開會，決定各種事務，譬如接下來三個電視廣告要擺哪裡等。

波西把決定傳達給負責數位廣告的人，但是發現它們並未播出。他說：「究竟怎麼了！我跑來告訴你怎麼做。我們開了會、也做了決定。」

底下人會告訴他：「不，不，不。你走了之後，傑瑞德跑來告訴我們『別做』！」

這是「非常重要的電燈泡發亮時刻」。如果庫許納沒有完全服氣，事情就辦不了。因此，每次決策會議後，波西都要找庫許納，再確認傑瑞德的心意。庫許納沒有任何頭銜，但是掌管整個選務，尤其是財務事項。他知道他岳父認為所有的錢都是他的錢，因此傑瑞德必須批准每一件事。

庫許納嘲笑巴農的提議，竟然主張川普自掏腰包五千萬美元投入總統大選。庫許納在八月分就告訴巴農：「他絕不會開出一張五千萬美元的支票。」

巴農說：「伙計，這場選戰拚搏得很激烈。」他們很快就與希拉蕊打成平手。「我們必須上電視打廣告。」他們也必須撥款到第一線。「我們至少需要五千萬美元。他必須開出支票。」

根據競選法令和規定，候選人本身可以無限制捐款給自己的競選活動。

庫許納堅稱：「他絕對不幹的。」

「這是攸關當選美國總統的大事！」

「史帝夫，除非你讓他看到他是不相上下」——肯定會贏——「我意思是不相上下，領先三至五個百分點，他絕不會開出那麼大數字的支票。」

巴農終於同意：「我想你是對的。」

庫許納說：「或許我們可以讓他掏出兩千五百萬美元。」他又加了一句警告：「但他沒有那麼多現金。」

十月十九日，在拉斯維加斯最後一次總統候選人辯論會後，川普回到紐約。接下來要向三週後的大選日全力衝刺。

巴農、庫許納和高盛銀行出身的米努勤提出一項計畫給川普，請他捐出兩千五百萬美元給競選總部。

川普說：「門都沒有，休想。去他媽的，我不幹。」那些著名的共和黨大金主都死到哪裡去啦？「那些他媽的錢在哪裡？這些傢伙的錢全都到哪裡去啦？傑瑞德，你應該去籌募這些錢的。我不幹。」

次日，他提出只要一千萬美元的新提案，在飛機上呈給川普過目。這不是貸款，只是針對支持者將會匯進來的現金捐款的預墊款。巴農並且立了一個期限：今天這一千萬美元非要到位不可。

巴農說：「不論是贏、是輸或是平手，（支持者的捐款）將繼續進來。但是我說，你將會贏。」

川普立刻頂回去：「你不知道啦，我們落後三個百分點。」

巴農認為，由此可見川普根本沒有信心會當選。

經過兩天極力爭取一千萬美元，川普終於告訴他們：「好吧，別再來煩我。我們就敲定一千萬美元吧。」

史帝夫．米努勤立刻拿出兩份文件要川普簽名。第一份講明捐款進到競選總部後，將如何退款給他。

川普針對第二份文件發問：「這是什麼？」

「匯款單。」米努勤曉得川普的每一決定都是暫時性，隨時可能反悔。沒有什麼事是一錘定案的。

川普一聲：「他媽的。」匯款單應該送給川普公司的某個人。

但米努勤說，不，你現在就必須簽字。

川普把兩份文件都簽了。

談到錢，川普就會跳起來。當他聽到主持政權交接小組的克里斯蒂為交接活動也在募款時，立刻找他和巴農到川普大樓來。

川普質問克里斯蒂：「這些他媽的錢到哪裡去了？我需要錢競選，我掏腰包競選，而你卻他媽的偷我的錢啊！」他認為所有的捐款都是他的錢。

克里斯蒂辯稱，籌募這些錢是為了川普若是當選，政權交接組織必需的經費開銷。

川普說，米特．羅穆尼二〇一二年獲得共和黨提名後，花太多時間在有關政權交接的會議上，卻沒有花足夠時間跑選舉。他告訴克里斯蒂：「那就是他輸掉的原因。你在觸我霉頭呀！我不要交接小組，我要關掉交接小組，我從第一天就告訴你，它只是榮譽職。你在觸我霉頭呀！我絕不在它上面浪費一秒鐘。」

「哇！」巴農插嘴，交接小組是有必要的。

川普說：「它觸我霉頭。我不能要它。」

巴農說：「OK，我們就這麼辦好了。我來關掉整個政權交接小組。你認為電視評論明天會怎麼說？你很有信心你會當選總統，對不對？」

川普終於勉強同意維持一個空有骨架、大幅縮小的交接組織。克里斯蒂將停止募款。

川普說：「他可以有他的交接小組。但是我不要和它有瓜葛。」

大選前兩星期，二〇一六年十月二十五日，我應邀到德克薩斯州沃斯堡（Fort Worth），向提供營建及現場服務管理軟體的 KEY2ACT 公司約四百位主管演講。講題是「美國總統年代，二〇一六年會帶來什麼？」這群聽眾幾乎全是白人，來自全國各地。

我請大家舉手表態。有多少人會投給希拉蕊？最多只有約十個人。有多少人會投給川普？房間裡有半數人舉手——大約兩百人。哇，我心想支持川普的人還真不少啊！

演講過後，公司執行長走上前來。他說：「我必須坐下來。」坐到我站的地方旁邊椅子上。他呼吸沉重：「我嚇壞了。我跟這些人天天共事，相處了一年多。我認得他們、也認得他們的家人。如果你告訴我，有兩百人打算投給川普，我會告訴你那是不可能的。」他說，他的預測是大約五五波吧。但是，兩百人？他嚇壞了。他沒有多加解釋，我當然也無法解釋。

選前十天，川普飛到非贏不可的北卡羅萊納州。他在絕大多數全國民調中都落後幾個百分點。國家廣播公司和華爾街日報合作的民調指他落後六個百分點。

巴農和代表十一選區的國會眾議員馬克・梅多斯（Mark Meadows）談話。梅多斯是茶黨寵兒，也是由大約三十位保守派和自由意志派共和黨國會眾議員組成的、強大的「自由黨團」（Freedom Caucus）之主席。他非常支持川普。一整個夏天，他領導造勢大會上的群眾呼喊他們最愛的反柯林頓口號：「把她關起來！」

巴農告訴梅多斯，在所有決戰州當中，「這一州最讓我擔心」。選情似乎一直膠著，無法突破。

梅多斯不同意他的觀察。「福音派已經出動，他們挨家挨戶按門鈴拉票。我要告訴你，你們不需要再回到北卡羅萊納來了。我們已經拿下它了。」梅多斯的太太偕同其他保守派女性在《進入好萊塢》錄音外洩之後，已經包租一輛巴士，巡迴全州，力促女性投票給川普。梅多斯說，局勢已經穩住，而且越來越好。

梅多斯有個大計畫，想要推翻眾議院議長保羅・萊恩。他交給巴農一份卷宗，說：「請你讀讀它。在川普當選後二十四小時，我們將發動質疑萊恩的聲音，他就完了。我們接管眾議院，然後我們就真正完成革命大業。」

巴農雖然看到川普和潘斯策略的積極面，他還是不敢掉以輕心。巴農相信，他們善於運用潘斯[5]，基本上是讓他掃遍全美各州——在賓夕凡尼亞州至少亮相二十三次；俄亥俄州二十五次；北卡羅萊納州二十二次；愛荷華州十五次；佛羅里達州十三次；密西根州八次；威斯康辛州七次。潘斯在各州拜票所打的主題，彷彿他在競選該州州長，專注在地方議題，以及川普總統在華府能為該州做什麼。巴農說：「我們必須把他（潘斯）送到基督國度。」

他說，川普在四十一個人口薈萃的大中心，基本上彷彿在競選縣政委員。

巴農很驚訝，希拉蕊・柯林頓陣營沒有戰略性的妥善運用歐巴馬總統。歐巴馬在二〇〇八年和二〇一二年在愛荷華州贏了六至十個百分點，可是現在「他從來沒去過」。希拉蕊在大選階段從來沒去威斯康辛州，她在經濟議題上的著墨也不夠。

巴農說：「當我看到她跑到亞里桑那州，我說，他們他媽的頭殼壞了。他們在幹什麼呀？」

歷史學家未來幾年也許會著書立作，試圖回答這個問題和相關的二〇一六年大選事務。我也有打算在下一任總統執政的頭一兩年寫一本書——下一任總統似乎將是希拉蕊・柯林頓，但是沃斯堡演講的隨機調查，卻讓我猶豫。

大選前兩天，即十一月六日，我參加克里斯．華萊士（Chris Wallace）主持的《福斯新聞星期天》，節目的討論轉移到川普勝選的可能性。[6]

根據謄文紀錄，我在節目上說：「如果川普真的當選了，這怎麼可能的？究竟大家沒看到什麼？我認為我在全國各地旅行，和德克薩斯、佛羅里達和紐約的若干團體談話，發現人們並不相信民調。他們看待投票是很個人的事。他們不喜歡什麼我是某種人口團體，因此我將會如此做……這種論調。他們希望自己做主。」

華萊士問，我是否認為這代表民眾向民調人員說謊。

我說：「我認為這很有可能。」但是我沒有看到任何跡象、也沒有任何內幕消息。我完全不了解究竟是怎麼一回事。

選前一天，川普到五個州、包括北卡羅萊納州，旋風拜訪拉票。他累壞了。

他在首府萊利市（Raleigh）一場集會中說：「如果我們沒贏，我會認為這是最最浪費……時間、精力和金錢的一件事……如果我們沒贏，我們全部人——很誠實吧？我們全都浪費了時間。」[7]

講這種話很怪異，彷彿承認甘拜下風，但是群眾顯得喜歡它，把它當做是鼓舞士氣。

希拉蕊最後的造勢活動之一是十一月七日，上萬人聚集在費城的獨立廳。歐巴馬總統也出席。根據希拉蕊著書的敘述[8]，他擁抱她，向她低聲說：「妳贏了。我很為妳驕傲。」

大選日大約下午五點，川普收到最新的出口民調報告。選情十分嚴峻。在俄亥俄和愛荷華打成平手，賓州落後九個百分點，北卡羅萊納落後七個百分點。

川普告訴巴農：「我們已經盡全力了。一切都聽天由命了吧。」

開票夜，看著《紐約時報》網頁上即時預測鐘的指針轉動，實在扣人心弦。它一開頭，預測希拉蕊有85%的勝算。但是指針開始快速轉向川普。川普的好兆頭是北卡羅萊納州。非洲裔和西班牙語裔的投票率低迷。晚上十一點十一分，北卡羅萊納州宣布川普勝選。[9]俄亥俄州和佛羅里達州已在晚上十點三十六分和十點五十分，先後宣布川普勝選。[10]愛荷華州在十二點二分也跟進宣布川普勝選。

歐巴馬總統發訊給希拉蕊·柯林頓，表示他很關心，若是再像二〇〇〇年總統大選來個結果不確定，會對國家造成傷害。如果她會輸，她應該迅速、有風度的認輸。

美聯社在凌晨二點二十九分宣布川普贏了威斯康辛州，並且宣布他當選了。[11]

希拉蕊在稍後不久，親自打電話向川普承認落敗。

川普前往曼哈坦中城、離川普大樓不遠的紐約希爾頓大飯店向群眾發表談話。

他中規中矩的說：「現在該是美國人綁上分裂的傷口的時候了。我向我國每位公民保證，我將是全體美國人的總統。」[12]

「我從一開始就說，我們不是打選戰，而是一場難以想像的偉大運動……涵蓋所有種族、宗教、背景和信仰的美國人。」

「我們必須拿回我們國家的命運，勇敢做大夢。」

「我們將找出共同立場、不是敵對；夥伴關係，而非衝突。」

他感謝他的家人、康威、巴農、阿拉巴馬州聯邦參議員傑夫・賽辛斯（Jeff Sessions）和麥可・佛林（Michael Flynn）將軍。賽辛斯最早表態支持川普，被川普稱許是「偉大的男子漢」。退役陸軍將領佛林在競選總部擔任國安事務顧問，與川普建立極為親密的關係。

他誇獎蒲博思：「萊恩斯是個超級明星。但是我說：『萊恩斯，除非你贏了，他們不能稱呼你是超級明星。』萊恩斯，請你上來。」他從人群中找到蒲博思，請他上台。[13]

蒲博思從人群中站了出來。

川普說：「講幾句話啊。不，請上來，講幾句話。」

蒲博思清清喉嚨說：「各位女仕、各位先生，下一任美國總統唐納・川普先生——」

川普說：「了不起的人。」彷彿他完全明白共和黨全國委員會為他貢獻良多——所有的金錢、工作人員、志工和積極拉票——又補充一句：「我們和共和黨全國委員會的夥伴關係，對於成功和過去的努力，至為重要。」

他的結語是：「過去兩年太了不起。我愛這個國家。」

巴農相信川普本身也大吃一驚。巴農日後說：「他根本不認為自己會贏，他根本沒有準備。他從來沒認為他會輸，但也不認為他會贏。兩者是有差異的。你必須記得：沒有準備、沒有政權交接小組。」

普丁從俄羅斯致電道賀，中國國家主席習近平也打電話來道賀。其他許多世界領導人亦紛紛來電。巴農回憶：「他終於回過神來，這是真的。這個傢伙完全沒有準備。希拉蕊．柯林頓成年後花了一輩子準備迎接這一刻，川普卻沒花一秒鐘為這一刻做準備。」

睡了幾個小時後，巴農開始翻閱政權交接小組提出的文件。他認為，全是高級垃圾。

針對國防部長人選，他們提議新罕布夏州某位大金主。簡直難以相信，現在有四千個職位可以安插人選。他明白他們至少必須暫時與建制派合作。或許比較合適的字眼是披上羊皮——起用一些有經驗的人。

巴農下達命令：「把負責這件事的主任給我找來。」想要找出勉強存在的交接小組人員來討論。「讓他立刻到我辦公室來。」他根本不記得此人姓名。

巴農打電話到這位主任辦公室。他問，他能過來一談嗎？

「恐怕很難。」

為什麼？

「他在巴哈馬。」

巴農說：「這真是兒童樂園呀！我操他媽的，我們要怎麼組成一個政府啊？我們在十星期後的正午要接班了。我們必須和時間賽跑。」

蒲博思和巴農現在將分享最高的幕僚權力。他們達成一個不尋常的安排。巴農的職銜是「首席策士」——一個全新的頭銜和主意；蒲博思將出任白宮幕僚長。新聞稿把巴農列在前面[14]，蒲博思也同意，只要巴農不來搶幕僚長職位就行——傳統上，幕僚長排名在前。

注釋——

本章訊息主要來自和第一手消息來源多次深度背景訪談。

二〇一七年雅虎新聞／哈芬頓郵報口述歷史計畫「十月的六十四小時：一個週末如何炸毀美國政治規則」兼具深度和廣度的報導是本章很重要的資料來源。

[1] *State of the Union* transcript, CNN, October 9, 2016; *Meet the Press* transcript, NBC, October 9, 2016.

[2] Yahoo News Staff, "64 Hours in October: How One Weekend Blew Up the Rules of American Politics," *Yahoo News/Huffington Post*, October 6, 2017.

[3] 同前注。

[4] Presidential Debate at Washington University in St. Louis, Missouri, transcript, Commission on Presidential Debates, October 9, 2016.

[5] Pence's campaign appearances were recorded by the nonpartisan P2016: *Race for the White House*, http://www.p2016.org/trump/pencecal1116.html.

[6] *Fox News Sunday* transcript, Fox News, November 6, 2016.

[7] Donald J. Trump, "Remarks at J. S. Dorton Arena in Raleigh, North Carolina," November 7, 2016. Online by Gerhard Peters and John T. Woolley, *The American Presidency Project*. http://www.presidency.ucsb.edu/ws/?pid=122536.

[8] Hillary Clinton, *What Happened*（New York: Simon & Schuster, 2017）, p. 378.

[9] Lauren Easton, "Calling the Presidential Race State by State," AP, https://blog.ap.org/behind-the-news/calling-the-

presidential-race-state-by-state.

[10] 同前注。

[11] 同前注。

[12] Donald J. Trump, "Remarks in New York City Accepting Election as the 45th President of the United States," November 9, 2016. Online by Gerhard Peters and John T. Woolley, *The American Presidency Project*. http://www.presidency.ucsb.edu/ws/?pid=119495.

[13] 同前注。

[14] Donald J. Trump, "Press release—President-Elect Donald J. Trump Announces Senior White House Leadership Team," November 13, 2016. Online by Gerhard Peters and John T. Woolley, *The American Presidency Project*. http://www.presidency.ucsb.edu/ws/?pid=119641.

6 展開人事部署

大選之後一星期，準總統邀請陸軍退役四星上將傑克・基恩（Jack Keane）到川普大樓，預備延攬他出任國防部長。

川普說：「你是我的頭號人選。」

七十三歲的基恩經常上福斯新聞網評論時事，也是前任副總統狄克・錢尼（Dick Cheney）的親信顧問，他當場婉謝。基恩太太久病臥床，最近才去世，債務壓力很大、因此無法接受厚愛。一個小時的談話中，他對川普解說世界大勢，提出若干建議。

他說，準總統先生，國會、輿論和你的內閣將涉及到你的國內議程。「在國家安全和外交政策領域，它真正由你乾綱獨斷。不論你要不要，世界問題總是會來到賓夕凡尼亞大道一千六百號。」

「國內施政出了岔錯，還有矯正機制。你還可以重新來過。（國家安全方面）可沒辦法重新來過。當你犯了錯，後果非常巨大。」

他認為歐巴馬總統在當前危險的世界太過軟弱。

基恩提出警告：「透過我們的作為或不作為，我們實際上可以擾動半個世界、引起極大的問題。」

川普請教他，願意推薦誰來擔任國防部長。

基恩說，從務實的角度看，應該找詹姆斯·馬提斯。他是陸戰隊退役四星上將，原本是主掌中東戰場的中央總司令部總司令，由於被認為立場太鷹派、太急欲與伊朗軍事對抗，於二〇一三年遭到歐巴馬罷官。

川普說：「他是個好人，對不對？」他曾經聽過馬提斯的盛名，綽號是「瘋狗」和「天下大亂」。

基恩說：「是的，閣下，他是個好人。」他說，起用馬提斯有好處。「他不脫節、掌握現勢。假如我們碰上重大問題，你有個部長第一天就能捲起袖子，對付問題。這是第一點。」

「第二點，他非常有經驗，尤其是對全世界最動盪的中東地區瞭若指掌。而且他是（在阿富汗和伊拉克戰場）經驗豐富的沙場老將。他在軍隊內外都極受敬重。」

基恩說：「外界不知道的是，他非常的深思熟慮、慎謀能斷。」

川普問：「你這是什麼意思？」

「他把事情思考得很透徹。他花時間徹底思考問題。」馬提斯終身未娶，喜愛讀書，藏書七千多冊。他另一個綽號是「戰士僧人」（Warrior Monk），可謂全心全力投入軍旅，服役超過四十年。他全心投入，但是冷靜過人。基恩說：「我非常敬重他。他是個有勇有謀的正人君子。」

回到車上後，基恩立刻撥電話給馬提斯。他說明，川普先請他擔下重任，但是他婉拒了。

馬提斯似乎需要保證。他說：「傑克，你真的不肯嗎？」

基恩說：「我不能答應。吉姆，你可以擔任，對不對？」

馬提斯回答說：「是的，傑克。」

「他們似乎已經決定要物色一位軍人擔任（國防部長），因為面臨的挑戰相當艱鉅。」

十一月稍後，川普邀請六十六歲的馬提斯到貝德敏斯特。馬提斯沉靜的身形令人印象深刻。川普強調，我們必須處理伊斯蘭國。伊斯蘭國由伊拉克凱達組織遺孽發展而成，並且凶猛的擴張進入敘利亞，懷抱建立哈里發王國的野心。川普在競選期間保證要擊潰伊斯蘭國，而它的威脅也日益上升。

馬提斯目光炯炯有神，正視川普。他說：「我們需要改變目前的作法。這不能是持久消耗戰。這必須是殲滅戰。」

川普喜愛這個概念。太棒了。他當下邀請馬提斯主掌五角大廈，不過兩人也講好不立刻對外宣布。

巴農認為馬提斯在社會政策方面立場太傾向自由派，內心裡是個全球主義者，但是川普和馬提斯建立的聯結卻至關重要。馬提斯既是戰士、又是能讓大家都安心的人。巴農很快就稱呼他是「擔保部長」（the Secretary of Assurance），是川普「政府的道德重心」。

在貝德敏斯特，巴農把川普約談內閣人選後的拍照動作安排得有如唐寧街十號，讓川普和訪客走出那道大門。

他告訴川普：「這會很完美。我們把媒體安排在街對面。你就像個英國首相那樣接待訪客。」

許多報紙刊出的照片是川普和馬提斯站在大門前，川普握拳、而馬提斯則是完美的陸戰隊姿勢，筆直站立、沉靜內歛。

九一一恐怖攻擊事件後，馬提斯上校率領陸戰隊攻打阿富汗。在海軍特戰部隊服役十七年的海軍上校鮑布．霍華德（Bob Howard）也率領特戰部隊參戰。

馬提斯在二〇〇一年問霍華德：「嗨，願意跟我一塊兒去嗎？」此後十二年，霍華德一直在馬提斯麾下擔任要職。

二〇一三年夏天，已經官拜海軍中將的霍華德奉調到佛羅里達州麥克狄爾空軍基地（MacDill Air Force Base），在馬提斯底下擔任中央總司令部副總司令。他住進單身軍官宿舍。工作了一整天，回到宿舍，他的行李竟然通通不見了，屬下報告說，全部被送到馬提斯將軍家去了。

霍華德趕到總司令家去。一走進廚房，發現馬提斯將軍正在替霍華德摺內衣褲。

霍華德大吃一驚：「長官，你這是在幹什麼呀？」

馬提斯說：「我正在洗衣服，順便連你的也洗了。」

霍華德發現馬提斯是他追隨過的最親切、謙虛的軍官。馬提斯介紹霍華德時不說這是「我的副手」，而是說：「我希望你認識我的共同司令官。」

霍華德退役後，投效洛克希德馬汀公司（Lockheed Martin），奉派到阿拉伯聯合大公國擔任中東地區最高主管，但和馬提斯仍然保持聯繫。

馬提斯擔心歐巴馬政府未能遏阻伊朗會造成影響。

但是霍華德說，「如果你了解吉姆．馬提斯，就知道他不是好戰派。」

在美軍陸戰隊史上，伊朗對陸戰隊造成的傷害一直未能癒合，而且伊朗也一直沒有受到懲罰。伊朗幕後支持恐怖分子在一九八三年於貝魯特襲擊陸戰隊營房。這次攻擊造成二二〇名陸戰隊員喪生，是隊史上一天之內殉難員額最高的一次。另外還有二十一名美國軍人喪生，因此殉難人員總數是二四一人——在九一一之前，它也是針對美國最大規模的恐怖攻擊。當時馬提斯在陸戰隊任職已十一年，職階為少校。

馬提斯在二〇一〇至二〇一三年擔任中央總司令部總司令，根據一位高級助理的說法，馬提斯認為伊朗「仍然是對美國在中東利益最大的威脅」。他很擔心以色列將會攻打伊朗的核子設施，把美國捲入戰爭。

馬提斯也認為美國在中東地區沒有足夠的軍事力量，也沒有健全的交戰準則。他透過國防部長里昂．潘內達（Leon Panetta）上書歐巴馬總統，爭取更大的權力以回應伊朗的挑釁。他擔心伊朗可能在國際水域布雷，在海上製造事端、升高衝突。

國家安全顧問湯姆．唐尼隆（Tom Donilon）負責回答馬提斯。號稱「唐尼隆備忘錄」的這份文件指示，在任何情況下，馬提斯都不得採取行動對付伊朗在國際水域布雷，除非魚雷實質上布放在美國軍艦的通路上、對軍艦造成迫在眉睫的危險——「唐尼隆備忘錄」是馬提斯一上任國防部長後，最先廢除的一批命令之一。

馬提斯繼續撻伐伊朗，他發現美國對伊朗的戰爭計畫並不充足。全部依賴航空力量，沒有廣泛的聯合作戰計畫。計畫有五個打擊選項——第一是針對伊朗小型船隻，第二是對付彈道飛彈，第三是對付其他的武器系統，第四是對付入侵。

「第五個打擊選項」是摧毀伊朗核子項目的計畫。

馬提斯寫了一份熱騰騰的備忘錄呈給海軍作戰司令，聲稱貴屬海軍完全沒準備好迎接波斯灣的戰爭。

潘內達告訴馬提斯，他對伊朗的立場已和歐巴馬白宮扞格不入。他要求馬提斯給我一些東西，俾能對抗此一觀點。

馬提斯答：「我領薪餉就得提供我的最佳軍事建議。他們負責決定政策，我不會改變我的想法去安撫他們。如果他們不信任我，我可以辭職。」

果然他下台了，馬提斯提前五個月被拔除職位。二〇一三年三月卸任時，他用碎紙機銷毀他所謂的「一大本智慧書」——幾乎一呎厚，包含他所寫的一切重要備忘錄、文件、筆記、議題摘要和隨筆。崇敬歷史的他，他沒有選擇留給別人任何他的文件。

在他的卸任總結報告裡，馬提斯附上一份十五頁的伊朗戰略建議，因為他不認為歐巴馬政府有任何伊朗戰略可言。雖然他注意到歐巴馬對伊朗局勢發表過若干聲明，但馬提斯評論說：「總統的演講並非政策。」

他草擬的戰略專注對抗、而非容忍伊朗透過真主黨、聖城軍（Quds Force）*作戰的擾亂行動，也不容忍他們在伊拉克破壞美國的行動。它被設計來重新建立美國的軍事可信度。第二部分則是一個長期的交往計畫，以營造對伊朗的輿論。馬提斯下台，根本沒人介意他對伊朗的觀點。但當他被川普提名為部長，這份計畫書突然洛陽紙貴，連搶印都來不及。[1]問題是，馬提斯被川普鷹派政府派任為國防部長，是否意味可能與伊朗爆發軍事衝突呢？

在前任國務卿詹姆斯．貝克（James A. Baker III）和前任國防部長羅伯．蓋茨（Robert Gates）建議下，川普和雷克斯．提勒森（Rex Tillerson）會面。六十四歲的提勒森過去十年擔任艾克森—美孚石油公司（Exxon Mobil）執行長。

川普對於德州土生土長的提勒森之自信相當折服。提勒森身材高大，在艾克森服務四十年，沒有絲毫政府公職經驗。他透過商場交易、穿梭世界各地看待世界，他是個跑遍世界各地、談判石油合約的生意人，包括和俄羅斯敲定數十億美元的協議。普丁曾在二〇一三年頒發俄羅斯友誼勛章給提勒森。

十二月，川普對華府政治圈嗤之以鼻，但是擁抱企業界，他提名提勒森出任內閣首席要職，擔任國務卿。川普告訴助理們，提勒森扮相很適合在國際舞台亮相。凱莉安妮・康威在電視上說，「這是一位十分川普型的人選」，保證會有「重大影響」。[2]

注釋

本章訊息主要來自和第一手消息來源多次深度背景訪談。

[1] 川普二〇一六年十二月一日在辛辛納提的一項集會中宣布，他將提名馬提斯為國防部長。

[2] Chris Cillizza, "Here's Why Donald Trump Picked Rex Tillerson as Secretary of State," *The Washington Post*, December 13, 2016. Conway gave her comments on a December 12, 2016, episode of MSNBC's *Andrea Mitchell Reports*.

譯注

* 聖城軍是伊朗革命衛隊的一支特種作戰部隊。

7 延攬葛瑞・柯恩

傑瑞德・庫許納邀請高盛銀行總裁葛瑞・柯恩在十一月三十日來和他岳父談論經濟問題。會談安排在川普大樓。柯恩在這家龍頭投資銀行裡是個傳奇的冒險家，他的自大和自信可以媲美川普。柯恩被提醒，川普通常和人談話不超過十分鐘。

川普辦公室裡已經坐著巴農、蒲博思、庫許納和史帝夫・米努勤。米努勤是高盛銀行出身的避險基金經理人，過去六個月是川普競選總部頭號募款人，已經被賞賜財政部長的要職，只不過還未對外公布。

柯恩告訴川普，美國的經濟大體上還不錯，但若是採取某些行動，它即將會有一段成長爆炸期。要達成它，經濟需要有稅制改革，以及消除過度管制的束縛。

柯恩曉得這是川普愛聽的話。但接下來，這位紐約市民主黨人告訴準總統他不愛聽的話。他說，我們是貿易立國的經濟體。自由、公平和開放貿易是最根本要務。不過川普在競選期間打著反對國際貿易協議的旗號。

其次，美國是全世界移民的中心。柯恩說：「我們必須繼續維持邊境開放。」就業前景相當有利，美國很快就會勞動力不足，因此必須容許移民繼續流入。「我們國內有很多工作是美國人不願做的。」

接下來，柯恩重複每個人都說的：利率在可預見的未來將會上升。

川普說，我同意。「我們現在應該借很多錢，守住它，然後賣掉它，可以賺錢。」

柯恩很震驚，川普竟然缺乏基本認識。他試圖解說。如果你是聯邦政府，透過發行公債借錢，你會增加美國赤字。

川普問，你是什麼意思？多印點鈔票不就行了嗎？

柯恩說，你不能那樣做。我們有龐大的赤字，它們影響重大。政府不能有這樣的資產負債表。「如果你想做些聰明的事──你事實上是有權的──我可以在美國國庫券上發行五十年期或一百年期的公債。」

近年來因為利率下跌，財政部已經把債券期儘可能調到十年以下。柯恩說，這樣做是對的。利率升高下，保險公司和年金會願意以五十年或一百年為期借錢給政府。若是利率3.75%，或許可以做得到。在未來五十年至一百年，這將是真正低廉的錢。

「哇！」川普說：「這是好主意。」他轉頭問米努勤：「我們能做到嗎？」

內定的財政部長說：「當然可以。我們絕對辦得到。」

川普再問：「你同意他的見解嗎？」

米努勤說：「是的，我同意他的意見。」

川普說：「你替我辦了六個月的事。為什麼你根本沒跟我講這種事？為什麼他是第一個告訴我這件事的人？」

柯恩說，現在世界上沒有可以沒有風險、就得到3.75%的東西。這種公債早就搶翻天，吸引許多買家了。五十年期的公司債在全世界各地都在賣。投資人希望無風險、高收益的東西。

話題轉到聯邦準備理事會，柯恩提到美國多年來實質利率為零。利率只有一條路，往上升，理由有二：經濟將更趨強勁，利率升高會壓低通貨膨脹。

他說：「因此，如果聯準會由我當家的話，我會升息。」

川普曉得歷任總統都喜歡維持低利率，可以有助於經濟。於是他說：「我不會找你主持聯準會。」

柯恩說：「沒問題。那是全美國最糟的工作。」

話題再轉到稅務方面。柯恩說：「過去十年對我的行業而言，35%的公司稅率，很棒。我們把公司移轉到10%稅率的轄區去，他們付給我們極大的費用。」他是以高盛銀行總裁身分說話。所謂移轉指的是把公司的法人地址搬到稅負低的國家去，如愛爾蘭或百慕達，成立新的母公司，同時在高稅賦國家以附屬公司維持營運和管理。

高盛已經協助數十家公司遷移到海外。公司的負責人和董事會對股東負有責任，應該最大化利潤，而遷址可以大幅提升獲利。幾乎所有的製藥廠和保險公司都已搬遷。

柯恩吹噓說：「還有什麼地方我只需把從事X行業的公司總部遷過去、明天繼續從事X行業，但一夕之間就增加20%的利潤？」

接下來，柯恩提出不利高盛的論點，他說：「我們不能容許這種事繼續發生。我們必須把我們的公司稅率調降到平均水平，即大約21%或22%左右。」

雖然國會訂下若干限制，但總是有辦法繞過新法律。「我們不能讓公司繼續遷出美國，這樣不好，企業這樣做是不對的，這對就業也不利。我這麼說是違背我這一行的利益，但我們賺太多錢了。」

川普又回到印鈔票的主意。他說：「我們再借錢呀。」他顯然以為他所領導的聯邦政府有全世界最好的信用評比，因此可以用最低的利率借到錢。

柯恩沒有提到大選期間出現的一項報導[1]，它指出川普集團的企業信用評比在一百分中只有十九分，比全國平均低了近三十分，要借錢恐怕很困難。

柯恩說，你不能光靠印鈔票成事。

「為什麼不行呢？為什麼不行呢？」

國會對於聯邦政府能借多少錢，設定舉債上限，那是有法律拘束力的。很顯然，川普根本不曉得美國政府債務周期的資產負債表怎麼運行。

通貨膨脹可能持平。柯恩說，自動化正在來臨——人工智慧、機器學習、機器人等等。我們現在將比人類史上任何時刻都更有效率管理勞動供給。因此，請記住，就損失就業機會而言，你處於最危險的時代。我們現在能以機器創造勞動力。

「如果你擔任八年總統，你將處理汽車和卡車的自動化駕駛。大約25%的美國人今天是靠著開車生活的唷。你不妨多想一想。」

川普問：「你在說什麼？」

有了自動駕駛無人汽車，數以百萬計的人將以不同的工作重新進入職場。這將是個重大的改變、可能也出現極大的動盪。

川普說：「我要你來幫我做事。」

「做什麼呢？」

川普提起國防部副部長。

柯恩聲明：「首先講清楚，我不當任何部門的副手。」

那麼全國情報總監如何？

柯恩說不，他不清楚這個職位要做什麼。他後來才曉得，全國情報總監要監督中央情報局及其他所有情報機關。

川普說：「你是搞商品交易的，要不要考慮當能源部長呢？」

沒興趣。

川普試圖說服柯恩擔任預算暨管理局長。

不。柯恩曉得那是吃力不討好的差事。

談話已經進行了一個小時。最後，川普說：「你曉得嗎？我找錯人當財政部長了，你應該當財政部長的，你將會是最棒的財政部長。」

米努勤就在現場，一聲不吭，臉上毫無表情。

川普說：「你回家想一想，再告訴我你要什麼職位。你加入團隊一定很有用，太棒了。」

五分鐘後，柯恩都還沒走出川普大樓，他看見電視螢幕秀出快報：準總統川普已選定史帝夫・米努勤為財政部長。[2]

傑瑞德說：「真是瘋狂。米努勤趕緊對外放話。他在會議裡被嚇壞了。」

柯恩做了一些功課，也找了一些曾經在政府擔任過公職的其他前高盛同仁請教。羅伯・魯賓（Robert Rubin）在柯林頓政府先後擔任過白宮全國經濟委員會主席和財政部長。他認為如果柯恩能出任全國經濟委員會主席、並獲得保證可以總攬經濟事務，他應該接受。如果他和總統達成協議，在白宮西廂工作有極大的好處。

柯恩的太太麗莎（Lisa）也鼓勵他出任公職，因為他虧欠國家太多。「你動作太慢、又太胖、太老，沒有其他方法可以報效國家。」

柯恩回去見川普，表示對白宮全國經濟委員會一職有興趣，只要任何經濟事務都得經過他就行。這個職位之於經濟事務，就等於國家安全顧問總綰外交政策。

川普說：「當然沒問題，你要怎麼辦都行。我們將一起成就大事。」

蒲博思也參加會面，但很擔心這種當場聘用的作法。他後來告訴川普：「我們要聘這個投票支持希拉蕊・柯林頓的民主黨人來主管經濟委員會嗎？我們是不是應該再討論一下？我相信他真正很聰明。但是我們是否應該先討論，再應許這樣一個重要職務？」

川普說：「喔，我們不需要再討論了。」何況，已經邀他任職，他也已經接受了：「他一定會幹得不錯。」

二〇一六年聖誕節次日[3]，我透過電話找到麥可．佛林，川普剛內定的國家安全顧問。他正在佛羅里達度假，探望孫兒女們。佛林是個有爭議的三星退役將領、情報專家，選戰期間就以外交政策顧問身分追隨在川普左右。在共和黨全國代表大會上，他忘情領導群眾高喊反希拉蕊的口號：「把她關起來！」事後他為此道歉。

歐巴馬在二〇一四年以管理不當為理由，拔掉佛林國防情報署署長的官職。大選過後，川普不聽歐巴馬的建議，照樣派定佛林為國家安全顧問。

我打電話給佛林想請教他對俄羅斯的看法。某些情報界和五角大廈官員告訴我，近年來俄羅斯致力於現代化及改進他們的核子武力，已經有一種新型的潛艇發射彈道飛彈和兩種新型的洲際彈道飛彈。

佛林負責任的答說：「是的，的確如此。」他說，過去七、八年，在普丁指示下，俄羅斯「沒有趕上美國，但是比我們聰明多了」。

他說，十八個月前、二〇一五年、他和川普初次見面時，他就已經告訴川普俄羅斯布建兵力的情形。他說，他們都認為美國放棄太多的兵力、訓練、備戰和現代化。

他說，普丁以「有系統的作法」，不僅提升核武力，也提升戰術、傳統武力和特戰部隊。

「如果俄羅斯成為敵人，我們要跟他們對抗，將面對一個事實——普丁會運用創新、科技和非常的努力。」

接下來佛林公然談到美國可能必須開始試爆核武器的可能性。美國最後一次試爆核武器是一九九二年。他說：「我們必須即將決定是否再次試爆。」電腦測試可能已經不夠，驗證核武器是否有用，非常重要。

「我對上級長官的建議是，我們必須投入時間、精力和資源在這方面。」他說，川普的計畫是，言詞和行動都要強硬——向普丁「挽弓射箭」。他又說：「我們將借重雷根的劇本。」要勇猛，然後再談判。「我們必須同時讓外界很清楚，我們會和俄羅斯談判。你不能對俄羅斯只有一個觀點。」

佛林廣受批評是因為他在二〇一五年前往俄羅斯，收受俄羅斯國營電視網三三七五〇美元報酬而演講。[4]他說，那是一個機會，而且他能夠見到普丁。他說：「任何人都會去的。」

佛林在莫斯科進行一段問與答。他有標準的說法，籲請美俄改善關係以擊潰伊斯蘭國，強調界定敵人的重要性，以及不能只像歐巴馬做的、只想圍堵伊斯蘭國。佛林告訴我，就整體外交政策而言，「準總統手上端了一盤全世界的屎。世界一團亂，需要做很多清潔工作。」

注釋

本章訊息主要來自和第一手消息來源多次深度背景訪談。

[1] Christine Giordano, "Trump's Business Credit Score Is 19 Out of a Possible 100," Fox Business, October 20, 2016.

[2] Donald J. Trump, "Press release—President- Elect Donald J. Trump to Nominate Steven Mnuchin as Secretary of the Treasury, Wilbur Ross as Secretary of Commerce and Todd Ricketts as Deputy Secretary of Commerce," November 30, 2016. Online by Gerhard Peters and John T. Woolley, *The American Presidency Project*. http://www.presidency.ucsb.edu/ws/?pid=119711.

[3] Interview with Michael Flynn, December 26, 2016.

[4] Rosalind S. Helderman and Tom Hamburger,"Trump Adviser Flynn Paid by multiple Russia-Related Entities, New Records Show," *The Washington Post*, March 16, 2017.

8 俄羅斯駭客

大選之後，歐巴馬總統指示他的情報首長們製作一份有關俄羅斯干預選情的明確、高度機密的報告，要舉出所有消息來源及細節。它將向國會「八人幫」及準總統川普做簡報。

另一份結論相同、但不列出消息來源的、不設限保密的濃縮版[1]，將在歐巴馬於一月二十日卸任前對外公布。

全國情報總監詹姆斯・克拉普、中央情報局局長約翰・布瑞南、聯邦調查局局長詹姆斯・柯米（James Comey）和國家安全局局長麥克・羅傑斯（Mike Rogers）碰頭討論對川普的簡報重點。他們曉得他會把這份報告當做是在挑戰他的勝選、質疑他當選的正當性。他們同意，他們必須異口同聲。

克拉普鼓勵各機關要團結一致，他說：「這是我們的報告，我們必須堅持相同的說法。」克拉普將是主要的簡報人。他們必須有信心的講話。很顯然，簡報將招惹猛獸怒吼。

稍早的十二月，布瑞南打電話給克拉普。他收到一份三十五頁的文件，這是來自通稱MI6的英國祕密情報局（Secret Intelligence Service）前任資深官員克里斯多福・史提爾（Christopher Steele）的一系列報告，詳載俄羅斯涉嫌干預總統大選的資訊——企圖引起混亂、破壞希拉蕊・柯林頓、協助川普。文件也包括有關川普、俄羅斯妓女和「黃金沐浴」的猥褻內容。

布瑞南告訴克拉普：「你應該讀讀它。」聯邦調查局已經展開絕對機密的反情報調查，要搞清楚川普競選陣營是否與俄羅斯勾結。「這將增添我們正在撰寫的報告之真實性。」它不是證據，但似乎雖不中亦不遠矣，沒有太離譜。

克拉普找聯邦調查局商量。我們應該如何和川普提這件事？

聯邦調查局對這份文件也很熟悉。史提爾曾經和它們分享部分文件[2]，而在十二月九日，馬侃參議員也與聯邦調查局局長柯米分享副本。

聯邦調查局副局長安德魯．麥克貝（Andrew McCabe）相當關心。他認為，如果他們向川普簡報情報機關對俄羅斯進行的調查，卻沒向準總統報告這份文件的存在，聯邦調查局可能被當做又回到昔日艾德加．胡佛（J. Edgar Hoover）主持聯邦調查局時的惡習——彷彿在說，我們掌握你的黑材料，可是我們密而不宣。柯米同意這個見解。胡佛的遺緒將對聯邦調查局構成陰影。

克拉普希望他們在把各方情資彙整為一份報告時，他們能發展出前後一致的專業報告。因為聯邦調查局和中央情報局的標準並不相同。

聯邦調查局除了蒐集情報，也進行犯罪偵察。它對於消息來源和查證往往比較嚴謹。一開始是純粹反情報調查，有可能蛻變為刑案調查，情報成為證據，證據在法院必須站得住腳。

中央情報局的任務是蒐集情報，分發給白宮和聯邦政府其他部會參考。因為它們不會用在刑案起訴上，一般不需要太罪證確鑿。

聯邦調查局有當年胡佛濫用職權的陰影，中央情報局也有它揮之不去的魅影。二〇〇三年美軍攻打伊拉克之前，中央情報局犯了重大錯誤。有個關鍵消息來源——令人驚訝，他的代號是「曲球」——謊稱他在伊拉克一個機動化學武器實驗室工作，中央情報局因此下定結論：伊拉克擁有大規模毀滅性武器。根據中央情報局局長喬治・泰納特（George Tenet）向小布希總統做的報告，這個案子是「灌籃得分」。所謂大規模毀滅性武器存在，是美國入侵伊拉克最重要的合理前提。不料事後完全找不到大規模毀滅性武器的蹤跡，令總統和中央情報局都十分尷尬。

克拉普曉得中央情報局的行動和分析頗有可能出錯。它有一道程序是針對消息來源盡可能測謊，固然通過測謊不能被視為完全的證明，但能通過測謊還是真實性的重要指標。

史提爾文件的消息來源並未經過測謊程序，因此他們的資訊並未核實，有可能不實。但是布瑞南說這些資訊也符合中央情報局本身來源提供的訊息，而他對本身消息來源有極大的信心。

這份文件已在新聞記者圈中傳布，史提爾也接受記者祕密、不寫紀錄的專訪。但是它還未見報。

文件第二頁說[3]：「根據曾在現場的消息來源D之說法，川普在莫斯科的（變態）行為包括，聽說（他痛恨的）歐巴馬總統夫婦曾有次官方訪問俄羅斯，下榻麗緻飯店（Ritz Carlton Hotel）總統套房，於是他就把它租下來，然後雇了幾個妓女、當著他的面，在他們睡過的床上表演『黃金沐浴』（撒尿），弄髒這張床。大家都知道這家飯店受到聯邦安全局*控制，在所有房間都安裝麥克風和隱蔽照相機，記錄他們想要的任何動靜。」

文件說，這是要取得能脅迫他的材料。[4]

這是很不得了的驚天指控。消息來源D究竟是誰？完全沒有跡象。

柯米說，既然聯邦調查局已經有了這份文件，在他們提出情報機關評估的核心報告之後，他必須將它交給川普。它將是附件、實質上是注腳。

這份三十五頁的文件經濃縮為一又四分之三頁的摘要，它專注在俄羅斯人和競選總部之間是否有協調的指控。

川普對於新聞報導越來越口徑一致指稱情報機關已經認定俄羅斯介入選舉，他的反應極具敵意。

十二月九日，川普聲稱情報界提出這些警報的人[5]，「就是說薩達姆・海珊（Saddam Hussein）擁有大規模毀滅性武器的同一批人」。他後來告訴福斯新聞網：「他們根本不曉得究竟是俄羅斯或中國或什麼人坐在什麼地方的床上。」[6]他還在推特上貼文說：「除非當場逮到『駭客』，很難確定誰在駭取資料。為什麼不在選前掀出這個消息呢？」[7]

一月五日，參議院軍事委員會就俄羅斯駭客行動舉行聽證會。預定次日向川普做簡報的克拉普出席聽證會作證。他氣憤於川普對情報界的批評[8]，宣稱：「懷疑和蔑視兩者是不同的。公眾對情報界信任、有信心，至為重要。我收到來自外國許多情報機關對於……美國情報圈遭到蔑視，表示關切。」

次日，凱莉安妮·康威在哥倫比亞廣播公司《早晨》上表示：「俄羅斯為什麼要唐納·川普贏得總統選戰？唐納·川普曾經保證要現代化我們的核子武力。」[9]

川普接受《紐約時報》電話訪問時說：「這是政治獵巫。」[10]

二十八歲的公關專家霍普·希克斯在選戰期間擔任川普的新聞祕書。二〇一七年一月初政權交接期間，她的辦公室設在川普大樓十四樓一間小會議室。她有兩項川普非常重視的特質——忠誠和漂亮。她在少女時代曾經擔任模特兒，現在一頭及肩長髮，打扮得漂漂亮亮，她有川普欣賞的姣好面貌，也具有真材實料的公關技能。

川普問她，希望在白宮擔任什麼工作。她急欲躲開和新聞界每天交手作戰，因此選擇策略溝通主任一職，仍可以負責川普的媒體接觸事宜，當然現在新聞界更爭相要採訪他。她是他接受訪問的守門人，人人都想接觸川普，她覺得他在競選期間過度曝光，已經失去對媒體的某些操控影響

譯注

* 俄國情報機關，其前身為蘇聯國家安全委員會（KGB）。

力。現在要善加利用這些機會，更需小心計算。她和任何人都知道，要掌握住準總統的嘴巴，幾乎不可能。

希克斯認為媒體得了「反抗對立症候群」（oppositional defiance syndro-me）。這個臨床心理學名詞最常用在叛逆的孩童身上。反抗對立症候群的特色就是對權威十分憤怒、鬥氣和動輒發脾氣。在她看來，如此形容媒體，非常貼切。

希克斯已經在研擬如何針對俄羅斯介入選舉的傳聞做回應。她認為，媒體過度報導她所謂的「俄羅斯疑涉駭客行為」，只會使美國顯得更衰弱、俄羅斯更有影響力。

一月六日，情報機關首長們來到川普大樓。這是柯米第一次見到川普。或許是為了顯示他觀察敏銳，柯米在他的書中描述：「他的西裝上衣沒扣上，領帶和平常一樣，太長。他的臉顯得略帶橙色，眼睛下面有鮮明的白色半月形，我猜是他戴著小型的日光浴鏡留下的痕跡，還有令人印象深刻、仔細整理的一頭金色頭髮；如果仔細檢查，看起來全像是他的頭髮。我記得心裡還想，他早上必須花多少時間才能整理儀容呀。當他伸出手時，我特別用心注意它的大小。它比我的小，但看起來並沒有不尋常的小。」[11]

在川普大樓的簡報中，克拉普摘述「關鍵判斷」，這是任何情報評估的核心：

——俄羅斯長期以來希望「破壞美國領導的自由民主秩序」[12]，但是二〇一六年總統大選期間，「直接程度、活動水平和努力範圍大幅升高」。

——「（普丁）在二〇一六年下令針對美國總統選舉展開影響活動……以破壞公眾對美國民主過程的信心，詆毀希拉蕊．柯林頓國務卿，破壞她當選可能性及成為總統。我們更評估普丁及俄羅斯政府發展出明顯偏袒準總統川普。」

——「當莫斯科清楚希拉蕊．柯林頓國務卿更可能贏得選戰時，俄羅斯的影響活動開始更專注破壞她未來的總統施政。」

這是溫和的陳述。對川普是「明顯偏袒」[13]，而且他們的活動旨在「傷害」和「破壞」柯林頓的信譽。這裡沒有暗示川普或其助理與俄羅斯的活動勾結或協調。

克拉普說，所有的消息來源都吻合，也從克里姆林宮不同角度講出一致的故事。這些人員消息來源是所謂的「遺產型消息來源」（legacy sources）——多年來他們的情報和評估都正確，而且至少有一位消息來源提供可靠的資訊長達一個世代。

過去沒有報導的是：有一位消息來源者已身陷危險，以致於中央情報局考慮要將他偷渡撤出俄羅斯，護送到其他安全的國家或美國。但這位消息來源者不肯離開，顯然是害怕他若突然離開俄羅斯或失蹤，他的家人會受到懲罰。

克拉普沒有告訴川普各個消息來源者的姓名，雖然他也可以問。

川普回答：「我不相信這些人的消息來源。這些人出賣他們的靈魂，出賣他們的國家。」他不相信：「我不信任人員情報和這些間諜。」

但中央情報局幾乎完全依賴人員情報。川普這句話引起布瑞南日後評論說：「我想我不會告訴底下的人這句話。」

還有另一點，過去也沒有被報導：中央情報局認為他們至少有六個人的消息來源支持此一發現。有位能夠接觸到全部絕對機密報告的人士後來告訴我，他相信只有兩個人堅實可靠。

川普問，還有別的事嗎？

克拉普說：「喔，是的，還有一些敏感材料。」

蒲博思問川普，你要我們留下來，還是單獨聽取報告呢？

柯米建議：「我想只有我們兩個人，比較好。」

川普答應：「那就我們兩人單獨談吧。」

雖然他可以扮演強悍的執法人員，柯米還是客客氣氣的提出他手中的摘要報告。他解釋，聯邦調查局掌握了一份文件，其中有針對他的指控，他現在要把它交給他。文件就在這裡，他不希望準總統感覺遭到突襲，因為它已經廣為流傳，肯定它的全部或部分內容將會出現在媒體上。

文件指稱川普二〇一三年在莫斯科一家旅館召妓，而俄國人已經拍下影片。柯米沒有提文件指稱，川普讓妓女們在歐巴馬總統夫婦曾經睡過的床上互相撒尿。

柯米後來寫說：「我覺得，光是一件事未必能使他注意這份材料。整件事情已經夠詭異。我這麼說的時候，渾身不自在，彷彿脫離了身體，看著我自己和新任總統談論俄羅斯妓女的事。」[14]

川普矢口否認，還反問我像是需要召妓的人嗎？

柯米後來在《向誰效忠》（*A Higher Loyalty*）中敘述：「聯邦調查局目前沒在調查他。這本來就是事實。我們還未針對他立案，展開反情報調查，只要俄國人沒有試圖威脅他，我們根本沒興趣他是否在莫斯科召妓狂歡。」[15]

柯米對於他倆私下談話的結尾，他如何傳達訊息給川普，有以下的描述：「他開始越來越想辯白，談話逐漸移向災難，我出於直覺，掏出口袋裡的法寶說：『長官，我們沒有在調查你。』這似乎使他安靜下來。」[16]

兩人私下對話前後五分鐘。

川普後來告訴他的律師，他覺得被柯米所提的涉及在莫斯科召妓報告震撼。「我已經為了女朋友等種種傳聞，跟梅蘭妮亞有許多麻煩。我不需要更多麻煩，我不能讓梅蘭妮亞聽到這些傳聞。」

簡報之後，川普發表聲明宣稱簡報「很有建設性」[17]，但是他明顯不同意選情受到外來的影響。「俄羅斯、中國、其他國家」企圖干預，「對於選舉結果絕無效果，包括根本沒有所謂竄改投票機器的事」。

四天之後，一月十日，網路新聞 BuzzFeed 在網路上公布這份三十五頁的文件。[18]我在這時才讀到這份文件。它在第二十七頁說：「兩位知情的聖彼得堡消息人士聲稱，共和黨候選人川普付一筆賄款，也在當地從事性活動，但是關鍵目擊者保持緘默，證據也很難取得。」

它又說：「這件事所有的目擊者最近都『被消音』，收受賄款或遭到恐嚇而消失。」

它明白表示，顯然沒有辦法查證。

我很驚訝，倒不是為了指控，因為它或許是真的，而是驚訝於情報首長、尤其是聯邦調查局局長，會把這種東西呈給川普。

他們一月六日簡報的核心是情報圈對俄羅斯干預選舉的評估。這是他們覺得情報圈近年來最重要、證據最充分、最有說服力的評估之一。克拉普在《真相與恐懼》（*Facts and Fears*）書中稱它是「地標性質的產品——美國情報界歷來製作的最重要報告」。[19]中央情報局、國家安全局、聯邦調查局和其他情報機關投下偌大精力蒐集情報。他們把太多敏感資訊放在一份報告中，這份報告有可能外洩或被人討論，箇中風險極大。

然後，彷彿就像是突然才想起，柯米提出這份文件，似乎在說，對了，這裡有一項下流、未經證實、沒有充分支持的注腳，裡頭有對閣下極為醜陋的指控。

他們希望正式評估後得到準總統的信任。為什麼要以此文件摘要汙染它？他們很了解川普，知道它會惹他發火。任何人大概都會因此大發雷霆，那為什麼又要在他們最嚴肅的報告中夾雜這個未經證實的文件呢？

這份文件中的材料是新聞記者或聯邦調查局或許更應該去追蹤的東西，試圖追出它的源頭，甚至找出某些消息來源，瞧瞧是否能證實其中內情。很顯然，聯邦調查局有責任去追查——它後來也是這麼做。

但是把它——即使是濃縮版——打包在情報首長們向準總統提報的、最重要簡報中，讓我十分不能理解。這就好像我替《華盛頓郵報》撰寫一條歷來最為嚴肅、複雜的報導——然後又提出一個未經證實的指控。然後說，對了，這是我後續即將待辦的追蹤報導，現在先發表出來。

柯米在一年後出版的《向誰效忠》中花了大篇幅描述他去見川普之前，對於將如何處理文件的疑慮。[20]

他寫：「我已經留任聯邦調查局局長。我們知道這個訊息，一定得向他報告。我這麼做是完全合情合理的。如果這個字適用在向新任總統報告（他在）莫斯科召妓，這是很敏感的計畫。」

或許最後查明一切都是事實，但是你不妨想像一下，由聯邦調查局局長親口向你提到這件事……

柯米繼續說：「這個計畫還是使我很不舒坦……這裡極有可能，唐納．川普這個政客和強悍的談判者會以為我拿召妓這件事吊他，企圖影響他。他可能以為我在耍艾德加．胡佛的賤招，因為換做胡佛是我，就會這麼做。」

一月十五日，就職典禮前五天[21]，我參加《福斯新聞星期天》的節目時說：「我活在這個你做了某些事、而眾人指控的世界已有四十五年。那是一份垃圾文件。它根本不應該做為情報簡報的一部分提出來。川普對這件事動怒有理。」這些「表現極優異」的情報官員「在此犯了錯誤，當人們犯錯，他們應該道歉」。我說，處理這種情資的正常管道在過去歷任政府中，是轉交給新上任的白宮法務顧問。讓新任總統的律師去處理這個燙手山芋。

當天下午川普在推特上表示：「感謝鮑布．伍華德，他說：『那是一份垃圾文件……它根本不應該提出來……川普對這件事動怒有道理……』」[22]

我並沒有因為選邊站而顯得高興，但是我強烈感覺這樣的文件，即使是濃縮版，還是「垃圾」，應該用不同方式處理。

這個過節之後扮演重大角色，使川普對情報界、尤其是聯邦調查局和柯米發動戰爭。

注釋——

本章訊息主要來自和第一手消息來源多次深度背景訪談。

[1] 詳見二〇一七年一月六日全國情報總監網頁 https://www.dni.gov/files/documents/ICA_2017_01.pdf.

[2] Max Greenwood, "McCain Gave Dossier Containing'Sensitive Information' to FBI," *The Hill*, January 11, 2017.

[3] Ken Bensinger, Miriam Elder and Mark Schoofs, "These Reports Allege Trump Has Deep Ties to Russia," Buzz- Feed News, January 10, 2017.

[4] 同前注。

[5] Nahal Toosi, "Trump Team Rejects Intel Agencies' Claims of Russian Meddling," *Politico*, December 9, 2016.

[6] "Trump: Claims of Russian Interference in 2016 Race 'Ridiculous,' Dems Making Excuses," Fox News, December 11, 2016

[7] https://twitter.com/realdonaldtrump/status/808300706914594816.

[8] Martin Matishak and Connor O'Brien, "Clapper: Trump Rhetoric on Intel Agencies Alarming U.S. Allies," *Politico*, January 5, 2017.

[9] Louis Nelson, "Conway 'Disappointed' in Media Leaks Before Intel Briefing," *Politico*, January 6, 2017.

[10] Michael D. Shear and David E. Sanger, "Putin Led a Complex Cyberattack Scheme to Aid Trump, Report Finds," *The*

New York Times, January 6, 2017.

[11] James Comey, *A Higher Loyalty*（New York: Flatiron Books, 2018）, p. 218.

[12] https://www.dni.gov/files/documents/ICA_2017_01.pdf.

[13] 同前注。

[14] James Comey, *A Higher Loyalty*（New York: Flatiron Books, 2018）, p. 224.

[15] 同前注，p. 216.

[16] 同前注，p. 225.

[17] Louis Nelson, "Trump Says Hacking Had 'No Effect on the Outcome of the Election,'" *Politico*, January 6, 2017.

[18] Ken Bensinger, Miriam Elder and Mark Schoofs, "These Reports Allege Trump Has Deep Ties to Russia," Buzz- Feed News, January 10, 2017.

[19] James R. Clapper, *Facts and Fears*（New York: Penguin, 2018）, p. 4.

[20] James Comey, *A Higher Loyalty*（New York: Flatiron Books, 2018）, p. 216.

[21] *Fox News Sunday* transcript, Fox News, January 15, 2017.

[22] https://twitter.com/realdonaldtrump/status/820723387995717632.

9 進攻葉門失利

一月二十五日，宣誓就職後五天，川普邀請他的高級顧問和國安團隊到白宮晚餐。新任國防部長馬提斯呈給川普派海軍特種作戰部隊（Seal Team Six，俗稱海豹部隊）到葉門追殺勾結凱達組織的一名高級人員之計畫。

他描述如何派出數十名突擊隊進攻，盼望能虜獲情報、手機和手提電腦，同時狙殺這個少數仍活著的凱達組織領袖之一。

這將是兩年來美軍第一次在葉門作戰。歐巴馬總統曾經考慮此一行動，但是延擱下來。軍方需要一個月黑風高的夜晚執行任務，氣象預測即將出現適當天候。

巴農對葉門局勢發問。這位前任海軍少校不明白為什麼不能從海上切斷，制止提供給胡賽武裝組織*叛軍的武器。伊朗是叛軍唯一的盟友。

巴農說：「你控制了空中。你也有強大的海軍，控制了海上。究竟有什麼困難？」

馬提斯答說：「海岸線很長。」

川普不耐煩的說：「史帝夫，這些人，這是他們的專長。讓他們去做。」換句話說，閉上你的嘴。

川普次日簽署命令，行動旋即在一月二十九日星期天破曉前展開。但是許多方面出了岔錯。[1]在五十分鐘的交火中，一名海軍特戰人員被殺、三人受傷。包括孩童在內，許多平民也遇害。一架價值七千五百萬美元的陸戰隊魚鷹式傾轉旋翼直升機（MV- 22 Osprey）硬著陸，使得飛機失去飛行能力。美軍被迫將它摧毀，以免落入敵軍手中。

伊利諾州皮歐里亞市（Peoria）三十六歲的士官威廉・萊恩・歐文斯（William Ryan Owens）是川普總統上任後第一個作戰殉職軍人。川普決定前往德拉瓦州多佛市（Dover），親迎他的靈柩。伊凡卡陪她父親一起去。

當他們抵達多佛市基地，指揮官把總統拉到一邊報告。川普後來告訴他的資深幕僚，指揮官說：「總統先生，我希望你先有心理準備。當你走進去時，家屬將會趨前和你說話。這將是無法比擬的經驗。你是三軍統帥。他們對你的敬意，以及他們的悲傷，都是無法形容。你是來安慰他們的。當飛機滑行過來，當覆蓋國旗的靈柩抬下來時，有些家屬可能情緒失控，而且十分哀慟。換句話說，要有準備，有些人可能說些不得體的話，甚至破口大罵。」

當天沒有人破口大罵，但是總統肯定記得場面非常冷峻。

他後來說：「非常難過。」他明顯受到震撼。他讓底下的人知道，以後再也不到多佛了。

譯注

* Houthis，意即葉門青年運動組織。

歐文斯的父親比爾來到多佛，但是他們夫妻不願意見川普。[2]

老歐文斯告訴軍中牧師：「抱歉。」我不想見總統。我不想鬧事，但是我的良知不允許我跟他說話。

他後來也說：「過去兩年，我們陸軍不在葉門戰場——一切行動都由飛彈和無人機執行，因為沒有任何目標值得美國人犧牲性命。現在，突然間，我們必須來一場大表演。」[3]

川普沒有像以前那樣抨擊出席二〇一六年民主黨全國代表大會的「金星家屬」罕恩（Khan）夫婦，他表示同情歐文斯的父親。*

川普事後說：「我可以理解人們為什麼說那樣的話。我感覺——你也曉得，還有什麼比喪子之痛更糟的？」[4]

幾位前任歐巴馬政府官員說，行動早在幾個月前就規劃好，但是他們攔阻歐巴馬，也聲稱他從未批准發動攻擊。

川普在向國會兩院聯席會議第一次發表談話當天上午，接受福斯新聞網訪問。[5]他說，攻擊葉門是他「非常尊敬」的將軍們「很久以來盼望的事情」。

他說：「而他們失去了萊恩。」

川普邀請萊恩的遺孀、三個小孩的母親凱玲・歐文斯（Carryn Owens）在二月二十八日向國會兩院聯席會議演說時觀禮。她就坐在伊凡卡隔壁。

當著國會聽眾和電視機前四千七百萬名觀眾，總統說：「我們得到福庇，凱玲・歐文斯今晚和我們在一起。萊恩是個戰士、是個英雄，雖死猶榮——他為對抗恐怖主義、保家衛國而戰。」[6]

由於作戰遭到批評，川普又說：「我剛和馬提斯將軍說話，他再次確認，我在此引述他的話，他說，『萊恩是參與高度成功的突襲之一員，此突襲產生大量非常重要的情報，將在未來對抗敵人時取得更多的勝利。』萊恩的貢獻永遠存在。」

總統轉身向歐文斯的遺孀說：「謝謝妳。」

全場掌聲如雷。

起先，凱玲・歐文斯壓抑著眼淚，深呼吸，吐出：「我愛你，寶貝。」掌聲持續，她的淚水開始流下。她起身，合起雙掌祈禱，仰天吐出：「我愛你。」

川普說：「聖經教導我們，沒有比為朋友犧牲性命更偉大的愛。萊恩為他的朋友、他的國家和我們的自由犧牲性命——我們永遠不會忘記他。」

國會和觀眾的掌聲及起立致敬持續約兩分鐘。

譯注

* 胡馬雲・罕恩（Humayun Kahn）是在伊拉克為國捐軀的美國穆斯林軍人，並獲頒勳章。胡馬雲的父親發聲、反對川普禁止穆斯林移民的政見之後，川普批評這對父母。卡濟爾和賈莎拉・罕恩（Khizr and Ghazala Kahn）是美國人通稱的「金星父母」。這個名詞可以上溯到第一次世界大戰時期，美國家庭若有子弟、丈夫在海外作戰，會掛出有藍星的國旗。如果這位家屬不幸殉難，藍星換成金星。

川普說：「萊恩現在正從天上往下望。你們都知道的，他非常高興，因為我認為他剛打破一項紀錄。」

凱玲．歐文斯微笑的鼓掌。總統在演說後，於走道上迎接她、擁抱她。

後來，每當川普和殉職軍人家屬通電話時，白宮幕僚發覺他都十分難過。

巴農說：「他判若兩人。他從來沒有真正接觸軍事，他從來沒有接觸過軍眷。從來沒有接近死亡。」「小孩的雙親」去世，讓他十分痛苦。「對他，這是極大的打擊。」

有位幕僚好幾次在川普打電話問候金星眷屬時在旁協助，對於川普花在他們身上的時間和感情非常感動。他手上拿著一份殉難官兵的個人檔案。

川普在和一位眷屬通電話時說：「我正看著他的相片——這麼漂亮的一個男孩子。」他在哪裡長大？他上哪一所學校？他為什麼從軍報國？

川普說：「我手上拿著紀錄。這裡的報告說，他是如何的受到鍾愛。他是個偉大的領導者。」

白宮橢圓形辦公室有些人手上也有服役紀錄副本。川普所說的，根本不在紀錄上。他純粹瞎掰，他曉得家屬愛聽什麼。

國際秩序在川普新政府中是否會有地位，在第一個月就受到考驗。

競選期間，川普貶損北大西洋公約組織（North Atlantic Treaty Organization, NATO）這個已有六十八年歷史的美歐同盟。北約組織經常被認為是冷戰期間最成功的對抗蘇聯的樣板，也是西方團結的基礎。會員國保證集體防禦，也就是說攻擊一國即視為攻擊全體會員國。

川普曾經表示，北約組織可能已經過時。他的批評大半與錢有關。北約組織的目標是每個會員國最後要花2％的國內生產毛額（GDP）在防務上。美國的花費占國內生產毛額的3.5％，德國卻只花1.2％。

國防部長馬提斯即將在二月中旬前往德國慕尼黑演講，政府的北約政策必須在此時之前有個定奪。川普是要留、還是要退出？

馬提斯還是老百姓時曾經抨擊川普反北約組織的主意「怪異」（kooky）。[7]外交政策圈以及歐洲盟國都被川普的話搞得緊張兮兮。

蒲博思安排二月八日星期三下午六點半，在白宮東廂官邸的紅廳晚餐，以便川普聽取馬提斯、參謀首長聯席會議主席約瑟夫・鄧福德（Joseph Dunford），以及其他幾位官員的主張。他也邀請華府共和黨大老博義登・葛瑞（C. Boyden Gray）出席。現年七十三歲的葛瑞在小布希總統政府曾經擔任兩年的駐歐盟大使。他在老布希擔任八年副總統和四年總統期間，是他的法律軍師。

當他們坐下來用餐時，川普想要聊聊當天的新聞。馬侃參議員展現他的特立獨行本色，公開批評美軍突襲葉門。[8]

川普破口大罵，諷刺馬侃在越戰時淪為戰俘，卻以懦夫方式從越南脫身。他說，馬侃在越戰期間身為海軍飛行員，因為他父親馬侃海軍上將是太平洋總部總司令，接受協商，他才提前獲釋，拋棄其他戰俘。

馬提斯立刻接話：「不對，總統先生。我認為你剛剛說反了。」馬侃拒絕提前獲釋，被關在河內希爾頓、遭受五年的苦刑拷打。

川普說：「喔，ＯＫ。」

葛瑞也曾在陸戰隊服役五年，很驚訝馬提斯直接糾正總統，而一向遭到挑戰、必然惡聲相對的川普，竟然接受糾正。

直到甜點送上來了，蒲博思終於才說：「我們真的必須處理北約組織的議題了。」國家安全會議幕僚長、退役中將基斯．柯羅格（Keith Kellogg）代表國安會發言。他曾經參加越戰，得過銀星和銅星勛章，也參加過第一次波斯灣戰爭。他開口就批評，重複川普的某些負面言論。他說，北約組織成立於第二次世界大戰之後，美國當時比較富裕、又面臨野心勃勃的蘇聯，但是它已經「過時」了。現在，美國承擔的費用不公平，相對於歐洲盟國，不成比例。美國被利用了。

約瑟夫．鄧福德將軍說：「總統先生，我的看法不一樣。」

川普打斷他：「喔，是嗎？你有什麼看法？」

鄧福德身為最高階軍人，提出強烈的辯護。他說，它是不應該解散的同盟，要再重組一個同盟將非常困難。波蘭等東歐國家因為普丁入侵克里米亞和烏克蘭東部，已經感覺備受威脅，維持團結一致、至為重要。「維持歐洲政治、戰略和經濟上的團結，至為重要。」但是他同意會員國應該兌現他們承擔每年2%國內生產毛額的承諾。

馬提斯補充說，我認為德國會兌現他們承擔每年2%國內生產毛額的承諾。德國最為重要。

傑瑞德・庫許納插話：「以我們本身國防預算的百分比來說，缺口太小了，相較於一元，只有幾分錢。」

蒲博思提醒大家，2%不是責任，而是近年的協議，北約組織所有會員國將努力在二〇二四年以前達成目標。而且這筆錢不是付給北約，而是對其本國國防支出的承諾。

川普說：「可是當盟國不支付公平份額時，它就是政治問題。」他一再強調他要的是公平。為什麼美國該為了歐洲防務掏腰包付錢？

蒲博思發覺總統根本不管它是目標、不是責任。川普介意的是他可以推銷它、試圖爭取民意支持。

川普終於說出來：「我不管它是不是目標。他們應該這麼做的。」

博義登・葛瑞指出，歐洲有許多經濟問題。「不是我們沒有問題，而是他們的問題更嚴重。」歐洲國家需要有更大的經濟成長。「他們不付的一部分原因是他們的成長不夠快。」

川普問：「你是說他們付不出來？」

「不。」葛瑞說。但是美國應該協助歐洲提振經濟成長率。歐洲的企業文化大多避免冒風險。

川普問：「誰是下一個要退出的國家？」英國選民公投決定脫離歐盟，英國勢必要退出。[9]

葛瑞回答說：「我不認為還有別的國家要退出。」

川普說，他同意這個看法。

馬提斯說：「如果沒有了北約組織，你將必須再創造一個（同盟）。俄羅斯如果要挑戰北約組織的話，他們打不贏戰爭的。」

晚餐結束前，川普似乎被說服了。他告訴馬提斯：「你可以保持你的北約組織。」美國政府將支持同盟：「但是你得去收取租金。」

馬提斯大笑，然後點點頭。

二月十五日馬提斯在慕尼黑演講時採取中間立場。[10]他說：「美國會履行它的責任」，但是如果北約其他國家不能履行其責任時，美國將「緩和」它的承諾。縱使如此，他還是說，這項同盟是美國政策的「根本礎石」。[11]

兩個月後與北約組織祕書長一起出席新聞記者會時，川普說：「我說過它過時了。現在它不再過時了。」[12]

川普五月在布魯塞爾和歐洲各國領袖會面時，他痛罵北約組織國家「長期的失業」。他說；「二十八個會員國當中仍有二十三個國家沒有支付他們應該支付、應該為其防務負擔的錢。」[13]

他明白表示他是向美國國內民眾講話。「對美國人民和納稅人而言，這是不公平的。」

注釋

本章訊息主要來自和第一手消息來源多次深度背景訪談。

[1] 關於此一事件最佳報導可參見 Eric Schmitt and David E. Sanger, "Raid in Yemen: Risky from the Start and Costly in the End," *The New York Times*, February 1, 2017; 以及 Thomas Gibbons-Neff and Missy Ryan, "In Deadly Yemen Raid, a Lesson for Trump's National Security Team," *The Washington Post*, January 31, 2017.

[2] Julie K. Brown, "Slain SEAL's Dad Wants Answers:'Don't Hide Behind My Son's Death,' " *Miami Herald*, February 26, 2017.

[3] 同前注。

[4] Nolan D. McCaskill, "Trump Deflects Responsibility on Yemen Raid: 'They Lost Ryan,' " *Politico*, February 28, 2017.

[5] 同前注。

[6] Donald J. Trump, "Address Before a Joint Session of the Congress," February 28, 2017. Online by Gerhard Peters and John T. Woolley, *The American Presidency Project*. http://www.presidency.ucsb.edu/ws/?pid=123408.

[7] Carla Marinucci, "Ex-Military Leaders at Hoover Institution Say Trump Statements Threaten America's Interests," *Politico*, July 15, 2016.

[8] Emma Loop, "John McCain Says the Recent Yemen Raid Was a 'Failure,' " BuzzFeed News, February 7, 2017.

[9] 英國民眾在二〇一六年六月二十三日公投通過脫離歐盟。

[10] "Intervention by Secretary of Defense Mattis, Session One of the North Atlantic Council," NATO Defense Ministerial, February 15, 2017.

[11] "U.S. Defense Chief Says NATO Is 'Fundamental Bedrock,' " Reuters, February 15, 2017.

[12] Donald J. Trump, "The President's News Conference with Secretary General Jens Stoltenberg of the North Atlantic Treaty Organization," April 12, 2017. Online by Gerhard Peters and John T. Woolley, *The American Presidency Project*.

http://www.presidency.ucsb.edu/ws/?pid=123739.

[13] Donald J. Trump, "Remarks at the Dedication Ceremony for the Berlin Wall Memorial and the 9/11 and Article 5 Memorial in Brussels, Belgium," May 25, 2017. Online by Gerhard Peters and John T. Woolley, *The American Presidency Project*. http://www.presidency.ucsb.edu/ws/?pid=125840.

10 佛林承認撒謊

蒲博思瀏覽《華盛頓郵報》二月九日的一則報導時大吃一驚。[1]報導聲稱，國家安全顧問麥可．佛林在川普就任前，曾經和俄羅斯大使討論對俄制裁的事情。歐巴馬總統卸任前，於十二月二十九日針對俄羅斯介入美國選舉實施制裁。他下令將三十五名涉嫌間諜行為的俄羅斯人驅逐出境，以及關閉位於馬里蘭和紐約兩處據信涉及間諜活動的俄羅斯設施。

蒲博思曾經多次問過佛林是否和俄國人討論過這個議題。佛林堅決否認曾和俄羅斯駐美大使瑟吉．基斯雅克（Sergey Kislyak）討論過。

兩星期前的一月二十六日，司法部副部長莎莉．葉慈（Sally Yates）來到白宮。她告訴白宮法務顧問唐納．麥甘恩（Donald McGahn），攔截到的情資顯示，佛林對於和俄國人的接觸沒有說實話，她很擔心佛林會成為被勒索的目標。

蒲博思算了一算，佛林至少有十次否認談論制裁案。

《華盛頓郵報》這則報導，標出報導出自報社三位饒富經驗的情報及國安事務記者之手。[2]它說，「九位現任及前任官員」是他們如此斬釘截鐵咬定的消息來源。佛林曾經接受這幾位記者專訪，兩度以斬釘截鐵的「不」來否認，但又立刻退縮為比較含糊的答覆。《郵報》引述佛林的發言人說：「佛林『無法肯定這個話題從來未出現。』」

蒲博思趕緊找到四十八歲的白宮法律顧問麥甘恩。他是選舉財務法專家，曾經由共和黨推薦擔任了五年的聯邦選舉委員會委員。蒲博思問他，他們能否拿到佛林和俄羅斯大使對話的謄文。

麥甘恩說，當然沒問題。很快的，他立刻拿到高度機密的佛林與基斯雅克三次對話的謄文，這是聯邦調查局例行監聽俄國大使時所截聽到的對話。

麥甘恩和蒲博思偕同副總統潘斯到白宮戰情室審閱謄文。潘斯曾經公開力挺佛林的否認。根據白宮法務室內部的六頁備忘錄[3]，佛林說，如果他和基斯雅克討論制裁案，「那是因為基斯雅克提起它。但是從謄文看出來，話題是由佛林提起。麥甘恩和蒲博思一致認為，佛林必須辭職下台」。

在這三份謄文中，佛林和基斯雅克大使都談論到制裁案。最後一次通話是基斯雅克主動打過來，他感謝佛林就制裁案提供的意見，並且表示俄方將遵循他的建議。

這下子鐵證如山，它也說明了普丁為何對制裁消極反應。通常，這位俄羅斯總統會強烈反彈，展開報復，也將一些美國人從俄羅斯驅逐出境。但是在歐巴馬宣布制裁措施的次日，普丁宣布他不會這麼做。

準總統川普當時在推特上盛讚普丁：「（普丁）延遲行動很偉大——我一直都知道他很聰明！」[4]

這個前後順序暗示，川普可能知道佛林的角色。但是我們不清楚，佛林就他和基斯雅克的談話向川普總統說了什麼。

蒲博思告訴總統，他必須將佛林免職。佛林的安全許可可能要撤銷。此一尷尬情勢一定影響重大。

佛林辭職的消息在二月十三日發布。[5] 對外公開的主要理由是，佛林向副總統潘斯撒謊。川普向政府其他官員的說法是，佛林不稱職，他才將他免職。

接下來的九個月，佛林處境艱困。後來他承認向聯邦調查局說謊這一項罪名。

佛林告訴助理，他不認為任職四天之後，聯邦調查局和他訪談，他有說謊。聯邦調查局探員來找他，談的是無關俄羅斯的事情，他不認為那是正式約談。

那麼佛林為什麼要認罪呢？因為執法機關就相當廣泛的一堆可能犯行展開調查，包括他沒有申報從土耳其拿到的收入，沒有報告海外關係，以及在加入川普政府之前沒有註冊登記為遊說代理人。

佛林告訴副手，他的法律費用已是天文數字，他兒子也遭到調查，同樣吃不消法律費用。承認說謊這項罪名似乎是唯一脫身辦法。他的聲明說：「我接受我的行為之全部責任」[6]，又說他現在已經「達成協議要合作」。他否認他犯了「叛國罪」，明白否認他和俄國人勾結。

二月二十五日，星期六中午，任職五個星期之後，馬提斯在國務院鄰近的舊海軍天文台（Old

Naval Observatory）國防部長官邸召集一項會議。出席者是幾位外交政策前輩、退役將官安東尼·金尼（Anthony Zinni）、幾位前任大使和幾位馬提斯的參謀幕僚。官邸裡幾乎沒有家具。他們圍坐在一張像是政府發放的餐桌邊。馬提斯說他只拿了四箱衣物到任。

他說：「你們應該瞧瞧我有的 SCIF。」所謂「敏感分隔資訊設施」（Sensitive Compartmented Information Facility）安置在樓上，讓他可以安全無虞的討論最敏感、絕對機密和特准接觸項目（Special Access Programs）的情資。「我可以不必出門，在這兒進行所有的工作。」

馬提斯說，川普很能聽屬下建言，只要你不碰觸到他三大禁忌之一——移民和新聞媒體是兩大禁忌。如果你碰了其中之一，他就會離題，久久回不到主題。「國防部長不能老是挑哪種總統去服務。」

大家都笑了。

會議的主題是川普要求即刻呈報的對抗伊斯蘭國的計畫。馬提斯說，基本上我們是反方向在辦事。我們在沒有任何更大、更寬廣的中東戰略之下，試圖規畫出對抗伊斯蘭國的戰略。理想的話，我們先有中東戰略，對抗伊斯蘭國的戰略塞在底下、支持上位戰略。但是總統指示，他要先有對付伊斯蘭國的計畫。

後來訂出的「打擊伊斯蘭國」（Combat ISIS）戰略是歐巴馬政策的延伸版，不過增加了對在地司令官的授權，准予轟炸等。

馬提斯還是關心伊朗的擴張。他後來一度脫口罵「那些愚蠢的、包頭巾的伊斯蘭神學家」。

二月某日一大早，一群高階情報官員來到蒲博思在白宮西廂的辦公室，向他簡報如何提防企圖以不當方式影響他的各路人馬。這是對於具有最高等安全許可的官員標準的提醒。

聯邦調查局副局長安德魯・麥卡貝（Andrew McCabe）舉手說：「在我們告退前，我需要和你單獨講五分鐘話。」

蒲博思心想，你到底要幹嘛呀？他只記得前幾個星期曾經在戰情室和麥卡貝一起開過會。

川普曾經在競選期間痛罵過麥卡貝的太太姬兒（Jill）。[7]民主黨籍的姬兒曾經在二〇一五年從維吉尼亞州長泰瑞・麥考里菲（Terry McAuliffe）的政治行動委員會和維州民主黨，拿到675,288 美元的經費[8]，競選維州參議員卻沒有成功。麥考里菲是比爾和希拉蕊・柯林頓最親近的摯友和政治盟友。他在比爾・柯林頓一九九六年競選連任時，替他大力籌募捐款。*

川普形容這筆錢是來自希拉蕊的捐款。他窮追猛打這個議題，日後還在推特上繼續撻伐。[9]

簡報完畢、人人退出之後，麥卡貝關上蒲博思辦公室的門。蒲博思站在辦公桌旁，覺得這是

譯注

* 比爾・柯林頓一九九六年競選連任時，麥考里菲是競選總部共同主席。二〇〇一至二〇〇五年，他擔任民主黨全國委員會主席；二〇〇八年希拉蕊・柯林頓和歐巴馬競爭黨內提名，麥考里菲擔任她的競選總部主席。二〇一四至二〇一八年，他是維吉尼亞州長。

很詭異的動作。

「你知道《紐約時報》這則報導吧？」[10]蒲博思很清楚。麥卡貝指的是《紐時》最近在二月十四日的一則報導，它說：「根據四位現任及前任美國官員的說法，電話紀錄和攔截到的通話紀錄顯示，川普二〇一六年總統競選總部人員，以及川普其他副手，在大選之前一年一再與俄羅斯高階情報人員接觸。」

這則報導是佛林辭職後，揭露川普和俄羅斯可能有接觸的第一顆炸彈。

麥卡貝說：「這是完全的胡說八道，完全不是事實。我們希望你知道。它太誇張了。」

蒲博思心想，我的天啊！

他對這位聯邦調查局副局長說：「安德魯，我快被殺死了。」

關於俄羅斯和選舉關係不乾不淨的傳聞似乎在有線新聞上每週七天、每天二十四小時沒完沒了的報導，搞得川普火冒三丈，因此蒲博思也不得安寧。

川普曾經告訴蒲博思：「這太瘋狂了。我們必須制止它。我們需要終結這種報導。」

蒲博思心想，麥卡貝帶來了天大的禮物、情人節的大禮物。我將要成為整個白宮西廂的大英雄了。

蒲博思問說：「你能幫我嗎？這個天大的故事能夠公布嗎？」

麥卡貝說：「請你在一兩個小時後撥電話給我。我先打聽一下，然後再告訴你。我來瞧瞧能怎麼辦。」

蒲博思立刻衝去向川普報告這個好消息，聯邦調查局很快就要駁斥《紐約時報》這則報導。兩個小時過去，麥卡貝沒有打電話過來。蒲博思打過去。

麥卡貝說：「抱歉，這件事我幫不了忙。我試了，但是我們若是開始對個別報導發表評論，我們恐怕每兩三天就得發表聲明。」聯邦調查局不能成為新聞報導正確與否的澄清中心。如果聯邦調查局嘗試駁斥某些報導，一旦不評論另外的報導可能就會被解讀是證實。

「安德魯，你跑到我辦公室來，告訴我這是狗屎新聞。現在你卻告訴我你無能為力？」

麥卡貝說，這是他的立場。

蒲博思說：「這太瘋狂。你要我怎麼辦？忍住創傷、流血而死嗎？」

「請你再給我一兩個鐘頭。」

還是毫無動靜。聯邦調查局方面靜悄悄，沒有打電話過來。蒲博思試圖向川普解釋，他正在等候好消息。這也是川普不信任、痛恨聯邦調查局的另一個原因：拿惡毒的挑逗讓他們晃來晃去。

大約一個星期後，有線電視新聞網在二月二十四日播出獨家新聞：「聯邦調查局拒絕白宮要求否認最近川普和俄羅斯相關新聞之請。」[11] 蒲博思被描寫成試圖以政治目的操縱聯邦調查局。

白宮試圖更正消息，但是無法顯示是麥卡貝先提出這件事。

四個月之後的六月八日，聯邦調查局局長柯米在宣誓下公開作證，聲稱《紐約時報》原本有關川普競選助手和俄羅斯高階情報人員接觸的消息，「大體上並非事實」。[12]

注釋

本章訊息主要來自和第一手消息來源多次深度背景訪談。

[1] Greg Miller, Adam Entous and Ellen Nakashima,"National Security Adviser Flynn Discussed Sanctions with Russian Ambassador, Despite Denials, Officials Say," *The Washington Post*, February 9, 2017.

[2] 同前注。

[3] 作者取得這份文件。

[4] https://twitter.com/realdonaldtrump/status/814919370711461890.

[5] Greg Miller and Philip Rucker, "Michael Flynn Resigns as National Security Adviser," *The Washington Post*, February 14, 2017.

[6] Carol D. Leonnig, Adam Entous, Devlin Barrett and Matt Zapotosky, "Michael Flynn Pleads Guilty to Lying to FBI on Contacts with Russian Ambassador," *The Washington Post*, December 1, 2017.

[7] D'Angelo Gore, "Clinton's Connection to FBI Official," FactCheck.org, October 25, 2016.

[8] 同前注。另參見 D'Angelo Gore, "Trump Wrong About Campaign Donations," FactCheck.org, July 26, 2017.

[9] https://twitter.com/realdonaldtrump/status/889792764363276288; https://twitter.com/realdonaldtrump/status/890207082926022656; https://twitter.com/realdonaldtrump/status/890208319566229504.

[10] Michael S. Schmidt, Mark Mazzetti and Matt Apuzzo, "Trump Campaign Aides Had Repeated Contacts with Russian Intelligence," *The New York Times*, February 14, 2017.

[11] Jim Sciutto, Evan Perez, Shimon Prokupecz, Manu Raju and Pamela Brown, "FBI Refused White House Request to Knock Down Recent Trump-Russia Stories," CNN, February 24, 2017.

[12] Michael S. Schmidt, Mark Mazzetti and Matt Apuzzo, "Comey Disputes New York Times Article About Russia Investigation," *The New York Times*, June 8, 2017.

11 國安顧問的人選

川普需要物色一位新的國家安全顧問，而且他希望動作要快。他說，他遭到媒體屠殺，他認為新人可以洗刷潰敗。

是否再找一位將軍來擔任國家安全顧問？巴農認為川普十分介意媒體的觀感。每件事都透過「他看起來恰如其分嗎？」的角度思考。每件事都像演電影。鄧福德和馬提斯因為是陸戰隊出身，所以打動他，因為他們是沉默寡言、說話直接切入重點的軍人。

名列前茅的可能人選是陸軍中將麥馬斯特（H. R. McMaster）——身高五呎九吋、禿頭、綠眼珠、抬頭挺胸、筆直姿勢——他是戰爭英雄和學者的罕見組合。他寫了一本書《失職：林登・詹森、羅伯・麥納馬拉、聯合參謀首長，以及導致越戰的謊言》（*Dereliction of Duty: Lyndon Johnson, Robert McNamara, the Joint Chiefs of Staff, and the Lies that Led to Vietnam*）。這是一本破天荒的專書，指控軍事領導人未能向文官領袖抗顏力爭。麥馬斯特被認為是軍官團中的叛逆分子，但沒有人懷疑他的真材實料。

麥馬斯特有兩個鐘頭向川普總統發抒高見。巴農在海湖山莊（Mar- a- Largo）先和麥馬斯特見面，提供他的建議：別向川普說教，他不喜歡教授，他不喜歡知識分子。川普這個人「從來不上課，從來不拿講課大綱，從來不做筆記，從來不聽演講，期末考前一晚，到半夜他才到兄弟會會館，燒一壺咖啡，借你的筆記，拚命背，然後上午八點進入考場，拿個大丙。這就夠了。他是要當億萬富翁的。」

最後的忠告：「穿上軍服來晉見。」

麥馬斯特到了當天卻穿西裝來見川普。

巴農說：「我不是告訴你穿制服來晉見嗎？」

麥馬斯特回答說：「我打聽了一下，他們說不合適，因為我已打報告申請退役。」如果他獲得青睞，他將退役，以文人身分擔任國家安全顧問。

巴農提醒他：「我把你找來，是因為你是現役將領。」

和川普的會談進行得並不順利。麥馬斯特話說得太多，接見時間縮短。

巴農也在一旁陪伴，他後來說：「麥馬斯特他媽的開了嘴，就滔滔不絕講了二十分鐘，大談他的世局理論。他媽的一個裴卓斯書呆子。」二〇〇七年，麥馬斯特是「巴格達智庫」一員，就伊拉克戰爭向大衛．裴卓斯將軍（David Petraeus）提供建言。*

麥馬斯特告辭後，川普問：「這傢伙是什麼人呀？他寫了一本書，是不是？它批評了很多人。我以為你告訴我，他是現役軍人。」

「他是現役軍人沒錯。」

總統說：「他的穿著像個啤酒推銷員。」

巴農注意到麥馬斯特的衣服很彆腳，同意川普的評語。他認為麥馬斯特這套西裝大概只花兩百美元，或甚至只花一百美元。

下一位被接見的人選是極右派的前任駐聯合國大使約翰．波頓（John Bolton）。他是耶魯大學最優等畢業生，支持伊拉克戰爭，也推動伊朗和北韓政權改變。他經常上福斯新聞網——他申報二〇一七年所得稅時，光是拿到福斯的通告費就高達五十六萬七千美元。他的答覆中規中矩，但是川普不喜歡他濃密的大鬍髭。他相貌不合。

下一位是西點軍校校長羅伯．卡斯連（Robert Caslen）中將。

卡斯連進來之前，川普問陪同接見的國家安全會議幕僚長柯羅格將軍。

「將軍啊，你對這位先生有何看法？」

柯羅格說：「卡斯連是陸軍最棒的砲兵軍官。」

卡斯連有一對招風耳，制服上的勛章頂到肩膀上。他只做簡短的回答，大多是「是的，長官」或「不是的，長官」。他有點像電影明星克林．伊斯威特（Clint Eastwood）。川普開始和他

譯注

* 陸軍四星上將裴卓斯在二〇〇八至二〇一〇年擔任美軍中央總司令部總司令，主導伊拉克戰局，後調任阿富汗戰場聯軍總司令，嗣由歐巴馬總統於二〇一一年提名、經參議院於六月三十日以九十四對零票一致通過出任中央情報局局長。但是裴卓斯二〇一二年涉及婚外情下台。二〇一六年十一月，川普曾經約見他，考慮提名他為國務卿。這項考慮獲得參議院軍事委員會主席馬侃、以及葛萊漢參議員之支持。不過川普後來選擇提勒森。

聊起來，談起競選期間的故事。

巴農覺得川普在向這傢伙示好。他認為卡斯連雀屏中選了。

當天晚上，庫許納說，所有的媒體都喜歡麥馬斯特——沙場老將、思想家、作家。

巴農提醒他：「但是川普跟他不投緣。」川普和卡斯連相當投緣，但是卡斯連是野戰軍官，除了曾經短暫在聯合參謀本部歷練過低階工作外，沒有在華府任職的經驗。

他們同意，應該讓川普在次日和麥馬斯特及波頓再談一次，並且稍後再邀請卡斯連到白宮一對一午餐。

次日，波頓晉見。他還是對答如流，但是鬍髭還是問題。

這一次麥馬斯特全副戎裝出現。相貌現在好多了——高大、筆直。現在話也投機了，不過似乎還不夠。

巴農和庫許納請波特和麥馬斯特等候消息；一兩天內會有定奪。麥馬斯特留在海湖山莊等候。

川普說：「你們也曉得，因為佛林的壞故事，我們被追殺。我們做個決定吧。」

巴農說：「我不認為我們可以立刻做決定。卡斯連和麥馬斯特都是現役陸軍將領。」他們必須照會這兩位將領在陸軍的上司。陸軍參謀長馬克・米列（Mark Milley）將軍說，卡斯連將是最合適的人選。不過，「他們是現役軍人，因此必須經過一段程序。」

川普說：「不，不，不。我們正在媒體上遭到壞消息追殺。」

傑瑞德說：「媒體喜歡麥馬斯特。」

巴農說：「那是因為他是他媽的自由派。我沒有意思冒犯，他在這件事上並沒讓人有深刻印象。你們也不投緣啊。」

總統說：「是啊，但是你也了解的。請他過來吧。」

巴農找到麥馬斯特。「總統要再跟你談話，請你過來吧。」

麥馬斯特問，你認為會怎麼發展？

「我認為總統可能會請你接任這份工作。」

「我必須先跟某些人報告。我不能告訴總統我可以接受任務。我必須先向陸軍報告。」

巴農說：「你只要聽就行了。我們來想辦法。」那就是川普行事作風。只要聽就行了，凡事憑一股衝勁去做。純粹的川普。

總統問麥馬斯特：「你願不願意接這項職務？」

「是的，長官。」

川普說：「好，就這麼說定了。」他握了握麥馬斯特的手。「通知媒體，讓攝影機進來。」

他要和最新上陣的這位將軍合影。

麥馬斯特手足失措的和總統並坐在一張金色錦緞的沙發椅上。他們背後的桌上有個金色大花瓶裝著玫瑰花。

川普告訴記者們：「我要宣布：經過這個週末十分積極的約談之後，麥馬斯特將軍將出任國家安全顧問。他是非常有才華、非常有經驗的人選。」[1]

麥馬斯特說：「我很感謝您給我這個機會。我盼望加入國安團隊，殫精竭智，促進及保護美國人民的利益。」

麥馬斯特和川普握手，他的震驚在攝影機前一覽無遺。

麥馬斯特告訴巴農：「我必須打電話向陸軍參謀長報告。」

巴農說：「儘管打吧。但是你已經接受這項職務了。」

各方對川普的選擇相當推重。媒體認為麥馬斯特是個成年人，再也不會有瘋狂表現。總統也沉浸在正面報導中。

注釋

本章訊息主要來自和第一手消息來源多次深度背景訪談。

[1] Donald J. Trump, "Remarks on the Appointment of Lieutenant General H. R. McMaster（USA）as National Security Adviser in Palm Beach, Florida, and an Exchange with Reporters," February 20, 2017. Online by Gerhard Peters and John T. Woolley, *The American Presidency Project*. http://www.presidency.ucsb.edu/ws/?pid=123396.

12 正視北韓核武威脅

麥馬斯特知道最大的國安挑戰將是北韓。它高居最棘手問題名單已經多年。六個月前的二〇一六年九月九日，歐巴馬總統已經進入八年任期的最後幾個月，卻接到令他坐立不安的消息。北韓已在地下測試中引爆一枚核子武器。這是它十年來的第五次試爆，也是威力最大的一次試爆。

地震監測立刻顯示，所紀錄到的震動不是因地震引起。五點三級的震動是瞬間發生，而且源自地殼底下不到一英里，確切出現在過去四次核子試爆的豐溪里（Punggye-ri）核子實驗場。估計爆炸威力相等於一萬噸黃色炸藥（TNT）——接近於一九四五年廣島引爆的一萬五千噸級原子彈。

北韓七十三歲的國寶級主播、「女版華德・克朗凱特」李春姬（Ri Chun- hee）摒除任何疑問，出現在國營電視台上宣布核爆成功。[1] 幾乎北韓每次重大時刻，她都會現身報導。身穿粉色衣服的她，以歡樂、高亢的聲音向觀眾宣布，平壤政府已經造出一枚更好、更大、更多功能的核彈。

北韓核武器中心宣稱，此一新的核彈可以裝在彈道飛彈上[2]——雖然美國情報機關嚴重懷疑其真實性，但還是很令人不安。

讓北韓的潛在威脅更不容掉以輕心的是，四天前，北韓發射四枚中程彈道飛彈，飛了一千公里後在日本海落水，使得南韓和日本籠罩在它射程可及範圍內。[3]這些測試又符合上個月一次一千公里的試射。事不過三，這件事絕對不容小覷。

即使強烈希望避免戰爭，歐巴馬決定，已經不能不考慮是否應該發動外科軍事攻擊，消除掉北韓的核子威脅。他雖然準備交卸總統職位，但他需要正面處理北韓這個爛攤子。

當然他的繼任人選，幾乎篤定就是希拉蕊・柯林頓。他一再向副手保證，美國人民將做出正確選擇，推選她為總統。

打從一開始，歐巴馬就批准進行好幾項「特准接觸計畫」（Special Access Programs, SAP）以遏阻北韓的飛彈。這是由軍方和情報機關所進行最機密、最區隔保密的作業。有一項計畫鎖定在北韓試射飛彈之前或之中，對其指揮、控制、遙測和導引系統發動網路攻擊。這些高風險的網路攻擊在他上任第一年就開始，但是成敗參半。

另一個極機密的作業專注在取得北韓的飛彈。第三個計畫是讓美國能在七秒鐘之內偵測到北韓發射飛彈。透漏此事的官員要求我不能描述細節，以便保護攸關美國利益的國家安全作業。

北韓的威脅並未消退，歐巴馬於二〇一六年九月對他的國家安全會議提出一個敏感問題：是否可能在網路攻擊支援下，針對北韓發動先發制人的軍事打擊，摧毀掉他們的核武及飛彈計畫？

這項未完成的任務讓歐巴馬最為痛心。在他之前的柯林頓總統和小布希總統都試圖處理，但卻未能解決已經積累數十年的問題。現在美國已經別無其他道路可走。北韓正在創造一股力量，可將它的潛在核子破壞弧線延伸到美國本土。

歐巴馬的全國情報總監詹姆斯．克拉普，剛出道時於越戰期間在泰國指揮一個訊號情報監聽站。現年七十五歲的他，頭已經禿了，大臉上蓄著鬍鬚，他是美國情報界的祖師爺——粗暴、直接、言語直率、經驗老練。

克拉普對歐巴馬發出鈴聲響亮、清晰的警告：報告顯示北韓新武器系統有一些作用。但是它們對誰構成威脅？南韓？日本？還是美國？有多麼急迫？或者北韓只是要找談判籌碼？

情報評估顯示，北韓升高了努力的程度，也強烈暗示金正恩正在構建一支核武器作戰部隊，或是至少希望給外界這樣一個印象。

儘管公開的漫畫把他描繪成不穩定的狂人，敏感的情報報告卻顯示，現年三十四歲的金正恩比起他父親金正日，在領導北韓的核武器和飛彈計畫上是更有效率的領袖。金正日從一九九四至二〇一一年當家主政十七年。

金正日碰到武器測試失敗，就把負責的科學家和官員處死懲罰。金正恩則接受試射失敗，顯然是吸收實際的教訓：失敗為成功之母。在金正恩主政下，科學家活下來並從錯誤中學習，核武計畫大為精進。

歐巴馬下令五角大廈和情報機關檢討，是否可能一舉全面剷除北韓的核武器和相關設施。他們可以有效鎖定所有目標嗎？他們必須更新人造衛星、訊息情報和人員情報。太多事情不詳或不確定。

巴基斯坦自從一九九八年即擁有核武器，它已經把他們的核武器迷你化，可以放進地雷和砲彈中。北韓是否也有這項能力？目前的情報評估無法肯定回答是或否。

情報評估也顯示，美國的攻擊無法徹底消滅掉北韓所有的核武器。由於不知道所有核武器的下落，肯定會有目標漏掉，另外，其他目標半損也不是不可能。

大首爾京畿區有大約一千萬居民，又緊鄰著分隔南、北韓兩英里半深的非軍事區。北韓有數以千計的大砲部署在非軍事區附近的洞穴中。演習時，北韓把大砲推出來，練習射擊，然後又推回洞穴去，是所謂的「打了就溜」。美國的攻擊能一舉剷除掉這麼多武器嗎？

經過一個月的研究後，美國情報機關和五角大廈正式向歐巴馬報告，或許可以一舉攻擊及摧毀85%已知的核武器及核武器設施，但這只是已經確認的部分，克拉普相信預測的成功率必須完美才行。北韓在反擊時只要發射一枚核武器，可能就代表南韓有數萬人傷亡。

美國的攻擊也可能觸動北韓極富殺傷力的大砲、其他傳統武器和至少二十萬名的地面部隊，以及更多的志願部隊。

五角大廈報告說，「找出及摧毀——完全肯定——北韓核計畫所有成分」的唯一方法是，透過地面部隊入侵。但是地面部隊入侵會引爆北韓反應，極可能動用核武器。

對歐巴馬來講，這是無法想像的後果。二〇〇九年他領取諾貝爾和平獎時所發表的講話提到：「戰爭保證給人類帶來悲劇。」，而「某個程度的戰爭是人類愚蠢的表現」。

美國和北韓之間也保持非正式的幕後外交。美國前任政府官員和北韓現任官員碰面，維持對話暢通。通常這被稱為「一點五軌會談」。政府與政府間的會談就是「一軌會談」。如果雙方都是非政府組織或前任官員，這些會談就是「二軌會談」。

用一位深度參與一點五軌會談的美國前任官員的話來說，「我們是過去式，他們則不是」。最近在馬來西亞吉隆坡舉行的一次會談，有北韓外交部副部長出席。美國前任談判代表羅伯・賈魯奇（Robert Gallucci）說，北韓代表在這次會談對他提出警告，「他們將一直是個核武器國家」。[4]

二〇一六年大選後還有一次一點五軌會談在日內瓦舉行，北韓外交部美國事務司司長出席。有位美國前任官員說：「北韓方面沒認真看待它。」因為他們曉得美方代表不能提出任何新方案。「但是，他們可能覺得有（會談）總比沒有好。」

川普對於北韓有過公開評論的紀錄，可以上溯到一九九九年在《會見新聞界》節目上的談話。[5]川普說過：「我會瘋狂的談判。」二〇一六年競選期間的一次演講上，他說：「歐巴馬總統毫無作為，眼睜睜看著北韓增加侵略，甚至更擴張其核子武力。」[6]二〇一六年五月，他告訴路透社記者：「要我跟金正恩會談，沒有問題。」[7]二〇一七年他已經出任總統，稱呼金正恩是個「聰明的年輕人」。[8]

在沒有可行的軍事選項之下，全國情報總監克拉普認為美國需要更加實際。二〇一四年十一月，他曾經前往北韓，接回被囚禁的兩個美國公民。從他和北韓官員的會談中，他相信北韓不會放棄他們的核武器。他們為什麼要放棄？交換什麼？北韓實質上已經拿到嚇阻力量。它是實實在在存在，可是含糊不清又有強大力量。美國情報機關不能確定它的能力。他曾經向歐巴馬和國家安全會議強調，美國主張「去核化」是談判的條件，這是行不通的，不會有結果。

另外，克拉普說，他曉得北韓希望簽署和平條約以結束韓戰。韓戰雖在一九五三年以停火協議解決——但那是涉及戰爭的軍事司令官之間的停火，不是交戰國簽訂的條約。

美國需要了解北韓是如何看待局勢：美國和南韓似乎永久性的準備——有時候還相當戲劇性——要進攻、並且推翻金氏政權。

克拉普只有一個論據。他說，他二〇一四年去北韓那一次，北韓並沒有推拒。他主張，美國沒有永久的敵人。他說，你瞧瞧，我們曾跟日本、德國交戰，但是現在和兩國都是友邦。我們和越南交戰，現在也是朋友，克拉普最近才訪問過越南。即使在全面戰爭之後，還是可能和平共存的。

克拉普希望美國在平壤設立「利益小組」。這是一種非正式的管道，由在北韓首都設置大使館的另一個政府做為雙方的中間人。它不是全面的外交關係，但是可以讓美國在北韓首都有個立足點，能夠取得資訊，也能將資訊傳入北韓。

克拉普是曠野中的聲音——沒有人贊同他。歐巴馬是個強硬派：北韓一定要同意放棄其核武器。歐巴馬堅決主張全球減少核武器，他希望倒轉時鐘。他發表長篇大論公開聲明，譴責北韓九月九日的核子試爆，並且重申美國的政策：「說清楚，講明白，美國現在沒有、將來也絕不會接受北韓是個核子國家。」[9]

克拉普認為，最重要的一件事是，沒有人了解金正恩腦子裡的想法。他說：「沒有人知道他的燃點。」他們需要這方面的評估，可是他們手上完全沒有這方面的線索。因此，分析員只能辯論，究竟金正恩是個聰明的策略天才，把美國在內的其他國家玩弄於股掌之間，或是一個經驗稚嫩、衝動的呆瓜。

歐巴馬政府搜索枯腸、思考各種可能選項之下，討論又回到增加對北韓網路攻擊的可能性。有些人以為網路是躲在雷達之下的魔棍，或許可以減緩北韓的威脅。

要有效的發動廣泛的網路攻擊，國家安全局勢必需要經由北韓放在中國的伺服器。中國會偵測到這種攻擊，有可能認為這是衝著他們來的攻擊，極有可能引爆後果不堪設想的網路戰爭。

歐巴馬的一位資深閣員告訴歐巴馬：「我不能保證，我們消受得了網路反攻。」這就是大問題。使用網路攻擊可能會觸發情勢升高，引爆攻擊和反攻擊，因而癱瘓互聯網、銀行和信用卡等金融系統、發電廠、新聞及其他通訊系統，頗有可能拖垮美國或甚至世界經濟。

取有最高機密許可、也參與討論過程的政府律師強力反對。太危險了。因此歐巴馬政府也就無所作為。

北韓的網路能力，在二〇一四年攻擊新力索尼電影公司（Sony Pictures Entertainment）時已經表現無遺。喜劇諷刺電影《訪問》（The Interview）描述兩名記者前往北韓，企圖暗殺金正恩。

調查人員後來發現，北韓駭客進入新力索尼的網路已經三個月，等候發動攻擊。十一月二十四日，北韓占領新力索尼的電腦螢幕。為了最大化震撼效果，螢幕上出現可怕的紅色人體骨架，並標出「受到＃GOP駭入」[10]——GOP是「和平守護者」（Guardians of Peace）的縮寫。它說：「我們已經警告你，這只是開端。」北韓駭客損毀新力索尼70％以上電腦，包括筆記型電腦。

北韓雇用數千名駭客，現在定期使用網路程式從全世界各地銀行及其他機構竊取數億美元。

大選過後兩天，歐巴馬和川普在白宮見面。會談原定二十分鐘，但是實際進行了一個多小時。歐巴馬告訴準總統，朝鮮將是你最大、最重要的難題。它也是我最頭痛的問題。川普後來告訴幕僚，歐巴馬警告他，北韓將是你最大的噩夢。

有位經驗豐富、也曾在南韓服務過的情報分析官說：「我很震驚，歐巴馬政府閉上眼睛，在這個議題上行為像個又聾又啞又瞎的猴子。現在我明白為什麼歐巴馬團隊告訴川普，北韓核武器將是你的大問題。他們隱藏了這個問題。」

注釋

本章訊息主要來自和第一手消息來源多次深度背景訪談。

[1] Christine Kim, "Voice of Trumph or Doom: North Korean Presenter Back in Limelight for Nuclear Test," Reuters, September 4, 2017.

[2] Matt Clinch, "Here's the Full Statement from North Korea on Nuclear Test," CNBC, September 9, 2016.

[3] 見 the CNS North Korea Missile Test Database, 可在此下載 http://www.nti.org/analysis/articles/cns-north-korea-missile-test-database/

[4] Panel discussion on U.S. policy on North Korea at George Washington University, August 28, 2017, Washington, D.C. 影片可在此看到：https://www.c-span.org/video/?433122-1/us-policy-north-korea

[5] Rebecca Shabad, "Timeline: What Has Trump Said About North Korea over the Years?" CBS News, August 10, 2017.

[6] 同前注。

[7] 同前注。

[8] 同前注。

[9] Barack Obama, "Statement on North Korea's Nuclear Test," September 9, 2016. Online by Gerhard Peters and John T. Woolley, *The American Presidency Project*. http://www.presidency.ucsb.edu/ws/?pid=118931.

[10] Elizabeth Weise, "Sony Pictures Entertainment Hacked," *USA Today*, November 24, 2014.

13 薩德飛彈防禦系統

二月的某一天，鄧福德將軍來到南卡羅萊納州共和黨籍參議員林西．葛萊漢（Lindsey Graham）辦公室拜訪，想要私下談一談。

參議院裡頭恐怕沒有幾個人像葛萊漢這麼認真研究軍事問題。他是個單身漢、也是空軍備役上校，似乎永遠在上班。他在華府已建立廣大的跨黨派人脈。前任副總統喬．拜登（Joe Biden）曾在參議院服務過三十六年，他說，葛萊漢比起參議院任何人都有「最佳的直覺」[1]。六十一歲的葛萊漢是參議院軍事委員會資深委員，也是委員會主席、說話直率的馬侃參議員的摯友，事實上兩人可說是焦不離孟、孟不離焦。

當鄧福德來到葛萊漢辦公室時，葛萊漢可以看到鄧福德受到震撼。鄧福德告訴他，川普總統要求他擬訂對北韓展開先發制人軍事攻擊的新作戰計畫。

鄧福德說，有關北韓的情報並不充分。「我們在提報計畫給總統之前，需要更完整的情資。」

鄧福德是陸戰隊軍人、沙場老將，擔任過陸戰隊司令。二〇〇三年攻打伊拉克時，他是陸戰隊第五團團長，綽號是「作戰喬哥」（Fighting Joe），上司就是馬提斯少將。他顯然為川普衝動的決策風格震驚。葛萊漢意識到由於風險極大，鄧福德正在拖延川普的要求。

葛萊漢在共和黨內初選期間和川普的關係十分惡劣。除了川普之外，共和黨還有十六個人參加初選，葛萊漢是其中之一，但是沒有突破「二軍」地位。他曾經稱呼川普是「笨驢」[2]。川普反擊，在南卡羅萊納一次造勢活動上公布葛萊漢的手機號碼，使川普支持者打爆葛萊漢的手機；葛萊漢氣得錄影摔壞自己的手機，表示以後再也不用它。他轉而支持傑布．布希（Jeb Bush）[3]，拿他和川普對比，稱許布希「沒有到處散播危險言論，企圖在激烈競爭的初選爭勝」。

蒲博思促請葛萊漢和川普修好。理由之一是，他告訴葛萊漢：「你這個人有趣多了，他周圍需要有趣的人。」

葛萊漢對川普抨擊甚力，尤其是川普針對穆斯林發出的第一道行政命令。他說：「這是小學三年級學生在信封背面寫出來的東西。」

葛萊漢和馬侃發表聯合聲明：「我們深怕這道行政命令將成為對抗恐怖主義作戰中自殘的傷口。這道行政命令，有意或無意，送出一個訊息：美國不希望穆斯林進入我們國家。這也是為什麼我們擔心，這道行政命令不會增進我們的安全，反而助長恐怖分子召募新人。」[4]

葛萊漢現在卻願意拋棄前嫌。

隔了幾週，川普邀請葛萊漢三月七日到白宮吃午飯。葛萊漢準備了一番說詞。

當他走進橢圓形辦公室時，川普正坐在大辦公桌後。他立刻站起來，快步趨前，給葛萊漢來個大擁抱。川普說：「我們一定得交朋友。你將是我的朋友。」

葛萊漢回答說：「是的，閣下。我希望做你的朋友。」

川普說，他不應該公布葛萊漢的手機號碼。

葛萊漢開玩笑說：「那是我競選期間的亮點。」

川普問：「你現在新號碼幾號？」他抄了下來，然後笑著問，我們是怎麼吵起來的。

葛萊漢說：「那是競選嘛。你也曉得我這個人沒什麼吸引力。我不能上大舞台。現在你贏了，我必須承認敗選，接受你的勝利。」他知道這是川普愛聽的話。「你要我幫忙你嗎？」

川普說是。

葛萊漢說：「我們吃午飯前，我要為非常搗亂的共和黨多數派向你道歉。國會將會杯葛你的施政。我們不曉得我們在幹什麼，我們對健保沒有計畫。談到減稅時，我們處於不同的星球。在這上面你將是最大的輸家。」幾年前就該減稅和替換掉「歐巴馬健保」了。「現在你是能夠達成它的人。你善於談判。這些國會領袖連買房子這種簡單事都不懂。如果有人出來折衝談判，現在就是時候了。國會有許多好人，但是他們絕大多數沒在民間部門談判折衝過任何生意。國會山莊裡不到五個人，我會託他們幫我買汽車，我會請你幫我買汽車，而現在我希望說服你的是：你讓我幫你買汽車。」

他們走進旁邊的午餐室。大型電視螢幕轉到福斯新聞網上，只不過保持靜音狀態。麥馬斯特和蒲博思一道作陪。

川普問：「你有什麼想法？」

葛萊漢說：「短期，就是北韓。有一天，有人會來向你報告：『總統先生，他們即將得到飛彈。他們已經迷你化核武器，能把它放上去。它們可以打到美國本土。你要我們怎麼做？』」

突然間，每個人的注意力都被吸引到電視大螢幕上四枚北韓飛彈發射的畫面。前兩天，三月五日，北韓發射四枚飛彈、落入日本海。[5]

川普的眼珠子有如銀元那麼大。

葛萊漢說：「那是舊鏡頭、舊鏡頭啦。」他試圖讓大家鎮靜下來。他已經看過它。

川普指著螢幕說：「針對這個問題，我必須有所行動。」

葛萊漢說：「如果這一天到來，你要怎麼做？」

他問：「你認為我應該怎麼做？」

葛萊漢說：「你可以接受他們已經有了飛彈，然後告訴他們和中國，如果你用了它，北韓就完了。你也可以有一個飛彈防禦系統，有極高百分比能把它打下來。這是第一號劇本。第二號劇本是，你告訴中國，我們不會讓他們有這種飛彈可以打到我們本土。如果你不能搞定它，我就自己來。」

總統再問：「你要怎麼做？」

葛萊漢說，必須走第二方案。你不能讓他們有核武能力。但是第一方案的風險又太高。

總統轉頭問麥馬斯特：「你有什麼想法？」

這位國家安全顧問說：「我認為他說的沒錯。」

葛萊漢說：「如果是成熟的威脅，別讓我們（國會）晾在一旁抱怨和呻吟。如果你掌握證據，哪一天他們來向你報告，你就打電話給國會領袖說，我或許需要動用武力。讓我向各位報告，為什麼我需要諸位支持，准許我動用武力對付北韓。如果我們有決定性的票數，你在口袋裡有了授權，你或許可以不用動用武力。」

蒲博思說：「這非常具有挑釁意味耶。」

葛萊漢回答他：「它本來就是要有挑釁意味。你只把它拿出來當最後法寶。」

蒲博思說：「這會使人人擔心和激動起來。」

川普說：「我才不鳥誰會緊張。」

葛萊漢說：「你不會想要你的履歷表上記載，在你主政期間，北韓這個核子國家製造出可以打到美國的飛彈。」

川普說，他也曾經這樣想過。

葛萊漢說：「如果他們有了突破，有了可以打到美國的飛彈，你必須摧毀它們。如果你得到國會授權，口袋裡就有了本錢。」這將是一個中層步驟，但是會讓川普有談判的力量。

「他們以為有了核武器彈頭的飛彈，就可以為所欲為。你必須讓他們相信，如果他們想得到核武器彈頭的飛彈，那就是他們完蛋的時刻。」

麥馬斯特說，關於北韓的情資並不完整。

葛萊漢告訴他們：「你們要開槍前，打電話找我吧。」

葛萊漢促請川普盡可能爭取跨黨派支持，爭取民主黨員。他希望提供一個路徑圖，幫川普和國會打交道。葛萊漢說：「總統先生，你必須收買幾個民主黨議員。好消息是他們價碼不高。」他說，川普必須跟關鍵的共和黨人及民主黨人搞熟。「運用你過去折衝談判的本事。你必須在桌上擺出一些東西給這些人。我過去十年和共和黨人及民主黨人都是這樣打交道的。」

會有人不同意嗎？他說，是的。好朋友也經常意見相左。「華府政治永遠是看到下一件事。某件事辦不了，你還是得繼續走下去。」

總統必須割捨掉推特。前一個星期，三月四日，他四度在推特上貼文，指控歐巴馬對川普大樓竊聽。[6]

葛萊漢提到各方對這些推文普遍出現負面反應：「你自己傷到上顎。他們會追打你，你千萬不要授人以柄。」

總統說：「推特是我的武器。」

「總統先生，推文有了好處，是好的。但是別因為推文，反而招來壞處。他們一直設法要把你拖進他們的泥淖。你必須管束好自己以免上當。」

川普次日打電話給葛萊漢，感謝他，受益良多。

葛萊漢說：「邀請約翰・馬侃和他夫人辛蒂（Cindy）到白宮吃晚飯吧。約翰是個好人，你們倆需要好好相處，他可以在許多方面幫你的忙。」

二〇一五年，川普對馬侃有過最狠毒、最欠思慮的評論：「他不是戰爭英雄。他是因為被俘才成為戰爭英雄。我喜歡沒有被俘虜的人。」[7]

葛萊漢曉得馬侃痛恨川普。他知道，在華府，你必須和痛恨你的人打交道。但是他沒有把這一招傳授給總統。

「我的首要工作是讓約翰．馬侃平靜下來。」葛萊漢評論參議院多數黨領袖米奇．麥康諾「怕死了約翰．馬侃。因為約翰沒有分寸。他罵起我們的領導人，跟罵他們的領導人一樣凶。我有時候也會如此，但是我的批評比較有分寸。約翰的批評就是純粹約翰的想法。他是全世界最善良的人。我卻是媒體的眼中釘。總而言之，他是比我善良許多的人」。

和馬侃夫婦的晚餐安排在四月分。葛萊漢也應邀作陪。辛蒂．馬侃一生致力於對抗人口走私販運，葛萊漢建議川普派她為這項目標的大使。

在白宮藍廳的晚宴上，川普掏出一封信。他逐字唸給辛蒂．馬侃聽。他念出，我非常盼望妳擔任我在反人口走私販運方面的巡迴大使，也特別指出她一輩子致力於人權運動。

她噙著淚水說：「我感到非常榮幸。」

馬侃顯然也很感動。身為參議院軍事委員會主席，他也感謝總統保證重振軍力。

馬侃問，你希望我們怎麼幫助你？

川普十分恭敬的說：「我只希望多認識你，我敬佩你，你是個硬漢，你是個好人。」這已經是他最接近於「我很抱歉」能說的話了。

馬侃再度顯得頗為感動。他說：「外頭的世界很艱困的。我們希望能幫得上你。」

川普問，你對北韓有什麼高見？

馬侃說：「每個人都把這件事搞砸了。」民主黨、共和黨都一樣——過去二十四年三位總統，柯林頓、小布希和歐巴馬都該各打三十大板。

葛萊漢說：「總統先生，這是決定。」他重述他已經告訴川普的想法。圍堵戰略——讓北韓得到先進的核武彈頭飛彈，賭上你可以把它擊落、或是他們被嚇阻住、絕不用它。或許告知中國，美國將制止北韓得到核武能力。

川普問馬侃，你認為呢？

他說：「問題非常複雜。他們可以用傳統大砲殺死首爾一百萬人。因此才很難做決斷。」

葛萊漢提出鷹派觀點：「如果要死一百萬人，還好是死在那裡、不是死在這裡。」

川普打斷話，他說：「這很酷。」他又說，他相信中國喜愛他。他似乎說了將近十次，而且認為這使他有相當的影響力。

春天，在橢圓形辦公室的一次會議中[8]，話題轉到因為部署「終端高空防禦飛彈」系統引起的爭議，它已經成為南韓總統人選的重大議題之一。這個系統可以在北韓發動飛彈攻擊時，起到保護南韓的作用。更重要的是，它也可以用來幫助保護美國。

川普問：「他們已經付了錢了嗎？」

麥馬斯特說：「他們沒付錢，是我們付的錢。」

川普說：「這怎麼對呢？」他要求說明，因此麥馬斯特去向五角大廈討答案。

當天下午麥馬斯特回報：「其實對我們來講，這筆交易很划算。他們免費提供一塊地給我們租用九十九年。但是我們負擔這套系統、安裝和作業的錢。」

川普大發雷霆。他說：「我要看它安裝在哪裡。」最後搬來地圖，顯示它的位置。有些土地包括一座舊高爾夫球場。

這位高爾夫球場和房地產開發商出身的總統破口大罵：「這是一塊狗屎土地。這是非常糟糕的交易。是誰去談判的？什麼天才啊？撤回它，我不要這塊土地。」

這套薩德飛彈防禦系統十年內可能要花掉十億美元，川普說，而且它還不在美國境內。「他媽的，撤回它，把它布置在波特蘭。」

川普還在為和南韓的一百八十億美元貿易赤字生氣，希望退出他所謂的「可怕的」美韓自由貿易協定。

圍繞著薩德系統爭議上升，時機實在不好。南韓是非常重要的盟友和貿易夥伴。川普找麥馬斯特和馬提斯會商。兩人都說，鑒於北韓危機，此時不宜另生枝節、提出貿易協定的問題。

川普說：「現在才是最適合的時機。如果他們想得到保護，這正是我們重新談判的好時機。

我們握有王牌。」

川普後來告訴路透記者，薩德系統的初步費用估計約為十億美元。[9] 他說：「我照會南韓，他們付錢才對。這是一套十億美元的系統。它很不得了，可以在空中幹掉飛彈。」

四月三十日，麥馬斯特打電話給南韓的國安首長。他告訴福斯新聞主播克里斯・華萊士：「我告訴我的南韓同事，在重新談判之前，協議維持不變，我們遵守承諾。」[10]

做為第一步，南韓貿易部後來同意開始重新談判美韓自由貿易協定。[11]

注釋——

本章訊息主要來自和第一手消息來源多次深度背景訪談。

[1] Bob Woodward, *Obama's War*（New York: Simon & Schuster, 2010）, p. 62.

[2] Nicholas Fandos, "Lindsey Graham Destroys Cellphone After Donald Trump Discloses His Number," *The New York Times*, July 22, 2015.

[3] Cheri Cheng, "Lindsey Graham Endorses Presidential Candidate Jeb Bush," *News EveryDay*, January 15, 2016.

[4] "Statement by Senators McCain and Graham on Executive Order on Immigration," January 29, 2017.

[5] 見 the CNS North Korea Missile Test Database, 可在此下載：http://www.nti.org/analysis/articles/cns-north-korea-missile-test-database/

[6] https://twitter.com/realdonaldtrump/status/837989835818287106; https://twitter.com/real donaldtrump/status/837993273679560704; https://twitter.com/realdonald trump/status/837994257566863360; https://twitter.com/realdonaldtrump/status/837996746236182529.

[7] onathan Martin and Alan Rappeport, "Donald Trump Says John McCain Is No War Hero, Setting Off Another Storm,"

The New York Times, July 18, 2015.

[8] Adriana Diaz, "U.S. THAAD Missile System a Factor in South Korea's Presidential Election," CBS News, May 8, 2017.

[9] Stephen J. Adler, Jeff Mason and Steve Holland,"Exclusive: Trump Vows to Fix or Scrap South Korean Trade Deal, Wants Missile System Payment," Reuters, April 27, 2017.

[10] "McMaster Says U.S. Will Pay for THAAD Antimissile System in South Korea," Fox News, April 30, 2017.

[11] "South Korea Trade Ministry Says Ready to Begin Renegotiating U.S. Trade Pact," Reuters, December 17, 2017.

14 美沙高峰會議

二月間，陸軍退役上校德瑞克．哈維（Derek Harvey）——美國政府非常重要的一位情報分析官員——被派為國家安全會議中東事務主任。以烽火狼煙的這個區域而言，這是非常重要的一個職位。

哈維說話輕聲輕氣，是個傳奇人物，他處理情資有如凶殺案刑警——翻遍數千頁的偵訊報告、攔截的通訊、戰場報告、敵方文件、原始情報資料，也找非傳統的消息來源如部落領袖訪談。有時候就會出現非正統的思維。在某些圈子裡，他被稱為「手榴彈」，因為他有能力、也有意願炸掉傳統智慧。

九一一恐怖攻擊之前，哈維寫了一份報告，結論為奧薩瑪．賓拉登（Osama bin Laden）和他的凱達組織（al Qaeda），對美國構成戰略威脅。他幾乎也是孤鳥，預測美國入侵伊拉克和阿富汗之後，將遇上極堅持、強大的叛黨抵抗。他經常說，某些積極、宏大的思想是「可以做、但推銷不出去」的想法，意思是政治體系不會支持它們，譬如長年在阿富汗維持上萬名美軍部隊這件事。

哈維跑去見傑瑞德．庫許納，他的小辦公室緊鄰著橢圓形辦公室。

庫許納往後一靠，蹺起腿，聽哈維報告。

哈維對中東地區最大的憂慮是伊朗在背後支持的恐怖組織「真主黨」（Hezbollah）。敏感的情資顯示，真主黨在黎巴嫩有四萬八千名全職的軍人，對以色列構成重大的生存威脅。他們在敘利亞、葉門有八千名派遣軍，另在中東各地亦有突擊隊單位。此外，他們的人馬散布全球——在哥倫比亞、委內瑞拉、南非、莫三鼻克和肯亞，各有三十至五十名黨羽。

真主黨還擁有令人震驚的十五萬枚火箭。二〇〇六年它和以色列作戰時，只有四千五百枚火箭。

伊朗革命衛隊指揮官已併進真主黨的結構。伊朗是真主黨背後的金主——每年替它支付令人咋舌的十億美元經費。這還不包括真主黨從洗錢、人口走私販運、古柯鹼和鴉片生意，以及出售莫三比克象牙所賺到的錢。

真主黨在黎巴嫩勢力強大，可謂國中之國，而且樂於運用暴力。黎巴嫩的重大事務沒有真主黨默許，是行不通的。而它專心致志要消滅以色列。

真主黨是伊朗最完美的代理人，可以用來對以色列施加壓力和發動攻擊，以色列的空軍基地可能遭到真主黨火箭猛攻。以色列要靠金鐘罩（Iron Dome）、大衛彈弓飛彈（David's Sling）和飛箭飛彈（Arrow missiles）等自衛，並不足夠。

哈維認為，這極有可能爆發一場災禍性的戰爭，造成極大的人道、經濟和戰略後果。伊朗和以色列一旦交戰，美國勢必被牽扯進去，進而瓦解掉促成區域穩定的努力。

川普接受《讀者文摘》版的真主黨態勢簡報。全國情報總監丹・柯茨（Dan Coats）和中央情報局局長麥克・龐培歐（Mike Pompeo），在每天上午的橢圓形辦公室「總統每日簡報」中支持這個立論。馬提斯、麥馬斯特和國務卿提勒森也實事求是的支持它。

哈維覺得其他人沒有理解到基本均勢已經改變的嚴重性。再一次爆發以阿戰爭的話，以色列遭受的攻擊將無與倫比。阿拉伯人的全面進擊會影響到他們真正作戰的能力。

哈維向庫許納強烈提醒：川普新政府沒有為可能發生的局勢做好準備。他極力主張要落實川普和以色列總理班傑明．納坦雅胡（Benjamin Netanyahu）會談所達成的協議——這項戰略對話的重要性是，它採取全新的視角，正視現場的新事實。他希望強化他認為在歐巴馬政府八年任內已經惡化的美、以關係。

夏天時，以色列駐華府大使和其國家安全顧問，希望邀請哈維到以色列訪問。麥馬斯特不准哈維去，但是也沒告訴他為什麼不准。

七月初，哈維安排與以色列軍事情報機關莫薩德（Mossed）高階情報官員，以及以色列空軍和陸軍代表會面。麥馬斯特非常生氣，不准哈維再輕舉妄動。[1]

重大問題是：哈維是否在美國和川普所面對的種種外交政策問題中，發現下一顆定時炸彈——真主黨——正在滴答作響？

不久，哈維又來找庫許納。

庫許納問：「假設總統第一次出國訪問，選擇沙烏地阿拉伯首都利雅德為第一站，你有什麼看法？」

哈維說：「它完全符合我們正試圖要做的事。我們要重新確認支持沙烏地阿拉伯，我們在中東區域的戰略目標，我們的地位在歐巴馬時期已經大為惡化。」

哈維認為歐巴馬花了太多時拉攏伊朗、以便達成核子協議，所以忽視、甚至輕蔑和沙烏地阿拉伯及以色列的關係。以沙烏地阿拉伯做為總統第一次外訪的對象，可以凸顯出川普政府有新的優先目標。哈維也覺得非常有吸引力，總統第一次外訪就到他職掌的區域，肯定讓國家安全會議其他資深幕僚羨慕死了。

在沙烏地阿拉伯舉行高峰會議也有利以色列。沙烏地阿拉伯和以色列都是伊朗的長期敵人，有公開的關係、也有重要的幕後管道來往。

哈維曉得應該努力專注在庫許納提供的建議，他絕對不僅是總統的資深顧問。總統的乘龍快婿講話，即使沒有總統的鼓勵，至少總統是知情的。

哈維和一般情報官員都一樣，與以色列情報機關有良好的關係，他曉得庫許納已在以色列建立自己的關係網。納唐雅胡是庫許納家族長期友人。

庫許納告訴哈維，他得到重要又可靠的情報，沙烏地阿拉伯的關鍵人物是副王儲，三十一歲、饒富群眾魅力的穆罕默德．賓．薩爾曼（Mohammed bin Salman），一般人都稱他為MBS。MBS是沙烏地國王的兒子，身任國防部長；這是個重要職位，也是在沙烏地王國進取大位的跳板。MBS有遠見、有精力。他風度翩翩，主張大膽、現代化改革。

當麥馬斯特獲悉庫許納有在沙烏地阿拉伯舉行高峰會談的構想時，他緊張的問哈維：「是誰在推動這個構想？它是從哪裡出現的？」

哈維不清楚總統是否涉及到其中任何角色。

麥馬斯特很不喜歡這種不循正常管道的作法，但是他也莫可奈何。

哈維和中央情報局在內的情報機關進行一系列會議。從它們得來的訊息是，庫許納最好要小心點。沙國真正堅實的人物是五十七歲的現任王儲穆罕默德・賓・納耶夫（Mohammed bin Nayef），一般人稱他為MBN。他是國王的侄子，擔任內政部長，因瓦解沙烏地阿拉伯境內的凱達組織而聲譽卓著。對年輕的MBS示好，會引起皇室內部的摩擦。

從在中東地區數十年的情報接觸，哈維相信庫許納是對的——MBS是未來之所寄。MBS認為在沙烏地阿拉伯脫胎換骨大改革才是王國唯一生存之路。有庫許納做靠山，哈維獲得不尋常的權力開始規畫。哈維找國防部、財政部和白宮全國經濟委員會一起來會商。哈維相信，風險很大，但是好處也非常的大。

三月間，麥馬斯特主持一項「首長會議」（principals meeting），討論在沙烏地阿拉伯舉行高峰會議的可能性。*

譯注

* 總統國家安全顧問的正式職銜是「國家安全事務總統助理」（Assistant to the President for National Security Affairs），是由總統任命、在府內參贊國安事務的高級助理，並不需經過參議院認可。但若是任命現役將領出任斯職，就需經參議院認可。總統未出席國安會議時，由國安顧問主持國務卿及國防部長參加的首長會議。

國務卿提勒森揮揮手，很不以為然的說：「從我過去在艾克森的經驗來說，沙烏地人一向說大話。你跟他們談判、跳完舞。等到要在文件上簽字時，卻沒了下文。」跟MBS接觸，應該很小心、留一手。美國可以努力安排高峰會議，但有可能會空手而返。

馬提斯說：「這恐怕不太實際。」安排軍售和其他有利美國經濟的項目是高峰會議必備的成果，它們需要長時間斡旋。「我們最好等到明年。新政府應該更小心謹慎。」

能源部長里克・裴利（Rick Perry）說，有太多事要安排、但是時間不夠。

沒有人支持庫許納現在所提議、在兩個月內舉行高峰會議的構想。

庫許納坐在和麥馬斯特相對的會議桌另一頭。

這位總統女婿站起來說話：「我了解這是很有野心的目標，我也了解各位的關切，但是我覺得我們有很大的機會。我們必須承認這一點。我了解我們必須小心，我們需要很認真準備，當做它即將發生。如果看起來做不到，我們還有充分時間換檔。但是這個機會我們應該掌握。」

沒有人說不。哈維也曉得他們說不出口，他就把它當做會發生，繼續規畫。他定下一些門檻，決定在總統行前必須先協商好一筆超過一千億美元的軍售合同。

執行重任落到哈維肩上。MBS派一支三十人團隊來到華府，哈維在艾森豪行政大樓安排了好幾間會議室。美、沙人員組成工作小組，分別討論恐怖主義、恐怖團體資金、暴力極端主義和宣傳活動等議題。五角大廈亦舉行有關合同和安全夥伴關係的會議。

哈維不想對沙方提出太多要求，因為他曉得沙烏地並不像一般人想像那麼口袋多金。油價下跌，已經使沙烏地國庫受傷。

麥馬斯特還是不起勁。他告訴哈維，因為庫許納想要，我們必須繼續辦事；但是支持並不夠。我們將繼續動作，但是到了某一時點就叫停。

庫許納說，如果美國還想在中東活動，他們需要協助沙烏地和以色列成功。根據庫許納的說法，當主要受惠國家是中東國家時，總統不會繼續為美國在中東的防務付錢。

他擔心的是伊朗增加在小地區的影響力和顛覆活動，特別是真主黨已經威脅到以色列。

庫許納說，設法讓沙烏地阿拉伯多買些東西。如果他們購買武器系統，將有助於美國經濟和創造就業機會。他們將採購大量軍火彈藥、十年的維修和支援合同。

沙方代表回到華府，第二次訪問。至少一連四天，他們全都焚膏繼晷，每天開會到半夜一點鐘。

庫許納每天召集主要機關人員，十來人擠在他辦公室，舉行跨部會會議。

有時候，沙烏地在合約及軍火採購上並未徹底落實。

庫許納告訴哈維：「我會打電話。」他果真直接打電話給MBS，而沙方也答應增加軍事採購金額。

當雙方接洽似乎已經接近，庫許納邀請MBS到美國訪問，並帶他到白宮，讓他三月十四日在國宴廳和川普一道吃午飯。[2] 美方出席作陪的人有潘斯、蒲博思、巴農、麥馬斯特和庫許納。這破壞了禮儀，讓國務院和中央情報局官員不安。總統不應該在白宮接見地位中等的副王儲、並且賜宴。

提勒森和馬提斯繼續表達懷疑。這件事太難、有太多工作要做，對於合約也有太多疑問。

川普終於核定全案推進，於五月四日星期四公布他即將出訪沙烏地阿拉伯和以色列。[3]

川普五月二十、二十一日兩天訪問沙烏地阿拉伯，受到盛大歡迎。他宣布沙烏地將出一千一百億美元向美國購買武器，另外還有數千億美元的其他合同[4]——當然這個數字誇大事實。

哈維相信這次高峰會議以戲劇性的方式重新啟動雙邊關係，堪稱是全壘打——發送戰略訊息給首要敵人伊朗。沙烏地阿拉伯、海灣合作理事會（Gulf Coopera-tion Council）國家（包括巴林、科威特、阿曼、卡達、阿拉伯聯合大公國和沙烏地阿拉伯）和以色列結合起來。歐巴馬的騎牆作法宣告終結。

下個月，高齡八十一歲的沙烏地國王薩爾曼，宣布三十一歲的MBS為新王儲，日後可能接班領導沙國數十年。[5]*

注釋——

本章訊息主要來自和第一手消息來源多次深度背景訪談。

[1] 麥馬斯特在二〇一七年七月二十七日開除哈維。

[2] Julie Hirschfeld Davis, "Trump Meets Saudi Prince as U.S. and Kingdom Seek Warmer Relations," *The New York Times*, March 14, 2017.

[3] Mark Landler and Peter Baker, "Saudi Arabia and Israel Will Be on Itinerary of Trump's First Foreign Trip," *The New*

York Times, May 4, 2017.

[4] Aaron Mehta, "Revealed: Trump's $110 Billion Weapons List for the Saudis," *DefenseNews*, June 8, 2017.

[5] Sudarsan Raghavan and Kareem Fahaim, "Saudi King Names Son as New Crown Prince, Upending the Royal Succession," *The Washington Post*, June 21, 2017.

譯注

* 二〇一八年十月二日，替《華盛頓郵報》撰稿的的沙烏地異議記者哈紹吉（Jamal Khashoggi）進入沙烏地駐土耳其伊斯坦堡總領事館後慘遭殺害，MBS疑似是幕後黑手。沙國官方先是否認哈紹吉遇害，後來不得不承認，但仍堅決否認MBS知情。十一月沙國宣布將對五名行兇者求處極刑。川普仍表示支持MBS。本案後續發展是否影響MBS政治地位、以及美沙關係、甚至中東局勢，仍待觀察。

15 安定阿富汗

川普是最大聲反對阿富汗戰爭的人之一，這場戰爭曠日廢時打了十六年，已經成為美國史上最長久的戰爭。以川普堅持反戰原則而言，阿富汗戰爭恰恰相反，顯得有點荒謬。從二〇一一年開始，也就是他正式參加總統選戰的四年之前，他就在推特上砲聲隆隆，頻頻抨擊。[1]

二〇一二年三月，他推文說：「阿富汗是一團災難。我們不曉得自己在做什麼。除了它把我們搞瞎了以外。」[2]

二〇一三年，攻擊更加升高。一月，他在推特上說：「讓我們退出阿富汗。我們的部隊被我們所訓練的阿富汗人殺害，而且我們在當地浪費數十億美元。荒唐！重建美國。」[3]三月，他寫：「我們應該立刻退出阿富汗。不再浪費性命。如果我們必須再打進去，那就強硬、迅速的打進去。重建美國優先。」[4]四月，他宣布：「我們的政府真病態，我們在阿富汗浪費的數十億美元，一部分竟跑到恐怖分子口袋。」[5]十一月，他又說：「別再讓我們愚蠢至極的領導人去簽署協議，竟然讓我們在阿富汗持續派軍、直到二〇二四年——而且全部費用由美國負擔。讓美國偉大起來！」[6]

二〇一五年十二月，川普推文說：「一名自殺炸彈客剛在阿富汗殺害美軍部隊。我們的領導人什麼時候才會強硬、聰明起來？我們被帶領走上屠宰場！」[7]

和所有的總統一樣，川普繼承了前人未完成的工作。以二十一世紀幾位總統而言，沒有任何一件事比起阿富汗戰爭更清晰證明這一點。阿富汗戰爭始於九一一恐怖攻擊之後，當時它包庇奧薩馬．賓．拉登和凱達組織。這場戰爭充滿了高度期許、挫敗、誤解和大量金錢承諾、部隊及人命犧牲。

在小布希總統和歐巴馬總統主政之下，部隊人數的辯論和討論主宰國家安全會議內部及公眾的討論，產生對進展或解決的高度期望。媒體報導重點集中在部隊人數和停駐時間表。美軍參戰人數成為進展與否的代表。

歐巴馬任期內，美軍人數像坐雲霄飛車，最高達十萬人、後來降到八千四百人，並且熱切預期——後來放棄——對付塔里班叛黨的戰鬥任務可以結束。但是政府內部專家曉得這只是幻想。

二〇一〇年，歐巴馬增兵三萬人之後，白宮協調官道格拉斯．魯提（Douglas Lute）中將在一次會議中形容這場戰爭像「紙牌屋」。[8]

彼得．拉佛伊（Peter Lavoy）博士是歐巴馬的主管亞太安全事務副助理國防部長，後來轉任歐巴馬國家安全會議幕僚，主管南亞事務。他是個說話輕聲輕氣的南亞——巴基斯坦和阿富汗——專家。外界大半不知拉佛伊是何許人物，但他是國防及安全事務的關鍵角色，他理論與實務兼具，他認為著迷於美軍人數是歐巴馬政府在阿富汗政策上的致命傷。

拉佛伊說：「阿富汗實際上有好幾千個次部落。每一個都心懷怨恨。如果塔里班不再存在，阿富汗還是會有叛亂。」勝利遙不可及。而且什麼叫做贏，也沒有明確的定義。

麥馬斯特預見他在阿富汗戰爭上將與川普總統發生重大衝突。他非常了解阿富汗。他在二〇一〇至二〇一二年間擔任駐喀布爾阿富汗作戰司令部參五計畫處副處長。

一九九一年波斯灣戰爭的「沙漠風暴作戰」期間，剛從西點軍校畢業七年的陸軍上尉麥馬斯特率領九輛坦克作戰，摧毀伊拉克共和衛隊的二十八輛坦克。麥馬斯特上尉所部毫無損失，交戰只持續二十三分鐘。他因此獲頒銀星勛章。

伊拉克戰爭期間，麥馬斯特上校率領第三裝甲騎兵團五千三百名官兵，成功運用保護人民剿叛戰術，在二〇〇五年收復塔阿法城（Tal Afar）。小布希公開稱讚此役是「有理由希望出現自由伊拉克」的樣板作戰。[9]

麥馬斯特一九九七年出版《失職》這本書，責備越戰期間的聯合參謀首長是「五個沉默的人」，沒有和文官領袖建立基本的個人私交，以致於未能坦誠溝通。《失職》成為避免另一場越戰的野戰手冊。

諷刺的是，現在川普說阿富汗是另一個越南，沒有明顯國家安全目的的泥淖，是美國政策前後不一致的最新案例。麥馬斯特的職責是調和軍方對阿富汗的建議，以符合總統的目標，不過總統唯一的目標是退出阿富汗。

國家安全會議的幕僚工作卡住了。二〇一七年三月一日及十日，國安會主管阿富汗事務的陸軍遊騎兵中校佛南多．魯強（Fernando Lujan），主持川普政府第一次中階官員跨部門會議。與會者包括國務院、五角大廈和各情報機關代表。

魯強是歐巴馬政府留下來的官員，他清楚歐巴馬的阿富汗政策在實務上很單純：避免大災禍。這裡有太多不確定性，發生災難的可能性極大。譬如，他給攸關長期穩定的阿富汗警察部隊的評分是丁下或戊。

第一次會議，一位國務院官員在討論中提出一系列基本問題：為什麼我們認為需要在阿富汗設立剿叛基地，以防止再有攻擊？有什麼非要不可的理由？我們究竟認為發自阿富汗的恐怖威脅是什麼？當我們已經有了無人機和其他東西時，為什麼還認為需要加派數千名美軍部隊和情報專家？他指出，我們在阿富汗長久駐軍，不僅會招致叛變、更加不穩定，還會招致區域內其他國家，如巴基斯坦的蠢動。

這位國務院官員說，美國在二〇〇一年入侵阿富汗時就說不會在當地永久駐軍。十六年過去了，我們要如何自圓其說？

軍方代表說，不，不，不。美國駐軍不是永久性的。

這就帶出問題：什麼時候可能全部結束？有可能以政治方法解決嗎？政治方案是目標、還是手段？如果叛軍塔里班堅持美國不得在阿富汗有任何形式的駐軍，怎麼可能達成政治方案呢？有沒有可能以政治方案推銷持續參與呢？

如果政治方案成為最高優先，它需要妥協折衷。川普總統願意妥協嗎？

這一切會只是遮羞布，然後美國可以繼續為所欲為嗎？阿富汗需要一個民主、穩定的政府嗎？美國在實質的政治方案—要如何投資？

另一位國務院官員指出，阿富汗中央政府在其人民心目中缺乏正當性，根據在阿富汗當地進行的民調，支持度為十年來最低。他觀察到非法經濟——鴉片和非法採礦——和一般經濟規模同樣大，而且極大部分控制在塔里班叛黨手中。

九一一事件之後，中央情報局和軍方收買阿富汗軍閥、追剿塔里班。某些錢用在培養政治反對勢力。現在美國每年在阿富汗要花費約五百億美元。阿富汗政府非常貪瀆，他們是只拿美國和盟國的錢而培植自己勢力嗎？大規模的美援是否腐蝕阿富汗政府發展其實質改革，以及取締鴉片和非法採礦的誘因和政治意志？美援是阿富汗系統中的毒藥。

還有一個大問題：美國在阿富汗是求勝？或只求不敗？

會議之後，他們拿著白板，分成三個小組試圖界定問題，陳述重大的戰略目標。三個小組共同的目標是防止對美國本土的進一步攻擊。

他們提出更多問題：阿富汗需要那一種政府？美國為達到防止更多恐怖攻擊此一目標，需要達成什麼樣的安定？

起先，麥馬斯特在和五角大廈、國務院及情報機關代表的會議中，訂出他的四個框架或目標：一、達成政治穩定，這包括與叛黨塔里班協商成立政治方案。二、推動阿富汗政府採取體制性活動，對付塔里班。三、對鄰國巴基斯坦增加壓力，因為它在扮演兩面人——名義上與美國結盟，但是也支持恐怖分子和塔里班。四、維持與美國結為同盟的三十九個國家在國際上的支持。

麥馬斯特在思考增派美軍的折衷之道時，他考慮提議增派三千至五千人，以防止再發生恐怖攻擊。一位幕僚建議，考慮最後加派一萬人。

在首長會議上——它和正規的國安會不同，總統沒有參與會議——司法部長賽辛斯為了增派部隊這個議題，槓上包括麥馬斯特在內的所有人。

賽辛斯說，你們基本上是讓總統走上他恰恰不相信的一條路、走向他不想去的地方。我們在阿富汗已經犧牲太多人命。我不明白你們為什麼還搞不懂。這不是總統所要的。

蒲博思說，你並沒有花時間與總統一起討論他的基本哲學和外交政策立場是什麼、以及為什麼。他說，總統最重視的是「為什麼」這一部分。我們為什麼在這裡？我們為什麼做這件事？你希望發生什麼？而我們究竟確切想要完成什麼？

這正是拉佛伊在歐巴馬政府時期所問的問題。蒲博思和拉佛伊都沒有收到滿意的答案。

首長們的共識是增派四千名部隊。

蒲博思問：「有人告訴總統，你們選擇的方案基本上即是我們將在阿富汗留下數十年嗎？如果你們向他說明這一點，他一定氣瘋了。有誰跟他討論這些細節嗎？」

全場沉默。

後來，蒲博思又召集幾位關鍵官員會商。

他說：「大家想一想，我們問題大了。我們在基本議題上沒和總統同調。你們為什麼要到那裡？目的是什麼？冒美國人性命之險，對美國有什麼基本價值？你們必須在這些基本議題上達成根本的了解和協議，才能開始討論我們在阿富汗需要多少部隊。各位好像比自己超前十步了耶！」

麥馬斯特宣布目標是防止另一次恐怖攻擊，是不夠的。問題很單純：多派幾千名部隊如何能有助於達成目標？

美軍在阿富汗有四大任務：訓練阿富汗軍警部隊、並擔任其顧問；後勤支援；反恐行動；以及情報任務。麥馬斯特必須制訂一套戰略，避免情勢升高或是有升高的表象。它不能直接或明目張膽挑戰川普公布的要退出的意願，但又必須低調的行銷新作法。這套新作法旋即被稱為「守住原路線」。

三月二十八日，麥馬斯特提出後來國家安全會議幕僚稱之為R4的方案：「增強」（reinforce）、「調整」（realign）、「和諧」（reconcile）和「區域化」（regionalize）。這是他所提議的阿富汗戰略的成分，而且它們完全符合他四大框架的概念。增強指的是提供更多器械裝備和訓練；調整是把經費花在阿富汗政府控制的地區，而非由塔里班控制的爭奪地區；和諧是使阿富汗政府更兼容並包，舉行選舉，並與權力掮客合作；區域化指的是美國與區域大國，如印度合作。

到了五月間，計畫方案決定折衷，要求增派三千至五千名部隊。某些部隊來自「帳冊之外」，意即他們不列入官方公布的人員之中。

這份計畫以反恐作戰為重心。美方將派出一個航空營，當阿富汗軍隊與塔里班認真作戰時，它可以提供支援。交戰準則也作了修正——原先，美軍受到威脅時才能動用武力；現在當阿富汗軍隊受到威脅時，美軍就可以動用武力。

大約同一時間，林西．葛萊漢參議員也敦促川普增派部隊。葛萊漢和川普在五月間三度討論阿富汗。

葛萊漢問說：「你希望履歷表上出現，是你允許阿富汗人跌回黑暗，而且第二次九一一就是出自第一次九一一同樣的發源國嗎？」這句話呼應他和川普談論北韓問題時的相同論據。

川普問：「那好，這要怎麼終止？」

葛萊漢說：「它不會終止。這是善良對抗邪惡。善良對抗邪惡永不會終止。這就好像納粹，只是現在換成激進的伊斯蘭。改天它又換成別的東西。因此，我們的目標是確保本土絕不會受到來自阿富汗的攻擊。把加派數千名部隊當做是對抗又一次九一一的保險單。聽聽你的將領們怎麼說。」葛萊漢祭出他知道川普會喜歡聽的比喻：「歐巴馬將軍糟透了，拜登將軍糟透了，蘇珊．萊斯（Susan Rice）將軍糟透了，薇拉莉．傑瑞特（Valerie Jarrett）將軍……」但是，「川普將軍也不會更高明。葛萊漢將軍也不會更高明。你要聽你的將領的，否則就開除他們。」*

副總統潘斯一度打電話給葛萊漢說：「你必須告訴他這要如何終結。」葛萊漢重述，它絕不會終止。

譯注

＊蘇珊．萊斯在柯林頓總統第二任期擔任國務院主管非洲事務助理國務卿；二〇〇九年一月由歐巴馬總統任命為美國駐聯合國大使，二〇一三年七月調任國家安全事務顧問。薇拉莉．傑瑞特是歐巴馬總統的白宮資深顧問，二〇〇九至二〇一七年擔任公共參與及跨政府事務助理。

葛萊漢曉得白宮內部也爭議不決。國安會幕僚長柯羅格和巴農立場一致，主張退出。這代表柯羅格和他的頂頭上司麥馬斯特意見不一。

葛萊漢看到巴農或其他人洩露給新聞界的新聞，媒體稱之為「麥馬斯特的戰爭」。他立刻打電話給川普。

葛萊漢告訴總統：「嘿，我的朋友，這是川普的戰爭。歷史上沒有人會記得麥馬斯特或巴農。他們將記得你。」

在巴農眼裡，舊秩序只想一仍舊慣——維持現有路線，否則就是含愧撤退。他希望找出緩和壞處的方法，為川普提供掩護。

五月三十一日，《華爾街日報》言論版出現頗有爭議的國防承包商黑水公司（Blackwater）創辦人艾瑞克．普林斯（Erik Prince）的投書。[10]普林斯宣稱：「對美國來講，阿富汗是個昂貴的災難。」他提議派任一位「總督」，領導在阿富汗的一切軍事作為，除了一個小型的特種作戰指揮部之外，換掉所有的美軍部隊，改為「便宜的民間解決方案」，即由承包商投下數年時間和努力培訓阿富汗安全部隊。「美國應該調整過去十五年多的建設國家路線，並且集中在沉重打擊塔里班和恐怖分子，打得他們求饒談判。除非他們感受到真正壓力、曉得美國具有持久力，他們會贏的。」

這個提議行不通的，因為它代表像普林斯這樣的民間承包商會有極大的利潤——而且普林斯又是教育部長貝西．狄佛斯（Betsy DeVos）的弟弟。

巴農請教中央情報局局長麥克・龐培歐，能否找出折衷之道。龐培歐答應在八月第一週前往阿富汗。

多年來，中央情報局在阿富汗有一支三千人的絕頂機密祕密部隊。[11]「反恐追擊隊」（Counterterrorism Pursuit Teams, CTPT）是阿富汗人，由中央情報局付薪餉、訓練和控制。他們是最精銳的阿富汗戰士、頂尖的部隊。他們殺死或捕捉塔里班叛軍，也經常深入部落地區消滅他們。他們也跨越邊界進入鄰國巴基斯坦，執行危險、且高度有爭議的行動。這支中央情報局準軍事部隊能夠擴張、因而不必增派正規部隊嗎？這支中央情報局準軍事部隊和幾千人的陸軍特戰部隊能夠執行任務，讓大型的美國陸軍地面部隊能夠撤退嗎？

馬提斯打電話給葛萊漢參議員。他說明國防部有個方案。軍方將和中央情報局協調。「中央情報局有一些高價值的目標，他們想要攻擊。」他們將有四波行動。「在阿富汗和巴基斯坦邊界兩側各有兩波行動。」

麥馬斯特試圖以「框架」或R4方式，推銷精簡版的概念，川普卻粗暴駁斥。他只有一個問題：「我們到底為了他媽的什麼理由留在那裡？」但是他對馬提斯和巴農提出一個點子。「我要某些志願役、某些真正的戰士，不是軍官來這兒。」他要徵詢第一線人員對阿富汗的意見。

馬提斯眼珠子睜得好大。

巴農一向喜歡從歷史汲取故事、加強他的論點。他想到林肯總統身為三軍統帥，幾近神祕的喜歡聆聽士兵的意見。

七月十八日，川普在白宮和從阿富汗戰場召回的三名陸軍、一名空軍代表一起吃午飯。[12]川普、潘斯和麥馬斯特坐在羅斯福廳光鮮的大桌之一邊，另一邊穿軍便服的四名年輕人對著預備留下紀錄的攝影機十分緊張。

總統說：「我想要知道為什麼我們在那兒搞了十七年？究竟是怎麼一回事？我們還有什麼辦法？有許多人提供了許多意見，但是我要聽聽第一線人員的看法。」

後來，川普跟巴農總結他的看法：「毫無異議。我們必須想出辦法，怎麼他媽的退出那兒。完全腐敗。那些人不值得我們替他們作戰……北約組織什麼事也沒做。他們是大障礙。別聽別人告訴你，他們有多麼偉大。全是狗屎。」

次日、七月十九日上午十點，國家安全會議在白宮戰情室開會，向川普簡報阿富汗和巴基斯坦戰略。[13]

會議一開始，麥馬斯特先報告目標及界定討論議題。川普顯得一副無聊的表情，心不在焉。隔了約五分鐘，他插嘴了。麥馬斯特還未說完擬討論的議題，他就說：「我聽說這些有關阿富汗的廢話已經十七年都不成功。」我們有一大堆前後不一致的短期戰略。我們不能繼續同樣的舊戰略。

他提到前一天和第一線士兵的會談。他說，我所得到的最佳訊息就是這些第一線士兵提供的意見，不是將軍們提供的意見。他直接就告訴馬提斯、鄧福德和麥馬斯特：「我不管你們這些人說什麼。」

我們在阿富汗輸慘了　那是一場大災難。我們的盟國沒幫上忙。幽靈戰士——拿了薪餉、卻沒做事——占盡我們便宜。

他說，北約組織是個災難、浪費金錢。第一線士兵告訴他，北約組織參謀完全沒有功能。

「巴基斯坦沒幫我們。他們根本不是真正的朋友。」儘管美國一年給他們十三億美元的援助。他說，拒絕再送給它美援了。

他堅稱，阿富汗領導人員汙腐敗，從美國身上榨錢。罌粟田大多在塔里班地區，已經失控。

總統告訴他的將領和顧問們：「第一線士兵辦事都比你們行，他們辦事高明多了。我真不曉得我們究竟在幹什麼。」

他對高階將領和官員足足訓話二十五分鐘。

提勒森說：「你不能只想到阿富汗。你必須把它放在區域脈絡中去思考它。我們過去對阿富汗和這個區域從來沒有採取這種多層次的作法。」

川普問：「還要死多少人？還要有多少人斷腿斷手？我們還要在那兒多久？」他的反戰言詞其實就是抄自歌手鮑布．狄倫（Bob Dylan）的歌詞，但是反映出他的政治支持者的願望，這些人的家屬占軍隊的絕大比例。

馬提斯說：「最快的退出方式就是輸了它。」

川普話題大轉向。他說，印度總理納倫德拉．莫迪（Narendra Modi）是我的好朋友，我非常喜歡他。他告訴我，美國從阿富汗身上什麼也沒拿到，什麼都沒有。阿富汗有極大的礦產財富，但我們沒有像別人——例如，中國——拿它。美國需要從阿富汗拿到一些有價值的礦產，以交換我們的支持。「除非我們拿到礦產，我不會答應任何協議。」另外，美國「必須停止付錢給巴基斯坦，直到他們合作才行」。

馬提斯敘述他們的核不擴散戰略框架和目標。他說，我們需要有個過渡戰略，直到我們能夠裝備阿富汗武力之前。

川普問：「我們為什麼不能付錢請傭兵幫我們做事？」

馬提斯說：「我們必須知道司令官是否與我們一條心。我們不能再打半調子的戰爭。」軍方要成功，馬提斯需要川普全力支持戰略。

川普說：「我已經聽煩了我們必須做這或做那，才能保護我們本土，或是確保我們的國家安全。」

國家安全會議這次會議的正式完整書面紀錄只說，川普「支持」使用「各種不同工具」向巴基斯坦施壓，逼它放棄對塔里班的祕密支持。紀錄又一反川普的用詞，表明美國將繼續與巴基斯坦在雙邊共同利益上交往，同時也將持續非軍事方面的援助，至於軍事援助則視巴基斯坦改進行為而定。文字上和作業上，這都代表全新的強硬戰略。

當天稍後，上午參加會議的人士又擠在蒲博思辦公室，討論阿富汗和南亞戰略。[14]麥馬斯特努力把事情框架起來，以示他聽到總統的觀點，並且嘗試以盡可能負責任的方式大體上執行它們。他努力表現樂觀。但是情勢很清楚，他、馬提斯和提勒森已經黔驢技窮。

當天晚間，蒲博思召開晚餐戰略會議。[15] 巴農似乎推動會議議程。蒲博思、巴農和史帝芬．米勒（Stephen Miller），抱怨國家安全會議的作法。米勒是白宮年輕、強硬派的政策顧問，也是總統文稿撰稿人，原本是傑夫．賽辛斯在擔任參議員時期的公關主任。麥馬斯特似乎並不願執行總統的觀點，而是試圖說服川普接受他的看法。巴農想要搞掉麥馬斯特，換上國安會幕僚長柯羅格，因為柯羅格的世界觀和總統的、以及他的觀點更貼近。

葛萊漢告訴川普，他想要多少兵力的反恐部隊、以及想把中央情報局基地設在哪裡，阿富汗總統阿夏拉夫．賈尼（Ashraf Ghani）都會答應。這是全世界攻擊恐怖主義最好的監聽站和平台。葛萊漢誇大的說：「它們可以媲美十萬大軍。你應該高興的跳起來，在阿富汗有了一個反恐的夥伴，可以防止下一個九一一。」

川普說：「那不是建設國家。」

葛萊漢也同意：「我們不會到那兒去試圖推銷傑佛遜式的民主。」他最擔心的是，越來越強、沒完沒了的巴基斯坦和印度之間的緊張。「巴基斯坦投下許多經費建造更多核武器。它真的已快失控。」

葛萊漢最近才訪問阿富汗，離開時心情相當沉重。「從外交面來講，我們在阿富汗沒有一套博奕計畫。」歐巴馬總統第一任期內由理查．郝爾布魯克（Richard Holbrooke）擔任的阿富汗事務特別代表，現在是從缺、未補。「我們甚至還沒派一位大使。」他只曉得，國務院南亞科只有一名官員。

他說：「我們在政治面將會失敗。」華府和塔里班達成政治解決方案是唯一的脫身之路。「巴基斯坦人在看到塔里班失敗前，都會玩兩面人手法。」

川普提出辦法。老兄葛萊漢肯不肯出任駐巴基斯坦大使？

葛萊漢說：「不，我才不幹駐巴基斯坦大使。」

他們擱置不談。

川普在白宮開始重複他在一次會議拾來的牙慧：「勝利之道就是針對塔里班的叛亂搞它一場叛亂。」

川普喜歡搞叛亂作戰的點子，可是建制派認為這一來肯定沒有人是贏家。總統說：「這些傢伙在一九八〇年代騎馬對抗俄國人耶。」太棒了。

巴農也藉由批評阿富汗軍隊，替叛亂的構想火上澆油。巴農說：「我們花了上兆美元接手全世界最佳的戰士，卻把他們變成全世界最差勁的軍隊。」

川普也喜愛這句「金句」。巴農更是極力煽風點火。他們試圖以一連串的一句話口號制訂政策。

葛萊漢對川普還提出另一個警告。

他以目前在阿富汗的駐軍人數警告川普：「把他們全部撤出，因為八千六百人（部隊）無濟於事。後果就是：它成為服了類固醇的伊拉克。藏身阿富汗的國際恐怖分子，遠比在伊拉克的人數多。情勢將會很快惡化，從阿富汗投射出來的恐怖主義將大幅增長。下一個九一一將出自第一個九一一發源的國家。你擁有這個大燙手山芋。問題是，你要走歐巴馬路線，那就是終止戰爭，讓我們全都身陷危險；還是你要走安定阿富汗的路線？」

注釋

本章訊息主要來自和第一手消息來源多次深度背景訪談。

[1] https://twitter.com/realdonaldtrump/status/122396588336349184.
[2] https://twitter.com/realdonaldtrump/status/179270017064513536.
[3] https://twitter.com/realdonaldtrump/status/289807790178959360.
[4] https://twitter.com/realdonaldtrump/status/307568422789709824.
[5] https://twitter.com/realdonaldtrump/status/324590961827143681.
[6] https://twitter.com/realdonaldtrump/status/403511109942247424.
[7] https://twitter.com/realdonaldtrump/status/679000573241393154.
[8] Bob Woodward, Obama's Wars（New York: Simon & Schuster, 2010）, p. 361.
[9] Transcript, "President Bush Discusses the War in Iraq," CQ Transcripts Wire, March 20, 2006.
[10] Erik D. Prince, "The MacArthur Model for Afghanistan," *The Wall Street Journal*, May 31, 2017.
[11] Bob Woodward, *Obama's Wars*（New York: Simon & Schuster, 2010）, p. 8.
[12] Ben Jacobs, "In Town Pool Report #3," 1:12 p.m., July 18, 2017, http://www.presidency.ucsb.edu/report.php?pid=2365.
[13] 作者看過有位參與會議人士的筆記。
[14] 同前注。
[15] 同前注。

16 檢討美伊協議

三月初，蒲博思在電話裡對國務卿提勒森說：「你沒有跟我開玩笑吧？」歐巴馬談判成功的伊朗核協議，每九十天必須檢討一次。提勒森說，他們現在還有兩天時間就需要決定續約或是拒絕它。二月間，川普曾經稱它是「我生平僅見最爛的協議之一」。[1]二〇一六年競選期間，他曾說：「我的第一號優先是解除與伊朗的災禍性協議。」[2]

提勒森基於實用和原則，希望續約。重點是伊朗的確遵守和歐巴馬談判的協議。他擬訂了續約的文字。

蒲博思說：「總統不會同意的。你需要有更好的聲明。溫和、就事論事，不會得到他核准。我們需要的文字必須實際陳述川普總統的立場。他不會喜歡這個的。其次，如果他讀到這個，他一定暴跳如雷。」

當蒲博思把提勒森的提案向川普簡報時，總統反駁說：「你們不能把這塞進我喉嚨裡。」

蒲博思在總統和國務卿之間進行穿梭外交，往返折衝。

提勒森說：「他們沒有違反協議。」情報機關和簽署協議的盟國也一致認為伊朗沒有違反協議。

蒲博思說，總統「不會接受這種論據」。提勒森堅持立場。蒲博思說：「那我們就有問題了。」他覺得他必須提醒提勒森：「總統是決定政策的人。」他不想介入其中了：「我不是故意找你麻煩。」

提勒森跑去見總統。川普說：「這是我的核心原則之一。我不贊成這個協議。這是我們簽訂過的協議當中最爛的一個，而今我們又要延續這項協議。」既然時效只有九十天，他就先放行。「這是最後一次。別再回來要求我再次續約。以後再也不續約了。這是狗屎協議。」

馬提斯找到比較外交技巧、悄悄的方式支持提勒森，他說：「總統先生，我認為他們可能是技術上遵守協議。」

蒲博思心裡十分佩服。馬提斯不卑不亢，知道如何處理川普。

提勒森必須在四月十八日之前遞交一封信函給眾議院議長保羅．萊恩。川普不喜歡信函初稿。他指示這封短信要包括，伊朗是「支持恐怖活動的主要國家」，以及國家安全會議將檢討是否依據協議，繼續中止經濟制裁。[3]

信函正式公布時，電視名嘴們砲轟川普。看到這些評論，讓他更加生氣。他命令提勒森召開記者會既譴責剛剛才續約的協議，又要譴責伊朗。才剛剛把一個地標性的外交協議續約不到幾小時，就要批評它，還真稀奇。

五分鐘的記者會，提勒森宣讀預先擬好的針對伊朗之種種不滿[4]：試射彈道飛彈、「世界上支持恐怖活動的主要國家」、威脅以色列、違反人權、網路攻擊、蠻橫羈押美國公民在內的外國人、騷擾美國海軍艦艇、囚禁或槍決政治反對派、「卑鄙的處決青少年」，以及支持「敘利亞的阿薩德殘暴政權」。

提勒森說，伊朗協議「未能達成非核伊朗的目標。它只能遲滯他們成為核武國家的目標」。

歐巴馬把這項協議界定為「沒有拘束力的協議」、而非必需經由參議院批准的條約。蒲博思向川普建議：「或許我們可以宣布這是需要送經參議院核准通過的文件。就把這個燙手山芋丟出去。把它交給參議院，然後說，請你們以三分之二票數通過它、宣布它是條約。」

川普似乎動了心，但是立刻了解，一旦送到參議院，他就等於放棄權力。他同意目前先跟它相安無事，但也僅限於目前。

蒲博思、提勒森和馬提斯把日期標註清楚，下一次九十天的續約日何時屆滿。

川普在七月十七日屆滿前的一次會議中說：「他們已經違約了。你們需要備好公布它的論據。」

有一天，提勒森來到橢圓形辦公室旁邊的餐室見川普和蒲博思，再次向總統說明伊朗並未違約。

川普堅持：「他們有違約。你應該對外說明這一協議已經完蛋。」他建議他們或許可以重新談判協議條款。「我們或許願意重啟談判。」

提勒森惱怒的說：「總統先生，你有權力。你是總統。你只要告訴我你要我做什麼。你做決定。我就照辦。」

他已經很危險的接近違反體制、和總統頂撞起來。

中央情報局局長龐培歐並沒有不同意提勒森對伊朗的論據，以及伊朗協議的現實。但是他和馬提斯一樣，比較委婉的應付總統。他說：「總統先生，照我的了解，這在技術上是說得過去的。」

馬提斯依然認為伊朗是本區域不安定的關鍵影響因素。私底下，他是相當的強硬路線派，但是他已經溫和下來。把他們頂回去，痛擊他們，在俄國人和伊朗人之間製造芥蒂，但是不能開戰。

俄羅斯私下警告馬提斯，如果波羅的海發生戰爭，俄羅斯一定毫不猶豫動用戰術核武器對付北約組織。馬提斯和鄧福德取得協議，開始放話，俄羅斯對美國的生存構成威脅。

馬提斯和提勒森發展出親密友誼。他們設法每週能共進午餐。馬提斯的部長官邸就在國務院附近，好幾次馬提斯告訴部屬：「我散步過去，跟他打個招呼。」

麥馬斯特認為馬提斯和提勒森是「兩人幫」，發覺自己打不進他倆的軌道。其實這也是他倆的本意。

讓情勢更複雜的是，為了國務院人事問題，提勒森和白宮意見不一。蒲博思在白宮幕僚長辦公室外的陽台，主持提勒森和五、六個白宮幕僚的會議。一度提勒森堅決反對白宮建議的某高階職位人選，聘用他自己物色的人選。

白宮人事主任強尼．狄史蒂法諾（Johnny DeStefano）反對。提勒森氣炸了，他強硬放話：「沒有人能告訴我可以用誰、不可以用誰。當我接受這份工作時，我獲悉我可以全權處理人事派用。」

蒲博思打圓場：「你可以聘用你的人員。但是我們的問題是進展太遲緩。第一，我們困在需要人、卻沒有人主持的困境。第二，這使我看來像笨蛋。你需要在七月底以前補齊人事，否則我就必須開始找人。」

提勒森不久又陷入另一次爭吵，這次發生在橢圓形辦公室、當著總統的面。他瞧不起川普面前的紅人、政策顧問史帝芬．米勒，責備他不懂自己在講什麼。他不屑的問米勒：「你真正主持過什麼公司嗎？」

白宮新聞祕書西恩．史派瑟（Sean Spicer）是海軍備役中校，三番兩次試圖說服馬提斯代表政府在星期天電視談話秀上發言。答案永遠是不。

馬提斯終於說：「西恩，我這一輩子的工作就是殺人。如果你再來煩我，我他媽的就把你送到阿富汗戰場去。你聽清楚了沒有？」

川普說：「我絕對不再簽署這種換發文件。我不能相信我正要簽署這份文件。你們再也不能要我簽署另一份文件。」

麥馬斯特後來簽字，發布一份鉅細無遺、二十七頁的兩翼並進伊朗戰略。第一是交往，其實是企圖影響伊朗民心的顛覆活動。第二是針對他們的惡意行動對抗。

注釋——

本章訊息主要來自和第一手消息來源多次深度背景訪談。

[1] Donald J. Trump, "The President's News Conference with Prime Minister Benjamin Netanyahu of Israel," February 15, 2017. Online by Gerhard Peters and John T. Woolley, The American Presidency Project. http://www.presidency.ucsb.edu/ws/?pid=123361.

[2] Donald J. Trump, "Remarks at the AIPAC Policy Conference in Washington, DC," March 21, 2016. Online by Gerhard Peters and John T. Woolley, *The American Presidency Project*. http://www.presidency.ucsb.edu/ws/?pid=116597.

[3] "Tillerson: Iran Remains a Leading State Sponsor of Terror," Breitbart News, April 20, 2017.

[4] 見 Tillerson's comments as part of the transcript of *The Lead with Jake Tapper*, CNN, April 19, 2017, http://transcripts.cnn.com/TRANSCRIPTS/1704/19/cg.01.html.

17 柯恩VS.納瓦羅

競選期間，川普抨擊美國對外貿易協定，跟他抨擊希拉蕊．柯林頓一樣不遺餘力。他只知道，美國的貿易協定允許廉價的外國商品湧入美國，因而從美國工人搶走就業機會。

二〇一六年六月在賓夕凡尼亞州一家廢鐵廠的造勢活動中[1]，他說，工業界失去就業機會是「政客造成的災禍」，是「領導階級崇拜全球主義，忽視美國主義的後果」。結果就是「我們的政客從人民手中搶走他們的養家餬口生計……把我們的工作、我們的財富和我們的工廠遷移到墨西哥和海外」。他抨擊希拉蕊．柯林頓「和她在全球金融界的朋友，想嚇唬美國人只想小事」。

幾乎所有的經濟學家都不同意川普的觀點，但是他在學界找到一位跟他一樣仇視自由貿易的經濟學家。川普把他帶進白宮，派他擔任貿易與產業政策主任及全國貿易委員會主席。六十七歲的彼得．納瓦羅（Peter Navarro）是哈佛經濟學博士。納瓦羅公開說：「這是總統的觀點，我身為經濟學者的作用是試圖提供支持的分析，以證實他的直覺。而他在這方面的直覺一向都正確。」[2]

葛瑞．柯恩則相信貿易赤字不相干，而且可能是好事，允許美國人買到廉價商品。商品從墨西哥、加拿大和中國湧入美國，是因為它們的價格有競爭性。美國人在這些進口商品上少花些錢，他們就有更多的錢花在其他產品、服務和儲蓄上面。這就是全球市場的效率。

柯恩和納瓦羅起衝突。有一次在白宮橢圓形辦公室和川普、納瓦羅開會，柯恩說，全世界

99.9999%的經濟學家都會同意他的說法。基本上這個說法正確。納瓦羅可謂孤立無援。

納瓦羅槓上柯恩，稱呼他是華爾街建制派的白痴。

納瓦羅論據的核心是 美國貿易赤字是受到中國等外國實施高關稅、操縱貨幣匯率、竊取智慧財產權、經營血汗工廠和寬鬆的環保控制所造成。

納瓦羅說，《北美自由貿易協定》果如川普所說，從美國吸走製造業命脈，使墨西哥成為製造業大國，而美國工人卻淪於貧窮。美國鋼鐵工人紛紛遭到資遣，鋼鐵價格下挫。川普應該對進口鋼鐵課徵關稅。

川普表示同意。

柯恩一時性急，拋掉莊重，朝著川普和納瓦羅說：「如果你們閉上鳥嘴、仔細聽，或許可以學到一點東西。」

就柯恩而言，高盛銀行一向重視研究、數據和事實。任何時候你走進會議室，你應該比裡面任何人握有更堅實、有文件支持的資訊。

柯恩說：「問題在於彼得走進來，說了一大堆沒有事實依據的東西。我掌握事實。」他曾經送呈一份透徹研究的服務業經濟報告給川普。他曉得川普還未讀它，未來也可能根本不會讀它。川普是討厭回家作業的人。

柯恩試圖摘要報告。他說，總統先生，「你對美國還具有諾曼．洛克維爾（Norman Rockwell）的觀點」*。今天美國的經濟已經不是那種經濟，今天「我們80%的國內生產毛額在服務業」。柯恩曉得實際數字約為84％，但是他不想被說是在往上推數字。高盛的方法是小心的向下估計。

「請你想一想，閣下。當你走在今天曼哈坦的街上，和你二、三十年前走在曼哈坦街道，有什麼不同。」他從記憶中選出一個熟悉的十字路口描述。二十年前，四個角落分別是一家服裝店GAP、一家服裝店香蕉共和國（Banana Republic）、一家摩根銀行（J.P. Morgan）和一家本地零售商。

「香蕉共和國和GAP實質上已經不再存在，或者說是他們存在於自己的陰影下。本地零售商已經不存在。摩根銀行還存在。」

「現在它換成了一家星巴克（Starbucks）咖啡館、一家美甲店和摩根銀行。它們全是服務業。」

「因此你今天走在麥迪遜大道、或走在第三大道或走在第二大道，看到的是乾洗店、食物攤、餐廳、星巴克和美甲店。我們不再有小家庭媽媽爸爸主持的五金店，我們也沒有媽媽爸爸經營的服飾店。請問你的川普大樓店面租給誰？」

川普說：「我有一家最大的中國銀行是我的主要房客之一。」

「川普大樓有什麼零售業者？」

川普答說：「星巴克。有一家餐廳租了地下室。喔，對了，地下室還有兩家餐廳。」

柯恩說：「那就對了。今天你的零售店面是服務業。它不再賣鞋子、或乾貨、或白色商品。

這就是今天的美國。如果我們有80%幾是服務業，如果我們越來越少花錢在商品上，我們就有更多的可支配所得花在服務業上，或是做出所謂儲蓄這個奇蹟事物。」

柯恩發現他幾乎是對牛彈琴，必須大喊，才能讓川普聽進去。他說，「你瞧，我們貿易赤字下去的唯一時候」是類似二〇〇八年的金融危機時期。「我們的貿易赤字下降是因為我們的經濟萎縮。如果你要貿易赤字下降，我們是可以讓它發生的。只要搞砸經濟就行啦！」

另一方面，柯恩說，如果照他的方法做——沒有關稅、沒有配額、沒有保護主義、沒有貿易戰——「如果我們把事情做對了，我們的貿易赤字會更大」。

當貿易赤字每個月都擴大時，柯恩去見越來越激動的川普。

柯恩說：「閣下，我告訴過你，這種情況會發生。這是好跡象，不是壞跡象。」

總統說：「我去過賓夕凡尼亞州幾個地方，它們原本是鋼鐵業大城鎮，現在卻是荒涼的城鎮，沒有人有工作，沒有人在當地有工作。」

柯恩說：「這或許是真的。但是請記住一百年前有些城鎮製造馬車車廂和馬車鞭子。當時也沒有人有工作。他們必須改造自己。你到科羅拉多州去，你會發現他們不斷改造自己，失業率只有

譯注

＊諾曼．洛克維爾是二十世紀初期美國畫家，長期為《星期六晚郵報》（*The Saturday Evening Post*）繪製封面。他大部分的畫作過於甜美、樂觀，更加深了「理想美國世界」的印象。

2.6％。」

川普不喜歡、或不信服這些論述，他說：「這和它沒有關連的。」

柯恩搬來哈佛經濟學者勞倫斯．林賽（Lawrence Lindsey）當奧援，林賽在小布希總統時期擔任過柯恩的現職。林賽直截了當就問，你為什麼花時間思考我們的貿易赤字？你應該思考整體經濟才對。如果我們可從國外購買廉價產品，而我們又在其他領域——服務業和高科技產品——出類拔萃，應該才是重點。全球市場提供美國人極大的好處。

林賽問：「我們為什麼不在國內製造東西？我們是個製造業國家啊。」

當然美國產製東西，但是現實不符合川普腦子裡的印象。總統死抱著過時的美國觀點——火車頭、有巨型煙囪的美國，工人在裝配線上忙碌。

柯恩蒐集每個經濟數據來顯示美國工人不想在工廠裝配線上工作。

每個月柯恩送給川普由勞工部統計局所編製的最新「工作出缺與勞工流動率調查」報告。[3]他意識到自己像個傻瓜，因為每個月基本上都相同，但他並不在乎，不斷誦經。

柯恩當著總統的面，翻出數據：「總統先生，能請你過目嗎？你看，志願離職最多的人是製造業工人。」

川普說：「我不明白。」

柯恩試圖說明：「我可以在漂亮的辦公室裡、有冷氣吹、坐辦公桌，或是每天站八個小時上班。如果是同樣薪資，你挑哪個做？」

柯恩又說：「人們不想站在華氏兩千度的高爐前。人們不想進入煤礦坑工作、惹來黑肺。同樣的薪水，他們會選擇別的工作。」

川普不信這套話。

好幾次柯恩問總統：「你為什麼有這些觀點？」

川普回答說：「我就是這麼想的。我有這種觀點已經三十年了。」

柯恩說：「這不代表它們就是對的。我有十五年想自己可以打職業足球。這不代表我是對的。」

幕僚祕書羅布・波特是由蒲博思聘來的。他從曾經替共和黨總統們當過幕僚祕書的前輩拿到五星級的推薦函。[4]蒲博思幾乎要求波特立下血誓、效忠於他。「你上過哈佛、牛津，很好；你很聰明，大家都推薦你。但是對我而言，真正重要的是，你必須效忠我。」

波特和傑瑞德・庫許納在哈佛是前後期同學，庫許納選修過波特父親羅傑・波特（Roger Porter）開的課；而老波特又曾擔任過福特、雷根、老布希三任總統的幕僚。傑瑞德和波特在政權交接期間談了約兩個小時的話。第一小時也像是忠貞考驗。

庫許納說，老丈人川普有很棒的直覺，是個政治天才，但是波特需要經歷一段時間才能習慣。「你必須學習如何處理他，如何和他建立關係。」

波特雖然不曾在二〇一六年大選期間替川普助選，他接受了這份工作。直到一月二十日就職日，波特都還未正式見過川普。川普發表就職演說時，波特坐在講台後方，聽到川普提到「美國遭到大屠殺」還做出鬼臉。演講進行到三分之二時，他先退席，以便展開他的新職、迎接新總統。

「我是羅布．波特，總統先生。我是你的幕僚祕書。」很明顯，川普根本不曉得那是什麼職位，也不認得波特是何許人。傑瑞德告訴川普，波特負責幫忙川普的日常生活井然有序。

川普瞪著他們兩人，彷彿在說：你究竟說什麼呀？你不能做這種事。沒有人能這樣做。總統沒說話，就走開、去找電視機了。

川普簽署的第一份公文是准許退役陸戰隊將領馬提斯可以不受限、出任國防部長的立法。法律規定，軍人退役七年後才能出任國防部長，國會特別為他修法，准他主掌五角大廈。

另一件事是美國退出「跨太平洋夥伴關係」協議（Trans Pacific Partnership, TPP），這是歐巴馬任內談判的區域自由貿易協定，意在降低關稅，並且提供論壇解決美國與其他十一個國家之間的智慧財產和勞動爭端。這十一個國家包括日本、加拿大和許多東南亞國家。

政權交接期間，好幾個人告訴川普，他不需要在上任第一天就退出《跨太平洋夥伴關係協議》。這件事滿複雜的，需要從長計議。

川普說：「不行。這是我的競選政見，我們不會退縮，我們要簽署它，就去起草行政命令吧！」

他簽署了命令，於一月二十三日、出任總統後第一個完整的上班日生效，正式退出《跨太平洋夥伴關係協議》。

主管全國貿易委員會的白宮助理彼得・納瓦羅在二〇一七年三月二十七日，呈給總統和幕僚長蒲博思一份兩頁、僅限收件人過目的絕對機密備忘錄。他寫說：「川普的貿易議程的確仍然受到西廂內部政治勢力的嚴重牽制。」

納瓦羅認同川普認為貿易赤字非常重要的觀點，對此非常生氣。他在川普就任兩個月之後，遲遲未能得到進言的機會。納瓦羅寫說：「一直未能及時的將貿易行動呈請鈞長考慮。」

他怪罪幕僚祕書羅布・波特。「任何提議的貿易行政行動，一經幕僚祕書，就有遭到高度稀釋、延宕或脫軌之虞。」

柯恩「已經在西廂集結一大權力基礎，他在貿易事務上的兩位高階助理……是技巧的政治幹部，他們根本上反對川普的貿易議程。」

「媒體上沒有報導的是，財政部長米努勤是柯恩『華爾街幫』的一員，他們有效封鎖或推延每一項提議的貿易行動。」

納瓦羅指出，對抗「柯恩逆風」的是巴農、史帝芬・米勒、商務部長威爾伯・羅斯（Wilbur Ross）和他。

「總統先生，你可知道在柯恩幫的壓力下，我從第一天就被從總統助理降為副助理，完全沒有貿易事務幕僚，將近三個星期沒有辦公室，而且不能直接進出橢圓形辦公室？」*

他用川普一定會了解的比喻，說：「用高爾夫術語來講，我只有一支五號鐵桿和一支推桿，而奉命要在貿易議題上打出平標準桿的成績——這是不可能的任務。」他建議，賦予他和全國貿易委員會更多權力、幕僚和准許向總統直接報告。他並附上媒體批評柯恩及其擴張權力的剪報。

納瓦羅把這份備忘錄交給波特，轉呈給川普和蒲博思。波特努力想當個誠實的中間人，但是他曾在牛津教過經濟學，相信納瓦羅的觀點太過時、沒有根據。波特認為納瓦羅的貿易赤字觀念屬於「地球是平的學社」成員這一級，和總統本人一樣。

波特和柯恩已組成同盟。這位幕僚祕書道道地地是「華爾街幫」成員。同時，波特也很清楚，在貿易議題上，納瓦羅代表總統的心意。如果他把這份備忘錄轉呈上去，它可能加劇貿易政策鬥爭，並且升高為大戰。

波特把備忘錄交給蒲博思看。

波特說：「這是很爛的主意。我不預備把它轉呈上去。我預備把它留在我的桌上、放進卷宗裡。」

蒲博思沒有不同意。

波特再次和蒲博思談到貿易。他說：「我們必須想辦法。這是絕對和完全的混亂」——指的是柯恩／米努勤幫和納瓦羅／羅斯幫的對立。「這是一場人人跳進去的大混戰，各自為政的狀態。」

蒲博思說：「好，你認為我們應該怎麼做？」

「需要有人負責協調貿易議題。」

蒲博思問：「可以找誰呢？」

波特說：「在正常狀況下，應該是全國經濟委員會和葛瑞．柯恩。」他們的職掌是——蒐集所有的觀點、數據，整合它們，附幾個選擇方案呈報給總統，做出決定後，發展出執行計畫。

蒲博思曉得理論是如此。

波特說：「葛瑞．柯恩不行。因為他自命是全球主義者。彼得．納瓦羅和威爾伯．羅斯也不會讓他當誠實的中間人、協調任何事情，絕對不會尊重協調結果。」「何況，他也不會想幹。」

蒲博思說：「好吧，」採取川普的管理習慣，挑選在場的人、最方便的人：「何不由你來擔任？」

因此，三十九歲的幕僚祕書波特，完全沒有在行政部門任職的經驗，成為貿易政策協調官，負責川普總統這項重大政見。

波特開始每星期二上午九點三十分在羅斯福廳召集貿易會議。他邀請相關部門及人員參加。蒲博思給予祝福，但沒有任何正式宣布。它就這樣進行。不久，約半打閣員和許多高階幕僚都來出席會議。

川普後來發現星期二協調會議的事情，他也和波特討論起貿易議題。波特和總統發展出相當的親密關係，也花不少時間伺候總統，以致於其他人都以為他主持貿易協調會議的權力來自總統。

譯注

* 部分原因是全國貿易委員會是川普獨創的新生事物，在白宮組織架構中位階不明。

同時，華府律師、雷根政府的貿易副代表羅伯・賴海哲（Robert Lighthizer）也在五月十一日經參議院同意，出任聯邦貿易代表。他是應該負責貿易議題的官員。

七月十七日，賴海哲和納瓦羅帶來一張大型海報到橢圓形辦公室向川普做簡報。這張色彩鮮豔的海報標出許多方格子盒子和箭頭，名為「貿易議程時間表」。這是反映川普保護主義觀點的貿易議程表，列出十五個預定目期要針對《美韓自由貿易協定》、《北美自由貿易協定》開始重新談判或採取行動，並就有關鋁、鋼鐵和汽車零件展開調查和行動。它提議在勞動節*之後、也就是不到兩個月之內課徵鋼鐵關稅。

納瓦羅和賴海哲開始簡報。川普似乎非常感興趣。

波特隔了幾分鐘後到達，立刻強力反對，稱賴海哲和納瓦羅程序犯規。

自從三月二十二日，他曾以三頁的備忘錄規定規則之後，蒲博思就要求總統會議和決定要有正式的文件。當時的備忘錄以粗體字標明：「在幕僚祕書發出經總統簽名、核定的決定備忘錄之前，決定不是最終裁示——因此可能不被執行。」

清楚川普的白宮行事不依章法，這份備忘錄亦以粗體字注明：「即時決策絕對屬於臨時性質。」

波特說，在海報上的幾項行動需要國會授權。他告訴總統：「你還沒得到授權。」

當場根本沒有人試圖協調這些論點。波特說：「彼得和鮑布代表一種觀點。你需要取得到商業部（威爾伯・羅斯）的觀點。你需要取得到財政部（米努勤）的觀點。我們也需要審核、也需要經過適當程序。」

暫時，也僅只在那一刻，貿易問題讓位於流程。因此暫時沒有動作。

譯注

* 美國勞動節是九月的第一個星期一。

注釋——

本章訊息主要來自和第一手消息來源多次深度背景訪談。

[1] Full transcript: "Donald Trump's Jobs Plan Speech," *Politico*, June 28, 2016.

[2] Peter Coy, "After Defeating Cohn, Trump's Trade Warrior Is on the Rise Again," Bloomberg, March 8, 2018.

[3] https://www.bls.gov/jlt/.

[4] 最著名的推薦人是布雷特・卡瓦諾（Brett Kavanaugh）。卡瓦諾曾任小布希總統的幕僚祕書*，小布希提拔卡瓦諾擔任重要的哥倫比亞特區聯邦巡迴上訴法院（District of Columbia Court of Appeals）法官**。川普在二〇一八年七月九日提名卡瓦諾出任聯邦最高法院大法官。***

譯注

* 任期為二〇〇三年六月至二〇〇六年五月。

** 任期為二〇〇六年五月至二〇一八年十月。

*** 參議院審核人事案期間雖然爆出他年輕時疑涉性侵犯風波，但他還是獲得同意，於十月六日宣誓就任聯邦最高法院大法官。

18 轟炸敘利亞

到了春天，巴農發覺白宮持續亂糟糟，對他或對任何人都不好。巴農告訴蒲博思：「由你當家，我做什麼事都經過你。我不再自行其是。」幕僚長不管事會讓問題變得太大，即使註冊商標是搗蛋鬼、孤鳥的巴農也受不了。

這是傑瑞德和伊凡卡絕對做不到的重大讓步。在蒲博思眼裡，他們我行我素。他沒辦法讓他們守規矩辦事。整個安排傷害到每個人。它傷害了他、也傷害他們。

川普好幾次問：「你不覺得他們也應該在場參加討論嗎？」

每一次蒲博思都回答，不，他們不應該參加。但是事情沒有辦法推動。他認為他已經無能為力把川普的女兒和乘龍快婿趕出白宮西廂。沒有人能夠開除總統家族成員。辦不到的。

總統好幾次都說：「傑瑞德和伊凡卡是來自紐約的溫和派民主黨。」他說這話時，敘述的成分大於抱怨。

巴農相信傑瑞德最近洩露一條消息給英國《每日郵報》[1]，讓它報導川普對他和蒲博思大發雷霆，不讓他們兩人一起搭空軍一號專機到佛羅里達。他們被摒除在隨行人員之外，並非事實。兩人當天都有事、不能同行。巴農告訴庫許納：「你他媽的坑我。你在這則新聞裡汙衊萊恩斯。我曉得是你幹的。」

庫許納強烈否認，對於這個指控非常不爽。從他這方面看，他認為巴農洩露消息給《紐約時報》[2]，指他二〇一六年十二月和俄羅斯大使會面，給川普競選陣營勾結俄羅斯的傳聞火上加油。

有一次在蒲博思的辦公室開會時，巴農和伊凡卡大吵起來。

巴農按捺不住，衝著伊凡卡大罵：「妳是個他媽的幕僚！妳什麼都不是，只是個他媽的幕僚！」他說，她必須像別人一樣，做事要聽幕僚長指揮調度。做事必須照規矩來。「妳在這裡四處走動，彷彿妳在主管一切，妳不是的。妳只是個幕僚。」

她吼回去：「我不是幕僚！我從來不是幕僚。我是第一千金」——沒錯，她是如此自稱——「我絕對不是幕僚！」

兩人的裂痕越來越大。

川普的競選副經理大衛．波西雖然選後沒在白宮撈到一官半職，仍和巴農保持密切聯繫。巴農在白宮裡針對庫許納發動全面攻擊，波西出言相勸。

波西說：「史帝夫，你們兩人一個是他孫兒女的父親，另一個則不是。換了你是總統，你說他會支持誰？」

蒲博思和巴農也處不來，但是巴農已經接受指揮調度，比起傑瑞德和伊凡卡是十倍以上的團隊配合者。

蒲博思還是不能讓麥馬斯特跟得上川普。當這位國家安全會議顧問來到橢圓形辦公室要參加排定的會議時，總統經常會問：「咦，怎麼又是你？我不是才見過你嗎？」麥馬斯特的簡報風格完全不適合川普，事實上與川普幾乎是南轅北轍。麥馬斯特年紀比較大、講究紀律，尊重階級、線型思考。川普則跳躍不定，從A到G到L到Z，或是再跳回到D或S。麥馬斯特則是從A到C，絕對不能跳過B。

蒲博思發現麥馬斯特也有點性子急躁。歐巴馬刻意交好的印度總理納倫德拉・莫迪，六月間要來美國訪問，與川普會談。巴基斯坦玩兩面人遊戲，給新政府製造的麻煩不亞於讓前朝頭痛的程度，因此美國想交好印度予以反制。莫迪希望到大衛營去，在那裡吃晚飯，和川普結交。

蒲博思告訴麥馬斯特，恐怕不行。「我們只能在這兒晚餐。總統想要這麼做。」

麥馬斯特氣壞了：「搞什麼呀？這是印度耶，老兄。這是他媽的印度耶！」他了解印度的戰略重要性——巴基斯坦的世仇宿敵。和印度建立堅強關係至為重要。

後來接待莫迪變成「不耍花招」的接待會。工作晚餐安排在白宮。[3]

四月四日，星期二上午，川普情緒激動的打電話給他的國防部長馬提斯。這是他接任總統的第三個月。以沙林毒氣攻擊敘利亞叛軍的照片和影片湧入白宮。

這是可怕、殘忍的攻擊，殺害數十人。受害人窒息、口吐白沫、父母親們呼天搶地嚎啕大哭。這是敘利亞獨裁者巴夏爾・阿薩德（Bashar al-Assad）對自己人民幹下的傑作。

總統說：「我們他媽的把他宰了！我們打進去，把他們他媽的全宰了。」

美軍有能力發動絕對機密的祕密行動，以空襲狙殺敘利亞領導人。

川普好像自己遭到攻擊一般激動。敘利亞曾經保證不使用化學武器——他顯然指的是敘利亞總統阿薩德曾經同意銷毀他所有的化學武器。

馬提斯說，是的，他馬上去準備。

他掛上電話，一轉身，告訴一位高階助理：「我們不能這樣做。我們必須更加小心規畫。」他們將要規畫小、中、大型三種傳統空炸作業方案，標準的三級方案。

馬提斯發現新政府獲得罕有的黃金機會，不需做太多就能有所行動，而且肯定比歐巴馬更有作為。

二〇一二年，歐巴馬曾經宣布，阿薩德若動用化學武器，就是跨越紅線。次年，阿薩德動用化學武器，殺死一千四百名老百姓。歐巴馬下令軍方規畫攻擊計畫，可是最後卻退縮了。他要避免另一場武裝衝突和泥淖。

結果是普丁伸出援手，救了歐巴馬。這位俄羅斯領導人居中調停、達成協議，阿薩德同意銷毀他所有的化學武器。令人咋舌的一千三百噸化學武器旋即由敘利亞移除。

歐巴馬陶醉在此一成功當中。他在二〇一四年說：「我們在持久努力反抗大規模毀滅性武器擴散當中，達成一項重大成就，消除敘利亞公布的化學武器存貨。」[4] 國務卿約翰・凱瑞（John Kerr）更說：「我們百分之百消除了化學武器。」[5]

機密情資報告則不同意這種說法。二〇一六年，全國情報總監克拉普公開說：「敘利亞沒有宣布其化學武器計畫的全部單元。」[6]

敘利亞內戰纏戰不休之下，歐巴馬被貼上戰略失敗的標籤。內戰造成四十多萬人喪生，也製造數百萬名難民。

四月四日的化學攻擊後，麥馬斯特和他的國安會中東主任德瑞克・哈維在白宮動起來，研擬選擇方案。

巴農聽到消息。事實上，他也不可能不知道。每當川普肝火正旺，在他周遭的人都能感覺到熾熱。巴農在西廂走道攔住哈維。

他問：「你他媽的在做什麼呀？」

哈維回答說：「替總統準備選擇方案。他要求選擇方案，我們就照程序辦理。」

巴農最恨的就是這套程序。他認為它偏向軍事行動；強悍態度有它自己的動力和概念：美國是世界警察。必須有所行動，成為圭臬。他們都還沒回答川普提出的問題：美國在中東大量駐軍究竟為的是什麼？

巴農看見伊凡卡的手伸了進來。她比任何人都更懂得如何影響她父親。她在官邸裡把受難或死亡嬰童的照片拿給他看。巴農了解，毒氣攻擊是很可怕，但是川普不應該的反應就是出動軍事。

哈維卻站在極端相反的另一面。他已經厭倦經管的國家安全政策一再虎頭蛇尾收場。敘利亞是經典的個案研究，話說了一堆，行動卻半途而廢，幾乎等於是設計為不要解決問題。這一次總算有機會最大化軍事反應。

中型方案是出動六十枚戰斧飛彈（Tomahawk）空襲一個空軍基地。

哈維向麥馬斯特力爭：「我們現在有機會做得更多，我們應該考量攻打多個空軍基地。」他們可以真正出手重擊。「幹掉他們的空中武力，因為這是（阿薩德的）力量加速器。我們要布置終局策略，逼（阿薩德）政府進行政治談判。」

哈維說，他們應該「幹掉他的空軍——不是15％或20％，而是幹掉80％以上」。這代表需要動用二百枚戰斧飛彈，是中等方案六十枚飛彈的三倍以上。

麥馬斯特說：「德瑞克，我知道。但是我們必須面對事實。馬提斯「已經責備我，我們準備的方向」。

馬提斯要求小心。任何形式的行動都有風險。俄國人在敘利亞空軍基地內工作；殺了俄國人，肯定會出現全新賽局，不是對抗作戰、就是兵連禍結。

白宮安排了一場國安會議要討論選擇方案。巴農運用他可以隨時進入的特權，來到橢圓形辦公室和川普單獨密談。他告訴總統，若要避免不必要的戰爭和海外承諾，就不能以他的顧問提議的動用飛彈作為反應。

川普說，那你也來參加會議，而且一定要發言喔。

四月四日的公開聲明裡，川普左打阿薩德、右批歐巴馬。[7]「巴夏爾・阿薩德政府這些令人髮指的行動，就是前任政府軟弱無能、優柔寡斷的結果。歐巴馬政府在二〇一二年說，他將建立一道『紅線』，不准使用化學武器，然後就毫無作為。」

國安會會議中，三個選擇方案全都提出來。大型方案是以兩百枚飛彈攻擊敘利亞所有重要空軍基地；中型方案是六十枚飛彈；小型方案幾乎不動用飛彈。

可能的目標名單很長。二○一三年歐巴馬預備發動飛彈攻擊時，他核定的目標名單包括一棟化學武器廠使用的政府大樓。但是目前方案沒有提出目標名單，因為馬提斯和五角大廈希望將攻擊盡可能縮小範圍。

馬提斯把範圍縮小為以六十枚飛彈攻擊一座空軍基地。基地裡有一塊宿舍區也從目標名單抽走，因為可能有軍眷住在裡面。

巴農辯稱：「如果這是標準作業，讓我到撒哈拉沙漠之南的非洲國家拍些照片，好嗎？讓我拍些瓜地馬拉和尼加拉瓜的照片，好嗎？如果這是他媽的飛彈攻擊的標準，那我們就到處去為所欲為好了。」他以為總統已經站在和他同一邊。

巴農又說：「這將是另一個針刺。」如果他們要空襲，何不更戲劇化。他諷刺的說：「這是十足的柯林頓風格。」然後又十分蔑視的說：「你們將朝一個跑道丟幾顆巡弋飛彈，而不消一兩天，跑道就完全修復，恢復運作了。」

但是這時，主張中型方案這一派開始向總統進言。巴農認為那都是陰險招數。他們的論點是，這不是意在啟動戰爭。這實質上是訊息作業，意在避免戰爭。

星期五，川普飛往海湖山莊，晚間在「敏感分隔資訊設施」裡召開國安會議。十四個人出席——提勒森、蒲博思、麥馬斯特、庫許納、巴農、柯恩，以及主管策略的國安副顧問狄娜．鮑爾

（Dina Powell）。馬提斯則透過視訊方式參加討論。啟動六十枚海上發射飛彈的中型方案擺上會議桌討論。目標是在地面上的敘利亞飛機、強化的飛機棚，石油及其他材料儲存設施，彈藥庫、防空系統和雷達。

川普已經從他原先要殺了阿薩德的意向後退。他在會議中非常不尋常的專注細節。他針對風險提出一系列問題。飛彈偏離路線會有什麼結果？如果我們命中學校、醫院或原本無意的目標，會有什麼狀況？打死民眾的可能性有多大？

馬提斯保證不會有問題。這是第一流的船艦和人員。

川普要求透過安全線路和「波特號」及「羅斯號」這兩艘導引飛彈驅逐艦艦長通電話。他告訴兩位艦長：我今天晚上將下令出擊。你們弟兄們是在最佳狀況下操作飛彈嗎？

兩位艦長都保證萬無一失。川普旋即請在座每個人一一表示意見。你有什麼意見？如果任何人有意見，我要在這兒聽到，不要以後再聽到。

大家意見一致，甚至是強烈支持。

情報顯示，俄國人只在基地的某一區。攻擊時間訂在敘利亞時間上午四點四十分，實質上就是確保他們不會在飛機周邊工作。大約在戰斧飛彈命中目標之前十五分鐘，將向基地上的俄國人發出警告。電話打通時，基地上接電話的俄國人聽起來像喝醉了酒。

川普批准了他上任後第一次重大軍事行動的攻擊令。五十九枚戰斧飛彈命中目標；只有一枚在發射後落入地中海。

會後，川普出面招待中國國家主席習近平晚宴。習近平來海湖山莊進行兩天的高峰會議，討論貿易和北韓議題。甜點上桌時，川普告訴習近平：「由於他們動用毒氣瓦斯，我們正在轟炸敘利亞。」

習近平透過譯員問：「請你再說一遍。」川普再說一遍。

習近平問：「打了幾顆飛彈呀？」

川普說，五十九顆。

習近平再問：「五十九顆？」

川普確認是五十九顆沒錯。

習近平說：「OK，我了解了。好呀，他活該。」

晚宴在此結束。

後來，巴農罵哈維是「戰爭販子。你和麥馬斯特想要掀起戰爭」。

大約午夜時分，川普打電話給林西．葛萊漢參議員。

川普問：「我是不是把你吵醒了？」

葛萊漢說：「是的，沒錯。」

「抱歉。」

「沒事，總統先生，我很高興你打來電話。」

「我敢打賭你是全城最快樂的人。」

「快樂這個字用字不當。我對我們的總統引以為榮。」葛萊漢可以聽到針掉到地上。「你做了很久以前就該做的事。」

川普說：「有一百個國家打電話過來。」

葛萊漢心想，或許可能有十個國家吧。

「他們全都打電話來，向我拍背道賀。你知道中國主席怎麼對我說嗎？當我在上甜點時告訴他，我們只對阿薩德打了五十九顆戰斧飛彈，他說，好呀，他活該！」

葛萊漢心想，這可打臉巴農了。

川普說：「歐巴馬是個弱雞。他絕對做不出這種事。」

葛萊漢說：「他做不到，他造成約四十萬人喪生。」他把整個敘利亞內戰死者全算在歐巴馬的帳上。

川普一直叨叨絮絮講那些孩子們被燒傷、皮膚剝落，死亡和受傷的恐怖情景。

葛萊漢說：「總統先生，我可以給你來自中東各地類似的照片。」他不知道他正在呼應巴農有關舉世都有人權暴行的觀點。「你做對了，不是因為他如何殺害這些孩童。他非常無恥，告訴全世界每個人，去你媽的。而你說，不，我才是操你媽！」

葛萊漢明白川普的談話風格[8]，他幹譙「他媽的」、你就要附和更響亮的「他媽的」。他說：「你就要這樣跟他說：我X你媽的。現在你必須注意囉。如果他們修復了每個基地的損壞，再度由基地派出飛機起飛、對小孩童投擲炸彈，你要怎麼辦？你需要預做準備。因為這會直戳你的眼珠。」

葛萊漢說：問題倒不是化學武器，而是朝平民轟炸。即使用別的武器，也是不容許的。

葛萊漢再強調：「如果你不說話，那你的所有收穫都將付諸流水。因為他就是在說，好呀，我X你媽的，我換個方法來殺他們。阿薩德將會對你這樣說。這是考驗。你剛才出手修理他一次，還不夠。你要讓這個他媽的小子知道，如果他再派飛機從那個空軍基地起飛、轟炸一群小孩，你會把他幹掉。」

每次三軍統帥下令開火時，即使只是五十九枚戰斧飛彈，政治界和一般輿論都傾向積極支持他。這一次也不例外。川普幾乎受到舉世贊揚，稱許他反應明快、果決。

翌日上午，馬侃參議員現身電視談話秀《早安，老喬》（Morning Joe）。*他說：「如你所

譯注

* 《早安，老喬》是國家廣播公司新聞網（NBC）透過旗下有線頻道〈軟微國家廣播台〉（MSNBC）除週末之外，每天美東時間上午六點至九點播出的帶狀談話秀。主持人喬·史卡波羅是共和黨籍前任國會眾議員，共同主持人之一米卡·布里辛斯基（Mika Brzezinski）的父親則是鼎鼎大名的政治學者茲比格涅夫·布里辛斯基（ZbigniewBrzezinski），曾任卡特總統的國家安全顧問。米卡二〇一六年離婚後，於次年和喬·史卡波羅訂婚。

說，昨晚發出去的訊息是非常、非常重要的訊息。」[9]

主持人喬・史卡波羅（Joe Scarborough）說，這不僅對俄羅斯和阿薩德很重要，對中國和北韓也很重要。馬侃補充說：「對我們友邦也很重要。只要他們認為可以信賴我們，許多阿拉伯國家也願意當我們的夥伴。」

史卡波羅提到，遜尼派阿拉伯人已經覺得在歐巴馬主政下，美國「沒有挺他們。昨天晚上會使他們改變觀點嗎」？

《華盛頓郵報》專欄作家大衛・伊格納修斯（David Ignatius）也是節目來賓之一，他說：「開始改變了。他們希望看到更多動作。」

馬侃誇獎川普的國安團隊，也稱讚總統聽取他們的建議：「我最感到振奮的是，他尊重馬提斯、他也尊重麥馬斯特。」

某些最高度的稱讚來自令人料想不到的外交政策專家。希拉蕊・柯林頓擔任歐巴馬政府國務卿時，頭兩年在她麾下擔任國務院政策計畫局主任的安妮－瑪麗・史勞特（Anne- Marie Slaughter）在推特上說：「面對可惡的暴行，經過多年無用的比手勁之後，唐納・川普終於在敘利亞上做了正確的事！！」[10]

後來一連好幾天、好幾個星期，川普經常在西廂告訴助理，他不以為攻打空軍基地足夠了。美國是否應該再多做一些？他又想起下令祕密狙殺阿薩德的點子。

他聽取簡報，也閱讀一些新聞報導，知道神經瓦斯對人體造成的傷害。他一度問人：「你知道有多慘嗎？」他彷彿親眼目睹一般可以描繪其慘象。肺部充滿毒氣、窒息、口吐白沫。流出口水、兩眼失明、癱瘓。嘔吐不止、屎尿失禁。渾身疼痛，尤其是腹部絞痛。身體器官變得和大腦脫離。經過約十分鐘的苦痛，人就沒了。兒童、嬰孩就如此離開人世。

他希望聽取選擇方案。美國軍方有各種你可以想像得到的殺人能力。他還能做什麼？他想要知道。

國防部長馬提斯警覺到川普可能下令發動第二次攻擊，設法勸阻對敘利亞再次採取軍事行動。

隔了幾週，川普的怒火退了，他的注意力轉到別方面事務。

麥馬斯特向傑瑞德．庫許納抱怨，他缺乏權力推動決定。提勒斯和馬提斯和絕大多數國務卿、國防部長一樣，不希望有個強勢的國家安全顧問。

空襲敘利亞之後，有一回川普想知道最近俄羅斯和伊朗在敘利亞挑釁的消息。美國在帕邁拉（Palmyra）東方公路上打死一些伊朗撐腰的真主黨部隊，也打下一架構成威脅的伊朗武裝無人機。川普對麥馬斯特問了幾個問題：假如美國人被殺害，我們會怎麼辦？我們有什麼選擇方案？

麥馬斯特打電話給提勒森和馬提斯。通通沒有回音。他找哈維來痛罵一頓，講了一堆幹譙髒話。這是你的工作，去把你的交涉對象給找來。

九個小時過去，提勒森和馬提斯都沒有回電。

五角大廈聯合參謀本部的參謀到白宮向哈維簡報。國防部有一些攻擊敵人的選擇方案，但是美軍部隊正在作業的敘利亞邊境城鎮坦福（Tanf），若是美國人被殺害，或是美軍艦艇被水雷打到，要怎麼辦，則沒有對應方案。

對麥馬斯特或哈維而言，這簡直無法想像。但是答案一直不來。而川普很快就忘了他的發問。

注釋——

本章訊息主要來自和第一手消息來源多次深度背景訪談。

[1] 見 Emily Crane and Cheyenne Roundtree, "Donald's Eruption in the Oval Office: Video Emerges of Trump's 'Furious Argument' with Top Adviser Steven Bannon as Ivanka and Jared Look On, Hours Before President Made Phone Tapping Claims," *Daily Mail*, March 5, 2017.

[2] 見 Michael S. Schmidt, Matthew Rosenberg and Matt Apuzzo, "Kushner and Flynn Met with Russian Envoy in December, White House Says," *The New York Times*, March 2, 2017.

[3] Max Bearak, "Modi's 'No Frills' Visit to Washington Masks a Potential Minefield," *The Washington Post*, June 26, 2017.

[4] Barack Obama, "Statement on the Elimination of Syria's Declared Chemical Weapons Stockpile," August 18, 2014. Online by Gerhard Peters and John T. Woolley, *The American Presidency Project*. http://www.presidency.ucsb.edu/ws/?pid=106702.

[5] John Kerry interview with David Gregory, *Meet the Press*, NBC, July 20, 2014.

[6] Peter Baker, "For Obama, Syria Chemical Attack Shows Risk of 'Deals with Dictators,'" *The New York Times*, April 9, 2017.

[7] Donald J. Trump, "Statement on the Chemical Weapons Attack in Khan Sheikhoun, Syria," April 4, 2017. Online by Gerhard Peters and John T. Woolley, *The American Presidency Project*. http://www.presidency.ucsb.edu/ws/?pid=123681.

[8] 次日，普丁指責美國此一攻擊是「非法的侵略行為」，並取消防止美俄飛機在敘利亞上空意外發生事件的一項協議。

[9] "Sen. John McCain, R-Ariz, Is Interviewed on MSNBC's 'Morning Joe,' " Federal News Service, April 7, 2017.

[10] https://twitter.com/slaughteram/status/850263058756673540

19 北美自由貿易協定

川普總統下命令：「我要一份行政命令，讓美國退出《北美自由貿易協定》。星期五以前就送到我桌上。」

四月二十五日，星期二，和他一起在橢圓形辦公室的人有副總統潘斯、商務部長羅斯、庫許納、波特和納瓦羅。總統要能在就職一百天時宣布這項決定。

沒有人提出任何反對意見，但是主持每星期二上午貿易會議的波特知道，不能用行政命令處理，按照《北美自由貿易協定》條款規定，必須提前一八〇天照會其他簽約國要退出。

他向川普及其他人報告：「時間上將會有很大問題。因為不論你依據〈貿易促進授權法〉（Trade Promotion Authority）規定，能多快重新談判《北美自由貿易協定》，它都得花不少時間。」重新談判的協定也必須送經國會審查通過，時間一定超過一八〇天。*

波特是在座最年輕、也最低階的官員。他繼續說：「我們不能有空檔，一個沒有任何協定的時期。我們在時間上會有問題。我們不能隨心所欲就啟動一百八十天的時鐘。」

其他人都沉默不語，似乎在鼓勵川普。波特很害怕，川普似乎在考慮先發制人、就退出《北美自由貿易協定》。過去二十多年，這項貿易協定是北美洲經濟和國家安全的基礎。協定取消美國、加拿大和墨西哥三國彼此之間的關稅。三國之間的年度貿易額超過一兆美元。美國和加拿大、墨西哥各自的貿易額，幾乎和美、中貿易額一樣大；當然中國是美國最大的貿易夥伴。

波特向潘斯、羅斯、庫許納和納瓦羅陳述：「我們需要有個程序，確保一切井然有序，必須仔細考慮過一切。有各位長官在這兒，太棒了。但是葛瑞・柯恩不在這兒，史帝夫・米努勤不在這兒。我了解各位想要加快腳步」，但是我們必須慢下來。

川普說：「我才不管這些東西。我要它星期五擺在我桌上。」

波特去找麥馬斯特，爭取他的支持。麥馬斯特沒有太參與貿易議題的討論，但是表示他同意，退出《北美自由貿易協定》將是國安噩夢，而且是沒有必要的噩夢。它會驚擾盟國。他保證，我會支持你。

相關內閣部長和高級顧問訂於次日在羅斯福廳舉行緊急會議。[1] 引線已經點燃。他們似乎只有一兩天時間準備對策，川普立刻就要簽署行政命令了。

譯注

* 川普在競選期間的一項政見就是退出一九九四年一月一日起生效的《北美自由貿易協定》。經過二〇一七年至二〇一八年一年多的談判，美國與墨西哥、加拿大終於在二〇一八年九月三十日達成又稱為「北美自由貿易協定2.0版本」的「美墨加協議」（United States- Mexico- Canada Agreement, USMCA）。但是它還未正式簽署、並送三國國會通過，何時能夠正式實施猶有變數。尤其是墨西哥新任總統將在十二月一日就任；共和黨又剛在十一月六日期中選舉輸掉對眾議院的掌控，二〇一九年一月改由民主黨控制的新一屆眾議院會如何看待這份協議，猶在未定之天。

納瓦羅極力鼓吹退出，而國土安全部部長約翰．凱利（John Kelly）等人則說，讓人覺得美國可能退出，是個好槓桿，但若是實際退出，可就禍患無窮了。美國將是傷人一百、自傷八十。震波效應極大。它將擾亂金融市場，立刻招致報復。全世界的貿易夥伴將人人自危，不知自己是否將是下一個目標。

會議結束後，波特要到橢圓形辦公室見總統，審閱川普要求準備的公文，他攔下剛上任的農業部長桑尼．普度（Sonny Perdue）。普度原任喬治亞州州長，是南北戰爭之後重建時期以來第一個共和黨籍州長。

波特說：「桑尼，你不妨也一起來吧。」羅斯也到橢圓形辦公室一起討論。

普度告訴川普：「《北美自由貿易協定》對美國農業利益貢獻良多。我們每年出口三九〇億美元到墨西哥和加拿大。否則這些產品是沒有市場的。如果我們退出《北美自由貿易協定》，受傷最重的將是你的根基——川普的支持者。」

普度讓川普看一張美國地圖，顯示農業和工業將會遭受最嚴重損失的州與縣。許多都是投票支持川普的地方。

「它們不僅是你的基地，這些基地所在州還是影響總統選情至為重要的搖擺州。因此，你千萬不能退出啊。」

川普說：「是啊，可是他們占我們便宜，我們必須拿出辦法來。」

總統終於決定，他們應該先擴大輿論音量和威脅，但是不提出一八〇天的通知。

傑瑞德傳話給波特：「總統同意現在不退出了。」

波特曉得，什麼決定在川普都是臨時性的，但是他也很驚訝竟然如此接近懸崖邊緣。不過，事情並沒完了。

彼得．納瓦羅溜進橢圓形辦公室，臨時求見總統。

總統說：「到目前為止，我們唯一做到的是退出ＴＰＰ，」──他指的是《跨太平洋夥伴關係協議》。「我們在其他貿易議題上為什麼沒有進展？」

納瓦羅說：「幕僚祕書的過程阻滯了這些事情。」

川普召喚他的助理麥德琳．韋斯特豪（Madeleine Westerhout）：「麥德琳，叫羅布馬上過來。」

波特跑樓梯，直奔橢圓形辦公室。

川普劈頭就罵波特：「你他媽的在阻擋什麼呀？為什麼我們遲遲辦不了這件事？你給我好好認真辦事。你只要照我的意思做。我要辦成這件事。」

總統又認真起來了。波特起草了一封一八〇天的通知信，等候川普簽字、宣布美國將退出《北美自由貿易協定》。

波特越來越相信它會引爆與加拿大、墨西哥的經濟和外交關係危機。他去找柯恩商量。

柯恩說：「我可以制止它。我會在告辭前把文件從他桌上抽走。」後來他果真偷走一份文件。「如果他要簽字，需要另有一份文件。」

波特保證：「我們也要拖延另一份文件。」

柯恩當然曉得總統很容易就下令再起草一份文件，但是如果文件沒在他面前，他可能就會忘記。如果文件不在眼前，就不在他腦子裡。

波特同意。川普的記憶需要一個觸發器——在他辦公桌上的某些東西、或是他從報紙上讀來或電視上看來的某些東西。或者是納瓦羅再次溜進橢圓形辦公室。沒有某個東西或某個人觸動他，可能要經過好幾小時、或好幾天、或甚至好幾個星期，他才會想起來：等一等，我們不是要退出某某嗎？為什麼還沒退出呢？沒有觸發器，有可能事情再也不發生。

桑尼・普度五月四日在白宮戰情室做簡報[2]，介紹農業在貿易方面的角色。敏感的情報顯示，如果美國對中國課徵新關稅，中國也將祭出他們的關稅措施做為報復。

中國人曉得如何精準製造經濟和政治的疼痛。美國還在幼稚園階段，相形之下，中國已經是博士。中國人曉得哪一個國會眾議員選區生產什麼產品，譬如黃豆。他們曉得哪一個搖擺選區將攸關到眾議院的控制。他們可以鎖定這些選區、或甚至某個州的產品開徵關稅。中國人可以鎖定麥康諾老家肯德基州的波本酒和保羅・萊恩老家威斯康辛州的乳製品下手。

幾天之後，羅斯提出貿易赤字重要的理由。羅斯呼應總統的觀點，他說，貿易赤字是北極星，也是我們經濟不穩定、衰退的指標。他提醒大家，總統重視貿易赤字，因此大家也應該注意貿易赤字。

波特脫掉他誠實的中間人帽子。他說：「貿易赤字不重要，至少與個別國家的貿易赤字不會有太大關係。你這是一種荒謬的想法。」他的口吻恐怕已是波特歷來對閣員級官員最不敬的口吻。「貿易政策，尤其是我們談判的貿易協定，不是我們貿易赤字的首要推手。」赤字要看經濟條件，那個國家可以最有效率、最低廉的成本生產各種產品，儲蓄率及幣值等而定。所有的保護主義政策不符合我們的經濟利益。

羅斯吼回去：「我賺了好幾十億美元，我在華爾街工作過。我知道這些市場怎麼運作。你根本不懂供給與需求。」如果美國對中國課徵關稅，而他們報復，我們可以從其他國家購買產品。

二〇一七年春天，羅斯與中國談判出一個協議：美國進口中國的雞隻、出口牛肉。他稱之為「很費勁的成就」。但是外界對此一協議卻有些嚴苛的批評，《紐約時報》的標題是「中國在第一輪貿易談判向美國投降不多」。[3]

在白宮的會議中，總統痛批羅斯。「我沒辦法相信你會談出這樣的協議。你為什麼不告訴大家？你沒有向我報告這件事。你自己跑去、弄出這東西。這個協議糟透了。我們被X了。威爾伯，或許你習慣被X。」羅斯曾經是個投資銀行家，一九九〇年代表不滿意川普的賭場債券持有人，他和川普達成交易，承認他名氏的價值，使他避免破產。

川普對著七十九歲的羅斯說：「我以為你是殺手。當你在華爾街的時候，成就了一些好買賣。但是你已經過時了，你再也不是優秀的談判者。我不曉得是什麼，但你已經失去了它。我不能信任你，我不要你再負責任何談判。」賴海哲將處理《北美自由貿易協定》和其他貿易協定的談判。

羅斯想替他達成的協議辯護——美國將出口更多牛肉。但是川普已經聽不進去。

總統六月八日在橢圓形辦公室針對他最念茲在茲的鋼鐵關稅議題召開會議。[4]柯恩、羅斯、波特和國防部長馬提斯圍坐在總統大辦公桌四周。

羅斯說：「我們已經準備好了。我要提出這份報告。」他將建議特別與中國有關的關稅稅率配額。如果中國增加它目前鋼鐵出口到美國的比率，美國將祭出極高的關稅。

波特舉出若干法律上的問題。商務部沒有遵循法律規定，徵詢國防部，以判斷進口是否對國家安全構成威脅。

羅斯說：「我們有啊，我們有啊。」

馬提斯當場打臉：「我從來沒被徵詢過有關這個議題的任何事項。」

羅斯回答說：「沒有問題的。」他曾經與國防部主管這些議題的助理部長談論過。他有一些電子郵件可茲證明。

馬提斯說：「可是你從來沒跟我談過。」

波特插嘴說，法律規定必須徵詢國防部長的意見，不是只和國防部某個官員洽商就行。

這些法律官僚手續最讓川普生氣。他說：「威爾伯，去跟吉姆談談！把事情給釐清。我煩死了這些事情。趕快把它搞定，因為我要做這件事。」

波特發覺這是把鐵罐踢到路上、至少再拖延幾個星期的妙招。馬提斯適時幫了大忙。後來他告訴羅斯，他需要進行分析，才能提出意見。

然而，國防部後來提報給馬提斯的分析顯示，「美國軍方鋼鐵需求量只占美國鋼鐵總需求量不到0.5％」，國防部可以「取得必需的鋼鐵，符合國防要求」。

注釋——

本章訊息主要來自和第一手消息來源多次深度背景訪談。

[1] 作者看過一位與會人士的筆記。
[2] 作者看過一位與會人士的筆記。
[3] Gina Chon and Pete Sweeney, "China Surrenders Little to U.S. in First Round of Trade Talks," *The New York Times*, May 12, 2017.
[4] 作者看過一位與會人士的筆記。

20 開除FBI局長柯米

川普說，但願他在上任總統時就開革掉柯米。而現在他真的要請柯米捲舖蓋走人了。

巴農不贊成，單獨在橢圓形辦公室向川普進諫，提出以下的論據：「75%的探員的確痛恨柯米。這一點沒有疑問。但是，一旦你開除他，他就成了他媽的胡佛了。你開除他的當天，他就成為美國歷史上最偉大的烈士。一個追殺你的武器，他們將會指派一個他媽的特別檢察官。你可以開除柯米，可是你不能開除聯邦調查局。你開除他的那一分鐘，聯邦調查局身為一個機構，他們必須摧毀你、而且他們也將會摧毀你。」

巴農認為川普不了解常設機構——聯邦調查局、中央情報局、五角大廈，以及廣大的軍事體制的力量有多大。他也不了解特別檢察官的權力有多麼廣泛，他可以被任命來調查總統所經手過的一切事物。

川普告訴麥甘恩和蒲博思：「別試圖勸我罷手，因為我已經做出決定，因此休想勸阻我。」柯米是個譁眾取寵者，已經失控、不聽使喚。

五月初，川普覺得柯米最近氣勢大弱，因為他為了調查希拉蕊．柯林頓個人電子郵件案的出席作證表現太差。於是川普口述一封信，列舉他要開除柯米的原因。

白宮法律顧問麥甘恩告訴他，司法部副部長羅德．羅森斯坦（Rod Rosenstein）要來見面。麥甘恩說，羅森斯坦要討論的一件事是柯米，而且顯然羅森斯坦也想甩掉柯米。

麥甘恩解釋說，這兒涉及到一個正常程序——司法部副部長是負責督導聯邦調查局的官員。讓我們聽聽羅森斯坦要說什麼。這是白宮幕僚越來越愛用的一種拖延戰術。讓我們先冷卻一下，和羅德談一談，再向你回報新計畫。

羅森斯坦告訴川普，他覺得柯米應該被開除。要他寫一份備忘錄列舉免職理由，沒問題。他帶來一份三頁的備忘錄給白宮。[1] 主旨：重建民眾對聯邦調查局的信心。它說，七月五日，柯米「公布他自己對全國最敏感刑案調查的結論」——即希拉蕊·柯林頓電郵事件——預阻了檢察官的決定，也透過宣稱柯林頓的行為「極端不謹慎」，提出「貶抑的資訊」。接下來，在投票日前十一天，他又宣布要重啟對柯林頓的調查，因為他認為這是事關「說」或「隱瞞」的問題。羅森斯坦說，這是對議題的錯誤陳述。他引述五位前任司法部長或副部長，都認為柯米違反規定。

總統說，就這麼辦。他自己也不能講得更好。他發個短箋給柯米，通知他，他「被解職，立即生效」。

本來想要拖延開革柯米的計畫卻事與願違。它反而加速動作。蒲博思曉得，羅森斯坦的備忘錄和這項決定毫不相干。總統早已有心如此做。

巴農「百分之一百」相信，開除柯米的原因是因為聯邦調查局正在追查傑瑞德的財務紀錄。但這是純粹猜測。伊凡卡曾向她父親抱怨聯邦調查局。

這幾個月下來，蒲博思發現，如果川普打算、或嘴裡說他將要開除某人，並不代表就會發生。他最喜歡說的話變成，「蓋棺才能論定」。

但是就目前來講，顯然柯米至少是死了，不過他和他的故事還未封棺埋葬。

川普看了許多關於他五月九日開除聯邦調查局局長柯米的電視新聞報導。輿情反映不佳。他在五月十一日又攪亂渾水，說法反覆。[2]他告訴國家廣播公司記者李斯特・霍特（Lester Holt），不論司法部副部長羅森斯坦和部長賽辛斯如何建議，他都會開除柯米。川普對霍特的發問，長篇大論的回答，明顯透露出他的某些想法：「我告訴自己，你也曉得，這檔俄羅斯與川普的事完全是捏造出來的故事。」

這個回答似乎非常不合他發給柯米的免職函的說法。免職函上說的理由是，羅森斯坦的備忘錄嚴厲批評柯米處理希拉蕊・柯林頓電郵案調查不當。

五月十六日，星期二晚間，《紐約時報》記者麥可・施密特（Michael Schmidt）發出一則轟動華府的新聞。[3]柯米對他和川普的對話都留下即時的備忘錄。二月十四日，柯米還是聯邦調查局局長時在橢圓形辦公室和總統會面，他寫說，總統問起佛林被調查事件，表示「我希望你能放過這件事、放過佛林。他是個好人。我希望你能放過這件事。」

川普守在電視機旁邊、緊盯著報導。當天夜裡，大衛・葛根（David Gergen）在有線電視新聞網上的評論顯示風向不妙。[4]尼克森總統和柯林頓總統受到彈劾案調查時，葛根都被延攬擔任白宮顧問。

葛根說：「我認為我們已進入彈劾領域。我們看到的是已經開始崩解的總統施政。」波特可以看到，葛根提到彈劾時，川普差點失態。總統痛罵柯米反咬他。

次日，五月十七日星期三，川普在橢圓形辦公室中，突然獲悉羅森斯坦什麼人不好選，卻挑了曾任聯邦調查局局長十二年的羅伯·穆勒（Robert Mueller）出任特別檢察官，調查俄羅斯干預選舉，以及與川普競選總統是否有任何關聯的風風雨雨。

川普的情緒一夜之間壞到無以復加，五月十八日尤其惡劣。總統爆發無法控制的怒火，明顯激動，這是他的核心幕僚前所未見的狀況。這是很難受的經驗。波特告訴一位部屬：「我們勉強撐過去。」

通常川普坐在橢圓形辦公室他的大辦公桌後、或是他的私人餐室裡。但是這一天他大半時間站著，在兩個房間之間衝進衝出。

總統轉向他的不可或缺的維生系統——有線電視新聞。他花了兩小時全程盯著福斯新聞網，然後又盯住側錄下來的兩小時長的微軟國家廣播網（MSNBC）和CNN的新聞報導。

蒲博思、巴農、庫許納、麥甘恩、柯恩、希克斯和波特等高級助理進進出出，他對著報導痛罵。川普問，為什麼挑選穆勒？他痛罵說：「他剛來過這裡，而我沒有聘他回鍋擔任聯邦調查局局長。當然現在他有了一把斧頭可以砍我。」

總統說：「每個人都想追殺我。太不公平了。現在人人都說我將被彈劾。」他又問，特別檢察官有什麼權力？

波特說，特別檢察官實際上有無限權力調查任何可能的犯罪。譬如水門事件、伊朗—尼游事件（Iran- Contra）和柯林頓的柳文斯基醜聞。

川普悲憤的說：「現在我卻有了這個傢伙，他沒根沒據就可以調查任何事情？無論它們是否相干？他們將會花好幾年時間徹底挖我的一生和財務狀況。」

川普沒辦法集中精神辦別的事。有些會議取消了，大半行程也都取消。

波特從來沒看過川普如此明顯苦惱。他知道川普是個自戀狂，看待任何事都是從是否會影響他著眼。但是這幾小時的發怒，使波特想起他所讀到的尼克森在職最後時日的情況——祈禱、跺腳、對著牆上歷任總統肖像喃喃自語。川普的行為現在已經陷入慌張的境界。

川普說：「他們要追殺我。這是不公、不義的。這種事怎麼會發生呢？這全是賽辛斯的錯。這全是出自政治動機。羅森斯坦不曉得他幹了什麼好事。他是民主黨員。他來自馬里蘭州。」

川普一邊在房裡踱步、一邊說；「是羅森斯坦說要開除柯米，而且打了報告給我。他怎麼可以負責督導這項調查？」

穆勒有許多利益衝突，不應該出任特別檢察官來調查他。「他是我的一家高爾夫俱樂部的會員」——維吉尼亞州史特靈市川普全國高爾夫俱樂部的會員，因為會費有爭議，穆勒退會。穆勒服務的法律事務所過去曾經代表過川普的女婿。

川普說：「我被揍了，我必須反擊回去。為了是公平決鬥，我必須反擊。」

一整天他就這樣來來回回，在餐室裡看電視、然後發狂衝進橢圓形辦公室，問些問題，然後痛罵他對調查失去控制。

川普說：「我是總統，我可以開除任何人。他們不能因為我開除柯米就調查我。柯米應該被革職的！大家都痛恨他。他太糟糕了。」

注釋——

本章訊息主要來自和第一手消息來源多次深度背景訪談。

[1] 羅森斯坦的備忘錄可在此查閱 https://assets.documentcloud.org/documents/3711188/Rosenstein-letter-on-Comey-firing.pdf

[2] "Partial Transcript: NBC News Interview with Donald Trump," CNN, May 11, 2017, https://www.cnn.com/2017/05/11/politics/transcript-donald-trump-nbc-news/index.html.

[3] Michael S. Schmidt, "Comey Memo Says Trump Asked Him to End Flynn Investigation," *The New York Times*, May 16, 2017.

[4] Derek Hawkins, " 'I Think We're in Impeachment Territory,' Says David Gergen, Former Aide to Nixon and Clinton," *The Washington Post*, May 17, 2017.

21 聘請私人律師陶德

馬各·卡索維茨（Marc Kasowitz）是個經驗老到的灰髮律師，多年來替川普處理離婚和破產案件。他請約翰·陶德（John Dowd）在二〇一七年五月二十五日下午四點到他的紐約事務所一談。七十六歲的陶德是有關白領犯罪最有經驗的辯護律師之一。

卡索維茨說：「我們需要你在華府代表總統。」為川普受到特別檢察官羅伯·穆勒啟動的「通俄門」調查案件做辯護。幾位著名大牌律師已經婉拒受聘，理由是利益衝突，或是認為難以管控川普。但是，檢察官出身、有過許多著名客戶的陶德立刻答應，樂於接下這個全國矚目的案子，做為四十七年法律生涯的極致。

他答說：「我的天呀，難以置信耶。我很高興能代表總統。」

「這可不輕鬆喔。」

陶德說：「我明白。」

陶德不僅是個和群、好相處的人，也是一絲不苟的調查人員。他在一九六〇年代是陸戰隊軍法官，一九七〇年代擔任司法部打擊組織犯罪專案組專門追查黑道的檢察官。一九八〇年代，他擔任職業棒球大聯盟主席的法務顧問。他主持多項調查，最著名的一案導致辛辛納提紅人隊彼特·羅斯（Pete Rose）因參與棒球押賭而被禁賽。* 後來，陶德代表華爾街和政治人物擔任辯護律師，馬侃參議員涉入「基亭五人幫」（Keating Five）違反國會議員倫理案，也找他幫忙。** 他曾是著名律師事務所艾金・甘普（Akin Gump）的合夥人，現在已經退休。

林肯儲貸於一九八九年倒閉，聯邦政府、亦即納稅人，損失三十四億美元。所謂「基亭五人幫」是五位聯邦參議員總共收受基亭一三〇萬美元政治捐獻，當聯邦監理機構一九八七年調查林肯儲貸時涉嫌關說、施壓，貽誤處理時機。這五位參議員分別是加州民主黨籍艾倫・克蘭斯頓（Alan Cranston）、亞里桑那州民主黨籍丹尼斯・狄康西尼（Dennis DeConcini）、俄亥俄州民主黨籍約翰・葛林（John Glenn）、密西根州民主黨籍唐納・萊格爾（Donald W. Riegle）以及亞里桑那州

譯注

* 彼特・羅斯是前美國職業棒球人聯盟球員及總教練。羅斯從一九六三年至一九七八年及一九八四年至一九八六年效力辛辛納提紅人隊。羅斯是左右開弓的打者，保有多項大聯盟生涯第一的紀錄，如安打（四二五六支）、出賽（三五六二場）、打數（一四〇五三個）。一九八九年八月，羅斯承認在擔任紅人隊球員和總教練的期間有賭博的情形，而被禁賽，也因此一直進入不了名人堂。

** 一九八〇年代初期雷根總統解除對金融業管制，許多儲貸合作社拿存款進行高風險投資。查爾斯・基亭（Charles Keating）於一九八四年買下加州爾灣市林肯儲貸合作社（Lincoln Savings and Loan Association），五年期間資產由十一億美元暴增為五十五億美元。一九八〇年代末期、九〇年代初期爆發的儲貸業危機，造成全美七四七家業者倒閉，總損失估計高達一千六百億美元，其中一二四六億美元由聯邦政府直接賠付。金融風暴影響所及，造成一九九〇年至一九九一年的經濟衰退。

共和黨籍約翰·馬侃。

經過冗長調查後，參議院倫理委員會認為克蘭斯頓、狄康西尼和萊格爾三人嚴重、不當干預調查；但只有克蘭斯頓受到正式譴責。三人雖都任滿任期，但也全部退出公職。葛林和馬侃雖無不當干預，也被倫理委員會批評為「判斷差勁」。基亭後被判刑四年。

陶德和川普、卡索維茨進行一次會議電話，後來又和總統有幾次對話。川普告訴他，穆勒的調查行動已使他分心，無法全力推動政務。他完全沒有做錯事。「約翰啊，這件事是極大的負擔。它尤其妨礙外交事務。我很難堪的，在談判交涉過程中，對方——不管他是首相、還是總理——突然來一句：『嗨！唐納啊！隔一陣子，你不會下台吧？』這就好像一腳踹在你的蛋蛋上。」

陶德聲明，他不會按照鐘點收費，將照定額收費。兩人講好每月律師費十萬美元包底，這等於是他通常收費的半價。川普指示，把發票送到他紐約的辦公室，他會在第二天就付錢。（他果然言而有信。）

總統對於穆勒的調查相當生氣。他向陶德列舉他的抱怨。

第一、他被司法部長賽辛斯三月二日自請迴避俄羅斯干預選舉案之調查所突襲。[1] 他原本期待司法部長能提供政治保護，現在卻孤立無助。

第二、川普敘述他是如何在五月十七日獲悉穆勒被司法部副部長羅森斯坦派任為特別檢察官的經過。他和賽辛斯正在橢圓形辦公室討論公事，一位白宮律師帶來此一消息。賽辛斯說：「我不知道這件事。」他轉頭問賽辛斯：「他不是在你底下辦事嗎？」賽辛斯的自請迴避使得羅森斯坦負責通俄門所有調查。

川普說，更糟的是，他在一天前剛約談穆勒回鍋擔任聯邦調查局局長，可是他決定不聘穆勒，現在穆勒突然負責調查。「因此我兩次他媽的遭到司法部突襲。」

第三、川普說，他把柯米罷官後，這位聯邦調查局前任局長就展開作證和洩露真相的活動，聲稱川普要他輕縱佛林遭調查案件。川普告訴陶德：「我根本沒有這麼做。這全是狗屎。柯米是個他媽的扯謊騙子。」

卡索維茨附和說，他和一位合夥人也進行調查，查看川普是否和俄羅斯干預選舉有任何瓜葛。一整個月之後，他們的初步結論是毫無瓜葛。

川普極力否認，使得陶德相信他的憤慨是真實的。當然，這並不代表他無辜。除了責怪柯米，川普說他也自責身邊沒有堅強的部屬和律師。

陶德檢查了羅森斯坦五月十七日選派穆勒的那一頁信函。[2]它不僅授權調查俄羅斯案，也指示穆勒調查「直接起自或可能起自（通俄門）調查的一切事物」。陶德從來沒見過司法部有任何人獲得如此廣泛的權力。

總統表達了他的不信任。穆勒團隊中有許多民主黨人。

陶德同意或許會有政治動機。他告訴川普：「這是一群魯蛇們的光榮工作。」

陶德替客戶辯護的理論是，既要做客戶的律師，也要做他的朋友。川普開始隨時隨地打電話找他傾訴。儘管川普一副口沒遮攔大砲風格，但陶德可以感覺到總統非常孤獨。

陶德與川普的法律顧問討論已知的事實，也檢討各種材料是否有罩門。根據初步檢討已知的證據，他看不出來有任何事物可以支持與俄國人勾結或妨礙司法的指控。

或許最棘手的一份證據是聯邦調查局前任局長柯米的備忘錄和國會證詞[3]，柯米一口咬定川普在佛林去職之後，拜託他放過佛林。根據柯米的說法[2]，川普對他說：「我希望你能放過佛林。他是個好人。我希望你能放過這件事。」柯米說，他相信川普是要求他放棄調查。

川普否認他說過這段話或類似的話。

陶德問總統，那你說了什麼？

「我沒有說這段話。」川普說，柯米提起川普是否可以到聯邦調查局局本部向探員們講話。「因此我問他，他希望我什麼時候去。而他說他會再回報。但是我絕對沒有提起佛林。我的意思是，就我而言，佛林的事已經成為過去。」

陶德繼續他自己的調查，也聆聽所有已知的證人作證的簡報，並且檢閱文件。他希望和原本就認識的穆勒再建立關係。多年前在陸戰隊活動時，陶德遇見擔任聯邦調查局局長的穆勒。

當時穆勒問他：「你最近在忙什麼呀？」

「我正代表國會眾議員唐・楊格（Don Young）。」

穆勒說：「那個騙子呀？你怎麼能這樣做呢？」

陶德不高興聯邦調查局局長怎麼能這樣說話，回了他一句：「我們的制度是這樣呀。」雖然後來眾議院倫理委員會叱責他，楊格一直沒有遭到起訴。楊格很快就成為任期最長久的眾議員。*

固然穆勒還沒有明確的要求調閱文件，但是他很可能不久就會提出要求。白宮法律顧問唐・麥甘恩不願意交出太多文件。他希望總統主張他享有行政特權。

陶德並不同意麥甘恩的主張。如果沒有什麼好隱瞞的，川普合作或許可以有助於檢方從他的角度看待案情。他建議川普，「我們最好多用蜂蜜，而非酸醋」。

總統在電話裡說：「我有朋友告訴我，我們應該告訴他們滾到一邊、自己去X自己。我不信任這幫人。」陶德堅持，合作可以加速結案，川普終於同意蜂蜜多過酸醋的作法。

泰・科布（Ty Cobb）是華府一位老經驗的律師，留著白花花的大鬍鬚，有如肯德基炸雞的代表人，陶德戲稱他是「桑德斯上校」。陶德建議聘他為白宮法律特別顧問。科布將負責交付文件給穆勒及其調查團隊。陶德不能做，是因為他是川普的私人律師，而文件是白宮官方文書。科布的角色其實是要推翻麥甘恩反對交出文件的意見。

譯注

* 按照美國憲法，各州不論人口多少，一律選出兩名聯邦參議員。阿拉斯加州人口在全美五十州排名第四十七，按人口比例分配國會眾議員名額，只能產生一人，因此阿拉斯加州國會眾議員份量極重。共和黨籍的唐・楊格自從一九七三年當選眾議員，一路連任，是眾議院最資深議員。二〇一八年十一月又贏得第二十四任任期。二〇〇七年楊格被控收賄以及收受餽贈未申報，但是未被正式起訴。

陶德向總統強調：「我要和（穆勒）建立交往關係，然後彼此沒有祕密。這是辦得到的。」

陶德在六月十六日下午一點到特別檢察官辦公室，第一次拜會穆勒和他的首席副手詹姆斯・奎爾斯（James Quarles）。奎爾斯四十年前也是調查水門案的特別檢察官團隊之一員。

陶德說：「我們沒有放棄對你的任命案，以及你是怎麼得到這個職位的反對。」羅森斯坦的命令太廣泛，司法部沒有人有權力調查他們偶然發現的任何事物。「這道命令不能成立。但是我們目前不會丟石塊。」

穆勒沒有回答。他深諳沉默是金的道理。

陶德說：「總統授權我告訴你，他將會合作。他告訴我說：『請告訴鮑布，我尊重他。我將會合作。』」

穆勒似乎鬆了一口氣。

陶德問他：「你需要什麼？我們會交給你。讓我們趕快完成調查。」總統的立場是他沒有什麼可隱瞞的，他是不高興受到調查，但是我們都希望避免持久戰。「我們希望你們也相互尊重，也就是大家要溝通。」

穆勒一邊說、一邊站起來：「最好就是我們可以完全溝通。」

陶德說：「我們願意合作的理由就是讓這事件快快落幕。我們不會堅持任何特權。這麼做是一反唐・麥甘恩的反對意見，但是總統希望這麼做。他希望你能看到一切東西，可跟所有人談話。」

泰．科布提出一種方法來維持對作證或文件的行政特權，但又暫時繞過它們。他告訴穆勒：「鮑布，我們要把這些資料給你，但是並我們沒有放棄這項特權。在你看完它們之後，如果你覺得必須使用它，請告訴我們，我們才給你豁免。至於其餘的檔案，你必須尊重特權、歸還它們。」

穆勒似乎很興奮，他可以看到所有的文件。穆勒和奎爾斯說，我們口頭取得協議吧，我們不希望製造太多文書。

陶德說，沒問題。不留書面紀錄。

穆勒說：「約翰，你曉得我的脾氣。我不會讓任何草在我底下長得太長。」陶德是特別調查的老手，知道他們可以沒完沒了持續下去。這種調查的長度往往變成凌虐。穆勒說：「吉姆將是我的首席代表人，但是你們可以隨時打電話給我，我會見你們。」

陶德說：「好極了。我們也是。你們需要什麼，就打電話找我。我們將拿來交給你，或是答覆任何問題，或是幫忙找到證人。」

按照《紐約時報》和《華盛頓郵報》的報導，案情必須認真檢驗。關於涉嫌勾結這一部分，問題包括川普在二〇一三年到莫斯科訪問；他對其前任競選經理保羅．馬納福的行為，以及其長期律師麥可．柯恩（Michael Cohen）在競選期間於俄羅斯做生意，可能知情嗎？以及川普對羅傑．史東（Roger Stone）等其他助理涉嫌與希拉蕊電子郵件遭駭，可能知情嗎？

二〇一六年競選期間，七月二十七日有一場著名的記者會[4]，川普邀請俄羅斯公布希拉蕊．柯林頓律師認為與聯邦調查局之調查不相干、而刪除掉的那些電子郵件。

當時的候選人川普說：「俄羅斯，如果你現在正在聽，我希望你們能找到消失的三萬封電子郵件。我認為你們可能得到我們新聞界的重賞。」

後來他推文說：「如果俄羅斯或其他任何國家、任何人有希拉蕊・柯林頓非法刪除的三萬封電子郵件，或許他們應該與聯邦調查局分享！」[5] 次日，他說：「我當然是在諷刺。」[6]

陶德認為川普如此揚言、並向俄羅斯要求，不論是否諷刺，並不能代表有任何見不得人的詭計與俄羅斯合作，不過穆勒的調查似乎以此做為焦點。

大問題可能是在被指控妨礙司法，促請柯米放過對佛林的調查，然後又將柯米免職。但是陶德相信憲法第二條賦予總統的職權，清楚包含有權撤換聯邦調查局局長。

穆勒可能如何看待它，將視川普行為的證據而定。關鍵在於如何衡度川普的意向。他的行動有「腐敗」的動機——這是法律要求的要件——會妨礙司法嗎？

在絕大多數案例上，這是一個高標竿，通常檢方需要掌握證據，譬如要求其他人向調查人員說謊，湮滅文件，或下令付款給非法行為，如同尼克森在水門案收買證人不說話。

尼克森總統數千小時的祕密錄音帶，提供不尋常的清晰度，讓人看到在水門案的調查中妨礙司法或掩飾。

陶德沒有找到川普有任何錄音帶，而且除了柯米之外，也沒有不利川普的其他證人。

同時，他自己也幹過檢察官。他曉得檢察官的文化。檢方喜歡成立案子，尤其是出名大案。

在白宮內部，穆勒調查通俄門的事件明顯已經影響到川普。那些在西廂和橢圓形辦公室進進出出的人發現，它占掉他太多的情感力量，真的令他分心了。川普很難區隔事情輕重程度。他會花上一整天時間痛罵穆勒、賽辛斯和羅森斯坦。

即使在討論川普最關心的政策議題，如對中國課徵關稅的會議中，他也會提起穆勒的調查。通常都是他在電視上又看到相關報導，他會問：「這又是怎麼一回事？你認為我應該怎麼擋回去？」

與會的幕僚並非法律團隊成員，不敢隨便出主意。

川普三不五時就會宣稱，太不公平啦，這是「獵巫」。

波特認為，這件事把他逼瘋了。他的情緒起伏，有時候當他深陷其中時，會使他無心處理總統該辦的軍國大事。他覺得這太不公平，他沒有做錯事。這些人似乎有無限的權力在調查他。

川普擔心情治機關可能根據「外國情報偵察法」（Foreign Intelligence Surveillance Act）獲准對他監聽。波特告訴別人，川普「非常擔心在選戰期間遭到依外國情報偵察法對他監聽的可能性……彷彿遭到侵犯的感受。竟然有人還有更高的權力監管他的感覺」。

川普對穆勒還有另一項不滿。他說：「我沒辦法當總統。這就好像我雙手被綁在背後，為了穆勒，我沒辦法做出被認為對俄羅斯或普丁有利的任何事情。」

在西廂進出、以及經常陪川普旅行的官員注意到，儘管媒體多方揣測，他和梅蘭妮亞之間似乎深情款款。但是她有自己獨立的言行，他們偶爾一起吃晚飯，也會相處在一起；不過他們的生活似乎從未真正匯合在一起。

梅蘭妮亞的重心都擺在他倆的兒子巴隆（Barron）身上。有人說：「她心心念念就是巴隆，那是她百分之百的重心。」

川普對一位承認和女性有染的朋友私下提供建議。實際的力量是恐懼，一切都攸關力量，絕對不能呈現弱點，你必須永遠保持堅強的形象，別被霸凌，絕無選擇的餘地。

他說：「你必須否認、否認、再否認，把這些女人擋回去。如果你承認任何事情、任何罪行，你就死定了。這將是你最大的錯誤。你不能拿著一把熱槍走出來，你要挑戰它們。你不能示弱，你必須堅強，你必須強悍，你必須強力推回去，你必須否認對於你的一切傳聞，絕對不能承認。」

川普為關稅議題辯論了好幾個月。他希望對進口汽車課徵25%的關稅。他說：「我需要一份行政命令。」

波特說，他沒有法定權力可以這麼做。

「那好，我們在法院挑戰它。但是我不管，先做了再說！」

有一次總統告訴波特：「馬上給我回到你的辦公室去，給我起草一份行政命令。我要開徵關稅！」

有一天在橢圓形辦公室，柯恩給川普和潘斯帶來最近的就業數據報告。

柯恩說：「我有你們從來沒見過的最完美的就業數據。」

川普說：「這全是因為我的關稅奏效了嘛！」

川普還沒開徵任何關稅，但是他相信它們是好主意，也知道柯恩不贊同他的看法。

柯恩半開玩笑的輕輕捶了川普一拳：「你這個臭傻子。」

柯恩轉身向一名祕勤局探員說：「我剛揍了總統。你如果要開槍，趕快開喔。」

柯恩替川普寫了一則笑話，可以在格里狄倫晚餐會（Gridiron Dinner）*上炒熱場子：「我們在興建圍牆上得到重大進展，圖已經都畫好，挖土也都挖了，工程也完成了。唯一一部分還遲遲未能完成的是，我們還沒有想出辦法，如何才能把『TRUMP』這五個字母延伸一千二百哩。」

川普不願採用這個笑話。

波特注意到，每當有人挑戰川普——不論是在政策辯論、在法院、在公共廣場，他天生的本能似乎是，若不全力使出力量，他就輸了。

譯注

* Gridiron Club，是華府歷史悠久的新聞記者聯誼會，成立於一八八五年，只有六十五名會員，僅限受邀請的報紙、新聞雜誌、通訊社或廣電新聞記者入會，通常是派駐華府的分社主任。它每年夏天舉行餐會，通常總統都會出席，而且會搞笑、開開自己玩笑，以示親善。

他不再計算川普痛罵賽辛斯的次數，他的怒氣一直不消。賽辛斯自請迴避，永遠是個未能癒合的傷口。

川普在多次咒罵中，有一次說，賽辛斯是卑劣的失敗。他為人不忠不義。如果他有蛋蛋，如果他是個硬漢，他就會說，我不要自請迴避。我是司法部長。我可以隨我自己意思辦事。

注釋——

本章訊息主要來自和第一手消息來源多次深度背景訪談。

[1] "Attorney General Sessions Statement on Recusal," U.S. Department of Justice, March 2, 2017.

[2] 這封信是公開紀錄，可在此查閱到：https://www.documentcloud.org/documents/ 3726408-Rosenstein-letter-appointing-Mueller-special.html

[3] Comey's June 8, 2017, testimony to the Senate Select Committee on Intelligence is available at https://assets.documentcloud.org/documents/3860393/Comey-Opening-Statement-June-8.pdf. Comey's memos are available at https://assets.documentcloud.org/documents/4442900/Ex-FBI-Director-James-Comey-s-memos.pdf.

[4] Donald J. Trump, "News Conference in Doral, Florida," July 27, 2016. Online by Gerhard Peters and John T. Woolley, *The American Presidency Project*. http://www.presidency.ucsb.edu/ws/?pid=118047.

[5] https://twitter.com/realdonaldtrump/status/758335147183788032.

[6] Nick Gass, "Trump on Russia Hacking Comments:'Of Course I'm Being Sarcastic,' " *Politico*, July 27, 2016.

22 北韓飛彈危機升高

在情報界及軍方世界，存在歐巴馬總統曾經告訴我的「深刻的機密」。[1]這些事情極其敏感，涉及到消息來源和取得方法，因此包括總統和關鍵軍情人員，只有一小撮人知情。

九一一恐怖攻擊之後，美國諜報機關大肆擴張，祕密監視成為生活常態。

二〇一七年五月底，我風聞一項「深刻的機密」。北韓以令人驚駭的速度加快它的飛彈和核武器研發計畫，「一年之內」將會擁有彈道飛彈，其核彈頭或許可以打到美國本土。過去的情報顯示，北韓至少在兩年內不會具有這種能力。這項新情報在情報界是罕有的大地震，但是卻沒有太多人知道它。必須不計代價嚴守機密。

對應此一情勢，五角大廈訂出最高機密的初步戰爭計畫，要求美國發出局勢升高的跡象，讓國人有作戰的心理準備：派出二至三艘航空母艦增強朝鮮半島防務；維持更多的海軍攻擊潛水艇部署在該區域（因為它能發射戰斧飛彈）；增派一個中隊的F-22戰鬥機和更多的B-2匿蹤轟炸機。或許要將美國僑民及駐韓美軍兩萬八千五百名兵力的眷屬撤離。增派更多地面部隊，密布戰區飛彈防禦系統，分散部隊以免遭到集中打擊，增強防禦工事以抵擋大砲攻擊。

我開始查證北韓是否「在一年之內」就會擁有新的洲際彈道飛彈核武器能力的消息。五角大廈的高層官員告訴我「沒有這回事」，堅決駁斥我的消息。

情報界高層告訴我，「沒有新發展」，兩年以上北韓才可能擁有核武力的評估「沒有重大改變」。沒有什麼可以驚慌的。

我找到一位具有最廣泛、最權威接觸最新情報的人士請教，他還是堅決的斷然否認。但接下來發生我四十六年採訪新聞過程從未出現過的事情，這位人士說：「如果我錯了，我會向你道歉。」

這的的確確是破天荒的第一次。但是他的意思不清楚，我碰過官員對某些非常敏感的事情徹底說謊。事後再問他們，他們會說，他們覺得隱瞞真相比較好。那你為什麼要同意發言或受訪呢？他們通常回答說，沉默會被解讀為證實。報導攸關重大的敏感情報就常會碰上這樣的事。但是會有人告訴我，如果錯了會道歉，這還是破天荒第一次。

我決定不去找他向我道歉，但是我很快就有權要求道歉。

一個多月後的七月三日，北韓測試成功它的第一枚洲際彈道飛彈火星十四號（Hwasong-14）[2]。這枚飛彈在空中只飛了三十七分鐘，飛行距離九三〇公里。但是情報顯示，軌道如果稍平，它有可能打到美國本土。這就是我的消息來源在約兩個月前就向我示警的大事。

川普當天夜裡聽取簡報。次日，七月四日，他在白宮主持國慶日慶祝活動。當天下午，麥馬斯特在白宮戰情室主持緊急首長會議。[3]川普沒有出席。

中央情報局局長龐培歐說，已經證實是一枚洲際彈道飛彈。它從由中國進口的一輛八軸機動車輛發射。美國原本還盼望中國會對北韓產生約束效力呢！

提勒森說，他無法聯繫上中方官員，但已經要求聯合國安全理事會召開緊急會議。他說：「我們需要和俄羅斯合作、爭取他們的支持，並且集中在不受既有制裁措施約束的國家。這也必須提到二十國集團（G20）討論，尤其是和日本及大韓民國商量。」

提勒森提起顧慮，政府鎖定中國為目標預備課徵鋼鐵關稅，可是現在又需要中國幫助約束北韓。他也擔心日本、南韓和歐盟等盟友對川普威脅要祭出鋼鐵關稅的反應。

駐聯合國大使妮姬．海理（Nikki Haley）說：「中國在躲閃我們，但是他們終究同意聯合國安理會明天開會討論。」美國需要再查出更多與北韓做生意的公司，以便增加制裁幅度。

馬提斯說：「我們需要有一份有說服力的新聞聲明爭取盟國支持。我們不希望顯示美國和大韓民國之間有任何嚴重分歧。」他提出各種軍事應變計畫，包括可能攻打北韓——全方位考量，從有限的定點攻擊、到全面進攻，甚至「斬首」突襲。美國目前在該區域的船艦和其他資源還不夠。他們還沒為每一應變計畫做足準備，還需要時間調度部署。

米努勤說：「我們的第一選擇應該是聯合國領導的制裁。不行的話，我們還有另十來個主要的制裁方案。」

國家安全局局長麥克．羅傑斯報告美國在網路安全上的防禦措施。他沒有提到網路攻勢的能力。

全國情報總監丹．柯茨提醒大家：「就我們得到的有關（北韓）洲際彈道飛彈和其他事情而言，我們應該仔細思考有多少技術性的資訊要和中國及俄羅斯分享。」美國情報已經掌握相當的全貌，但是必須保護情資來源。

提勒森說：「我們很快就會發現中國是否守信和我們站在一起。」如果美國預備禁止美國公民前往北韓旅行，我們最好要有一些國家和我們同進退。

龐培歐說：「最大的挑戰將是失去人員情報。」暗示對敏感的中央情報局消息來源可能會造成影響。

馬提斯說：「我希望能夠腳步放慢一點。」他非常清楚「特准接觸計畫」的細節。「丟了人員情報可不是一件小事。」

提勒森說：「繼續（准許美國公民）旅行會有被扣為人質的風險。」但是他沒有不同意龐培歐和馬提斯認為人員消息來源很重要的看法。

與會人員的共識是，美國若不採取果敢的行動，會被認為在北韓已具備洲際彈道飛彈的新常態下欲振乏力。

北韓發射飛彈是一個全面的危機：金正恩現在有機動的洲際彈道飛彈能力，北韓飛彈有可能打到美國本土。美國情報掌握無可否認的證據，知道中國提供八軸的車輛，而它是這些複雜的飛彈系統之關鍵成分。美國若是收縮旅行禁令，很有喪失敏感消息來源的風險。而如果總統決定要下令採取某種重大的軍事反應，美國又不是立刻就有這些資產。

我後來獲悉，我在五月間請教的對象認為資訊太過敏感，因此決定最好撒謊。

不到兩個月之後，九月三日，北韓進行另一次最強大的核武器之地下試爆[4]；這是它的第六次試爆。它比起一九四五年毀滅廣島的那顆原子彈，威力至少是十七倍。

競選期間，川普二〇一六年二月十日在哥倫比亞廣播公司《今天早晨》節目上說，他會讓中國把金正恩「很快的消失」。他稱金正恩是「壞孩子——可是別低估他」。[5]

雷根總統一九八一年簽署一道行政命令，說：「受雇於美國政府或代表美國政府的任何人都不應參與或共謀參與暗殺行動。」但是政府律師研究後得出的結論是，在戰時軍事攻擊敵方領導人的指揮與控制中心，並不違反不得暗殺的禁令。

攻擊敵方領導人指揮與控制中心早期的案例之一，發生在接近柯林頓總統任期屆滿之時。軍事打擊的細節已經沒有太多人記得，因為它發生在國會辯論是否彈劾總統期間。一九九八年十二月，柯林頓下令軍事攻擊伊拉克。

這項「沙漠之狐作戰」（Desert Fox operation）包括三天內出動六五〇架次轟炸機或飛彈攻打不到一百個目標。它被稱為是懲罰伊拉克不讓聯合國武裝檢查人員搜索大規模毀滅性武器的大型轟炸行動。

「沙漠之狐」並沒有明白說是要狙殺伊拉克領導人薩達姆．海珊，但是過半的目標是他的行宮或其他可能使用的地方，它們都受到特別情報單位和共和衛隊單位的保護。海珊並沒有被幹掉，不過美國政府許多官員、尤其是國防部長威廉・柯恩（William Cohen），希望這會終結掉他的政權。

二〇〇三年攻打伊拉克之前，小布希總統和他的國安官員再度思考是否可能透過祕密行動幹掉海珊。

士氣低落的中央情報局「伊拉克作業組」——在局內及組內都經常自稱是「爛玩具之屋」——竟然聲稱辦不到。太難了；海珊受到嚴密保護。伊拉克現有的安全及情報組織都擁護他繼續當家主政。「伊拉克作業組」認為軍事入侵是唯一能夠剷除海珊的方法。

美國揮兵進攻伊拉克前夕，代號「搖滾明星」的中央情報局人員消息來源越來越肯定的報告說，海珊出現在朵拉農場（Dora Far），這是巴格達東南方、底格里斯河畔的一座營區。據報海珊藏身在一座碉堡中，小布希總統下令以能炸穿碉堡掩體的炸彈攻擊。幾個小時後，中央情報局局長喬治・泰納特打電話到戰情室報告說：「請報告總統，我們幹掉那王八蛋了。」——但其實並沒有。

隔了幾天，中央情報局在伊拉克北部的基地主管來到朵拉農場，它看起來像是跳蚤市場的廢墟。他發現根本沒有所謂碉堡掩體，只有一個地下櫥櫃，儲藏一些食物。有一件事很清楚：海珊不是逃掉了，就是根本沒來過這裡。九個月之後他被抓到，美軍發現他躲在一間小窩棚的地道裡。[6]

接下來幾年，中央情報局展開若干高階層的內部檢討。官員們提出一些重要的問題：假如海珊遭祕密行動或軍事攻擊打死，會是怎樣的狀況？它會不會使得美軍不必入侵、不會有日後的冗長戰爭？人命的代價包括四五三〇個美國人，以及保守估計十萬人以上的伊拉克人。美國花費至少八千億美元，甚至上看一兆美元。這場戰爭引起中東多大程度的不穩定，會造成伊朗多麼猖獗呢？中東和世界史多年來似乎環繞著伊拉克戰爭在打轉。

隔了幾年，在約翰．布瑞南出任中央情報局局長的二〇一三年至二〇一七年初這段期間，自我反省的浪潮達到頂峰。布瑞南是中央情報局的老人，外表謙和、自信，有豐富的經驗，而且過去紀錄一直都正確無誤。在電視上，他罕有笑容。

布瑞南負責每天對柯林頓總統做情報簡報，曾任中央情報局駐沙烏地阿拉伯站長，也擔任過局長泰納特的行政助理和幕僚長。歐巴馬總統的第一任期，他擔任白宮反恐辦公室主任，與總統建立穩固交情，因此歐巴馬在第二任期提拔他出任中央情報局局長。布瑞南被稱譽是「答案人」。他深入研讀情報報告，經常要求調閱第一線人員的報告和原始攔截下來的通訊。

布瑞南深以伊拉克「錯誤」為殷鑒，認為中央情報局失職。「爛玩具之屋」大叫「你需要部隊！你需要部隊！」是推卸責任。那不是中央情報局的工作。他們的精力應該集中在中央情報局能做些什麼來提供選擇方案。鑒於錯誤實在太大，布瑞南的結論是，海珊的問題當時其實可用他所謂的「間接暗殺」來解決。

因此當北韓問題在歐巴馬總統眼皮子底下升高下，布瑞南發展出強悍的論據。中央情報局不應尋求改變政權，而是「換人」——幹掉金正恩。布瑞南認為伊拉克作業組在美軍入侵之前的二

○○二至二○○三年期間，沒有膽量、技術知識和想像力。因此，中央情報局作業處底下的北韓作業組開始動起來。「間接暗殺」、即「換人」有可能嗎？這是值得研討的一個選擇方案。

中央情報局的北韓作業組提出「半島情報估計」（Peninsula Intelligence Estimate, PIE），它負責提供北韓即將發動攻擊的警告。五角大廈絕對機密的美國應變戰爭計畫，是針對攻擊的回應，它的目標是改變北韓的政權，代號「五○二七號作業計畫」（OPLAN 5027）。

分工命令已經分派了海、陸、空部隊的目標和任務。這項巨大的計畫被設計來贏得戰爭，是美國政府最敏感的機密之一。

「分段部隊部署」（Time- Phased Force Deployment, TIPFID）顯示，需要三十天才能讓全部部隊到位。

另一個比較簡單、但風險更大的選擇方案，包括攻打北韓的領導人、特別是金正恩。這個比較精緻的戰爭計畫代號「「五○一五號作業計畫」（OPLAN 5015）。

空軍已經有幾個「斬首」攻擊方案，包括派出一架隱形轟炸機攻擊、在北韓能有所反應前已迅速退出。按照一位將領的說法，這需要有「非常清晰」的知識，能對領導人實施準確定點攻擊。

從二○一七年十月十七至十九日[7]，美國空軍在密蘇里州歐札克山區（Ozarks）進行周密的模擬空襲。這個區域的地形類似北韓。

轟炸機、空中預警機和空中加油機之間的加密通訊系統失靈，因此監聽軍方頻道的當地人可以聽到飛行員的通話。

有一則通話提到「DPRK（北韓）領導人可能的遷移地點」。另一則通話，飛行員提到「有個指揮中心是DPRK（北韓）領導人可能的遷移地點」。

有一個空炸演習離地面只有一五〇公尺、非常危險，但是目的是要最大化對地下工事的破壞效果。還有一次相關演習，轟炸機載的是一顆三萬磅巨型鑽地炸彈（Massive Ordnance Penetrator, MOP），同型炸彈曾於二〇一七年四月在阿富汗使用過。模擬演習的地圖鎖定傑佛遜市一座機場的停機棚為假想目標。飛行員也討論炸彈引爆時間，以便最大化對目標的打擊。

從任何角度看，這些演習是十分認真的準備，但是在這一刻仍只是應變計畫的練習。

麥馬斯特對北韓持鷹派立場，在白宮內部主張，川普若是要進攻，最好是在北韓改進其飛彈和核武器，或者是它建造更多核武器之前，就早早動手。時間拖久了，威脅會變得更大。對那些不太支持的人，麥馬斯特問：「你們要賭洛杉磯天空出現蕈狀雲嗎？」

這個問題呼應小布希的國家安全顧問康朵莉莎．萊斯在入侵伊拉克之前的評論。[8] 海珊有多快會取得核武器固然不確定，她說：「但是我們可不希望那枝槍變成蕈狀雲。」

國土安全部部長凱利是陸戰隊退役四星上將，當他聽到白宮正在替「追夢人」（Dreamers）移民安排一項折衷方案時非常生氣。這是有關移民爭議的一個核心議題。所謂追夢人就是非法入境的父母親所帶進美國的移民子女。

根據二〇一二年通稱「達卡辦法」(DACA)的「童年入境者暫緩驅逐辦法」(*Deferred Action for Childhood Arrivals*),歐巴馬總統賦予八十萬名追夢人免受遞解出境的保護,也給予他們工作許可,希望把他們帶出黑市經濟、並給予他們美國人身分。

凱利在移民議題上是個強硬派,現在應該由他來負責處理這些事情。但是傑瑞德.庫許納正在斡旋幕後管道的折衷方案。他邀請伊利諾州聯邦參議員狄克.杜賓(Dick Durbin)——參議院民主黨副領袖——和林西.葛萊漢到他辦公室洽商。葛萊漢後來問凱利:「傑瑞德沒告訴你,我們已經進行了好幾個月了嗎?我們搞定了。」

凱利打電話給巴農說:「如果總統女婿要管,就讓他來管。我不需要管了。我需要來見總統。我再也不管了。我可不要到哪兒(國會)去因為我應該知道、卻被瞞在鼓裡的事遭受攻擊和羞辱。」

巴農認為政府對移民議題具有強硬路線的姿態——只有川普本人例外。「他在達卡辦法上心腸軟,他相信左翼的東西,他們全都是資優生,他們全都是羅德學人。因為伊凡卡多年來給她父親灌輸這種觀念。」

凱利向蒲博思表示他的不滿。蒲博思和巴農都怕凱利可能會辭職。

巴農提議安排凱利來白宮:「讓他來見老闆,告告傑瑞德的御狀。因為這是傑瑞德拉的屎,躲在人家背後做事。」

但蒲博思沒安排。

巴農堅持：「把他排進他媽的時間表呀！」

蒲博思繼續拖延。因為這會暴露白宮的雜亂無章、缺乏組織紀律。

巴農問：「你在說什麼啊？」這太可笑了。當然，蒲博思控制不了傑瑞德。而且老是有人躲在別人背後悄悄辦事。

因此巴農和蒲博思都告訴凱利，這件事交給我們來辦。向總統告狀會引起不必要的爭吵。我們會搞定，這種事不再發生，而且你一定再也不會被瞞在鼓裡。

凱利識大體，暫時不再堅持。後來他間接當著總統的面提到它，川普沒有答腔。

林西．葛萊漢踱進巴農在西廂的辦公室。「嗨，我們有辦法了。你想不想要邊境圍牆啊？」川普可以用追夢人換到圍牆的經費。

巴農說：「慢著、慢著。」在追夢人議題上妥協就是大赦。「我們絕不能給任何人大赦。我才不管你是否興建十座他媽的圍牆。圍牆還不夠。一定得連鎖移民（chain migration）才行。」

連鎖移民原名「家庭團圓」（family reunification）政策[9]，允許合法的單身移民接近親到美國——父母、子女、配額，有時候甚至兄弟姊妹。這些家屬可以循序取得合法居留權或公民。然後他們本身的配偶、子女、父母或兄弟姊妹也可以「連鎖」申請移民。

二〇一六年，有三分之二（68％）的合法永久居留者是依家庭團圓政策或連鎖移民而入境美國。[10]這就是川普和巴農反移民立場的核心：他們希望制止非法移民及限制合法移民。巴農想要一套全新、較嚴格的政策。葛萊漢和他無法達成協議。

伊凡卡和傑瑞德邀請移民議題上的強硬派史帝芬．米勒到家裡，和杜賓及葛萊漢兩位參議員一起晚餐。

巴農指示米勒：「你只要安安靜靜的聽他們說，儘量聽他們說，別跟他們吵。我只想聽到全盤說法。」

米勒回報說，伊凡卡和傑瑞德認為他們已經說服川普接受某種安排，以國會撥付圍牆經費換取大赦一八〇萬名追夢人。巴農算了一算，連鎖移民會使數字增為兩倍或三倍──換言之，三百萬至五百萬新移民。「他們不能以為我們這麼笨。」

有些時候，巴農以為葛萊漢參議員已經搬進西廂。他至少聽到他三次極力推銷追夢人大赦計畫。他也認為葛萊漢有心擠掉參議院多數黨領袖麥康諾、取而代之。

巴農此時與麥康諾的不和已到達高點，並視葛萊漢為他最大的盟友。葛萊漢和巴農幾乎每天互通電話。巴農相信人人都痛恨麥康諾，因為他控管一切太嚴，讓人想捅他一刀。

葛萊漢的確談起應該找人換掉麥康諾。葛萊漢說：「我們必須找個人取代他。」不過葛萊漢否認他想接麥康諾大黨鞭的位子。

巴農相信葛萊漢是共和黨內最長袖善舞的人，但是他是建制派。葛萊漢則不喜歡巴農民族主義的政治主張，也坦白告訴他：「巴農啊，那些美國優先論點是狗屎，根本全是狗屎。」

巴農是道地的川普白宮風格，願意騎任何馬，只要能達到目標就行。他打電話找司法部長賽辛斯到白宮。他們在移民議題上現在碰到的問題是川普。「他將會聽進傑瑞德和伊凡卡的意見。而葛萊漢是最上等的推銷員。他（川普）喜歡葛萊漢，葛萊漢可以賣給他所有的東西，他又有杜賓，他們一定會巴結他。我們這下子他媽的問題大了。」

巴農也和堪薩斯州州務卿克里斯・柯巴赫（Kris Kobach）交換意見。柯巴赫反對追夢人最力，是右翼心目中的英雄。* 柯巴赫的主意是，他要糾合其他州的檢察長提告、發動訴訟，主張達卡辦法違憲。巴農和賽辛斯擬出一個計畫，不為本案辯護。巴農說：「它完了。達卡辦法完了。川普只需要告訴國會，嗨，我在賓夕凡尼亞大道一六〇〇號上班。如果你們有什麼主意，請過來找我。」川普只需保持中立。

注釋

本章訊息主要來自和第一手消息來源多次深度背景訪談。

[1] Bob Woodward, *Obama's Wars*（New York: Simon & Schuster, 2010）, p. 56.

[2] 見 the CNS North Korea Missile Test Database, available for download at http://www.nti.org/analysis/articles/cns-north-korea-missile-test-database/.

譯注

* 柯巴赫在移民問題上是個強硬派。二〇一八年十一月期中選舉代表共和黨競選堪薩斯州長，被視為是川普魅力是否強大的指標，但柯巴赫落選了。他在競選期間宣稱非法移民犯罪率高於一般族群。他過去也一再質疑歐巴馬是否真正出生在美國。

[3] 作者看過一位與會人士的筆記。

[4] Michelle Ye Hee Lee, "North Korea's Latest Nuclear Test Was So Powerful It Reshaped the Mountain Above It," *The Washington Post*, September 14, 2017.

[5] Matt Stevens, "Trump and Kim Jong Un, and the Names They've Called Each Other," *The New York Times*, March 9, 2018.

[6] 薩達姆・海珊以違反人道罪名受到起訴，罪名成立，三年後遭到絞刑處死。

[7] David Cenciotti, "Here Are Some Interesting Details About the Way U.S. B-2 Bombers Trained Over the U.S. to Strike North Korea," *The Aviationist*, October 30, 2017.

[8] Wolf Blitzer, "Search for the 'Smoking Gun,'" CNN, January 10, 2003.

[9] William A. Kandel, "U.S. Family-Based Immigration Policy," Congressional Research Service, February 9, 2018, https://fas.org/sgp/crs/homesec/R43145.pdf.

[10] 同前注。

23 退出巴黎氣候協定

川普正在擬訂退出《巴黎氣候變遷協定》（Paris Accord on Climate Change）的計畫時，蒲博思和伊凡卡差點槓起來。這位三十五歲的總統千金，頂著白宮高級顧問的官銜，在西廂實質上事事插手。她發動幾近祕密作業、支持《巴黎協定》。一九五個國家二〇一五年在巴黎達成這項協定，各國自願降低溫室廢氣排放量，但是它對美國並無拘束力。

歐巴馬承諾從二〇一五年的排放量再降25%，訂於二〇二五年達成目標。他也承諾撥出三十億美元給綠色氣候基金（Green Climate Fund）援助低度開發國家。

最後只有十億美元到位，而且其中半數是歐巴馬在卸任前三天才撥付。

伊凡卡強烈盼望她父親遵守此一對環境親善的協定。蒲博思時常召集幾個經濟事務助理和全國經濟委員會官員到他辦公室開會十五分鐘，伊凡卡不請自來。她一屁股坐下來，通常一言不發。

蒲博思不由得嘖嘖稱奇。她來幹什麼？

他幾乎沒辦法管理西廂。有時候伊凡卡不停出現——每天好幾個小時，一連好幾天。傑瑞德在西廂也享有自由進出的權利，他們就像監督者盤旋在旁邊，緊盯著一切，隨時以總統家屬和高級顧問身分介入。伊凡卡會對政策播下疑慮的種子，並且傳遞她父親的想法。

蒲博思說出他的不滿時，川普通常開玩笑的回答：「他們是民主黨員呀！」他們在紐約市長大，已經感染紐約客的自由主義思維。總統並沒有要求女兒、女婿節制。蒲博思自認為他把共和黨全國委員會管理得井井有條；川普的白宮卻似乎是設計來推翻一切秩序和常規。

有一回蒲博思已經擬好決定公文，要請總統過目、簽核，就要宣布美國退出《巴黎協定》。伊凡卡卻告訴她父親：「馬克・祖伯克（Mark Zuckerberg）想跟你通話。」她已經接通她父親和臉書創辦人兼執行長的電話。祖伯克強力支持氣候變遷理論；她也逕自接通蘋果公司執行長狄姆・庫克（Tim Cook）及其他人的電話。有一次，她還把強力支持《巴黎協定》的前任副總統艾爾・高爾（Al Gore）的一封私函，塞到總統辦公桌上的一堆待閱文件中。

川普和高爾通話，而且高爾向別人說，他相信川普有可能留在協定中。

伊凡卡和傑瑞德把一則新聞報導標出白宮匿名人士說話重點，交給總統。他們說，你知道這是誰嗎？這就是巴農。西廂有許多動輒洩露消息給記者的人，這些小話逐漸的、肯定的在總統心目中建立巴農不能信任的印象。

四月十五日，波特發現環保署署長史考特・普魯特（Scott Pruitt）出現在白宮西廂走廊。他曾經幫普魯特穿針引線，幫助他以五十二票對四十八票驚險過關，得到參議院同意他的人事任命案。普魯特曾任六年的奧克拉荷馬州檢察長，抗衡聯邦環保署的許多規定。

他們聊了一會兒。普魯特走向橢圓形辦公室，波特尾隨在後。普魯特並不在總統接見的行程表上。這顯然是臨時的、不在紀錄上的會面。當巴農也出現在橢圓形辦公室時，就更明顯了。

普魯特說：「我們需要退出《巴黎協定》。」他交給總統一張紙，希望他讀過後就決定退出《巴黎協定》。他再強調，我們需要退出。「這是你競選期間的承諾。」

巴農連說好幾次：「對，對，對。我們必須現在就做。」

普魯特說，發表這份聲明吧。這可以當做你的新聞稿。或許你可以在橢圓形辦公室裡向記者宣讀，然後交代新聞祕書當做書面聲明發出去。

波特嚇了一跳。身為幕僚祕書，他知道這不符合程序。沒有向任何部會單位諮商意見，沒有經過法務人員檢閱。普魯特和巴農溜進橢圓形辦公室，要求總統對當今主要的國際和國內環保議題當下做出決定。

波特曉得總統桌上這份文件會惹起大火。川普有可能拿起它、決定向記者們大聲宣讀，或交代新聞祕書西恩·史派瑟將它發出去。波特伺機把普魯特起草的這一紙聲明從川普桌上抽走。

後來他告訴巴農和普魯特，他們不能這樣長驅直入橢圓形辦公室。這是重大的違反程序。它不能被接受。

四月二十七日，葛瑞·柯恩召集相關首長在白宮戰情室會商《巴黎協定》。[1]柯恩的全國經濟委員會幕僚分發一份六頁的備忘錄，提出兩個選擇方案。第一案是退出《巴黎協定》。第二案是：「留在《巴黎協定》，但採取的承諾不傷害經濟，並停止進一步財務承諾和捐助」。

柯恩在會議一開頭就說：「我要先請白宮法律顧問先為我們分析一些法律議題。」

但是唐・麥甘恩還未到場。他的副手葛瑞格・凱沙斯（Greg Katsas）先討論技術問題，直到麥甘恩趕到。

柯恩說：「好極了，麥甘恩到了。請為我們開示法律議題吧！」

麥甘恩支持退出協定，不過當時還未亮出底牌。他說：「好的，我們將會有這些訴訟案。而如果我們不退出《巴黎協定》，它真的將會破壞若干我們要在環保署推動的放鬆管制。」

「《巴黎協定》是歐巴馬政府用來為『清潔能源計畫』（Clean Power Plan）的成本效益背書的理由之一。」清潔能源計畫是歐巴馬時代的一份四六〇頁規則，旨在降低發電廠的二氧化碳排放量。美國環保署估計每年可挽救四千五百人的性命。普魯特已經在推動終止這個政策。

麥甘恩說：「因此除非我們退出《巴黎協定》，所有這些案子都將受到傷害。」他主張立刻退出。

提勒森說：「你根本不知道自己在說什麼。我們國務院法律顧問是最初談判它的單位，具有相關的專業知識；他們說，我們不能逕自宣布退出，就拍拍屁股走人。」

文件上清楚載明：直到二〇一九年十一月——那是兩年半以後——美國不能正式宣布退出《巴黎協定》。

但是，提勒森說，第二案——「留在《巴黎協定》，但採取的承諾不傷害經濟、並停止進一步財務承諾和捐助」——在法律面將使美國站得住腳。

國務卿卻孤立無援。普魯特強烈主張退出。蒲博思從政治利益考量，也支持退出。巴農則認為《巴黎協定》是另一樁全球主義者的協議，會整死美國。

最後，柯恩說他們顯然需要先釐清法律議題。「但是我認為我們開始有了共識。」他說的沒錯。《巴黎協定》死定了。

麥馬斯特和波特在六月一日上午十點，預定在橢圓形辦公室和總統討論《巴黎協定》。兩人提前先碰頭商量。川普即將在這一天宣布退出，他們一致認為必須做最後一分鐘的努力。

麥馬斯特說，退出協定將會傷害我們與許多國家的關係。各國相關官員打來的電話已經快把他淹沒。「你們不是當真想這麼做，是吧？」或者是更明確的要求：「請別這樣做。」

波特已經代擬一些文字供總統採用。波特唸出他的提議：「美國將退出《巴黎氣候協定》的條件，即日起生效。從今天起，美國將不再遵守《巴黎協定》所訂定的財務或經濟負擔，包括依國別決定的捐獻。」

退出「條件」可使美國技術上仍留在協定裡。波特向麥馬斯特聲稱：「這讀起來夠強硬，他會覺得在政治上造成轟動，他將會兌現競選承諾，它可以鼓舞他的死忠粉絲。」

它基本上就是首長會議中提到的第二案──「留在《巴黎協定》裡」。波特認為他已找到方法將傷害最小化。

波特和麥馬斯特把代擬的文字呈交給總統。他們一直討論到臉都綠了，但是很顯然，他們輸了。

川普說，不，不，不。他是要全面退出。「這是我對粉絲能真正交代的唯一方法。」川普修改講稿，把文字改得更加強硬。

當天下午在玫瑰花園露面時還出動軍樂隊[2]，總統誇讚美國股市表現強勁，以及美國實行反恐作戰成績斐然。

「在這些議題及其他種種議題上，我們兌現我們的承諾。我不希望有任何東西阻擋我們。」然後他揭開底牌，宣布：「因此為了實現我保護美國及其公民的莊嚴責任，美國將退出《巴黎氣候協定》。」

「身為一個深刻關心環境的人——我是的——我的良知不允許我支持處罰美國——它是的——這個世界環保領袖的一個協議，何況它對世界帶頭的汙染國未課以有意義的責任。」

「我被選來代表匹茲堡的公民、不是代表巴黎的公民。」

二〇一七年六月十五日，《華盛頓郵報》刊登該報三位主跑司法部及聯邦調查局的記者之連線報導，標題赫然是「特別檢察官展開調查傑瑞德・庫許納的商業活動」。[3]穆勒要求調閱越來越多的紀錄。庫許納聘請華府一流的刑事案件辯護律師艾比・羅威爾（Abbe Lowell）為律師。蒲博思可以看到火勢繞著傑瑞德一系列有爭議的投資燒起來。他決定升高局勢，玩一把大的。他告訴川普，不應該讓傑瑞德在白宮還掛著官職。近親迴避法會存在，不是沒有理由的。穆勒的調查將深入刨挖傑瑞德的財務，它也遲早將會碰觸到你的財務。

通常川普會不理睬或駁斥。這一次他卻停下來，陷入沉思。他瞪著這位幕僚長。他的反應似乎很震驚，相當不尋常。

總統說：「你說的沒錯。」

蒲博思繼續說，身為總統的東床快婿，傑瑞德不應該在白宮掛公職、又有辦公室。[4] 但是這個建議立刻招致反彈，使他和傑瑞德交惡，因為傑瑞德不想辭職。傑瑞德成為蒲博思未能完成的任務。

既然沒有辦法控制或限縮總統在推特貼文，蒲博思想方設法能夠務實的具有影響力。由於推文經常是因總統過度迷戀看電視而觸發，他設法關掉電視機。可是，看電視是川普的日常功課。星期天晚上最慘。川普會從在他旗下某個高爾夫俱樂部度週末、趕回白宮，及時打開電視機看他厭惡的「微軟國家廣播台」和「有線電視新聞網」的政治談話秀。

總統和第一夫人分房睡。川普自己的臥室有個巨型電視螢幕，幾乎無時無刻開著，遙控器、錄影機、推特帳號常備在側。蒲博思把總統臥房謔稱為「魔鬼工作室」，早晨和危險的星期天晚上則是「鬧鬼時間」。

對於每天早晨的節目，他無可奈何，但是他對總統週末行程則稍微有控制。他開始把川普星期天晚間回到白宮的時間往後推。川普會在九點前趕回白宮，此時「軟微國家廣播台」和「有線電視新聞網」一般都已轉到比較軟性的節目，不會集中在必然涉及川普的即時政治爭議上。

巴農發覺國家安全會議對阿富汗、伊朗、中國、俄羅斯和北韓種種情況的簡報，川普的興趣都不大。沒有一些組織原則，他的注意力幅度吸收不了這些情資。

因此他打電話給國防部長馬提斯的親信顧問莎莉．唐納萊（Sally Donnelly）。「莎莉，妳必須向妳的老闆報告，我們發現問題關鍵了。」今天的焦點是利比亞，明天可能是敘利亞。「我知道他。他沮喪、又心思散亂。除了我們和沙烏地的事之外，其他事情都是迷迷糊糊。」

「我有些事想跟馬提斯商量，我會帶過來、向他圖解說明。」巴農整理出他所謂的「美國的戰略」。

六月某個星期六上午八點，巴農來到五角大廈。他和唐納萊、以及馬提斯的幕僚長、海軍退役少將凱文．史威尼（Kevin Sweeney）喝咖啡，然後到部長室和馬提斯一起圍坐在小會議桌交談。

巴農說：「我先說我發現的問題。你們根本沒有想到太平洋。你們也沒有想到中國。沒有深度分析。你們太陷在中央總司令部了」——它的職掌範圍包括中東和南亞。

由於馬提斯在二〇一〇至二〇一三年擔任中央總司令部總司令，巴農認為馬提斯把舊思維帶到國防部長新職上面。他提醒馬提斯，中國決策領袖和知識分子對於美國的觀點分為兩派。一派認為美國是平起平坐的夥伴、共同霸主。另一派是鷹派，則認為美國國勢已弱，把它當老二看待。

馬提斯不以為然。他說，殲滅伊斯蘭國是川普總統親自面諭、交代給他的任務。

巴農提議：「基本上我想和你做筆買賣。」如果馬提斯支持圍堵中國，他就不再施壓、不要求美國退出阿富汗。

阿富汗是中國「一帶一路」計畫、要把它的貿易網絡延伸到歐洲的重要環節。

馬提斯說：「史帝夫，我是支持全球貿易論的一個人。我認為所有這些貿易事務都不錯。」

巴農大吃一驚。川普說的沒錯。這些將軍們根本不懂企業和經濟，他們也從來不注意任何東西的成本代價。

注釋——

本章訊息主要來自和第一手消息來源多次深度背景訪談。

[1] 作者看過一位與會人士的筆記。

[2] Donald J. Trump, "Remarks Announcing United States Withdrawal from the United Nations Framework Convention on Climate Change Paris Agreement," June 1, 2017. Online by Gerhard Peters and John T. Woolley, *The American Presidency Project*. http://www.presidency.ucsb.edu/ws/?pid=125881.

[3] Sari Horwitz, Matt Zapotosky and Adam Entous, "Special Counsel Is Investigating Jared Kushner's Business Dealings," *The Washington Post*, June 15, 2017.

[4] 二〇一八年初，傑瑞德的臨時性絕對機密安全許可被取消，因為聯邦調查局進行積極的身家背景調查。但是五月時，聯邦調查局發給傑瑞德永久性的絕對機密安全許可，代表他遭受特別檢察官調查的麻煩應該已經過關——這是對他相當有利的大轉折。

24 調查川普財務

七月八日、九日這個週末，《紐約時報》刊載兩則報導，揭露外界原本不知道的一件事[1]——競選期間，小唐納·川普、馬納福和庫許納曾和一名俄羅斯律師在川普大樓會面，俄方表示可以提供有關希拉蕊·柯林頓的黑材料。當然當事人都否認、一再聲明，情勢一團混亂。這是個大新聞，暗示——並未證明——與俄國人有某種勾結和祕密合作。

總統立刻打電話給陶德，抱怨又有人洩露新聞給媒體。

陶德告訴他：「總統先生，那些都是狗屎啦！」又怎麼樣？選戰中抹黑對手是司空見慣的伎倆、在全國首都更是無日不有。它甚至還有個名字——「反對黨的研究」或「調查報導」。半個華府的人似乎都拿錢在做這種事。這裡頭有什麼不妥當嗎？不！陶德知道，反對黨的研究團隊和調查記者們只要有黑材料，從誰手上拿來都沒關係，即使是外國政府提供的，也照收不誤。所有這些媒體的裝腔作勢都令人作嘔，他們把它當做世界大罪行來看待。《紐約時報》和《華盛頓郵報》以特別檢察官和國內最高法律機關自居。陶德說，這兩則報導是毫無內容的大漢堡包。

七月十七日，川普推文說：「絕大多數政治人物都會去參加小唐納去的會面，以便得到對手的消息。這就是政治！」[2]

陶德決定不被媒體每天點點滴滴報導所分心，他要的是堅實的證據。麥甘恩有個習慣，會鉅細無遺的向其行政助理安妮・唐納森（Annie Donaldson）口述他和總統所有的重要會議或討論。她有十七小時有關穆勒及其團隊正在調查事項的相關筆記。

陶德把這些筆記、以及其他七位律師的相關筆記，都交給穆勒，毫不保留。他告訴穆勒：「鮑布，如果你想知道總統腦子裡想什麼，讀讀安妮・唐納森的筆記。」

這一切都在總統同意卜進行。陶德會跟他說，你看，這是文件的種類。我們將把這個給他，我們將把那個給他。「按照憲法，他沒有權利」調閱這些文件和證詞，「但純粹基於尊重執法機關，既然你是元首，就讓他去做。不要跟他吵。」陶德認為總統毫不擔憂。他從來沒有拒絕。

陶德告訴穆勒：「我是這麼告訴總統的，因此別讓我難堪、像個白痴，好嗎？我們會讓你們有好形象，你也得讓我們有好形象。你必須這樣做。」

穆勒從川普競選總部取得一四〇萬頁文件，也從白宮取得兩萬頁的文件。陶德相信沒有任何文件遭到銷毀。總共有三十七個證人自願接受穆勒團隊的約談。

麥甘恩、蒲博思和副總統的幕僚根據當時的回憶，就整個佛林事件整理出六頁的白宮摘要報告。[3]陶德認為它是佛林事件的聖經，也把它交給穆勒。他相信，除了佛林以外，沒人向調查人員說謊，穆勒不需要再向任何人施壓。

當陶德把競選總部紀錄送交國會調查委員會時，他告訴穆勒的副手奎爾斯：「我們要把副本送到國會山莊去。要不要我也送一套給你們？」

奎爾斯笑納。陶德認為他和奎爾斯合作愉快。他們可以碰頭、交換意見，至於穆勒就很死板，有時候活像大理石。

七月二十日，彭博新聞（Bloomberg）丟出一顆炸彈[4]：穆勒將調查川普的財務，包括「俄國人購買川普大樓的公寓……二〇一三年在莫斯科舉辦的環球小姐選美會，以及川普在二〇〇八年出售一棟佛羅里達華廈給俄國寡頭」。

陶德打電話向奎爾斯查問故事是怎麼傳出去的。

奎爾斯說：「鮑布從來不會評論的。」

陶德氣得大叫：「老兄，得了吧！我照顧你們，現在你們也必須照顧我。」他們都曉得，「白宮否認不會有效用」。陶德繼續說：「我們跟你們的協議是，如果你們要擴大調查項目，我們要先獲得照會。」

「沒錯呀。」

陶德說：「因為你們出題目啊。每次你們加了項目，我們就把它放在清單上。我沒有聽過佛羅里達州房產、或出售此一房產的任何消息。」陶德說，他知道紐約州方面針對川普的律師麥可．柯恩及費力克斯．沙特（Felix Sater）在調查某些事情；他們曾經試圖在莫斯科開發一座川普大樓。陶德又說：「你也曉得，吉姆，每次你問我問題，我都知無不言。因此我需要有更好的解釋。」

奎爾斯說：「約翰，請容我這樣說。我99％敢肯定說，我們沒有在調查這些事。」

陶德說：「我明白了。」他立刻打電話給總統。他明白，這種消息一爆出來，川普就無法專心辦其他任何事情。川普果然氣瘋了。

陶德試圖讓他放心，說：「他們沒在調查那些東西。」但是川普一點也不信，聽起來他非常不舒坦。

四天後，陶德和奎爾斯在愛國者廣場、穆勒辦公室所在地旁一張石板凳碰面。

奎爾斯說：「鮑布和我向你道歉。鮑布說，別相信你在報上讀到的東西。」

陶德答說：「我聽到了。」

奎爾斯說：「我們真的很尷尬。」

「為什麼？」

「你給了我們超過你承諾的，我們非常滿意。我們也進展順利。這兒有許多事情需要組織起來，不過它來得十分有組織。我們不必費勁去搜索和整理。你沒把我們淹死。」

陶德曉得有個人遭到查稅，他告訴聯邦調查局，答案在兩個倉庫的某個角落。調查員花了好幾年上窮碧落下黃泉去翻找。

陶德說：「我們還是繼續合作吧。我不想玩貓捉老鼠的把戲，你不在我棍子的一端。我這裡有個想知道昨天的人。」而川普「直覺這都是狗屎」。陶德又說，他向川普公司查問過了——他們否認他們遭到別的機關調查。他們沒有收到任何索取文件或約談的要求——這都是標準的初步步驟。「他們說，就我們所知，那是狗屁。」川普公司所有的項目都已有八、九年了。一切都沒有問題。穆勒想知道什麼，在公共紀錄裡應該都找得到。

陶德已經把這一點告訴總統。川普也說：「我曉得啊，他媽的。」

陶德繼續向奎爾斯說：「有時候我必須靠電話辦事，你必須得給我一些方向。我沒有要要求你洩露底牌。只要告訴我，我們是否將會挨打或不會挨打。或是你有什麼要求或沒有要求。或是它不在你的雷達上。」

奎爾斯說：「我同意。」

陶德很小心，不敢岔題問傑瑞德的財務是否可能受到調查。川普才是他的當事人，重點是你只著重你的當事人。

七月間，眾議院三十多名保守派議員組成的「自由黨團」揚言，除非川普總統對跨性別軍人的變性手術和荷爾蒙治療訂出不再補助的規定，否則他們不會投票支持預算案。

在歐巴馬總統之下，跨性別軍人不再受限不能公開服役，不過要到二〇一七年七月一日之後才能招收跨性別新兵。六月三十日，馬提斯簽署一項備忘錄，把實施日期延後六個月，俾便檢討「部隊的作戰能力」。

競選期間，川普宣布自己支持同志社群（LGBT）的權利。現在他對巴農說：「搞什麼嘛？現在他們來從軍、來切雞雞。」——很不屑的在說變性手術。有人告訴他，每項手術花費二十五萬美元，這個數字有點誇大。他說：「不行，不能這樣。」

變性手術費用是可以非常昂貴，但也不是經常發生。智庫蘭德公司接受五角大廈委託進行研究，「發現估計六千六百名跨性別軍人當中，每年只有幾百人尋求醫事治療。蘭德公司發現，費用每年不超過八百萬美元。」[5]

針對這個問題，政府展開跨部會研商。各部會法務主管都參與其事。副首長會議多次開會，首長會議也召開了幾次。各部會沒有得出協議，但是發展出四個選擇方案。

七月二十六日上午，蒲博思、巴農和幾位律師透過麥克風電話和還在官邸的總統通話。川普至少一個小時以內不會進到橢圓形辦公室。

蒲博思說，總統先生，我們曉得你不久就會下樓來，但是我們希望先向你報告有關跨性別軍人的決定備忘錄。

四個方案是：一、恢復歐巴馬的政策，允許跨性別者公開在軍中服役；二、下達指令給馬提斯部長，授權他處理；三是以總統名義頒布命令，停止跨性別軍人服役，但對已在軍中服役的跨性別軍人另訂輔導辦法；四、全面禁止跨性別者服役。蒲博思說明，越往第四案走，被維權人士告上法院的可能性就越高。蒲博思說，「等你下樓後，我們要向你詳細報告。」

總統說：「我十點鐘會下樓。你們過來見我，我們再討論。」

蒲博思以為他們至少在一個頗有爭議的事項上找到有秩序的程序了。

上午八點五十五分，他的手機傳來訊號，總統在推特上貼文。「經過與我的將領及軍事專家諮商後，謹此宣布，美國政府將不接受或允許……」[6]

九點四分至九點八分之間，川普又發了兩則貼文才完成他的宣布：「……跨性別者在美軍中擔任任何職位。我們軍隊必須專注在果決、全面的勝利，不能背負跨性別者在軍中服役將帶來的極大的醫療費用之重擔以及擾亂。」[7]

總統後來問蒲博思：「你覺得我的推文怎麼樣？」

蒲博思答說：「我認為如果我們有一份決定備忘錄，把馬提斯也納進來，會更好。」

馬提斯不高興川普是透過推特發布此一新聞的決定，也不高興它對現役、已派在前線的跨性別軍人可能造成的影響。正在太平洋岸西北區度假的他，對此突如其來的公布吃了一驚。

混亂也出現在媒體上。[8]因為五角大廈發言人稱川普的推文是「新指示」。

川普的發言人莎拉・哈克比・桑德斯（Sara Huckabee Sanders）說[9]，總統諮商了「他的國安團隊」，在前一天做出決定，並立刻「通知」馬提斯。幾位白宮官員告訴媒體[10]，消息公布前，馬提斯受到諮詢，也知道川普正在考量它。

巴農曉得，將領們雖然在國防事務上是強硬派，在社會議題上卻已變成進步派。巴農說：「陸戰隊是個進步組織。鄧福德、凱利和馬提斯是三巨頭。他們比起葛瑞・柯恩和庫許納進步派的色彩都更濃。」

海岸防衛隊司令官公開說，「我不會打破」對屬下跨性別者的「信心」。[11]

鄧福德發函給各軍種參謀首長：「直到國防部長收到總統的指令、以及部長發布實施方針之前，目前的政策沒有修改。」[12]換言之，推特不是命令。「與此同時，我們將繼續尊重對待我們全體人員……我們全體將專注在完成我們被派定的任務。」

馬提斯的助理莎莉・唐納萊打電話給巴農。她說：「嗨，我們跟大老闆出現問題了。我們不能支持這一有關跨性別軍人的決定，這樣做不對，他們也是美國公民。」

巴農說：「這些人跑到軍中來獲取全面手術。我們應該負擔這些費用嗎？」

她說，馬提斯將試圖翻轉這個決定。

巴農告訴她：「你們必須跟著團隊一起走。」馬提斯必須服從命令。

白宮後來下達正式指示給五角大廈。[13]馬提斯宣布他將研究這個問題。在此同時，跨性別軍人繼續任職。有人提出告訴，四個聯邦法院針對此一禁令發出初步禁止令。二〇一八年一月一日，五角大廈開始依據法院要求，接受跨性別新兵入伍。

注釋

本章訊息主要來自和第一手消息來源多次深度背景訪談。

[1] 第一篇是 Jo Becker, Matt Apuzzo and Adam Goldman, "Trump Team Met with Lawyer Linked to Kremlin During Campaign," *The New York Times*, July 8, 2017. 第二篇由相同的記者執筆，"Trump's Son Met with Russian Lawyer After Being Promised Damaging Information on Clinton," *The New York Times*, July 9, 2017.

[2] https://twitter.com/realdonaldtrump/status/886950594220568576.

[3] 作者取得此一文件。

[4] Greg Farrell and Christian Berthelsen,"Mueller Expands Probe to Trump Business Transactions," Bloomberg, July 20, 2017.

[5] Tom Vanden Brook, "Military Tells Transgender Troops They Can Still Serve and Get Medical Treatment Until Further Notice," *USA Today*, July 27, 2017. 研究報告詳見 https://www.rand.org/content/dam/rand/pubs/research_briefs/RB9900/RB9909/RAND_RB9909.pdf.

[6] https://twitter.com/realdonaldtrump/status/890193981585444864.

[7] https://twitter.com/realdonaldtrump/status/890196164313833472; https://twitter.com/realdonaldtrump/status/890197095151546369.

[8] Leo Shane III and Tara Copp, "Trump Says Transgender Troops Can't Serve in the Military," *MilitaryTimes*, July 26, 2017.

[9] "Press Briefing by Press Secretary Sarah Sanders," The White House, July 26, 2017.

[10] Rachel Bade and Josh Dawsey, "Inside Trump's Snap Decision to Ban Transgender Troops," *Politico*, July 26, 2017.

[11] Chris Kenning, "Retired Military Officers Slam Trump's Proposed Transgender Ban," Reuters, August 1, 2017.

[12] Rebecca Kheel, "Joint Chiefs: No Change in Transgender Policy Until Trump Sends Pentagon Direction," *The Hill*, July 27, 2017.

[13] Richard Sisk, "Pentagon Ready to Accept Transgender Recruits Starting Jan. 1," Military.com, December 30, 2017.

25 一四〇字的海明威

六月二日，川普的長期律師馬各．卡索維茨走進橢圓形辦公室。川普正在簽署波特帶來的文件；波特則仔細的一一提報，也略為評論。

卡索維茨誇說，哇，你手下這位波特學歷顯赫耶：哈佛、哈佛法學院、羅德學人。

川普就任總統以來，波特就隨侍左右。

總統說：「你的履歷比尼爾．葛舒齊（Neil Gorsuchi）還優咧！」葛舒齊獲提名、並經參議院通過出任聯邦最高法院大法官，可能是川普擔任總統以來最受矚目的成就。他只要敘述其政府的成就，一定把葛舒齊這個案例提出來。卡索維茨告辭後，川普問波特：「你替誰工作？」

波特說：「我想我是……」

「你向誰報告？」

「我想我是向蒲博思報告，但是實際是替你工作。」

川普說：「對啦、對啦、對極了。」他知道正式的組織架構表，但是厭惡它們。「別理萊恩斯。他像隻小老鼠，鑽進鑽出。你甚至可以完全不理他。只要來找我就行啦。你不必經過他。」

這一天起，川普、波特關係起了變化。他的幕僚祕書波特實際上成了尼爾．葛舒齊的複製版。

波特則很震驚，川普對自己的幕僚長出口如此刻薄。

蒲博思、波特和其他人繼續試圖說服川普減少使用推特。川普回答說：「這是我的擴音機。這是我不經過濾、直接向人民說話的方法。穿越噪音。穿越假新聞。這是我唯一的溝通方法。我有好幾千萬個追隨者。它比有線新聞還大。我出去演講，有線電視新聞網也報導了，可是沒人看、也沒人鳥它。我只要在推特貼文，它是我向全世界發聲的擴音機。」

「快瘋了」是蒲博思六月二十九日星期四一大早用來形容川普的話。川普在一大早六點鐘以前就發出兩則推文[1]，痛貶〈軟微國家廣播台〉的節目「早安，老喬」；節目主持人是共和黨籍前任國會眾議員喬．史卡波羅（Joe Scarborough）和他的夥伴米卡．布里辛斯基（Mika Brzezinski）。

在川普競選總統初期，兩人原本和川普友好、也支持他。初選期間，川普三不五時叩應進節目，但是現在他們倆不時批評川普。川普的推文說：「低智商、瘋狂的米卡怎麼會和神經病的喬，在新年除夕夜一連三天晚上來到海湖山莊，堅持和我一起跨年呢？她因為臉部整形美容還在流血呢！」

大約上午十點十五分，川普在橢圓形辦公室讀報，蒲博思走了進來。蒲博思才跨進門，川普就先說了：「我知道你要說什麼。那不合總統風度。你猜呢？我也知道呀！但是我不吐不快，非說不可。」

蒲博思曉得，最好是閉嘴，別去問為什麼。

策略溝通主任霍普．希克斯嚇壞了。她試圖就批判米卡的推文進行損害控管。

希克斯告訴總統：「政治上，這不會有幫助的。你不能在推特上像失控的大砲，砲火濫射。你會被許多東西打到，你在自找麻煩，你犯了大錯。」

米卡風波之後[2]，若要廢除及取代歐巴馬健保方案、以及其他立法，勢必需要爭取的幾個關鍵共和黨人，他們開始醞釀一個完美風暴。緬因州聯邦參議員蘇珊．柯林斯（Susan Collins）說：「這種事非停止不可。」阿拉斯加州聯邦參議員麗莎．穆考斯基（Lisa Murkowski）*說：「別再鬧了！」川普已經在婦女界不孚人望，這一番攻擊又引來各方對他過去事跡的比較。

做為壓箱底的最極端措施，希克斯、波特、葛瑞．柯恩和白宮社群媒體主任丹．史卡維諾（Dan Scavino）提議成立一個委員會。委員會負責草擬一些他們認為川普會喜歡的貼文。如果總

譯注

* 麗莎．穆考斯基是溫和派共和黨人，支持婦女墮胎權，與黨內右翼主流立場不一，常是重大決議在參議院能否過關的關鍵人物。她的父親法蘭克．穆考斯基（Frank Murkowski）一九八一年一月至二〇〇二年底長期擔任阿拉斯加州聯邦參議員，於二〇〇二年任期當中參選阿拉斯加州長並當選。他內舉不避親，一上任州長，立刻提名時任阿拉斯加州議會眾議會共和黨領袖的女兒遞補他的聯邦參議員遺缺，任期至二〇〇五年初。麗莎．穆考斯基嗣後在二〇〇四、二〇一〇、一六年三度連任成功。法蘭克．穆考斯基對台灣相當友善，參議員及州長任內，來台灣訪問超過二十次。

統本身有什麼想法想要貼出去，可以寫下來、或是找個人進來，他們可以預做查證。它是否符合事實真相？拼字有沒有錯？有沒有道理？能符合他的需要嗎？

川普說了好幾次：「我猜你們是對的。我們可以這麼辦。」然後一轉身，他就不顧許多預覽和查證，照樣我行我素。

當川普和北韓領導人金正恩升高對陣叫罵時，他被屬下警告：「你的推特有可能讓我們爆發戰爭。」

川普再次強調：「這是我的擴音機。我們別再稱它是推特。以後我們管它叫社群媒體。」白宮雖然也有臉書和 Instagram 帳號，川普卻不用它們。他獨鍾推特。「這就是我。這是我的溝通方式。這是我能當選的原因。這是我能成功的原因。」

推特絕不是他當選總統的偶然因素。它們是核心因素。他命令把他最近得到兩萬個「讚」以上的推文通通印出來。他研究它們，要找出最成功的推文之共同主題。他似乎希望變得更有策略思考，找出成功是否與主題、文字有關，或純粹只是因為總統發表意見的意外成果。他最有力的推文往往就是最令人震驚的推文。

後來，推特宣布把每則推文最高上限字數由一四〇字提升一倍為二八〇字，川普告訴波特，他認為這樣更改一方面來講是合理的。現在他更能完整陳述他的想法，並增添深度。

川普說：「這是好事。可是也有點不好，因為我是一四〇字的文豪海明威（Ernest Hemingway）呀！」

七月初，二十國集團高峰會議在德國漢堡舉行，川普想要和澳洲總理馬爾孔．騰博爾（Malcolm Turnbull）談話。他違反安全規定，邀請騰博爾進入他的「敏感分隔資訊設施」（SCIF）。只有通過美國最高安全許可，能接觸「最高機密敏感隔離訊息」的人士，才能進入「敏感分隔資訊設施」。這是絕對不能打折扣的規定，意在防止有人安裝竊聽器。這個設施，其實就是一間大型的銅牆鐵壁鋼鐵房間，在這次會後必須拆解掉。

自從川普上任第一週、兩人通電話以來，兩位領導人的關係就不和睦。川普想要退出他所謂的「會殺了我」的美澳「愚蠢」協議。[3]根據歐巴馬總統簽訂的這項協議，某些在澳洲外島等候、背景有疑問的難民可獲准入境美國。他們兩位在二〇一七年一月二十八日的電話通話謄文流入新聞媒體之手。川普曾說：「這是個邪惡的時代……他們將要變成波斯頓炸彈客嗎？」[4]

騰博爾在前往德國和川普會面之前，已經知道白宮內部正在辯論，可能對進口到美國的鋼鐵課徵關稅。

騰博爾說：「如果你真的要課徵鋼鐵關稅，你一定要豁免澳洲鋼鐵。我們生產的是特殊鋼鐵，我們是全世界唯一生產它的國家，你一定得豁免我們，你們對我們有四百億美元的貿易順差。我們是你們的軍事盟友，每一場戰爭，我們都和你們並肩作戰。」

川普說：「當然啦！我們會豁免你們。這麼做，完全合理。你們太棒了。我們對你們有極大的順差。」——聖杯。

參與會談的葛瑞．柯恩很高興。騰博爾曾經是高盛銀行的合夥人，柯恩擔任高盛總裁時，騰博爾在他底下服務。

從二十國集團高峰會議回國，川普和波特一道改寫即將發表的演講稿。總統以清晰、工整的筆跡寫下他的想法：「貿易是壞事。（TRADE IS BAD.）」[5]

雖然他從來沒在演講中說出來，他終於找到真正能表達他保護主義、孤立主義和狂熱的美國民族主義的濃縮金句。

將近八個月之後的二〇一八年二月二十三日，騰博爾到白宮拜會川普。

在橢圓形辦公室為這次會面預做準備時，柯恩提醒川普他的承諾。

柯恩說：「總統先生，他第一件事會提到的就是鋼鐵關稅。他會提醒你，你答應他豁免（澳洲）。」

川普坐在大辦公桌後面說話：「我怎麼不記得了呢？」

柯恩說：「哦，閣下，你曾經跟他談到……」

川普說：「我會否認。我從來沒和他說過。」

「OK，閣下。我只是要提醒你，一定會出現這個話題。」

柯恩一年多來這種事看多了——有必要、或有用處、或是方便的話，他就死不認帳、矢口否認。柯恩告訴一位部屬：「他是職業說謊家。」

午餐中，騰博爾小心翼翼的提起去年夏天他們在二十國集團峰會時的對話。

記得我們在漢堡見過面吧？

川普說，是呀！

你帶我進入你的安全設施裡？

川普答：「噢，是呀，我記得了。我的安全人員氣炸了。他們不敢相信我竟然這麼做。」

記得我們的對話嗎？

川普點點頭。

我們討論到澳洲獨家生產特殊鋼。

這是川普說YES的另一種版本。

「我們有四百億美元的貿易順差。」

是的，川普確實知道。

你答應讓我豁免任何鋼鐵關稅。對吧？

川普答說：「喔，是呀。我猜我還記得。」

柯恩笑了。

澳洲鋼鐵和其他許多國家的鋼鐵後來都得到豁免。直到二〇一八年六月，澳洲仍保有豁免權。

注釋——

本章訊息主要來自和第一手消息來源多次深度背景訪談。

[1] https://twitter.com/realdonaldtrump/status/880408582310776832; https://twitter.com/realdonaldtrump/status/880410114456465411.

[2] Glenn Thrush and Maggie Haberman, "Trump Mocks Mika Brzezinski; Says She Was 'Bleeding Badly from a Face-Lift,' " *The New York Times*, June 29, 2017.

[3] Greg Miller, Julie Vitkovskaya and Reuben Fischer-Baum, " 'This Deal Will Make Me Look Terrible': Full Transcripts of Trump's Calls with Mexico and Australia," *The Washington Post*, August 3, 2017.

[4] 同前注。

[5] 作者取得此一文件。

26 賽辛斯自請迴避

麥馬斯特在七月十五日邀請他的資深副手、國安會副顧問狄娜·鮑爾以及波特餐敘。

麥馬斯特說，「二人幫」——提勒森和馬提斯——使他地位艱難，越來越難立足。

麥馬斯特說，他相信馬提斯和提勒森已經認定總統和白宮發瘋了。因此他們想要不受麥馬斯特、更不用說也不受川普干預或介入、執行，甚至制訂自身的政策。

麥馬斯特說，就在上個星期，提勒森到卡達訪問[1]，與卡達外交部長就反恐行動及切斷恐怖分子金流事宜簽署重要的了解備忘錄。

麥馬斯特說，這件事他完全被蒙在鼓裡。國務卿事先完全沒有諮詢他的意見，甚至也沒有照會他。提勒森在卡達的記者會上也說[2]，這項協議代表兩國政府之間「數星期密集討論」的結果，可見它進行了相當長一段時間。

波特說，提勒森沒有循白宮的政策程序辦事，總統也不知情。很顯然是提勒森獨斷獨行。

麥馬斯特說：「設法說服、而非繞過總統，才是比較效忠總統的應有作法。」他說，當總統指令清楚時，他執行直接命令，這是身為軍人應守的職責。提勒森則特別不遵從命令。

麥馬斯特說：「他簡直就是針刺嘛！他認為他比誰都聰明。因此他可以我行我素。」

蒲博思一直都在努力替紊亂的白宮建立秩序。[3]他安排每個重要部會閣員定期和他碰面。提勒森在七月十八日星期二下午五點十五分來到他的辦公室。

麥馬斯特沒有受邀參加，但是他不請自來，一屁股坐到會議桌旁的位子。這位國家安全顧問冷著臉進來，預示會有麻煩。

蒲博思問提勒森，一切都很順利吧？你有達成主要目標嗎？國務院和白宮之間的關係如何呀？你和總統之間的關係如何呀？

提勒森像水壩洩洪一般傾吐：「你們在白宮沒把事情辦好。總統不能做決定。他不曉得如何做決定。他也不肯做決定。即使做了決定，三天兩頭後又改變主意。」

麥馬斯特打破沉默，對國務卿開砲。

麥馬斯特說：「你不跟白宮配合。你從來沒有找我或國安會任何幕僚諮詢意見。你不斷抱怨我們。」他舉例，他想和提勒森約時間通電話、會面和吃早飯。「你都自行其是」，直接找總統、馬提斯、蒲博思或波特，「但你就是不找國家安全會議」，而「我們就在這兒」。接著他發出最嚴厲的指責：「你鐵定是想破壞國家安全程序。」

提勒森回答說：「胡說八道，子虛烏有。我隨時候教啊。我一直都在跟你對話啊。我們昨天不是才進行了會議電話嗎？我們每週有三次早晨通話呀。你究竟在說什麼啊？我會跟每個人合作的。」

提勒森又說：「我也必須執行國務卿的工作。有時候我必須出差，有時候我在不同時區。我不能總是接聽你的電話。」

麥馬斯特說，如果職位已經補實了，他會找相關的主管助理國務卿接洽。提勒森冷冷回他一句：「我沒有助理國務卿，因為我還沒有物色到適合人選，或者是已經有人在位子上，可是我不喜歡、不信任，也不跟他們合作。因此你可以找任何人洽商，但是那跟我無關。」國務院其他人通通不算數；如果不經過他，一切都不算數。

會議後，提勒森怒氣未消，下樓到波特辦公室。他說：「白宮簡直亂得不可以。樓上坐了一堆人，他們根本就不知道事情怎麼發展。」

提勒森說，三十九歲的白宮人事主任強尼・狄史蒂法諾不能因為有人按了他鼻子，就派某人來國務院擔任重要職位。狄史蒂法諾曾任國會助理，對外交政策一竅不通。「你不會相信，他竟送一個人過來讓我面談」，要我派他擔任助理國務卿。

「這根本就是笑話。我不曉得這個世界上怎麼會有人認為此人可能夠資格擔任這個職位。」

蒲博思後來對波特說：「哇，鞭炮大爆炸！雷克斯現在似乎對很多事都不滿，有一肚子怨氣呢。他的脾氣實在不好。」

波特認為麥馬斯特絕對站得住腳。雖然他主持的會議或電話十分嘮叨、瑣細，未必總是必要。但是，提勒森和麥馬斯特的失和證明整體運作失序。

二〇一七年七月十九日星期三，川普罕見的接受《紐約時報》記者專訪[4]，對司法部長傑夫・賽辛斯發動猛烈攻擊。

他說，如果他知道賽辛斯會自請迴避、不監督「通俄門」的調查，就不會派賽辛斯為司法部長。「賽辛斯不應該自請迴避，如果他將要自請迴避，就應該在答應受命之前告訴我，我就可以另請高明。你怎麼能夠接下職位，然後說你要自請迴避呢？如果他在受命前就說要自請迴避，我就會說：『謝啦，傑夫，那我就不找你了。』這對總統太不公平了——我這還是客氣話呢！」

三天之後，七月二十二日星期六上午，川普對賽辛斯火氣還沒消。他要搭乘陸戰隊一號總統專機前往維吉尼亞州諾福克港，主持造價一三〇億美元的福特號航空母艦下水啟用典禮。

川普和蒲博思聊天。他說，他一直都很欽佩歐巴馬的司法部長艾瑞克・霍德（Eric Holder）。雖然川普不同意他們的政策，八年下來，無論任何風波、爭議，霍德始終忠貞力挺歐巴馬。絕對沒有什麼自請迴避，閃躲政治砲火這回事。霍德願意替他的總統擋子彈。

他說：「傑夫不是願意挺我到底的人。」

川普說，賽辛斯只要說他和川普競選總部的日常運作毫不相干就行了，不必自請迴避「通俄門」的調查。他雖然坐上競選專機、參加造勢活動，但是他根本不涉及策略——那些第一線的活動，爭取選票信函或數位活動等都沒參與。

他對賽辛斯在幾個國會委員會調查與俄國人會面或討論時所做的證詞，也不滿意。

川普命令蒲博思：「叫他把辭呈送上來。」

史帝芬・米勒原本是賽辛斯的國會助理和支持者，他後來告訴蒲博思：「我們這下子麻煩大了。因為如果你拿不到辭呈，他會認為你軟弱、辦事不力。如果你弄到手，你就捲入向下沉淪的大災禍。」

蒲博思找賽辛斯談了好幾次。賽辛斯不肯辭職。蒲博思說，如果總統不希望你在職，你怎麼好戀棧不去呢？

不！他不肯自動請辭。

最後，川普決定停住。他不要求賽辛斯立刻上辭呈，因為他說他要他們先通過次日星期天談話秀的各種評論。

兩天後，川普繼續砲打賽辛斯，稱他為「我們那位陷入四面楚歌的司法部長」。[5]他接受《華爾街日報》專訪[6]，貶抑賽辛斯在總統競選期間支持的重要性。「當他們說他支持我時，我到阿拉巴馬州去，有四萬民眾露面支持。他是阿拉巴馬州選出的參議員。我以極大票數贏得這一州。我在很多州都以極大票數勝出。他是個參議員，看到四萬個人，他可能說：『我能有什麼損失？』於是他就支持我了。因此，支持我這件事沒有那麼了不起。」

巴農請賽辛斯到白宮來談一談。賽辛斯進到巴農所謂他的戰情室，找張椅子坐下來。牆上布置一些白板，列出川普競選期間所做的承諾。個頭矮小的賽辛斯有點緊張，但表情愉悅。

巴農說：「你瞧，當時你也和我一起經歷這些選戰。你曉得這些事情根本是狗屎做秀，完全沒有組織、雜亂無章。」

賽辛斯當然曉得的確是如此。

巴農轉到或許是他們政治生涯最寶貴的記憶——川普在十一月九日當選總統那一夜。勝利的滋味猶在。

巴農問：「九日開票結果出來時，你心裡頭有沒有任何疑問？是天意要川普贏得選戰嗎？」

賽辛斯說：「沒有耶。」

「你當真？」

賽辛斯說他的確這樣以為。

「這是上帝的旨意，對不對？你和我都在那裡。我們都知道，除了上帝的旨意，不會這樣的。」

「是的。」

巴農說：「好。你絕不會辭職的，對不對？」

「我不會辭職。」川普必須開除他才能逼他下台。

「你答應我絕對不辭職？」

「是的。」

「因為辭職只會使得情況更糟。」

賽辛斯問：「你這是什麼意思？」

「這是要轉移注意力的舉動。」

「你這話是什麼意思？」

「傑瑞德要出席作證。」川普的女婿星期一和星期二將分別出席參議院情報委員會和眾議院情報委員會作證。「他們不認為他們有足夠的掩護。」

賽辛斯說：「他不會這樣對待我。」

「他他媽的一秒鐘之內就會這樣對待你。他現在就是這樣對待你！你看著好了！當傑瑞德作證完畢，如果他們認為作證順利，他就會停止推文了。」

七月二十四日，庫許納在出席國會作證前，發表一篇經過律師仔細推敲的冗長聲明。[7]「我沒有勾結任何外國政府，也不知道競選本部裡有任何人勾結任何外國政府。我沒有不當的接觸。我沒有依賴俄國資金資助我在民間部門的商業活動。」

川普對賽辛斯的攻擊沉寂了一陣子。它是轉移注意力的穿插表演。不過，他的確相信賽辛斯辜負了他，因此它是有信念目標的轉移注意力。

川普砲打賽辛斯卻驚醒聯邦參議院裡頭的共和黨人。葛萊漢說，賽辛斯「相信法律程序」[8]；其他的共和黨人也替他們的老同事辯護，表示很難再找到參議院會認可的接替人選；司法部副部長羅森斯坦可能也會跟進辭職。這會導致類似水門事件期間的情勢，令人想起一九七三年所謂的「星期六晚上大屠殺」，當時尼克森將特別檢察官免職，卻引爆司法部正、副部長辭職。* 蒲博思擔心這會使得柯米問題像是兒戲。

川普把賽辛斯找到橢圓形辦公室羞辱一番，痛罵他是「白痴」。儘管賽辛斯承諾巴農他不會遞出辭呈，他還是遞出辭呈給川普。不過蒲博思說服總統不能接受他的辭職。[9]

川普告訴波特，自請迴避使得賽辛斯成為「叛徒」。總統拿賽辛斯的南方腔吃豆腐。「這傢伙是個智障兒，他是個笨南方佬。」川普甚至還模仿一段他的南方腔，嘲笑賽辛斯在任命案聽證會上答非所問，竟然否認他曾經和俄羅斯大使講過話。

川普問波特：「我怎麼會被人說服找他來當我的司法部長呀？他在阿拉巴馬鄉下開一家個人律師事務所都不夠格。他當司法部長，還能做出什麼成績？」

川普還不屈不撓，繼續告訴波特：「如果他要自請迴避，他幹嘛讓自己被提名出任司法部長？這是最大的背叛。他怎麼做得出來啊？」

波特有答案，但是他盡量委婉的提出來。「你什麼時候必須自請迴避，長期以來已經有明確的規則和指針。他吻合這些要件。在他而言，這不是政治性的決定，他也是情非得已，不是他想這麼做。他請教過司法部相關專家，被告知符合這些要件，必須這麼做。」

川普憤怒的說：「好吧。他根本不應該接受這個職位。他是司法部長，他可以自己做出這些決定，他不必聽屬下的話。如果他像個律師那麼聰明，而且他也知道他將必須自請迴避，他就應該先告訴我，我就不會挑選他當部長。但是他動作太慢，也可能根本不知道該怎麼辦。」

注釋

本章訊息主要來自和第一手消息來源多次深度背景訪談。

[1] Tom Finn, "U.S., Qatar Sign Agreement on Combating Terrorism Financing," Reuters, July 10, 2017.
[2] 同前注。
[3] 作者看過一位與會人士的筆記。
[4] Peter Baker, Michael S. Schmidt and Maggie Haberman, "Citing Recusal, Trump Says He Wouldn't Have Hired Sessions," *The New York Times*, July 19, 2017.
[5] https://twitter.com/realdonaldtrump/status/889467610332528641.
[6] Michael C. Bender, "Trump Won't Say if He Will Fire Sessions," *The Wall Street Journal*, July 25, 2017.
[7] Annie Karni, "Kushner Defends His Russia Contacts: 'I Did Not Collude,' " *Politico*, July 24, 2017.
[8] Rebecca Savransky, "Graham Defends Sessions: Trump Tweets 'Highly Inappropriate,'" *The Hill*, July 25, 2017.
[9] Chris Whipple, " 'Who Needs a Controversy over the Inauguration?' Reince Priebus Opens Up About His Six Months of Magical Thinking," *Vanity Fair*, March 2018.

譯注

* 一九七二年七月總統大選期間，共和黨派出人員潛入華府水門大廈民主黨全國委員會總部，爆發水門事件醜聞。特別檢察官阿奇巴德．考克斯（Archibald Cox）在一九七三年十月向尼克森總統發出傳票，要求調閱白宮錄音帶，以便查證白宮是否指示掩飾、妨礙司法調查。尼克森拒絕交出錄音帶，於十月二十日星期六晚上召見司法部長艾略特．李察遜（Elliot Richardson），要求他開除考克斯。李察遜不從，當場辭職。尼克森再要求司法部副部長威廉．魯克紹斯（William Ruckelshaus）開除考克斯，魯克紹斯也不肯，遞出辭呈。尼克森不罷休，再找司法部第三號人物羅伯．波克（Robert Bork），終於開除了考克斯。這件事被稱為「星期六晚上大屠殺」。各方負評湧至，一九七三年十一月十四日，法院裁定開除考克斯的命令無效。

27「坦克」裡的訓斥

七月二十日上午八點，蒲博思召集資深幕僚討論移民議題。[1]史帝芬・米勒提報告。有些人覺得它像是集議題大成的一份清單，包括邊境圍牆、邊境執法、逮捕與釋放、移民法官、綠卡抽籤、庇護城市、凱特法（Kate's Law）和連鎖移民等。（所謂凱特法是對已被驅逐出境後、又試圖再非法入境者加重處罰的法令。）

米勒說，我們需要選出能贏的議題，即民主黨軟肋的議題。接下來我們需要說服參議院對阻擋成事的議題，如取消對庇護城市的聯邦經費補助等，強硬表決。

庫許納強烈反對米勒的策略。我們需要集中在兩黨都能妥協的問題、建設性的方案，並且甚至找出能給民主黨的東西——「我們的一些優先事項，也有一些他們的一些優先事項」。他主張「一條向前走的路，以便我們實際上成就一些事情」。

蒲博思不同意庫許納的想法。「我曉得國會的生態。我曉得對這些宣示意義重大的表決，怎麼做才好。」像庫許納這樣一個來自紐約市的房地產開發商不懂政治。

傑瑞德抗議。「我知道怎麼辦妥事情，而且是建設性的辦妥事情，要爭取有不同意見的人，讓他們也一起參加。」

傑瑞德說，白宮每次討論立法案件，絕大多數都涉及到來自蒲博思好戰的共和黨全國委員會的徒子徒孫，或是來自前任參議員賽辛斯辦公室的人馬，或是潘斯屬下的保守派。這些人全都沒有談判兩黨一致的協議，或是把事情辦成的經驗。極端派和一心一意想在政治上得分的人，主宰了立法議程。

馬提斯和葛瑞．柯恩好幾次私下討論「大問題」：總統不了解海外盟國的重要性、外交的價值。換言之，他不明白與外國政府維持軍事、經濟和情報夥伴關係的重要性。

他們約在五角大廈一起吃午飯，研商行動。

問題的起因之一是總統強烈相信每年約五千億美元的貿易赤字傷害美國的經濟。儘管柯恩努力教育他自由貿易的益處，他還是堅持要開徵關稅，制訂配額。

他們要如何說服——或者用誠實的話講、是教育——總統？柯恩和馬提斯曉得他們根本不能說服他。對於貿易議題的會議持續拖延不決，正反兩派反而益發爭執。

馬提斯提議：「讓我們請他到『坦克』來主持會議。」這樣或許能使他專心。「坦克」是聯合參謀首長在五角大廈的安全會議室。

柯恩說：「好主意。讓我們把他請出白宮。」沒有新聞記者，沒有電視機，沒有麥德琳．威斯特豪——川普的祕書，她就在橢圓形辦公室門外上班，隨傳隨到。甚至沒有窗戶可以看看室外景色——因為「坦克」根本就沒有窗戶。

把川普搬出他熟悉的環境可能會有效果。這個主意其實來自企業教戰手冊——換個地方到安靜的度假中心開會。他們要把川普請到「坦克」，和主要的國安及經濟事務團隊討論全球戰略關係。

馬提斯和柯恩取得協議。他們將在這方面聯手對付川普。貿易戰或全球市場紛亂會傷害全球已經岌岌可危的穩定。這種威脅可能波及到軍事和情報圈。

馬提斯不能明白，美國為什麼要找盟國幹架——不論是北約組織、中東友邦或日本，尤其是南韓。

七月二十日、星期四上午十點前，一個悶熱、無雲的夏日——川普就任總統已經六個月。他跨過波多馬各河、來到五角大廈。

「坦克」很有吸引力，川普很喜歡這個房間。由於它的地毯和窗簾，它有時被稱為「冷房」。它華麗而莊嚴，基本上是一個反映幾十年歷史的一個高度安全的私密會議室。

馬提斯和柯恩把簡報安排成歷史課和地緣戰略解說會。這也是針對不時浮現的問題遲來的討論：政府要如何確立施政優先，然後堅守它們？

麥馬斯特因為家有要事，不克參加。

地圖標出美國在全世界各地的承諾。軍事部署、駐軍部隊、核子武器、外交館址、港口、情報資產、條約和甚至貿易協定——足足塞滿兩個大型電視牆螢幕，清楚交代美國在全世界的故事。甚至美國有港口及飛行權利的國家也標明出來，重要雷達及其他監視設施也無不清楚列出。

馬提斯先開場：「最偉大世代賜予我們的最大禮物是規則清楚的國際民主秩序。」這個全球結構帶來安全、穩定和繁榮。

巴農坐到眼睛可以瞄到總統的旁邊位子。他太清楚這一套全球主義的世界觀了。他認為這是一種盲目崇拜，他本身則是迷戀「美國優先」論。

巴農心想，這下子會很有趣了。馬提斯開始強調過去的組織原則在今天仍然可行、有必要。

巴農心想，來了——問題的核心來了。

國務卿提勒森接棒發言。

這位德州前任石油業高階主管說：「它維繫了七十年的和平。」

巴農認為，這根本就是舊日的世界秩序：代價昂貴、無盡的交往和太多的承諾要兌現。

川普雖然不作聲，搖搖頭，顯然是不同意這個觀點。

接下來輪到柯恩發言。他一一陳述自由貿易的重要性：墨西哥、加拿大、日本、歐洲和南韓。他提出進口和出口數據。他強調，我們是農產品的巨大出口國家，每年出口值約一千三百億美元，我們需要這些國家購買我們的農產品。他說，美國整個中部地區基本上都是農民。

他們絕大多數是川普的支持者。

美國二〇一七會計年度出售到國外的軍火總值達七五九億美元。柯恩說，沒錯，我們在新加坡的飛機場有許多軍用飛機，而且他們買了不少波音飛機。沒錯，我們在新加坡有龐大的情報作業基地。沒錯，我們的海軍艦艇進出新加坡港口加油和補給。

柯恩強調，貿易赤字有助美國經濟成長。

川普說：「我不要聽這些，這全是狗屎。」

財政部長米努勤也是高盛銀行出身，他提起安全盟國和貿易夥伴的重要性。

川普轉頭看看巴農。然後再次轉頭看看他。巴農認為這是要他講講話的訊號。

「等一下，等一下。」於是，巴農邊說邊站起來。「讓我們回到現實。」

他挑一個美國和此一全球秩序最有爭議的國際協議發言。「總統希望終止伊朗協議，可是諸位卻推拖不辦。這是很糟的一個協議。他要求先不再續約，才能重新談判。」

這位首席策士說，「他想做的一件事」就是對伊朗實施制裁。「你們在歐盟那些他媽的盟國，有哪一個」會支持總統？空談他們是我們的盟國，全是屁話。「你告訴我有哪一個國家會站出來支持總統實施制裁」？

米努勤試圖再說明盟國的重要性。

巴農說：「你們舉出來，有哪一個人、哪一個國家、哪一家公司會支持制裁？」

全場鴉雀無聲。

川普說：「我就是這麼說的嘛！他說出了我的要點。你們說這些傢伙全是盟友，但他們根本不夠朋友。請回答史帝夫的問題，誰會支持我們？」

提勒森說：「我們能說的是，他們沒有違反任何事情。」所有的情報機關都同意這一點。這是一個重點：如果他們沒有違反協議，我們怎麼能祭出新的制裁呢？

川普說：「他們全都賺飽了銀子。」[2]他指的是歐盟與伊朗做生意，簽訂重大協議。「沒有人挺我們呀！」

川普把話題轉到阿富汗。為了阿富汗，他最近已經忍受六、七次國安會會議和小型會議。「我們什麼時候才要開始贏得戰爭？牆上有這麼多圖表，但是我們什麼時候才要開始贏得戰爭？你們幹嘛把這東西硬塞進我喉嚨裡？」

針對不在場的駐阿富汗美軍司令約翰．倪可森（John Nicholson）將軍，總統痛加批評。「我不以為他知道怎麼打勝仗。我不曉得他是不是贏家，根本沒有打勝仗嘛！」

川普還沒有裁定處理阿富汗戰爭的戰略，它還在各方辯論當中。

「你們應該是要殺人的。殺人還需要戰略嗎？」

參謀首長聯席會議主席鄧福德跳起來為倪可森辯護。

鄧福德很客氣、很低聲調的說：「總統先生，上級沒有下令要求贏得戰爭。那不是他接到的命令。」歐巴馬總統把絕大多數部隊撤離阿富汗，從巔峰的十萬人降到只剩八千四百人。美國的戰略實質上就是維持僵局。

馬提斯和鄧福德提議，下達新的交戰守則給駐阿富汗美軍部隊，取消歐巴馬時期對在地指揮官的限制，讓他們能更積極、更具有殺傷力。美軍的戰術不用向敵人宣布。最近對付伊斯蘭國頻頻告捷，已經證明這些改變的重要性。

川普記得倪可森將軍下令使用綽號MOAB——「所有炸彈之母」（Mother of All Bombs）

——的GBU-43/B兩萬磅炸彈。[3]「他用那他媽的大炸彈修理他們。」

鄧福德說，是的，這是第一線指揮官下達的決定，不是由華府授權動武。

馬提斯試圖客氣的插嘴：「總統先生，總統先生……」

川普也用馬提斯在陸戰隊中的綽號回應他：「瘋狗、瘋狗，他們在占我們便宜。我們究竟在幹什麼呀？」川普只差沒有咆哮、嚴厲指責他的將領們。「能不能打些勝戰？我們會陷在這個地步，是因為你們建議這些動作的呀！」

氣氛逐漸緊張起來，但是不久話題又轉回到伊朗。

提勒森說：「他們有遵守協議。大家的協議是這樣的嘛。你可能不喜歡，但是他們有遵守協議。」國務卿以合乎邏輯的方法一一舉出技術上遵守協議的細節。

川普說：「這都是建制派的說法。」他們辯論起來，這些事怎麼整合起來處理——與中國的貿易協定、與墨西哥的貿易協定、與伊朗的核子協議、部隊的調遣部署、外援等等。川普的訊息是對於提報上來的每件事都是NO！

川普說：「我們不能這麼做。我們就是因為這麼做，才陷入今天這個處境。」

巴農朝著米努勤說：「當他說祭出制裁時，這些偉大的盟友，他們對制裁會是什麼態度？」

米努勤似乎有點躲閃。

巴農不屈不撓：「不，不，不。停一下。他們會支持、或是不會支持？」

米努勤說：「他們絕不會支持。」

巴農說：「那不就結了？他們是你的盟友。」

川普手指指著米努勤，他說：「這些歐洲企業，他們是他媽的屁都不值。」西門子、標緻汽車、福斯汽車和歐洲其他家喻戶曉的公司都在伊朗積極投資。

川普說：「雷克斯，你太軟弱了。我不要再續約。」

川普把話題轉到他喜愛的另一個議題。他要對進口鋼鐵、鋁和汽車課徵關稅。他不明白為什麼米努勤不照他的指示，沒有宣布中國為操縱貨幣的國家？

米努勤解釋，前幾年中國是操縱貨幣的國家，但它已經不再操縱貨幣。

川普說：「你這又是什麼意思？去建立案子。你就照辦、宣布它便是。」

米努勤再說明，美國法律明文規定要成立操縱貨幣的案子，需要吻合某些要件，他沒辦法無中生有。

川普說，在貿易協定上，「我們是倒栽蔥，在每一件上面我們都陷在水裡」。其他國家大賺其錢。「你們瞧瞧市面上有那麼多東西。我們付錢買它們耶。」他宣稱，這些國家是「保護國」。

柯恩再說一遍：「其實這對我們的經濟是有利的。」

川普回嘴：「我不要聽這種話。它們全是狗屎。」

會議即將結束，提勒森身子往椅背一靠。他似乎是向總統說話，但是眼睛沒朝向總統，他的視線投向馬提斯。

國務卿說：「你的協議。它是你的協議。」

這是德州佬不爽時的說話方式——彷彿是說，我會遵令照辦，但那是你的主意，不是我的主意。

川普憤怒的說：「我們每年花三十五億美元在南韓維持駐軍。」南韓卻拿不定主意他們是否要薩德反飛彈系統！也不知道他們是否願意付錢部署它們！

某些南韓人認為薩德系統會挑激起和北韓的戰爭，因此反對將它部署在南韓境內，聲稱它只對美國和日本有好處。

川普說：「就把那他媽的東西給撤走。我才不鳥它咧！」

柯恩直接挑戰總統，他說：「南韓人補貼了我們太多太多。」他又重述美韓自由貿易協定對美國經濟相當有利。「我們只要花二四五美元就可以買到頂級的電視機。這表示老百姓花少一點錢買電視機，就有更多錢花在美國其他產品上。」

柯恩說，如果美國撤軍，就需要派更多航空母艦戰鬥群到當地，才能讓此一區域有安全感。費用代價可能是十倍。

何況透過南韓允許美國營運的「特准接觸項目」，還可以取得極其敏感的情報。川普似乎不明白它的價值和必要。

總統說：「就好比那三十五億美元、兩萬八千名部隊，對不對。」他非常尖銳的說：「我不知道他們在那裡幹什麼。通通撤回美國好了！」

柯恩說：「那麼，總統先生，你要在這個區域得到什麼，晚上才能睡得安穩？」

總統說：「我不需要任何他媽的東西。我睡得跟個嬰兒一樣。」

蒲博思宣布會議結束。馬提斯已經完全洩了氣。

川普起身，掉頭就走。

提勒森也完全洩了氣。他沒辦法接受川普對將領們的攻擊。總統的口吻彷彿美軍是用錢雇來的傭兵部隊。如果一個國家不付錢給駐地美軍，那我們也不要在那兒。一副就是打造和維持和平的世界秩序，與美國利益毫不相干的模樣；彷彿美國的立國原則就是錢、錢、錢。

柯恩問他：「你沒事吧？」

提勒森的聲音人人都聽得到：「他是個他媽的大白痴。」

川普帶著蒲博思、巴農和庫許納在中午十二點四十五分踏出會議室。[4]他花了幾分鐘和在走廊列隊的士兵寒暄。

川普對記者說：「會議棒極了。非常成功的會議。」

他逕自走向總統轎車。

川普對巴農說：「我很高興你他媽的說了一些話。我需要有人支援我。」

巴農說：「你太棒了。」

財政部長米努勤跟著他們出來。他要講清楚，在歐洲盟國這個議題上，他是站在川普同一邊的。他說：「我不知道他們是否是盟友，但是我是支持你的。」

在車上，川普如此形容他的顧問們：「他們對企業經營一竅不通。他們只想到保護每個人——而我們還要付錢咧！」

他批評南韓還是我們的盟友咧，卻不肯跟我們重新洽商新的貿易協定。「而他們還想要我們保護他們、對付北方那個瘋子。」

柯恩的結論是，川普事實上已經倒退嚕。他剛上台時還是素人，比較容易管理。

蒲博思認為，這是許多已經夠糟的會議當中最糟糕的一次。新政府上台已經六個月，他可以清楚看到他們最根本的問題就是不能訂定目標。政府要往哪裡走呢？

會議室內的不信任氣氛非常濃厚、有腐蝕性。那種氣氛非常原始；表面上人人站在同一邊，但他們似乎全披上戰袍盔甲，特別是總統。

蒲博思的結論是，瘋人院也不過如此吧。

與當天參與會議的人講過話的一位白宮高級官員寫下這一段摘記：「總統逕自教訓和辱罵整群人，斥責他們完全不懂國防或國安事務。情勢很清楚，總統的許多高級顧問，尤其是國安領域的顧問，極其關心他的急躁個性、他的相當無知、他的缺乏學習能力，以及他們認為的、他的危險觀點。」[5]

注釋

本章訊息主要來自和第一手消息來源多次深度背景訪談。

[1] 作者看過一位與會人士的筆記。

[2] 二〇一五年和伊朗達成的核子協議給歐盟國家帶來豐富的商機。歐盟二〇一六年由伊朗的進口值比起前一年大躍進347%。（資料來源：國會研究處，二〇一七年十月二十五日。）有一家法國公司與伊朗簽訂一筆四十七億美元的天然氣協議。川普沒有提到細節，但是已經點明這一點。

[3] MOAB 正式名稱為「大型空爆炸彈」（Massive Ordnance Air Blast）。

[4] Jordan Fabian, "In-Town Pool Report #2—Troop Greeting & Another Comment on Afghan," 12:51 p.m., July 20, 2017, http://www.presidency.ucsb.edu/report.php?pid=2357.

[5] 作者看過一位與會人士的筆記。

28 沒有牆籬的動物園

「坦克」會議之後，提勒森因為是個資深的「鷹級童軍」（Eagle Scout），驅車前往西維吉尼亞州參加童子軍大露營活動，然後回德州主持兒子的婚禮。他已經在考慮提出辭呈走人。

蒲博思後來在電話中告訴他：「你聽我說，你不能現在辭職。太荒唐了。請你到我辦公室來，我們好好談一談。」

提勒森如約來見他。「我不喜歡總統用這種方式跟將軍們講話。他們不應該受到羞辱。我沒辦法坐在哪裡，聽這種話由總統嘴裡吐出來。他根本是個白痴。」

蒲博思很驚異他公然敵視川普。他知道提勒森真正的不滿是，總統也以這種口吻對他說話。許多次在戰情室開會，提勒森也都氣噗噗、明顯顯露出他不只是惱怒，幾乎掩飾不了忍受不了「白痴」在講話。

蒲博思建議提勒森脾氣不要那麼大。「你不能犯上，你不能用這種方式跟總統說話。你必須找出溝通的方式，說的是同樣一件事、但找出不冒犯的方式說出來。」

蒲博思很佩服馬提斯的方式——避免對衝，顯示尊重和服從，聰明的處理公事，盡量出差外訪，避免常在華府。

提勒森又回到將領吃排頭那一幕。「我沒辦法坐在哪裡，聽總統訓斥這幾位高階將領。我沒辦法接受。這是不對的。」

蒲博思後來告訴川普，他和提勒森討論到不能對總統不敬。不過他沒有提到「白痴」那一段。

川普靜靜的聽，這一點很不尋常，他並沒有不同意事情是那樣發生。蒲博思認為總統不願承認提勒森犯上，是因為他太驕傲了。身為國家元首，他不應該允許國務卿清楚的抗命不從。

有時候，國家安全會議的程序能夠正常運作。比副首長會議低一階的政策協調委員會（Policy Coordination Committee）召開來匯集聯合參謀本部、國防部文官、國務院、各情報機關、財政部和預算管理局的意見。幕僚可能會草擬一份三十頁的策略書，並加上附件。這裡頭已經把不同意見整合完畢。策略書將上呈到副首長會議，各部會副首長可以加以修正。人人都同意框架之後，就訂出路徑圖，再由麥馬斯特召集內閣首長舉行首長會議。

提勒森職階最高，因此首長會議由他最先發言。他會走進來，接著說：我沒讀過國安會策略書。這是很重要的議題，我們必須正確看待它。我的看法是……。

然後，他會分發一套簡報資料。他沒把它們在會前分發，以便別人能先審閱，而是在會場逐頁解說，有時候解說一頁就要花五分鐘時間。國安會成員都不能不洗耳恭聽。首長會議通常安排為一小時又十五分鐘，因此有時候提勒森的意見變成唯一的聲音，肯定就是主要的聲音。

提勒森要求人人同意他對問題的界定，然後回去重擬策略書。

提勒森的這種干預——他希望依據他對政策重點的評估，重新啟動整個跨部會程序——以各種不同形式出現在對伊朗、伊拉克、黎巴嫩及真主黨、敘利亞、中國、北韓和擊敗伊斯蘭國的策略討論中。

出席首長會議的一些人，包括正式出席者及列席者，有時候很佩服他重新整理的功力；其他人則認為他的報告了無新意。提勒森一般會主張採取更多的經濟整合、開發援助的協調、需要重視會激起暴力的因素，以及積極運用外交談判。

但是經常缺乏或落後的是分派工作及責任歸屬的執行計畫，最終目標含混不清或沒有明訂，結果就是又拖延好幾個星期或好幾個月時間。

大概七月分的時候，有一天川普搭乘一架小飛機——代號仍是空軍一號——從貝德敏斯特回到白宮。他來到伊凡卡、傑瑞德、麥馬斯特和波特所在的幕僚區域。

總統以一種教訓的口吻說，伊拉克、阿富汗和敘利亞這三大作戰地區有如泥淖，讓他煩透了。他說：「我們竟然還繼續在這些國家浪費巨大的資源。我們應該逕自宣布勝利，結束戰爭，把部隊撤回來。」

麥馬斯特像是跌落懸崖。川普接任三軍統帥六個月之後，竟然要掃除一切、撤軍回國。

總統離開之後，傑瑞德和伊凡卡似乎很擔心。他們說，他們會幫麥馬斯特。他們又說，等我們回來，你現在何不先和波特坐下來、擬出一個策略，設法撤出一部分軍隊、但也留下一部分軍隊？然後設法再向總統報告。

七月二十五日，總統又斥責麥馬斯特。川普說，他對盟國沒有興趣。即使被提醒，從南韓七秒鐘就可以偵測到北韓發射洲際彈道飛彈，從阿拉斯加則需十五分鐘才能偵測到，兩者差別極大，他還是說他不要留任何部隊在南韓。

麥馬斯特在橢圓形辦公室外的柱廊和柯恩及波特商量。

麥馬斯特說，一大早六點三分，川普在推特上貼文說：「烏克蘭想要破壞川普的競選——『悄悄的暗助柯林頓』。司法部長有沒有在調查？」[1]

麥馬斯特說，這明顯是俄國人的宣傳。他和國安會以及情報專家達成此一結論。但是總統還是把它發布在推特上。

麥馬斯特說，他不知道自己還能在這職位上撐多久。

當天稍後，在橢圓形辦公室裡，麥馬斯特有一項涉及利比亞的敏感命令需要總統簽字。

川普說，我不簽。美國應該拿回一些石油。將軍們不夠專心在取回錢或賺點錢，他們不曉得我們的目標應該是什麼，而且他們讓美國以錯誤的方式參戰。

每天總統要下班回官邸之前，波特會交給他一份簡報卷宗，內含背景文件、政策備忘錄，以及第二天的行程表。

次日上午，總統會在十點、十一點或甚至十一點三十分才下樓到橢圓形辦公室。

他會問：「我今天的行程是什麼？」可能略為瀏覽過卷宗，也可能根本沒看它一眼。他傳遞的訊息是他有即興創作的本事，可以視現場狀況靈活運用。總統大選期間就不乏這類事證。

波特認為川普喜歡隨興辦事。他的行為方式好像做太多事先準備會折損他臨場應變的本領。他不要被深謀遠慮分心，彷彿計畫會傷害他的力量、他的第六感。

上午，總統最常提到的是他在電視上、尤其是福斯新聞網看到什麼，或是他在報紙上讀到什麼。他讀報之認真和深入是外界所不知的。

一整天下來，川普會向恰好就在身邊的任何人徵詢意見——從內閣閣員到隨扈保鑣都是徵詢對象。這是他的「集思廣益」方式。

他有一次問他二十七歲的保鑣強尼．麥恩迪（Johnny McEntee），他是否應該增派部隊到阿富汗。

麥恩迪說：「我覺得沒有什麼道理耶。」

當川普向西廂其他人員問話時，他們通常都躲閃，回答他：「我認為你應該和麥馬斯特商量，因為他是專家。」

川普說：「不，不，不。我要知道你有什麼看法。」

「我只知道從報上看來的東西。」

總統並不滿意這樣的答覆。「不，不，不。我要知道你有什麼看法。」

歷屆所有總統都會受到觀眾驅動，但是川普的核心觀眾通常就是他自己。他一再檢討自己，大半都是熱切的正面評價，他的腦子大半集中在媒體怎麼評論他。

橢圓形辦公室和白宮的運作不像「交易的藝術」（Art of the Deal）*，倒比較像是「拆除交易」（Unraveling of the Deal）。拆除動作經常就在你眼前演出，連續不斷的演出。你不可能看不到。

川普對經常在橢圓形辦公室出入的人說，外交事務就是人際關係。他說：「我和習近平有很好的交情。我們很投緣。習近平喜歡我。我去北京訪問時，他鋪紅地毯歡迎我。」二〇一七年十一月，他公開說：「我認為他是朋友。他也認為我是朋友。」[2]

麥馬斯特試圖向總統說明，習近平是在利用他。中國是個經濟侵略者，打算成為世界第一號大國。

川普說，這一切我都了然。但所有這些問題都因為他和習近平哥倆好就可以克服。

二〇一七年最後四個月，聯合國安全理事會三度表決通過對北韓實施更嚴厲的經濟制裁。十二月二十二日那一次，十五票對零票，中國也支持制裁北韓。[3]制裁內容是把准予進口入北韓的石油數量減少89％。川普非常高興。

譯注

＊川普一九八七年寫了第一本書，書名即是《交易的藝術》，它高居《紐約時報》暢銷書排行榜第一名達十三週。

他說：「這是因為我跟習主席交情好。因為他尊敬我，我也尊敬他。當你們大家都說我們應該和他們敵對時，我跟他交情好，不是挺好的嗎？如果不是因為我和習主席交情好，他們絕對不會那麼做的。」因為雙方投緣、相互信任，「我能讓他們做些別人要求不來的事。」

在川普已經有了定見的事項上，跟他爭辯根本沒有用。二〇一七年和二〇一八年在西廂最有經驗的一位官員說：「有些事情他已經有了結論，你再怎麼說都沒有用。你提出什麼論據都沒有用。他根本不聽。」

川普有一度說他已經決定要課徵關稅。

柯恩說：「好極了。股市明天將大跌一千點或兩千點，但是你會很高興。對不對？閣下。」

「不，不，不。散會！散會！我們什麼都別做。」

柯恩說：「你最怕的就是成為胡佛總統。」

這就是貿易議題的再一次決戰。雙方都有相同的論據、相同的觀點、相同的肯定。下星期或下個月，他們還會有同樣的討論。

川普一再說他要退出貿易協定、並課徵關稅。他好幾次說「我們做吧」，要求送上行政命令讓他簽署。

波特告訴柯恩：「我們必須讓他分心，顧不到美韓自由貿易協定。我們也必須讓他分心，顧不到北美自由貿易區協定。」

至少有兩次，波特奉總統指示，擬好行政命令。然後至少有兩次，柯恩或波特從他桌上抽走公文。其他時候，他們是能拖就拖。

川普似乎忘了自己的決定，沒再追問。他的腦子裡、或其他地方，都沒有一份待辦事項清單。

經濟顧問委員會（Council of Economic Advisers）是由經濟學界泰斗組成的正式顧問團體。二〇一七年七月十二日，十五位前任主席聯名上書川普，籲請他不要「啟動課徵鋼鐵關稅的程序」，因為它將傷害美國與關鍵盟國的關係，並且「實際上也傷害美國經濟」。

簽署聯名信的學者包括共和黨和民主黨兩黨明星卡司——前任聯邦準備理事會主席艾倫．葛林斯班（Alan Greenspan）、班．柏南奇（Ben Bernanke）、柯林頓政府的最高經濟顧問羅拉．泰生（Laura Tyson），以及諾貝爾經濟學獎得主約瑟夫．史提格里茲（Joseph Stiglitz）。

商務部長威爾伯．羅斯手寫一封信給川普，表達他不能苟同。他寫說：「總統先生，請千萬記得，這份名單上諸位人士的建議造成我們的（貿易）赤字。我們再也經受不起他們的政策。」

二〇一七年七月的最後一天留下傷疤。七月二十七日星期四，川普不顧蒲博思的強烈反對，聘用安東尼．史卡拉穆奇（Anthony Scaramucci）出任白宮通訊主任。這位狂妄的投資銀行家，也出身高盛銀行。

史卡拉穆奇得意洋洋的接受一系列採訪，公然宣稱蒲博思很快就會被要求辭職。他說：「萊恩斯是個他媽的偏執型精神分裂症患者、偏執狂。」[4]

七月二十八日星期五上午，川普保證廢除及取代「歐巴馬健保法」的承諾在國會遭到否決。川普怪罪蒲博思。他應該了解國會山莊，也與共和黨領袖有密切交情。不論蒲博思怎麼解釋，川普通通聽不進去，責怪他：「你沒把事情辦好。」

這一天，川普飛到長島發表演講。蒲博思陪他一道去。兩人在空軍一號專機私人客艙促膝密談。

蒲博思已經在前一晚提出辭呈。他已經受夠了，也曉得自己失去了對川普的用處。

川普表示他不知道誰是適當的替代人選，又說他徵詢過國土安全部部長、陸戰隊退役四星上將凱利的意願。川普問：你覺得凱利這個人怎麼樣？

蒲博思說，凱利將軍很適合。

川普也同意，表示他認為凱利應該不錯，但是他說他還沒開口要凱利接棒。

蒲博思關心如何安排他的離職新聞。他說，我們可以在這個週末對外宣布，或者我們可以只發布新聞稿。星期一才發表也行。你要怎麼做都行。「我準備好了會配合。」

川普說：「我們或許在這個週末宣布。」你辭職後預備做什麼呀？

蒲博思表示希望回到以前的法律事務所工作。

川普給他一個大擁抱。他說：「我們會搞清楚的。你是個好幫手。」

空軍一號降落。蒲博思走下扶梯。雨水打在他的黑色休旅車車身上。史帝芬．米勒和丹．史卡維諾在車上等他。他強打起精神。

這時他收到總統發推特的訊號。他低頭讀發自@realdonaldtrump 的最新訊息：「我欣然通知各位，我剛派約翰．凱利將軍／部長出任白宮幕僚長。他是一位偉大的美國人……」[5]

蒲博思心想：「不敢相信！真的嗎？」

他才剛跟川普談過，要等一等才發表。

沒有人預料到川普會發出這則推文。米勒和史卡維諾一看到，立刻跳出蒲博思的休旅車，坐上另一輛汽車，棄這位前任幕僚長於不顧。

蒲博思關上車門，心裡還想，莫非是川普在起稿、卻誤觸而發出？不！不是這樣。飛機上那番談話又是一番虛情假義的謊言。

當天晚上，凱利前來拜訪蒲博思。他們曾經在戰場上患難與共，但是凱利曾經私底下向川普抱怨過白宮的失序和混亂。凱利曾經告訴總統，他相信自己有能力整頓白宮。

凱利說：「萊恩斯，我絕不會背後搶你位子。直到推文出現之前，（總統）沒要我擔任這個職位。有的話，我會先告訴你。」

蒲博思也明白這不合常理，除非你明白川普的決策方式。「總統認知同理心及憐憫的心理能力是零。」

凱利也是事出突然、接到派令。他必須打電話向太太說明，他別無選擇，只能接下總統透過推特派給他的這項世界最重要的職務之一。

凱利當天發表聲明說：「我很幸運已經為國效勞四十五年——先是在陸戰隊，後又榮任國土安全部部長。我很榮幸被邀擔任美國總統幕僚長。」[6]

從某些方面看，蒲博思對於他如此遭到解職，一直很揪心，心情無法平復。後來蒲博思得出的結論是，如果你對任何事或任何人都沒有同理心和憐憫，這麼做就不是那麼異常。這也是為什麼兩天之後川普還會打電話給他，問他：萊恩斯，我的好伙計，你好嗎？川普不認為他們之間有芥蒂，因此他也不會覺得尷尬。

做為通則，一般人和川普的關係是，一開頭你越是親近，你就會走得更疏遠。一開頭是一百分，不會再多得分。凱利和他也從一百分開始，然後漸行漸遠。接近川普，尤其是擔任幕僚長，代表分數會下降。

川普世界最重要的部分是不在他圈子內的人：川普認為他應該聘用、而未用到的人；或是曾經替他做事、被他免職，而今他又想起的人，或許不應該請人家走路。他重視的是曾經在眼前、或不曾受聘的人，或是不曾虧欠他的部屬或相識，他們雖在他周遭，但是無所求於他。圈外人最有權力，圈內人反而不受重視。凱利、蒲博思和巴農都不是他能長遠倚重的人。

蒲博思離開白宮之後好幾個月，又做了一次總檢討：他認為他在西廂四周都是高階的天生殺手，這些人完全沒被要求要有日常工作成果——提出計畫，撰寫演講稿、策略大綱，擬訂預算、每日或每週行程。他們只會四處流竄，一群製造混亂的人。

譬如伊凡卡，漂亮的女獵人，蜻蜓點水般的進出於各項會議，只管她老爸的最新事務；傑瑞德也有同樣的權利。他們是毫無經驗的高官。

凱莉安妮．康威具有特許權可以隨心所欲在電視上發言或接受媒體訪問，通常都不跟通訊主任或新聞祕書辦公室協調——這兩個單位歸蒲博思管轄。

再來是巴農，他在西廂靠近橢圓形辦公室附近占了一間辦公室，牆上白板標舉出川普種種政見承諾。他在毫無策略可言的作業中掛名首席策士。他在民族主義／民粹主義議題可能有難時，如一把火似的介入討論，或是在沒事找事幹時才隨意發表高見。

川普也大大不如林肯總統。蒲博思認為，他未能糾合政敵或競爭者組成執政團隊，「他把天生的掠奪者放上檯面。」蒲博思後來說：「不只是政敵——而是掠奪者。」

這些人毫無政府公職經驗，這是非常驚人的、鮮明的共同特色。他們一輩子喋喋不休高談闊論，發抒政治意見，參與政治辯論；要不然就是太年輕、稚嫩。

伊凡卡、傑瑞德、康威和巴農這四個人，在某些方面可謂具有相同的作業模式。蒲博思說：「他們走進西廂，卻沒有放下武器。我也沒有。」他們的討論不是要說服，而是跟總統一樣，只想到要贏——要殺、要粉碎別人、要貶抑別人。

蒲博思說：「如果檯面上盡是天生掠奪者，事情推動不了。」因此，白宮在健保和稅制改革等重大議題上沒有出面領導。外交政策也不一致，經常相互牴觸。

蒲博思問：「為什麼？因為當你把蛇和老鼠、鷹和兔子、鯊魚和海豹放在沒有牆籬的動物園裡，天下當然大亂。這就是川普白宮的寫照。」

注釋——

本章訊息主要來自和第一手消息來源多次深度背景訪談。

[1] https://twitter.com/realdonaldtrump/status/889788202172780544.

[2] Donald J. Trump, "The President's News Conference with Prime Minister Shinzo Abe of Japan in Tokyo, Japan," November 6, 2017. Online by Gerhard Peters and John T. Woolley, *The American Presidency Project*. http://www.presidency.ucsb.edu/ws/?pid=128510.

[3] Rick Gladstone and David E. Sanger, "Security Council Tightens Economic Vise on North Korea, Blocking Fuel, Ships and Workers," *The New York Times*, December 22, 2017.

[4] Ryan Lizza, "Anthony Scaramucci Called Me to Unload About White House Leakers, Reince Priebus and Steve Bannon," *The New Yorker*, July 27, 2017.

[5] https://twitter.com/realdonaldtrump/status/891038014314598400.

[6] Cristiano Lima, "Kelly 'Honored' to Serve as White House Chief of Staff," *Politico*, July 28, 2017.

29 白人至上主義

八月，川普就任總統進入第七個月，某個週末，數百個白人至上主義者在維吉尼亞州夏綠蒂維爾市（Charlottesville）與抗議者爆發暴力衝突，再次鮮明的凸顯出美國種族的分歧。

八月十一日這個熾熱的夜晚，大約二五〇名白人民族主義者，在維吉尼亞大學校園高舉火把遊行，宛若一九三〇年代的德國，高呼「猶太人不能取代我們」的口號，還打出納粹「血與領土」的標語。

次日，抗議南北戰爭南軍名將羅伯．李將軍雕像被拆除的白人民族主義者，和反對他們的另一派民眾，先是彼此口角對罵，不久卻有一名白人民族主義者開車衝向另一派民眾，當場撞死一名婦人、也撞傷其他十九人。穿著恤衫和卡其褲的白人男子高舉火炬的影像，以及汽車橫衝直撞撞向行人的影片，成為電視新聞驚人的畫面。

八月十二日，星期六，川普在貝德敏斯特他的高爾夫俱樂部盯著福斯新聞網。下午一點，福斯播出維吉尼亞警方發言人對這場混戰的描述[1]：「雙方群眾互擲瓶罐。他們互擲填了水泥的汽水罐，他們還互擲油漆球，他們互相鬥毆。架開之後、又相互攻擊，也向群眾丟擲化學品和煙霧彈。」

下午一點十九分，川普透過推特呼籲雙方冷靜。「我們全都必須團結，並且譴責仇恨所代表的一切。這種暴力在美國沒有存在的空間。讓我們團結一致！」[2]

當天下午在預先已排訂的退伍軍人法案簽署儀式上[3]，川普唸稿子譴責暴力攻擊。他說：「我們以最強烈的言詞譴責這種展現仇恨、偏執和暴力的過分行為。」然後他脫稿加了一句：「許多方面，許多方面。這種情形在我們國家已經發生多年。不只在唐納・川普、不只在巴拉克・歐巴馬。這種情形已經發生很久、很久了。」接下來他又回到原稿：「它在美國沒有存在的空間。」

川普「許多方面」這個字詞暗示反對白人至上主義者就等於新納粹黨，這下子觸動敏感的神經。批評總統的聲音跨越黨派界限，連許多共和黨領袖也認為他發言不當。

共和黨籍聯邦參議員魯比歐在推特上說：「很重要，全國都該聽聽美國總統如何形容夏綠蒂維爾市白人至上主義者恐怖攻擊此一事件。」[4]

科羅拉多州共和黨籍聯邦參議員柯里・賈德納（Cory Gardner）也在推特上說：「總統先生——我們應該正面直擊邪惡。這些人是白人至上主義者，這是國內恐怖主義。」[5]

通常相當支持川普的聯邦參議員歐林・哈奇（Orrin Hatch）也推文說：「我哥哥與希特勒作戰、為國捐軀，不是為了讓納粹理念在美國可以完全不受挑戰。」[6]

馬侃參議員發表聲明說，夏綠蒂維爾市事件是「我們善良的天使與我們邪惡的惡魔兩者之間的對抗。白人至上主義者和新納粹就定義而言是反對美國愛國主義、也反對界定我們的理想」。[7]

眾議院議長保羅・萊恩推文說：「白人至上是個禍根。這種仇恨和它的恐怖主義，我們必須抵抗、並將它擊敗。」[8]米特・羅穆尼也說：「種族歧視、然後仇恨、然後令人厭惡的言詞、然後醜陋的遊行，然後就是謀殺；這不是至上，這是野蠻行徑。」[9]

共和黨籍聯邦參議員林西．葛萊漢上〈福斯新聞星期天〉節目，他說，總統需要「在這兒矯正歷史。這些團體似乎認為他們有位朋友唐納．川普在白宮」，「我要促請總統別讓這些團體認為他是他們的朋友」。[10]

副總統潘斯說：「我們不能寬容來自白人至上主義者、新納粹或三K黨的仇恨和暴力。這些危險的邊緣團體在美國公共生活以及美國的辯論中沒有一席之地，我們以最強烈的言詞譴責他們。」[11]

新聞媒體窮追猛打川普明顯不願譴責白人至上主義者的立場。有人認為他浪費了大好機會，沒能夠消除掉外界認為他同情白人至上主義的疑慮。

凱利安排好要在八月十四日星期一上午八點和高階幕僚進行安全的電話會議。他人在貝德敏斯特，可是大部分高階幕僚在華府。可是安全的電話會議器材的音訊卻似乎故障，無法通話。過了三十秒鐘，凱利已經按捺不住，大爆粗口：「他媽的！會不開了。」他奪門而出，惹得幕僚竊竊私議——新任幕僚長脾氣相當急躁喔！

次日，設備又故障。

凱利又罵：「他媽的！找X！算了！算了！所有的人通通退出電話連線。把目前在這兒的人找來開會就算了。」

波特陪同川普在貝德敏斯特，也參加補救措施，擬就夏綠蒂維爾事件再發表一篇談話，以挽回形象。白宮演講稿撰稿人寫了一份初稿，波特將它修飾後準備交給川普次日（八月十四日、星期一）在白宮發表。目的是要展現總統是一股有建設性、能撫平人心的力量。

波特在空軍一號飛回華府時，把演講稿交給川普。兩人一起再修潤它。總統不喜歡稿子的調性，他不希望聽來像是他向政治正確論投降。

波特和現在已升任新聞祕書的莎拉·哈克比·桑德斯一致認為，他們必須設法讓總統再發表一次談話。

桑德斯告訴總統：「我認為這件事很重要，你要能夠直接向美國人民說話、而非透過媒體過濾，這樣子你的立場才不會被誤解。這樣子，有線電視新聞網和微軟國家廣播台或任何人，才不能扣你帽子，扭曲你講話的本意。你對這件事需要說得很清楚。最好的方法就是你、不經媒體的過濾……很精準、很直接的說出來。你這樣做，媒體就不能扭曲它。」

川普為他說過的話辯護：「這不是說只有一方專門（壟斷）仇恨或偏執。這不是說任何一方有錯。在媒體上，你根本得不到公平。不管你說了什麼或做了什麼，都會被批評。」

波特說：「你必須補正。你不希望被人認定你是現在這種態度。你需要把國家團結起來。」這是身為總統的道德責任。

「不直接譴責新納粹黨和那些受種族仇視激發的人，沒有好處。國家出現了巨大裂痕。」波特試圖打動總統的自我意識和做為核心的心理。他說，總統可以成為療癒總司令、安慰總司令。

波特說：「國家要靠你以言詞撫平傷口，指點前進的方向。」總統可以啟發民心、振奮民心。他可以扮演救星的角色。

川普沒有推拒，但是也沒有說YES。

回到白宮後，因為西廂正在重新修繕，川普和波特上樓到官邸。波特從手提電腦裡叫出演講稿。因為沒有印表機，總統和波特就著手提電腦一起審閱草稿。川普沒有碰鍵盤，坐在書桌後。波特坐他旁邊，滾動草稿，剪剪貼貼。

川普一度說：「我不明白這一點。」

演講稿主要是批評種族主義，提倡愛和癒合的必要。

總統說：「我不曉得是否感覺得對。」它看起來太軟弱。他沒有要道歉。「我感覺不對勁。」

波特可以看到在他面前是兩個唐納．川普。他明顯陷於天人交戰。他不會向政治正確屈服，可是他又必須團結人民。他很快就理解到這一點，也就不再反對演講稿的文字。

波特反覆依照川普意思修潤文字。川普終於說：「行了。行了。我們就這麼說。」

波特可以看到他內心的掙扎。再沒別的東西掩飾他的情緒或結論。很明顯，川普並不興奮，可是他也沒有心煩意亂，他並不生氣。波特把最後約十二段長的定稿輸入提示機。川普即將在外交接待廳發表談話。

中午十二點三十分過後不久，川普走向講台，背後是美國國旗和總統旗。[12]他雙手緊握講台，皺著眉頭。他面容嚴肅的說，他今天在華府將和經濟團隊開會討論貿易政策和稅制改革。他稱讚經濟強勁，股市節節升高，失業率降低，然後表示他對夏綠蒂維爾事件有些話要說。

他對著全國電視觀眾說，司法部已經展開公民權利調查。川普說：「在週末種族暴力事件中犯下罪行的人，將會全面受到追究。」

總統表情僵硬、不舒服，彷彿人質被迫錄影說話一般，他說：「不論膚色如何，我們全都生活在相同的法律下，全都向相同的偉大國旗敬禮。我們必須彼此相愛，彼此展現感情，並且團結起來譴責仇恨、偏執和暴力。我們必須重新找到使我們同為美國人的愛與忠誠的連結。」

他點名「三K黨、新納粹黨、白人至上主義者和其他仇恨團體……種族主義就是邪惡」。「我們將防衛及保護所有美國人民的神聖權利」，每個公民才能「自由的追尋他們心中的夢想，並且展現出他們靈魂中的愛和喜樂」。

這是堪可媲美雷根總統或歐巴馬總統的五分鐘演講。

凱利將軍交代高階幕僚：「記得跟他說，這是很棒的演講。」他擔任幕僚長還不到三個星期。

史帝夫．米努勤和葛瑞．柯恩在回到官邸的電梯前迎接川普。他們極力誇讚他。柯恩說：

「這是一篇偉大的演講。這是閣下擔任總統以來最棒的一刻。」它吻合團結全民、邁向種族癒合大路的高尚傳統。後來他們告訴波特，真不知道他是如何說服川普的。

波特也覺得勝利，總算真正做了對國家有益的事。他總算沒有辜負總統的器重。這使得不眠不休的工作有了價值。

川普打開電視機，看福斯新聞網怎麼說。前任海軍特戰部隊軍官、作家羅布・歐尼爾（Rob O'Neill）大體上讚揚川普立場明確[13]，但是他說：「這段話幾乎等於承認說，好吧，我錯了。我要找條路脫困。」

福斯記者凱文・柯克（Kevin Corke）說：「上台不久之後發生的這樁國內最大的挑戰已經過了約四十八小時，川普先生修正他的路線。」

暗示他承認錯誤、不穩定的評語，激怒了總統。川普對波特說：「這是我犯下的他媽的最大的錯。你絕對不能這樣讓步。你絕對不能道歉。我根本從頭到尾沒有錯。為什麼要示弱？」

雖然原稿不是波特寫的，他也花了將近四個小時與川普一起修改、潤飾，提出比較圓融的文字。奇怪的是，川普的怒火並沒有直接燒向波特。川普明顯仍未責怪波特，但直接向他宣洩，他說：「我不敢相信我怎麼會被迫做出這種事。這是我歷來最爛的演講。我以後再也不幹類似的事。」他不斷氣惱他的演講，抱怨這是大錯特錯的決定。

注釋

本章訊息主要來自和第一手消息來源多次深度背景訪談。

[1] 警方發言人的談話見 YouTube https://youtu.be/UshUxz7Lt0w.

[2] https://twitter.com/realdonaldtrump/status/896420822780444672.

[3] Donald J. Trump, "Remarks on Signing the VA Choice and Quality Employment Act of 2017 in Bedminster, New Jersey," August 12, 2017. Online by Gerhard Peters and John T. Woolley, *The American Presidency Project*. http://www.presidency.ucsb.edu/ws/?pid=128032; 以及作者看過一位與會人士的筆記。

[4] Kristine Phillips, "Trump Didn't Call Out White Supremacists. He Was Rebuked by Members of His Own Party," *The Washington Post*, August 13, 2017.

[5] 同前注。

[6] 同前注。

[7] 同前注。

[8] 同前注。

[9] 同前注。

[10] *Fox News Sunday* transcript, Fox News, August 13, 2017.

[11] Philip Rucker, "Pence: 'We Have No Tolerance for . . . White Supremacists, Neo-Nazis or the KKK," *The Washington Post*, August 13, 2017.

[12] Donald J. Trump, "Remarks on the Situation in Charlottesville, Virginia," August 14, 2017. Online by Gerhard Peters and John T. Woolley, *The American Presidency Project*. http://www.presidency.ucsb.edu/ws/?pid=128019.

[13] "Trump Condemns Hate Groups Amid Uproar over Initial Response," transcript, Fox News, August 14, 2017.

30 夏綠蒂維爾事件

次日，星期二，川普在紐約開會討論他所提議的興建公路、橋梁和學校之基礎設施方案。當天下午，安排他在川普大樓大堂舉行記者會。大堂裡伊凡卡·川普品牌的展示櫃已披蓋上藍色布幕。下樓前，他交代把他針對夏綠蒂維爾事件兩次談話的「真正金句」印出來。他說萬一被問的話，要引用確切講過的字句。

所有的幕僚都急急提醒他，千萬不要接受記者提問。川普說他沒有打算接受提問。但記者會上，他還是接受提問[1]，而且問題集中在夏綠蒂維爾事件上。他拿出星期六那份聲明。「我說——記得喔，星期六說的——我們以最強烈的言詞譴責這種展現仇恨、偏執和暴力的過分行為。」他略過「雙方」那一部分，但是這次他又加上「極左派來衝撞」集會。「另一方的團體也很暴力。沒有人要說它，但是我現在要說。」

「請相信我，這些人並非全是新納粹黨。這些人並非全是白人至上主義者。這些人當中有許多人是去抗議拆掉羅伯·李的雕像……我不禁要想，下星期拆華盛頓雕像嗎？再下星期拆傑佛遜雕像嗎？」他指出，兩位開國先賢也都蓄養奴隸。「你真的必須問問自己，什麼地方才停下來呀？」

他又回到他早先的立論：「雙方都有錯……雙方也都有好人。另一邊也有許多壞人……一個故事是有兩面的。」

著名的三K黨前任領導人大衛・杜克（David Duke）在推特上貼文：「感謝川普總統誠實、勇敢，講出夏綠蒂維爾事件的真相。」[2]

美國各軍種司令官罕見的在社群媒體上嚴詞反駁三軍統帥。[3]海軍作戰部長約翰・李察遜（John Richardson）上將透過推特說：「夏綠蒂維爾事件不能被接受、不能被容忍。美國海軍永遠反對不寬容和仇恨。」陸戰隊司令羅伯・聶樂（Robert Neller）將軍寫說：「美軍陸戰隊沒有種族仇恨或極端主義的空間。我們誠實、勇敢和承諾的核心價值，構成陸戰隊生存和行動的方式。」陸軍參謀長馬克・米烈將軍也在推特貼文說：「陸軍不容忍官兵有種族主義、極端主義或仇恨。這違反我們的價值，以及自一七七五年以來所代表的一切。」空軍和國民兵部隊首長也跟進類似的聲明。

哥倫比亞廣播公司主播史蒂芬・柯爾貝（Stephen Colbert）戲謔的說：「這就好像是D-Day。*記得D-Day吧？盟國和納粹兩方對陣。雙方都暴力相向，毀掉一個美麗的海灘。當然它也有可能是高爾夫球場。」[4]

川普接受記者提問時，退役將領凱利一臉嚴肅的站在川普大樓大堂。柯爾貝說：「這位先生是四星上將。伊拉克，沒問題。阿富汗，我們辦得到。二十分鐘的川普記者會呢？大泥淖。」

波特也站在川普大樓大堂旁觀。他十分震驚，完全被打敗，無法置信。後來川普跟他談起第二次聲明，這位幕僚祕書說：「我認為三份聲明中，只有第二份是好聲明。」

川普回敬他：「我不要跟你說話。你滾一邊去。」

凱利後來告訴總統，因為他發表三次聲明，「現在人人可以從中選擇，這可能對總統有利。或許這樣反而皆大歡喜。」他說他太太喜歡星期二的聲明和記者會——即第三份聲明。因為它顯示總統的強悍。

大型藥廠默克公司（Merck）董事長肯尼士・佛瑞哲（Kenneth Frazier）是財星五百大公司中少有的非洲裔最高主管之一。[5] 他宣布辭去川普政府「美國製造業理事會」（American Manufacturing Council）委員。這是總統禮聘民間企業領袖擔任顧問的一個團體。

佛瑞哲發表聲明說：「美國的領導人必須尊重我們的根本價值，清楚的摒棄仇恨、偏執和集團至上的表現……身為默克執行長，也基於個人良知，我覺得有責任表態反對不寬容和極端主義。」

不到一個小時，川普在推特上抨擊佛瑞哲。川普寫說，佛瑞哲現在既已辭職，「他將有更多時間調降暴利的藥價！」[6]

譯注

* D- Day 在軍事術語中代表一次作戰或行動發起的那天。迄今為止，最著名的 D-Day 是一九四四年六月六日諾曼第登陸戰役打響之日，即第二次世界大戰同盟國反攻被納粹德國占領的歐洲大陸的開始。

運動用品公司安德瑪（Under Armour）和英特爾的執行長也跟進佛瑞哲，辭退理事會委員。川普餘氣未消，又針對佛瑞哲發出第二則推文，寫說默克應該：「把工作帶回國以及降價！」[7]

八月十五日星期二，川普推文說：「即使有那位執行長退出製造業理事會，我還有更多人可以替補他們。」他稱呼退出者為「譁眾取寵者」。[8]

川普的記者會聲明也讓總統另一個顧問機關「策略及政策論壇」（Strategic & Policy Forum）委員，以及製造業理事會其他委員不以為然。一天下來，3M、康寶濃湯（Campbell Soup）和奇異（General Electric）的執行長，相繼退出製造業理事會；美國勞工聯盟暨產業工會總會（AFL-CIO）*的代表和美國製造業同盟（Alliance for American Manufacturing）的會長也宣告退出。

摩根大通銀行執行長傑米．狄蒙（Jamie Dimon）告訴職員，策略及政策論壇已經決定解散。川普搶在眾叛親離、有更多人出走之前，透過推特解散這兩個組織。[9]他寫：「為了不讓製造業理事會和策略及政策論壇的企業人士承受壓力，我解散它們。感謝各位！」

然而，更重要的是，來自眾議院議長萊恩和參議院多數黨領袖麥康諾的私人反應。這兩位共和黨領袖打電話給幾位執行長，私底下讚揚他們仗義直言。

八月十八日星期五，葛瑞．柯恩從長島東漢普頓坐直升機飛到紐澤西州莫里斯鎮（Morristown）[10]，當地大雨滂沱。他必須在停機坪等候，才轉到貝德敏斯特。他帶來辭呈。太過份了，有人竟然在她女兒大學宿舍門口貼上納粹卍字標記。

他來到俱樂部，川普即將向會員及來賓比賽致辭。川普在掌聲中進場，與眾人握手、寒暄，也提醒大家他曾經贏過會員來賓比賽。川普和柯恩從自助餐檯拿了食物，走進一間私人用餐室。

柯恩等到兩人單獨相處才說：「總統先生，我對你的立場使我及我家人陷入的處境非常不舒服。我不希望這是會起爭吵的討論。」

川普說：「你不知道你自己在說些什麼。」

他們為川普說了什麼、沒說什麼，起了爭辯。

總統說：「在你繼續說話之前，我要你回去，再聽一遍。」

柯恩答說：「閣下，我已經聽了不下三十次。你有看過影片嗎？閣下。」

「沒有，我沒有看過影片。」

柯恩說：「閣下，我請你看一看影片。我要你看看影片，一大群白人高舉火炬，叫嚷『猶太人不能取代我們』。我不能生活在這樣的世界。」

川普說：「你去聽、也去讀。我會去看影片。」

譯注

* 美國勞工聯盟暨產業工會總會（American Federation of Labor and Congress of Industrial Organizations, AFL- CIO）是美國最大的工會組織，會員近一千二百萬人。

他們協議好，分別去聽和看之後再來討論。

川普說：「我沒有說錯話。我坦白說出心裡的話。」

柯恩說：「星期一的聲明很棒，星期六和星期二那兩篇糟透了。」

星期一，在白宮，柯恩出現在橢圓形辦公室。[11]伊凡卡坐在一張沙發上，凱利則站在一張椅子後。

柯恩還未關上門，川普就開口了：「你是來辭職的嗎？」

「是的，閣下。我是來辭職。」

川普又說一遍：「我沒有錯。」你會辭職是「因為你在公園大道的自由派朋友。一定是你太太啦」！川普話鋒一轉，怪到柯恩太太身上。然後，川普講起某個偉大的高爾夫球員的故事。這位球員的太太抱怨老公每個週末都不在家，因此他「聽某嘴」留在家陪她。川普說，現在這位原本偉大的球員淪落到賣高爾夫球，賺不了幾個錢。好了，這就是聽某嘴的下場。

川普說：「人人都想要你的位子。我把它給了你，真是錯誤啊！」

總統繼續尖牙利嘴奚落，氣氛非常冷峭。柯恩一輩子沒被人這樣當面奚落。川普說：「你這是背叛！」

川普轉而試圖讓柯恩覺得辜負厚愛，壞了大事。「你負責推動政策，如果你現在離職，稅改就完了。你不能這樣做。」柯恩已經花了好幾個月時間擬訂減稅計畫，現在已進入國會協商階段，這是一個巨大、複雜的任務。「你怎麼能夠半途而廢、棄我於不顧？」

「閣下，我從來沒有要棄你於不顧。我也不要任何人以為我背叛你。我注重我的信譽勝於世界上任何東西。我在白宮是不支薪服務的，這跟金錢無關。我是為了報效國家。如果你認為我背叛你，我絕對不會的。」然後他鬆口：「我可以留下來，完成稅制改革。但是我不能留下來、卻不說話。」

副總統潘斯走進來，站在柯恩旁邊，拍拍他肩膀。潘斯說，他們需要柯恩，但是他也了解柯恩的處境。是的，柯恩應該公開說一些話。

川普說：「你就出去、說什麼都行。米努勤也說了話呀！」*

米努勤曾發表聲明[12]：「我強烈譴責那些充滿仇恨的人之行為……他們得不到我、也得不到總統或這個政府的迴護。」他引述川普對夏綠蒂維爾事件最初的回應，又說：「身為猶太人……我發覺很難相信我必須就這件事替自己辯護、或為總統辯護。我覺得有必要向大家報告，總統絕對沒有意思相信支持暴力的新納粹黨和其他仇恨團體，等於以和平、合法方式遊行的團體。」

川普舉出還有別的人也跟他保持距離。

柯恩回答說：「我沒有平台。」

譯注

* 柯恩和米努勤都是猶太裔。

川普問：「你這句話是什麼意思？」

柯恩說，內閣部長底下有新聞公關人員。「他們可以隨時發表聲明。我是總統助理。我不應該拋頭露面向媒體發表聲明。」

川普說：「我不管這一套。你現在就到講檯去，發表你的聲明。」他邀請柯恩到白宮新聞室的講檯去。

「我不能那樣做。太尷尬了。不能這樣做。讓我用我的方式做吧。」

川普說：「我不管你用什麼方法。在稅改完成前，我不放你走。你要說什麼，都行。」

「在我發表之前，你要不要先過目？」

川普似乎三心兩意、拿不定主意。起先他說：「不用了。你愛怎麼說，都行。」但稍後又問他會怎麼說：「我們能先看看聲明稿嗎？」

柯恩說，他會和白宮通訊室一起擬稿。

走出橢圓形辦公室時，全程在場聽到一切的凱利將軍把柯恩拉進內閣廳講話。根據後來柯恩做的筆記，凱利說：「這是我生平僅見最偉大的、自我節制的表現。換了我是你，我會拿出辭職信，六次塞進他的屁股。」

隔了幾分鐘，潘斯來到柯恩在西廂的辦公室。潘斯重申他的支持。他說，說出你必須講、想要講的一切，然後繼續為國家服務；接著又說了一些感謝他等等的話。

柯恩選擇透過《金融時報》專訪的方式表白。[13]「這個政府可以、也必須更加改進……我承受極大的壓力，依違於辭職和留任之間……我也覺得有必要說出我的苦衷……為平等和自由挺身而出的公民絕不能等同於白人至上主義者、新納粹黨和三K黨。」

柯恩可以看得出來，川普相當憤怒，因為接下來一兩個星期總統都不跟他說話。在例行會議上，川普當做他不存在，不理他。終於有一天川普轉身向他問話：「葛瑞，你有什麼看法？」政府內部高階人員如此互不講話固然告一段落，傷痕已經留下不退。

對波特而言，夏綠蒂維爾事件是個突破點。川普拒絕幾乎所有幕僚的良好判斷。他以前也如此幹過，他的剛愎自用和不理性起起伏伏。但是，夏綠蒂維爾事件卻打開了洩洪水閘。只需要講幾句話，但他卻吝於開口，還畫出一道鮮明界線。波特說：「這不再是總統應為、當為，這不再是白宮。這個人目中無人，只有自己。」川普仍然悍然不顧一切，我行我素。

波特從貼身位置——或許在眾多幕僚當中、僅次於霍普．希克斯——把這一切看在眼裡，川普的當選重新點燃國家的分裂，跟媒體的關係更加敵視，文化戰爭更加激烈，種族主義崛起。川普卻推波助瀾。

波特心想，在夏綠蒂維爾事件之後試圖修復這些分裂的努力是否盡付流水？俱往矣，回不了頭了！在反對川普、仇視川普的人心目中，川普是個非美國人的種族主義者。火上已經有許多油，川普還拚命添柴加油。大火勢必延燒，一發勢必燎原。

現在全國上下幾乎陷於永久的猜疑、不信任和敵對狀態。「現在就是全面戰爭。」

注釋

本章訊息主要來自和第一手消息來源多次深度背景訪談。

[1] Donald J. Trump, "Remarks on Infrastructure and an Exchange with Reporters in New York City," August 15, 2017. Online by Gerhard Peters and John T. Woolley, *The American Presidency Project*. http://www.presidency.ucsb.edu/ws/?pid=126765.

[2] https://twitter.com/drdavidduke/status/897559892164304896.

[3] Ben Watson, "How U.S. Military Leaders Are Reacting to Charlottesville," *Defense One*, August 16, 2017.

[4] Emily Yahr, " 'Clinically Insane,' '7th Circle of Hell': Late-Night Hosts Process Trump's News Conference," *The Washington Post*, August 16, 2017.

[5] Nolan D. McCaskill, "Trump Attacks Merck CEO for Quitting Manufacturing Council over Charlottesville," *Politico*, August 14, 2017.

[6] 同前注。

[7] 同前注。

[8] https://twitter.com/realdonaldtrump/status/897478270442143744.

[9] https://twitter.com/realdonaldtrump/status/897869174323728385.

[10] 作者看過一位與會人士的筆記。

[11] 同前注。

[12] "Statement by U.S. Treasury Secretary Steven T. Mnuchin," U.S. Department of the Treasury, August 19, 2017.

[13] "Transcript: Gary Cohn on Tax Reform and Charlottesville," *Financial Times*, August 25, 2017.

31 帝國的墳場

夏綠蒂維爾事件風波震盪期間，巴農打電話給凱利。他說：「我知道這傢伙，如果你不開始在白宮有人罩著」川普，肯定會一直有麻煩。「你必須罩著他。」

共和黨籍聯邦參議員鮑布·柯克（Bob Corker）告訴新聞記者：「總統還未能展現（擔任此一職位所需的）穩定性和某些能力」。[1] Politico也刊出一篇長文談論川普的火爆脾氣[2]，稱川普受到他自己脾氣的驅動，又說「怒氣被用來管理部屬、表達他的不爽，或單純只是發洩」。

巴農說：「白宮裡沒有任何一個高階人物站出來捍衛他。」

巴農覺得川普應該可以贏得訊息戰。「川普總統提到華盛頓、傑佛遜、林肯等總統時，問了一句：『什麼地方才停下來呀？』，可說是接地氣、連接到美國人民。左派的種族認同政治硬要說它是種族主義。再多舉出例子……簡直就是罄竹難書嘛！」[3]

副總統潘斯盡責的轉貼川普一些比較和善的言論[4]，然後又說：「身為美國總統，川普說：『我們必須以敬愛我們國家……真正互相親愛，團結成為美國人。』（#夏綠蒂維爾事件）」

巴農告訴凱利：「如果他被圍困，國會山莊那批人就會開槍濫射。你必須開始保護這個傢伙。」

凱利問：「你是不是他媽的想要我這份工作？」

「你說什麼？」

「你是不是他媽的想要做幕僚長？」

巴農答：「你在說什麼肖話？別跟我來這一套。你知道你是唯一能夠做到這一點的人。」

凱利說：「你給我聽著。我現在的問題是，我即將丟掉眼前半數人手，也可能失去三分之一的閣員。你不懂的。這件事有如走在刀尖上。但是人民不會容忍，這種事必須受到譴責。如果你認為你有解決辦法……」

巴農當然沒有妙計。但是他告訴凱利，他即將辭職。

巴農說：「我將在星期五離職。」明天將是他最後一天上班。

凱利說，我想這樣或許最好。

但是巴農還是擔心川普在週末即將在大衛營召開的國安會；這是就阿富汗局勢做出決定的最後一次國安會會議。

「請務必讓總統得知每一選擇方案及其細節。」

凱利說：「我會這麼做。」他的口頭禪是——總統會得知故事全貌以及全方位的選擇方案。

「要讓龐培歐有機會全力投球。」

凱利承諾他會做到。

巴農曉得川普正走向全球主義的決定。以麥馬斯特領導的國安團隊勢力正在設計他。他們製造川普已經獲得充分報告的紀錄，知道阿富汗頗有可能成為下一個九一一型恐怖攻擊的基地。如果威脅成真，他們會向《華盛頓郵報》或《紐約時報》洩露，川普忽視此一警告。

按照對八月十八日召開的國安會會議的規畫，賽辛斯和柯羅格將支持退出阿富汗。中央情報局局長龐培歐將力主擴大中情局的準軍事部隊、而非增派正規軍，這是他和巴農擬訂的方案。麥馬斯特則會主張維持原案，即增派四千名部隊。

賽辛斯一開口就說，自從九一一事件以來，他就是參議院軍事委員會委員。我一直聽到同樣的說法。六到十八個月之內，我們就會扭轉阿富汗情勢。一次又一次，老調重彈。你們一直都沒搞對。他重磅抨擊，歐巴馬做出增派一萬名部隊的重大決定，這是重大改變，結果又如何呢？一路錯到底。這也是為什麼我們陷在哪裡已經十六年。塔里班現在已經控制阿富汗半壁江山。現在就退出吧、放棄吧！

柯羅格附議，「必須班師回國了。」

龐培歐在蘭利（Langley）已經受到全面性的提醒。中央情報局老人提醒他，阿富汗不僅是帝國的墳場，也會葬送一個人的大好前程。中央情報局花了許多年，在「反恐追擊隊」（Counterterrorism Pursuit Teams, CTPT）這支準軍事部隊扮演次要角色，避開全部責任。老人建議，阿富汗是軍方的問題；還是維持現狀比較妙。另外還有一番考慮：根據龐培歐擬訂的計畫，軍方還是負責指揮控制「反恐追擊隊」，不會真正讓中央情報局控制他們。成功毫無保證，也無法合理預期，到頭來有人會遭到責怪。

輪到龐培歐說明折衷路線時，他全力介紹他本身的方案。他說，中央情報局需要兩年的時間整備「反恐追擊隊」的反恐作戰任務。我們目前實體上並無準備，也沒有基礎架構。我們沒有能力跳進去，然後和特戰部隊共同負責如此雄心勃勃的任務。中央情報局在阿富汗的資產已經萎縮，今天它不是可行的替代方案。

接下來輪到麥馬斯特說明維持原案、加派四千名部隊。他的主要論據是，美國的主要戰略目標是防止凱達組織或其他恐怖分子攻打美國本土或其他盟國。

川普說：「我已經聽煩了。因為你們這套話可以擺到世界上每個國家去。你們不斷說伊斯蘭國流竄到許許多多地方，他們可能策畫對我們發動攻擊。我們不能到處都管啊。」

川普破口大罵，尤其是針對將領們——你們製造出這個情勢，一團亂。你們製造出阿富汗這個爛攤子，你們製造出這些問題。你們這些聰明的傢伙，我必須坦白告訴你們，你們是問題的一部分，而且你們沒有能力補救，只會越弄越糟。

他呼應賽辛斯的主張，現在你們又要求增派部隊到我根本不相信的事情上面去。我打從一開始就反對的。

他雙臂環抱在胸前。總統說：「我要退出。你們給我的回答卻是越陷越深。」

作風沉靜的馬提斯對於決定有極大的影響力。他不是喜歡正面對衝的人，採取的是以退為進、以少求大的作法。

他告訴川普，我認為你說的對，你對經費的直覺也對。但是新方法會奏效——終結歐巴馬式自訂的時間表，解除對第一線指揮官的限制。現在撤走可能加速阿富汗政府的崩潰。美軍撤出阿富汗已經留下真空，使得凱達組織乘隙而入，製造出恐怖分子庇護所，進而導致九一一攻擊。問題在於若再有新的恐怖攻擊源自阿富汗，尤其是大型攻擊，將是重大災難。

他認為美軍若撤出，會製造另一個伊斯蘭國型的叛亂。伊斯蘭國勢力已經伸入阿富汗。

馬提斯罕見的向川普提出尖銳的陳述：歐巴馬時期伊斯蘭國在伊拉克崛起的狀況，會發生在你任期內。在場許多人都記得這一記螫咬。

川普憤憤不平的說：「你們全都告訴我，我必須這麼做，我猜那就罷了，我們就這麼做吧。但是我依然認為你們錯了，我不曉得這是為了什麼，我們毫無收穫。」他誇大其詞：「我們已經花了好幾兆美元。我們犧牲了那麼多性命。」不過，他承認，他們大概也不能放下就跑，留下真空，聽任凱達組織、伊朗和其他恐怖分子堂皇而入。

散會後，賽辛斯打電話給巴農。賽辛斯用一匹疲憊的賽馬拒絕聽從騎師控制的行話說：「他吐出口裡的銜枚。」

巴農問：「你說誰？」

「你的好朋友，龐培歐。」

「你在說什麼啊？」

賽辛斯說：「這是我所見過最爛的簡報。」他和柯羅格已經盡了全力。「我好到不能再好。柯羅格也棒透了。因為你沒在場，麥馬斯特實際上表現也比以前好太多。事實上總統在會後也說我和柯羅格的簡報太棒了。但是很明顯，總統要找中間路線做為替代方案。」

「龐培歐表現得有多糟？」

「他的心不在上面。」

「怎麼會呢？」

巴農打電話找龐培歐興師問罪。「你他媽的究竟怎麼一回事？我們替你把整個台子搭起來，讓你來擁有它。」

龐培歐提到中央情報局：「我只能控制到這個地步。我還有其他仗要打。我必須打贏它們才行。」

龐培歐提起蘭利的高級官員怎麼跟他說的：你在幹什麼？聖眷方隆，川普很欣賞龐培歐耶。你前途看好。但是你若插手這檔事，恐怕擺脫不了責任。

蘭利一位官員告訴他，我們在華府花了十年功夫，努力不讓阿富汗的帳記到我們頭上來。你幹嘛自動請纓？我們不能自動跳出來承擔任何事情的。別理會巴農。他是個小丑，他瘋了。這是五角大廈想要坑我們，因為他們也想開溜啊。

龐培歐敘述中央情報局的立場。「我們沒有組織架構可以指揮這一活動，這是軍方該做的事。你說的是共同作業，但我們沒有這種資源。我們沒有他們規劃的這種規模的專業技能。我們承擔不起這個責任。你要挑起阿富汗的責任嗎？因為我們贏不了。你也了解我們贏不了的！」而且難就難在川普一直說：「我們為什麼贏不了？為什麼他們（塔里班）一直在炸死我們的人？」

巴農打電話給川普。巴農說：「你也曉得我對這件事的立場。我認為終究你還是要考慮中間路線。」

川普說：「你沒有聽到全部的故事。真的已經有個新策略，我們會贏的。」

八月十八日的國安會會議上，川普核定了麥馬斯特的4R計畫。日期八月二十一日，由麥馬斯特簽名的一份六十頁的戰略備忘錄，把4R訂定為：「增強」（reinforce）是「提供更多器械裝備和訓練，但是支援附帶條件（阿方）必須推動改革」；「調整」（realign）是「美國的民事援助和政治支援將調整為以（阿富汗）政府控制的主要地區為目標，至於爭奪地區則視個案而定；「和諧」（reconcile）是「外交方面，將促請（阿富汗）政府進行更廣泛的努力，培養兼容並包和政治寬容，推動選舉，並與各族裔及區域權力掮客合作」；「區域化」（regionalize）則是（美國）「與區域大國合作」。

這項備忘錄說，會議確認在阿富汗的目標是，「重新打造安全環境」以限制塔里班的軍事選項，並且「鼓勵他們談判政治解決方案，降低暴力、不再庇護恐怖分子」。

川普核准馬提斯把塔里班和巴基斯坦的恐怖組織哈卡尼網絡（Haqqani Network）*宣告為敵

譯注

* 哈卡尼網絡是阿富汗游擊隊叛軍，盤踞在阿富汗和巴基斯坦交界地區，使用不對稱作戰對抗美國領導的北約部隊和阿富汗政府。它是塔里班的遺孽。一九八〇年代，阿富汗中央政府由蘇聯控制時，中央情報局利用哈卡尼網絡來對付蘇聯。二〇一二年，美國宣布哈卡尼網絡為恐怖組織。

對勢力。

埋在綜合戰略十九頁中有一段話承認「阿富汗戰爭有可能持續陷於僵局」，以及「塔里班有可能繼續得勢」。

根據把真實故事隱藏在備忘錄裡的傳統，麥馬斯特簽署的結論是「勝利是無法達成的」。

川普告訴葛萊漢：「你是第一個接到我電話的人。我剛跟將領們開過會，我將接受將領們的建議。」

「好呀，總統先生，這可能是任何一位總統會做的最明智的決定。」

川普說：「這是很艱難的決定。它是帝國的墳場。」這句話出自賽斯．瓊斯（Seth G. Jones）有關阿富汗的一本書。

葛萊漢開玩笑說：「很幸運，你讀過的唯一一本書就是它。」

川普大笑。

八月十八日星期五，在空軍一號專機上，雖然現場沒有記者，川普對他一位高級幕僚說：「不列入紀錄哦，我剛開除了巴農。你有沒有看到他怎麼說北韓的？什麼我們沒有軍事方案！我X他媽的！」[5]

巴農剛接受自由派雜誌《美國展望》（American Prospect）編輯羅伯．庫特納（Robert

Kuttner）的訪問[6]，指出川普對北韓咆哮威脅，要賞以「砲火與怒火」（Fire and Fury），根本是唬爛。

巴農說：「美國沒有軍事方案。他們扼住我們了。」他又說：「除非有人解決等式的這一部分——首爾一千萬人不會在開戰三十分鐘之內死於傳統武器砲火。我不曉得這怎麼不是練肖話。」川普擔心跟巴農陷入冗長的言詞交戰，也擔心他不會保持緘默。

白宮排訂八月二十一日星期一晚上，在維吉尼亞州梅耶堡軍事基地，當著軍人觀眾之面、透過全國電視轉播，宣布阿富汗策略。[7]這是一件大事——川普第一次當著廣大觀眾之面正式宣布一項政策。

川普說：「我原始的直覺是退出——過去我也一向喜歡遵循我的直覺。」他三度提到目標是「打贏」，他說：「我們不會談論部隊人數或進一步的軍事計畫。」

川普因而迴避掉小布希和歐巴馬的死穴。他的策略產生把阿富汗戰爭的辯論推開、離開新聞頭版和登上媒體的效用——除非又爆發重大流血暴力事件。

馬侃參議員評論說：「我推崇川普總統往正確方向踏出一大步，提出阿富汗的新策略。」[8]民主黨籍聯邦參議員提姆．凱恩（Tim Kaine）是希拉蕊．柯林頓的副總統競選搭檔，他說，美國必須「確保阿富汗不會是個流血場合、再回來傷害我們」。[9]

巴農和史帝芬．米勒談話。巴農說：「這篇談話究竟他媽的在說什麼呀？首先，它只是在繞圈子嘛。」

這篇演講其實不全然繞圈子。它既有新意、又有歐巴馬策略的相同元素。巴農反對的重點是它脫離現實。「你不能讓他坐在那兒大談勝利。根本不會有勝利嘛。」

川普堅持打勝的言語。他已經給了軍方、馬提斯和麥馬斯特充分的授權。軍方保留顏面，不必承認戰敗。

總統發表談話的次日，提勒森以另一種方式宣布不可能戰勝。他在新聞簡報時向塔里班喊話：「你們贏不了戰場勝利。我們可能贏不了，但是你們也贏不了。」[10]

繼續僵持。

注釋——

本章訊息主要來自和第一手消息來源多次深度背景訪談。

[1] "Republican Senator Says Trump Yet to Demonstrate Needed Stability," Reuters, August 17, 2017.

[2] Nancy Cook and Josh Dawsey, " 'He Is Stubborn and Doesn't Realize How Bad This Is Getting,' " *Politico*, August 16, 2017.

[3] Jeremy W. Peters, Jonathan Martin and Jack Healy, "Trump's Embrace of Racially Charged Past Puts Republicans in Crisis," *The New York Times*, August 16, 2017.

[4] https://twitter.com/vp/status/896471461669605376.

[5] 作者看過一位與會人士的筆記。

[6] Robert Kuttner, "Steve Bannon, Unrepentant," *The American Prospect*, August 16, 2017.

[7] Donald J. Trump: "Address to the Nation on United States Strategy in Afghanistan and South Asia from Joint Base Myer-Henderson Hall, Virginia," August 21, 2017. Online by Gerhard Peters and John T. Woolley, *The American Presidency Project*. http://www.presidency.ucsb.edu/ws/?pid=126842.

[8] "McCain on the New Strategy for Afghanistan," August 21, 2017.

[9] "Kaine: U.S. Must Be 'Invested' in Afghanistan," *Talking Points Memo*, August 21, 2017.

[10] Aaron Blake, "Rex Tillerson Totally Undercut rump's 'We Will Win' Rhetoric on Afghanistan," *The Washington Post*, August 22, 2017.

32 建立白宮新秩序

八月，國會休會期間，凱利和波特陪同總統在貝德敏斯特住了幾個星期。新任幕僚長認為白宮簡直就亂得一塌胡塗，蒲博思和巴農都是業餘人士，他必須建立秩序和紀律。

波特說：「我們也嘗試過要這麼做。」他告訴凱利，蒲博思是如何試圖建立秩序。幾個月前，蒲博思曾經召集高階幕僚——麥馬斯特、柯恩、巴農、康威和波特——在行政大樓戰略室開會。

蒲博思說：「我們需要有策略。什麼是優先事項？要如何排訂優先順序？」他把大家的想法寫在戰略室四周牆上的白板上，這很像在「敏感分隔資訊設施」進行最高度機密的討論。房間裡布滿了電腦和視訊電話會議的器材。

這次會議提出的想法從來沒有被認真執行。總統經常只找兩、三個人討論之後就做出決定，根本沒有決策和協調決定的程序，混亂和失序還不足以形容亂局。這是人人自作主張、各吹各的號的狀況。總統會突然來個點子，然後說：「我要簽署某某東西。」波特就必須解釋，固然川普有廣泛的權力，譬如發布行政命令，但是總統經常還是要受到法律限制。川普根本不知道政府是怎麼運作，有時候他會自己起草命令或是口述命令。波特從蒲博思時代直到今天所採取的基本辦法就是推拖拉，提出法律規定的障礙，以及偶爾從總統辦公桌抽走公文。

波特形容自己幾個月來每天都「嘶喊程序」的重要性。他們需要對什麼文件簽署及下達命令建立鐵的紀律。即使不是鐵的紀律，至少也得有控制才行。

八月二十一日，凱利和波特對全體閣員和白宮高級助理發出兩份備忘錄。「白宮幕僚祕書（波特）將是總統所有文件的總收發。」每一張紙，包括決定備忘錄、每一種備忘錄、新聞發布稿，甚至報上文章，全部必須由波特經手。

行政命令「至少需時兩週完成」，包括需經白宮法律顧問和司法部法務室會簽，因為它們負責提供法律詮釋給白宮參考。

「所有由橢圓形辦公室出來的文件都必須交給幕僚祕書……以便恪遵總統紀錄法（Presidential Records Act）。」

第二份備忘錄（原件中有劃線突出重點）說：「在幕僚祕書取得總統簽署的明確的決定備忘錄之前，決定不是最終的——因此可能無法付諸實施。」這包括所有新的政策舉措，如「預算，醫療保健、貿易倡議」，以及政府行動，如「外交、情報或軍事行動」。

正式的決定備忘錄下達之前，「口頭簡報之後做出的決定不算最終定案」。

這根本是幻想。

凱利和波特坐下來向總統說明修訂後的程序。

波特說：「除非你簽了決定備忘錄，你不能做出決定。」備忘錄不必太長。「我會讓它濃縮在一頁之內。」波特指出，決定備忘錄會有支持的材料，「但是任何決定，我不會讓你讀超過一頁以上。我會進來、也會向你簡報，因此我們可以討論它。有時候你會需要找五、六、七個顧問會商。很多時候我們可以只依據決定備忘錄就做決定。」

川普說，好吧。

前幾個星期，新制度讓總統很不爽。後來波特發展出一套公式，每天只送進二至十份決定備忘錄讓他簽字。川普喜歡簽公文，這表示他有在做事，他的龍飛鳳舞筆跡在黑筆之下還相當有權威模樣。

波特注意到，頭幾個星期，凱利和總統相處甚歡。他們像玩伴一樣。凱利隨侍在總統身邊時總是面帶笑容，他會和川普一起開玩笑。他會提建議、陳述他的反應。「總統先生，我認為我們應該這麼做。」他很恭順，「我只是幕僚人員。你是老闆。我們要提供給你最好的資訊。」完美的幕僚長，「你是決策者。我不會試圖影響你。」

但是蜜月期很快就結束了。九月開始，凱利和波特就不再寸步不離川普，經常兩人自己辦事，或與少數高級助理相處。

凱利說：「總統精神不平衡。」有些議題，尤其是貿易協定或美軍駐南韓等問題。凱利說：「我們都需要試圖說服他放下。」他們需要向總統堅定進言。可是他聽不進忠告。

橢圓形辦公室的業務和決策變得越來越凌亂、沒有原則。凱利說：「總統根本不了解任何事情。他根本不知所云。」

川普一再強調退出貿易協定或耗費不貲的外交政策，凱利會說：「我不敢相信他腦子裡淨想這件事。」他只得找波特幫忙。

「羅布，你得想辦法制止這件事。別起草（那道命令）。別做。你能不能進去跟他說說，看看會有什麼進展？我今天上午和他通電話。我提出這些論據。你能不能試試看還能怎麼做？」

美軍駐韓問題一直盤踞在川普心頭。他堅稱，我們在補貼南韓。「這沒有道理嘛！」

波特告訴他，馬提斯和其他許多人都向總統說，這可能是美國最划算的國安事務支出。美軍駐韓能夠提供不可或缺的絕對機密情報，在偵測及遏阻北韓飛彈攻擊上至為重要。

八月二十五日，總統決定來個大清倉，一次解決《北美自由貿易協定》、《美韓自由貿易協定》和世界貿易組織三大問題。川普說：「我們討論這個問題都已經說破嘴了。做吧，做吧。退出《北美自由貿易協定》。退出美韓自由貿易協定。也退出世界貿易組織。我們三個通通都退出。」

柯恩和波特趕快找凱利，凱利也不希望貿易問題影響到國家安全。凱利和波特進入橢圓形辦公室。凱利告訴川普：「南韓是盟國。美韓自由貿易協定實際上比你想的好得太多。」

波特提出某些研究顯示美韓自由貿易協定使貿易赤字縮小。

凱利說：「現在是處理北韓和整個區域的重要時刻。我們別在貿易問題上另生枝節，尤其從大局看，這只是芝麻綠豆。它反而會亂了大事。」他建議總統打電話、問問提勒森的看法。提勒森也提出相同的主張。

提勒森、馬提斯、麥馬斯特、凱利——國安團隊每位成員——一致認為，即使和南韓的貿易赤字有十倍大，仍然不應該退出。他們也一致認為，會有這種想法是頭殼壞了。

川普終於在九月一日星期五說：「好吧，我們今天不就美韓自由貿易協定提出一八〇天照會。這不是說我們不要做，而是好吧今天不做。」

波特傳話出去給立法助理、白宮律師和國安會幕僚，至少今天是解除警報了。他要嚴格把關，不讓任何文件稿送到總統桌上，以致川普可以核准。

四天之後的九月五日，柯恩、波特和其他人來到橢圓形辦公室。川普手上有一封信函稿[1]，預備依規定提前一八〇天提出照會，美國將退出美韓自由貿易協定。波特沒有寫這份信函稿，他也從來不敢說是誰擬的稿，可能是納瓦羅或羅斯吧，但是他從來沒有確切找出是誰寫的。

川普說：「我手上有這封信函稿。我們將要退出。我只需要再修潤一下文字，然後就繕打成正式公文、發出去。我們需要今天就做。」

麥馬斯特從國安角度申論。柯恩和波特則從貿易和經濟角度反對。

川普說：「在我實際採取某些動作證明我的威脅是真實的，需要被嚴肅看待之前，我們在這方面不會有太大交涉力量。」然後他就走出橢圓形辦公室。

現在總統跳脫波特掌握的幕僚祕書程序拿到新的信函稿，可讓柯恩放不下心了。他從總統桌上把它抽走。（請見本書序曲）

凱利接任幕僚長之後頭幾個月，似乎幾乎一整天都參與橢圓形辦公室裡的會議。他不太說話，像個旁觀者。他每次都把橢圓形辦公室通往隔壁小房間的門關上。二十七歲的麥德琳・韋斯特豪原本是共和黨全國委員會助理，長相很像霍普・希克斯，一頭及肩棕色長髮、臉上常帶笑容，她就坐在這個小房間裡。凱利的理由是保持隱私和安全。凱利也希望不讓別人再像過去那樣隨意進出。

總統會說：「不，不。讓門開著。我需要能夠看到麥德琳，才能隨時喊她。」

海軍少將隆尼・賈克遜（Ronny Jackson）是總統的白宮醫生，幾乎每天都會來探視一下，每星期至少都會來好幾次。

他在總統經過他辦公室時會探頭問一聲：「總統先生，你今天好不好呀？」通常是三十秒鐘的招呼，往往是索取鼻腔噴藥這種小東西。

賈克遜找過凱利幾次。有一次他說：「總統最近壓力很大。我們或許需要想辦法減輕他的工作量。」

還有一次賈克遜很明確的說：「總統似乎比平常壓力更大。我們可能需要減輕他明天的行程。」

凱利的解決辦法是讓總統有更多的「行政時間」。川普通常自行決定他何時開始上班，也保持彈性何時回到官邸休息。

凱利試圖配合賈克遜。哪項會議是一定必要的？能不能讓川普每天上午多半個小時至一個小時自由時間？或是在晚間讓他提早一個小時結束公務？他們試了。但是身為總統、必須日理萬機，加上川普又經常讓人人——包括他自己——忙得團團轉。

川普召集羅斯、納瓦羅、賴海哲、柯恩、麥馬斯特和波特在官邸開會[2]，討論課徵鋼鐵關稅問題。川普說他已經聽煩了辯論，預備簽署決定備忘錄，全面開徵25%的鋼鐵關稅，沒有任何國家豁免。

他們又陷入末日大決戰的辯論，直到米努勤提出來，稅制改革必須是第一號優先。他說，共和黨同時掌握白宮和國會兩院是通過稅制改革千載難逢的機會。只有三十多年前雷根總統時期才通過稅改。

米努勤提出警告，稅改案一定要爭取的許多位共和黨籍參議員是自由貿易派，他們強烈反對開徵鋼鐵關稅。

他說，總統先生，你有可能輸掉這一戰。

柯恩附議，波特也贊成。麥馬斯特從國安角度思考，認為開徵鋼鐵關稅會嚴重傷害美國與主要盟國的關係，也認同對稅改和共和黨籍參議員的評估。

川普說：「是啊、是啊，你們都對。這件事雖然重要，我們不能因為它破壞了稅制改革。我們就暫時按下。但是，只要稅改案一通過，我們就來處理貿易問題。而且頭一件事就是推出鋼鐵關稅。」

巴農已經離開白宮，川普和賽辛斯在九月五日針對移民問題提出另一個方案。川普宣布終止歐巴馬時期的「達卡辦法」。[3] 他宣稱「達卡辦法」是一種「優先大赦的作法」，他要求國會應在六個月內找出取代辦法。

兩天後，他試圖讓大家都冷靜下來。[4] 九月七日，川普在推特貼文：「對於擔心這六個月期間你的地位問題的人（達卡辦法案主）而言，不用擔心——（政府）不會有行動！」

巴農和川普仍保持聯繫。他打電話給川普，提醒他走強硬路線反移民的重要性。

巴農記得他問了川普：「你明白這件事在二〇一三年夏天差一點毀了共和黨嗎？這是你能夠當選總統的核心原因。這件事可以毀了共和黨。大赦這個問題一直纏繞著我們。」

史帝芬．米勒從白宮傳話給巴農，告訴他現在整個辯論集中在連鎖移民上面。他估計目前的政策若持續下去，二十年內會增加五千萬新移民。

米勒告訴巴農：「民主黨絕不會放棄連鎖移民。這會改變整個國家。連鎖移民是關鍵。這也是他們讓家庭團聚的手法。」

米勒的研判是對的。川普可能繼續說得像是他將會妥協，其實他和民主黨不會取得共識。

川普有一天在橢圓形辦公室中說：「我沒有好律師。我的律師太差勁了。」他指的是白宮法律顧問麥甘恩。「我聘了一大堆律師，他們不夠強悍、太軟弱，腦子裡沒有最佳利益的概念，不夠忠心。我找不到好律師耶！」這下子把他聘來處理穆勒調查案的私人律師也列進去了。

波特轉到凱利辦公室去報告。房裡只有他們兩人。波特說：「我以前看過一部電影。我很擔心。因為過去有些時候，尤其是派任特別檢察官之後——這次柯米、穆勒時期也不例外——總統心神旁騖，以致於難以專心辦公、做決定，沒辦法善盡總統職責。也沒辦法指示方向，讓我們能夠執行政府工作。」

「謝天謝地，我們已經挺過去。但是我擔心的是這種突然失火又會發生，尤其是調查持續進行下去的話。我不曉得屆時會是什麼導火線點起來。」

也有可能是參議院和眾議院對「通俄門」的調查會引爆。「或者天曉得會是什麼。但是我們必須認清楚這一點。如果我們不能好好地多參與一些，或是不能讓總統有多一點時間和空間去處理穆勒調查案、以便總統頭腦清醒一點，那就會影響到白宮的運作。」川普需要時間「宣洩，以便在情緒上穩定下來」。

波特促請凱利要好好想一想，「要做好準備，這樣我們才能繼續運作，才不會導致整個白宮像過去那樣，好幾天、或好幾週無法推動政務。」

凱利點點頭：「是啊，我也看到一些蛛絲馬跡了。我可以想像事態不妙。」

波特說：「上次狀況發生時，我們勉強撐過去。但是它有可能比以前甚至更糟糕。因此我們必須開始擬定計畫，如何妥當處理它。」

凱利認同，這樣說很有道理。他說：「我們來試試看。」但是兩人當下也都沒有好主意。

注釋

本章訊息主要來自和第一手消息來源多次深度背景訪談。

[1] 作者取得這份文件。

[2] 作者看過一位與會人士的筆記。

[3] Michael D. Shear and Julie Hirschfeld Davis, "Trump Moves to End DACA and Calls on Congress to Act," *The New York Times*, September 5, 2017.

[4] https://twitter.com/realdonaldtrump/status/905788459301908480.

33 三〇一條款制裁

不僅是穆勒包山包海的調查讓川普心有旁騖，媒體不斷報導川普和俄國人勾結或妨礙司法，也讓他分心。波特說，結果是「總統有時候幾乎完全無法執行總統的職權」。

麥馬斯特也注意到了。川普通常不會花太長時間、或很仔細聽取他的國安顧問報告，但是情況更加糟糕。麥馬斯特告訴波特：「好像我完全得不到他注意。」

波特建議：「不要介意，不要以為這是針對你個人。他明顯心不在焉。他一整天都這個樣子。因為他專注在有關俄羅斯的新聞。」

葛瑞．柯恩告訴波特：「今天跟他談話根本是雞同鴨講。」

霍普．希克斯也很擔心。她告訴波特：「他全力盯住這件事。」她希望總統坐下來休息，避免魯莽的去做之後會後悔的事情，或說之後會後悔的話。她會設法讓川普談論別的事，把他的注意力從電視引開，甚至故意說輕鬆話。

他們會把他送上空軍一號專機，去參加民眾集會。有一次下機要到集會地點，他說：「我想把頭十分鐘用來痛罵媒體。」

川普好幾次問波特，有沒有興趣轉任白宮法律顧問？波特婉拒。

當川普的私人律師來討論涉及到特別檢察官穆勒的事情時，川普有時候會請波特參加討論。

「羅布，我要你留下來。你一定得幫忙出主意。」

波特說：「我不是你的律師。我也不能扮演律師角色。但是即使我是，我也是政府律師，不是你的私人律師。這會違反律師與當事人的關係。因此我不能在場。」

川普說：「不，不，不。沒關係。」

最後還得勞駕川普的私人律師，如約翰・陶德出來說話：「羅布必須離開。」

葛瑞・柯恩告訴波特：「我不曉得我還能待多久，因為這裡太瘋狂了。簡直亂得一塌胡塗。他根本改不了。替總統準備有組織、有一堆投影片的材料，要進行有意義、具體的簡報，已經完全枉然。因為你知道他根本聽不進去，我們根本講不完。他只會聽頭十分鐘，然後就要開始講別的話題。因此我們進去開了一小時會，但是從來沒做完簡報。」

波特試圖準備有組織的簡報材料，蒐集相關資訊、不同觀點、成本效益分析、正反意見和利弊得失，也一樣白費工夫。

葛瑞・柯恩和聯邦貿易代表羅伯・賴海哲忙了好幾個月，讓川普同意核准對中國的貿易作法祭出智慧財產權調查。川普可以不用撼動貿易協定，利用這個案子發揮反貿易的力量。權力來自於一九七四年貿易法第三〇一條款，它賦予總統權力，得對從事不公平貿易的國家片面實施懲罰性的貿易限制。

中國人違反各式各樣的規定。他們偷竊所有的東西，從科技公司的專業機密，到盜製軟體、電影和音樂，到仿冒精品名牌商品及藥品，無所不偷。他們買下一部分公司，然後竊取技術。他們要求美國公司必須將技術移轉到中國，才能在中國營運，然後就偷取他們的智慧財產。柯恩認為中國人是卑鄙無恥的壞痞子。政府估計中國已偷走價值六千億美元的智慧財產。

三〇一調查將使賴海哲有一年的時間判定聯邦貿易代表署是否應對中國展開正式調查。如果是的話，川普有權針對中國課徵關稅、實施制裁及其他措施。

歐洲、日本和加拿大將加入美國，針對中國侵犯智慧財產發動大規模、協同一致的懲罰。這將是川普政府上台後第一次推行貿易執法。

川普終於同意簽署備忘錄[1]，並發表談話，宣布為期一年調查中國侵犯智慧財產問題。這是提供他在貿易陣線上採取清晰可以界定的行動之第一步。

八月的某一天他在官邸召集經濟與貿易團隊開會時，卻又反悔了。川普說，他剛和習近平主席通過電話，他不要以中國為目標。他說：「在北韓問題上，我們需要他們幫忙。不只是在聯合國安全理事會中一次投票。我們將需要他們持續幫忙。我要把演講稿中提到中國的字句通通拿掉。」他不要破壞他和習主席的好交情。

波特說明，兩頁長的短篇備忘錄提到中國五次，而且只提到中國。它完全涉及到中國，而且這個問題也已經討論好幾個月之久了。

川普說：「不，不，不。我不要專門只談中國。我們說是對全世界一視同仁，展開調查好了。」

根據法律條文，這些調查必須針對特定國家特定的不公平貿易作法而發動。

波特說：「在這個個案，它就是中國。我們不能迴避掉事實。」

總統說：「好了，好了。我什麼都可以簽，但是講話時我不要提到中國。」

「不提我們鎖定中國為目標，我們沒辦法解釋這是什麼。」

川普說，好吧。他在公開聲明中說：「外國竊取智慧財產使我國每年損失數百萬個就業機會和數十億美元。長久以來，這些財富從我國外流，華府卻毫無作為……但是華府現在再也不能視若無睹。」[2] 他只提到中國一次。

柯恩和波特希望簽署備忘錄、授權展開三〇一條款調查，會使川普不再立即課徵鋼鐵及鋁的關稅。

每次他們兩人之一若挑戰川普認為貿易赤字很重要、需要課徵關稅的信念時，川普毫不動搖。他說：「我知道我是對的。如果你們不同意我的意見，你們就錯了。」

柯恩曉得真正的戰場是關稅，川普在這方面有最僵硬的觀點，也可能對美國及世界經濟造成最大的傷害。他把能蒐集的資料全交給總統，說明為何對進口鋼鐵課徵關稅會危害經濟。

柯恩提出的十七頁報告中有一張表，它顯示小布希總統基於相同的理由，在二〇〇二至〇三年課徵鋼鐵關稅，只收到為數有限的稅收。當時稅收只有六億五千萬美元，占全年度聯邦歲入一兆七千八百億美元的0.04％。

現在開徵25％的鋼鐵關稅，估計收入為三十四億美元，將占二〇一八年三兆七千億美元歲入的0.09％。

柯恩說，使用鋼鐵的產業失去數以萬計的就業機會，他拿出一張表做為證明。

川普有三個盟友贊同他的貿易赤字很重要的觀點。這三人是商務部長威爾伯·羅斯、彼得·納瓦羅和聯邦貿易代表鮑布·賴海哲。

納瓦羅說，資料沒有包括小布希總統二〇〇二至〇三年課徵關稅、在鋼鐵廠創造的就業機會。

柯恩說：「你說對了。我們在鋼鐵廠創造六千個就業機會。」

納瓦羅說：「你的數據不對。」

川普拿定主意要課徵鋼鐵關稅。他說：「我們試看看。如果不行，我們再取消。」

柯恩說：「總統先生，你對美國經濟可不能這麼做。」由於利害關係太大，保守是最要緊的。「當你有百分之百把握會成功時，你去做；然後祈禱你真的對了。你不能只有五五波機會就套用在美國經濟上。」

川普重述一遍：「如果不行，我們再退回來。」

《北美自由貿易協定》是川普鍥而不捨追打的另一個目標。總統已經一連好幾個月說他要退出《北美自由貿易協定》，重新談判。「要爭取到好交易的唯一方法是先炸掉舊協定。當我炸掉它，六個月內他們就將再跑回談判桌上。」他的談判理論是，你必須先說NO，才會得到YES。

柯恩回答他：「一旦你炸掉它，可能就一切都完蛋。這是最高度風險的策略。不成功、便成仁。」

柯恩知道川普六度宣告破產，而且似乎毫不介意。破產之於他，只是另一種生意策略。一走了之，威脅要炸毀協定。真正的力量是恐懼。

過去數十年，高盛銀行沒跟川普公司或川普本人做過生意，曉得他可能對任何人和每一個人賴債。他會耍賴不付帳、或告人。柯恩在高盛服務的早期，有過一名低階的營業員和川普集團的一家賭場做交易。

柯恩告訴這個年輕的營業員，如果這筆交易無法交割，就要開除他。這個營業員很幸運，川普付錢了。

把他從事房地產的這種思維運用到國家政事，決定冒美國破產之險，將是完全不同的一回事。

柯恩另一次和總統討論時，拿出商務部的一份研究；這份研究說美國絕對需要和中國貿易往來。「如果你是中國人，你真的想要摧毀我們，只要不賣抗生素給我們就行了。你知道嗎？我們美國不生產抗生素的。」這份研究也顯示，包含盤尼西林在內，九種主要抗生素不在美國生產。美國人使用的抗生素，有96.6%來自中國。「我們不生產盤尼西林。」

川普神情古怪的瞪著柯恩。

柯恩問起川普，彷彿他會告訴他們似的：「閣下，當小嬰兒因為咽喉炎快死了，你怎麼去對媽媽說？你要說，貿易赤字很重要嗎？」

川普說：「我們可以向別的國家買。」

「那麼中國人就會把它（抗生素）賣給德國人，而德國人將會灌入利潤，調高價錢再賣給我們。這一來，我們和中國人的貿易赤字縮小、和德國人的貿易赤字就上升。」美國消費者要支付中間差價。「這樣對我們的經濟有好處嗎？」納瓦羅說，可以向德國以外的其他國家購買呀。

柯恩說，問題還是一樣。「你只是重新擺放鐵達尼號甲板上的座椅罷了。」

美國汽車工業也是川普念茲在茲的問題。他說，中國對這個產業的傷害極大，對美國工人的傷害則又更是厲害。

柯恩蒐集到最新的統計數字。川普不會去讀它，因此柯恩帶著統計圖表來到橢圓形辦公室。數據顯示美國汽車工業情況不錯。有一張大圖表顯示，底特律三大汽車公司自從一九九四年以來，生產的汽車和輕型卡車減少了三六〇萬輛，但是美國其他地方汽車廠，絕大部分位於東南部，生產量恰好增加三六〇萬輛。

柯恩說，全世界BMW整個三系列的汽車全在南卡羅萊納州生產。賓士休旅車也全在美國生產。在底特律丟掉的數百萬個汽車工作，全搬到南卡羅萊納州和北卡羅萊納州。

川普問，那些空出來的工廠要怎麼辦？「我們必須想辦法。」

柯恩又掏出另一份文件〈美國在世界貿易組織爭議紀錄〉（*U.S. Record in WTO Disputes*）。它擺在波特每天晚上為總統彙編的每日卷宗當中，但是川普罕於打開來閱讀。

川普說：「世界貿易組織是歷來所成立最爛的組織！我們輸掉的案子多過一切。」

柯恩說：「這在你的卷宗中，閣下。」他掏出另一份副本。文件顯示，美國提到世界貿易組織的案子，贏了85.7％，比平均數字還高。「美國對美國家禽、鋼鐵和汽車遭到不公平額外稅負，以及原材料和稀土礦物遭到不公平的出口限制，針對中國提出貿易爭端之訴，贏得很多次。美國還利用爭端解決機制迫使中國放棄了對許多行業的補貼。」

川普說：「胡說八道。這個數據不對。」

「這個數據沒有不對。這個數據來自聯邦貿易代表署。你可以打電話給賴海哲，看他同不同意。」

川普說：「我才不打電話給賴海哲。」

柯恩說：「好啊，那我來打給賴海哲。這是聯邦的數據。沒有人能夠不同意這個數據。」他又加了一句：「數據就是數據。」

柯恩偶爾會尋求副總統潘斯的支援，不過總是透過私下對話。他就鋼鐵和鋁關稅提出：「麥克，這件事我需要你幫忙。」

潘斯說：「你做得很好。我不知道能怎麼幫你。」

「麥克，沒有一個州會比印第安那州因為鋼鐵和鋁關稅受到更嚴重的傷害。印第安那州艾克哈特市（Elkhart）是全世界小船和露營車的首都。小船和露營車要用到什麼？鋁和鋼鐵。你的州將因此受創深重。」

「是的，我明白了。」

「你能幫我嗎？」

「我會盡全力幫忙。」

和平常一樣，潘斯不太管閒事。他不想被川普的推特掃射到、被罵白痴。如果由他向潘斯進諫，柯恩也會奉勸他少管閒事。

凱利得出結論，彼得·納瓦羅是問題的亂源。納瓦羅會跑進橢圓形辦公室，向川普灌輸貿易赤字的理論。由於他向已經信教的人傳道，川普立刻全面激動起來，宣稱我今天就要簽署命令。

柯恩只要有機會就告訴凱利，納瓦羅是個大禍源。柯恩極力主張，甩掉他、開除他。只要他在白宮進出，這地方不會順利運轉。

凱利徵詢波特的意見。波特說：「目前的情況是辦不到。我不認為你可以甩掉彼得，因為總統喜歡他。他不會允許的。」你也不能如其心願晉升納瓦羅，因為那就更荒唐了。「彼得必須列入某人管轄之下，不能讓他覺得他可以直接向總統報告。很多時候我可以擋住他。」

凱利決定他必須堅定控管[3]，因此他在九月二十六日把兩方面都找來開會。這就好像決鬥一樣。納瓦羅可以帶一名副手，他選擇史帝芬．米勒。柯恩則挑選波特助陣。

納瓦羅開口就說，競選期間，他獲得的許諾是擔任總統助理。現在卻只是副助理，這是背信。他說，他沒辦法相信這件事一拖就拖這麼久。他已經向總統報告，但是川普不明白總統助理和總統副助理兩者之間有什麼差別。總統認為特別助理聽起來頭銜更響亮，殊不知它位階更低。

納瓦羅說，總統告訴過他，他要什麼頭銜都可以，也可以自訂報告結構。他和他的全國貿易委員會代表美國工人，是製造業的基礎，是被遺忘的一群人。

柯恩回應：「彼得在製造麻煩，他製造出這些問題。他向總統撒謊。他完全不聽節制。他是這棟大樓裡所有亂象的源頭。」

納瓦羅反駁回去：「葛瑞不知道自己在說什麼。葛瑞只是個全球主義者。他沒有效忠總統。」而波特總是拿程序出來當擋箭牌，玩弄手腕、拖延一切，害得納瓦羅不能去見總統。

凱利說：「好了。我再也不能忍受這種狀況。彼得，你將成為全國經濟委員會一員，向葛瑞報告。這件事就這麼決定了。如果你不喜歡，你可以辭職。散會。」

納瓦羅說：「我要上訴。我要向總統報告。」

凱利說：「你不能向總統告狀。現在，滾出我的辦公室。」

過了幾個月，有一天總統問：「我的彼得到哪裡去了？我已經兩個月沒和彼得・納瓦羅講到話。」但是，和往常一樣，他並沒有盯著問。

注釋——

本章訊息主要來自和第一手消息來源多次深度背景訪談。

[1] Donald J. Trump, "Memorandum on Addressing China's Laws, Policies, Practices, and Actions Related to Intellectual Property, Innovation, and Technology," August 14, 2017. Online by Gerhard Peters and John T. Woolley, *The American Presidency Project*. http://www.presidency.ucsb.edu/ws/?pid=128023.

[2] Donald J. Trump, "Remarks on Signing a Memorandum on Addressing China's Laws, Policies, Practices, and Actions Related to Intellectual Property, Innovation, and Technology and an Exchange with Reporters," August 14, 2017. Online by Gerhard Peters and John T. Woolley, *The American Presidency Project*. http://www.presidency.ucsb.edu/ws/?pid=128022.

請注意，川普在八月十四日發表這些評論，同一天，他也針對夏綠蒂維爾事件發表第二份評論。針對夏綠蒂維爾事件的評論發表於下午十二點四十分，針對中國的評論發表於下午三點六分。

[3] 作者看過一位與會人士的筆記。

34 「老番癲」VS.「火箭小子」

川普和金正恩的對決越來越變成個人意氣之爭。

局勢緊張階段，有一天川普在空軍一號專機上難得的有一番省思，他說：「這傢伙瘋了。我真心希望這件事不會以壞事結局。」

他對北韓發出相互牴觸的評論，從挑釁和抨擊到宣稱希望和平。五月，他說若能和金正恩「在合適情況下」會面，他會很「榮幸」。[1] 八月，他告訴媒體，「北韓最好別對美國有任何威脅。他們將會遭到世界前所未見的砲火和怒火報復。」[2]

危局未解之下，麥馬斯特發布新戰略，列出「對北韓施壓活動」（North Korea Pressure Campaign）大綱。經由簽署發布的這項計畫旨在對北韓和中國施壓，逼他們出面談判北韓的核武器計畫，並且停止開發洲際彈道飛彈。財政部負責擬訂制裁措施。國務院負責接洽中國向北韓施壓。

國防部負責軍事侵襲，譬如飛越北韓領空、在代號「藍色閃電」（Blue Lightning）的演習中進入其空域，並且進行有限度的網路活動，以展現實力、表露威脅。但是這些活動不是要引爆意想不到的衝突。

麥馬斯特在國安會中一再重述，川普不接受北韓核武化。

但是總統在接受《紐約時報》專訪時，幾乎面面俱到、針對任一方面總結他的立場：「我永遠在動。我可以朝兩個方向走動。」[3]

參謀首長聯席會議主席鄧福德將軍在參三處成立一個戰略通訊小組，注意北韓的訊息活動。美國能夠採取什麼行動威脅意味足夠達成遏阻效果？

當三個航空母艦戰鬥群部署在鄰近地區時，馬提斯表示不安。這會不會引爆金正恩預料不到的反應？美國會不會掀起它原本要避免的戰爭？他比起五角大廈、甚至白宮任何人都更關切此一可能的發展。

歷史學家芭芭拉．塔克曼（Barbara Tuchman）寫了一本名著《八月的巨砲》（*The Guns of August*），描述第一次世界大戰爆發的前因後果。馬提斯精心研讀它。有位官員說：「他沉迷在一九一四年八月的情境，也相信你採取自認是審慎規畫的軍事行動，卻出現意想不到的結果，下不了戰爭列車此一說法。」趨向戰爭的動力一旦建立，「你就停止不了它」。

馬提斯並不求戰。即使在排山倒海而來、極其強大的緊張之中，維持現狀、不求戰的策略仍是雙贏的策略。

這位官員的結論是：「馬提斯和鄧福德的觀點是，北韓可以被圍堵。實際上鄧福德也說過：『這是我向總統的建議。』」

二〇一七年九月十九日，川普總統首度在聯合國大會發表演講。[4]他首次替北韓領導人取綽號「火箭人」。他說，美國若是被迫必須自衛，「別無選擇，勢必要完全摧毀北韓」。

金正恩在三天之後反唇相譏：「害怕的狗叫得特別兇」，又說川普「肯定是個流氓、土匪，喜愛玩火。我肯定會馴服這個神經不正常的美國老番癲」。[5]

九月二十三日，川普在推特上稱呼金正恩是「火箭小子」。[6]

川普和波特一起坐在空軍一號的總統艙房裡。電視播放福斯新聞。

川普很得意的說：「火箭小子。嗯，我想這是我給人取的最棒的綽號。」

波特說：「很有趣，肯定讓金正恩氣得牙癢癢的。」不過，他要問：「我們的終極目標是什麼？如果我們繼續升高叫罵，演變成口頭論戰，而使得緊張上升，你希望怎麼退出亂局？這件事會如何了結？」

川普答：「你絕不能示弱，你必須投射出力量。金正恩和其他人必須被說服，我預備盡一切力量力挺我們的利益。」

波特說：「是的，你要他不踩紅線，你要他莫測高深，他也似乎相當難以捉摸。而且我們不敢肯定他是否正常？他是不是神經病啊？他沒有其他人的政治忌諱。他似乎很希望在國際舞台被當做一個角色認真看待。」

總統又說一遍：「你必須展現力量。」

波特說：「我在想，令他難堪究竟是能讓他溫馴，還是只會激怒他？」

川普沒有回答。他的肢體語言透露，他曉得金正恩什麼事都幹得出來。接下來他講出他的結論：這是一場意志的比賽。「這完全是涉及到領導人對領導人、男子漢對男子漢、我和金正恩的對決。」

九月底，凱利將軍邀請葛萊漢到白宮參加有關北韓局勢的沙盤推演。一連幾個星期，提勒森公開宣布川普和提勒森處理方式不同的訊息已經在媒體上沸沸揚揚。提勒森公開宣布「四不政策」[7]：美國不尋求北韓金氏政權改變；美國不尋求共產政權垮台；美國不尋求南北兩韓加快統一進程；美國不會找藉口派兵進攻北韓。

凱利告訴葛萊漢：「我們讓這傢伙猜不透。」——他指的是金正恩。

葛萊漢向凱利和麥馬斯特提出一個驚天建議。葛萊漢說：「中國必須殺掉他，換上聽他們話、受他們控制的北韓將領。」中國至少有足夠的控制，北韓才不會發動攻擊。「我認為中國是明顯的一把鎖，他們必須除掉他。不是由我們下手，應該由他們下手。然後控制住哪裡的核武器。把情勢和緩下來，或是控制住他，要制止他往大型核武器工廠前進。我擔心的是他還會外銷（核武器）。」

他建議川普正色告訴中國：「全世界夠危險了。我不能讓這個政權以核武器威脅我們國土。」

葛萊漢說，川普曾經告訴他，他不容許這種事發生。他還在報紙上刊登一則廣告，告訴全世界川普當面跟他說的話。

十月一日，提勒森向北韓公開招手、開啟對話都過了幾個月，川普在推特上宣布：「我告訴雷克斯・提勒森，我們美妙的國務卿，他試圖和火箭小子談判，根本就是浪費時間。省省力氣吧，雷克斯！我們必須做應該做的事。」[8]

這段殺氣騰騰的推文被解讀為破壞全美最高外交官，抽他後腿。

川普顯然是出於衝動。因為在競選期間，川普本人曾經伸出橄欖枝，表示樂意和金正恩坐下來，邊吃漢堡、邊談判。

但是一般人不注意的是，川普往往使用一種手法，創造一種原先不存在的情勢、而且往往是危險的情勢，強化自己手上握的牌。威脅已有核武器、又陰晴不定的北韓的確很難想像，但是川普還是照幹不誤。而且這還只是開端。一切都好商量的日子已經成為過去。

川普很快就抗拒凱利的管制，才不過幾個月，凱利能控制川普的神祕氣氛已經消褪。川普顯然不喜歡外人控制他的情感，彷彿在說：我覺得陷於繭蛹裡。我覺得我不再發號施令。

十一月間，川普看到移民暨海關執法局（Immigration and Customs Enforcement, ICE）工會頭子克里斯・克蘭恩（Chris Crane）在福斯新聞上抱怨[9]，很難接觸到川普，他說川普讓大家失望。工會在投票前六週就表態支持川普，當時他們召開第一屆移民暨海關執法局工會年會，支持這位總統候選人。

川普氣沖牛斗。

凱利和克里斯．克蘭恩彼此看不順眼。凱利還擔任國土安全部部長時，禁止移民暨海關執法局探員針對某些移民的非法居留進行強硬路線的取締。

川普邀請克蘭恩到橢圓形辦公室一談，卻沒有通知凱利。克蘭恩說，凱利切斷外人求見總統之路。我們全力支持你，我們支持你所有的政策，而現在竟無法和你講到話。

凱利聽說克蘭恩來到橢圓形辦公室，也踱了進來。不久，克蘭恩和凱利已互相咒罵。

凱利告訴川普：「我不敢相信你讓這種他媽的傢伙進入橢圓形辦公室。」如果還有下一次，他就「辭職走人！」然後就氣衝衝的走了。

川普後來告訴別人，他以為凱利和克蘭恩會當場拳腳相向，大打出手。

凱利力促總統派克莉絲珍．尼爾森（Kristjen Nielsen）接任國土安全部部長。這位四十五歲的律師原本是凱利當部長時候的左右手。

凱利向總統極力推薦：「克莉絲珍是唯一能擔當大任的人。她熟悉國土安全部，她是我的幕僚長，她精嫻一切事務。」

十月十一日，人事案送到參議院審核。[10]

總統在福斯新聞上看到評論員安．柯爾特（Ann Coulter）稱尼爾森為「開放邊境的狂熱派」

[11]，她反對川普興建邊境圍牆的主張。路．杜博斯（Lou Dobbs）*也跳進來，他說，尼爾森支持移民大赦，不是真正的川普信徒，不是移民政策強硬派，而且在小布希政府擔任過官職。她在參議院人事審查聽證會上說：「沒有需要從大海至閃亮的海興建圍牆」[12]；而杜博斯強烈支持川普的主張，抨擊她這句話「太不像話」。

川普後來在橢圓形辦公室對凱利說：「人人都說她糟透了，這簡直是笑話，她又是布希人馬，人人厭惡她。你怎麼能讓我派她擔任這個職務呢！」

凱利說：「她是最佳人選，她是最佳人選中的佼佼者，我可以個人擔保她，她會是領導這個部會的第一位女性部長。我知道她是優秀人才，她將有優異的表現，她會非常有效率，她是你的團隊之一員。我擔任部長時，她是我的左右手。她了解國土安全部。」

川普說：「這都是屁話，她糟透了，你是唯一認為她還有用的人。或許我們必須撤回她的人事提名。」

凱利高舉雙手投降：「或許我也應該辭職走人！」他氣衝衝的走了。

後來波特拿尼爾森的任命狀給川普簽名，她就可以正式上任。

川普說：「我不知道現在這一刻我該不該簽名。我對她實在沒把握。」

譯注

＊杜博斯是電視評論員，福斯商業網節目主播。

波特說：「她的人事案已經參議院院會表決通過。」表決票數是六十二票贊成，三十七票反對。「你必須參加她的宣誓就職儀式。」

川普無奈的簽了字。

凱利上福斯新聞的布雷特・拜爾（Bret Baier）秀節目[13]，宣稱川普經過一段「演進過程」，「改變他對達卡辦法、甚至邊界圍牆的態度」。*川普在白宮裡暴跳如雷。

他問波特：「你看到凱利怎麼說了沒有？我演進？我對這件事改變態度？我X他媽的，他以為他是誰呀？我一點都沒有改變。我還是原來的我。我們要蓋圍牆。我們要把它蓋得橫跨整個邊界。」

凱利的助理柴克・傅恩第（Zach Fuentes）提醒西廂的高級幕僚，凱利的注意力幅度很短，心神很容易就跳到別處。

傅恩第從國土安全部就追隨凱利，他說：「他不是盯細節的人。別在他面前擺一頁以上的文件。即使他會瀏覽，他也不會全部讀完。記得一定要把重點畫線、或以大字標出來。」不過傅恩第說，有些主題、尤其是軍事方面，會得到凱利全面注意，他可能會找人來仔細討論。

傅恩第說，正常的話，「你有三十秒鐘可以跟他談話。如果你不能抓住他的注意力，他就不會專心聽你報告了。」

凱利定期在每星期一、三、五召集二十名左右高階幕僚於羅斯福廳開會。他經常會檢討他和總統的對話。

有一次會議，凱利回憶說：「我和總統在週末時談過話。他非常熱切要我們完全撤出朝鮮半島，迫使南韓支付薩德反飛彈系統的錢。我反覆跟他進言，我的確力陳他不能這樣做。」[14]

凱利本人被捲入華府的政治火網、媒體的批評之下，他在高階幕僚會議中越來越常提到媒體與他自己的角色。

凱利在一次會議上提到：「我是唯一保護總統、抵擋媒體的東西。媒體全力追打他，他們想要摧毀他，而我決心擋在中間，替他挨子彈和箭矢。每個人都想修理我們。」[15]

「媒體恨他，媒體也恨我們，他們絕對不會在任何事情上放過我們。這是積極的敵意，也因此我們才四面八方遭受攻擊。他們也已經轉到我身上，因為我站在總統前方，試圖保護他。」

有一天，一小群人在他辦公室開會[16]，凱利提到總統：「他是個白痴。想要說服他接受任何東西，根本就是雞同鴨講，白費力氣。他已經脫軌。我們現在處於瘋人鎮。」

「我真不知道我們大家怎麼會在這兒。這是我幹過最糟的一份工作。」

譯注

* 布雷特・拜爾是福斯新聞網〈布雷特・拜爾特別報導〉主持人，也是該台首席政治新聞主播。

凱利越來越控制不了大局，越來越不能參與大小事務。川普在凱利不在身邊時直接打電話跟國會議員商量事情。他打給恰克・舒默（Chuck Schumer）、湯姆・柯頓（Tom Cotton）、林西・葛萊漢、狄克・杜賓，或內閣閣員，凸顯出他兼任自己的幕僚長，也兼任立法事務主任。

他會大喊一聲：「麥德琳，幫我接通萊恩議長。」

川普開始會質疑。他問波特：「你覺得凱利做得怎麼樣？他很強悍，但是似乎有點太強悍了。我不曉得幕僚會真的喜歡他耶。」

波特回答說：「我認為他很有幫助，被害怕比被喜愛要好。但是他也有局限。我認為他只需要承認它們就行。你也是。」波特說，他認為凱利的弱點是立法事務。「你真的需要有一位優秀的政治事務主任，因為那不是凱利的專長。如果你要你的幕僚長就是首席政治顧問，就不該找凱利。」

提勒森好幾次向凱利抱怨，波特讓川普簽署決定備忘錄，卻沒有事先取得國務卿的簽可。

凱利告訴波特：「我知道你想讓雷克斯也參加在決策過程中，但是你現在不能拿著決定備忘錄去見總統——你不能這樣向總統報告。除非你得到明確的簽可。」凱利講清楚，從國務院一般官員或從提勒森幕僚長得來的會簽意見不算數。凱利指示，「除非你和雷克斯有明確的交談或電子郵件往來」，不能說是已經做成決定。

川普聽說了底下人這些衝突。它喜歡強悍的意見不一。它們可以引出各種不同的意見。一團和氣只會造成大家和稀泥、人云亦云一番。他鼓勵混亂，而且在底下攪動。

十一月二十七日星期一，大約晚上九點鐘，離蒲博思離開白宮已經四個多月，總統打通他的手機電話。兩人講了十分鐘。

川普問：你對即將補選的阿拉巴馬州聯邦參議員選舉，有什麼看法呀？蒲博思最近坐郵輪出海度假，好不好玩呀？川普說，在他任期頭半年，兩人合作完成的工作真不賴呀。你對稅制改革有什麼看法？對那些阻擋稅改的共和黨籍參議員，你又有什麼看法？川普說，過去一個星期《紐約時報》刊登的報導根本胡說八道。

川普又問，你覺得提勒森幹得如何？你認為他辦事牢靠嗎？

蒲博思很小心。他認為提勒森應該很棒，但是他常常頂撞總統。總統不喜歡閣員太強悍。但是這通電話並沒有太嚴肅，川普似乎只想找人閒聊、打屁。凱利太一板正經，不能跟大老闆一塊閒扯。

總統邀請蒲博思十二月十九日星期二到白宮吃午飯。蒲博思現在是個民間律師，能夠接近總統，而且這頓飯廣為周知也有利於他承接民間當事人的案件。全世界都會知道蒲博思不是政壇過氣人物。可是，總統問起對提勒森的表現有什麼看法，卻使蒲博思想到，川普過去也向別人打聽：你對萊恩斯的表現有什麼看法？

這不是一段愉快的回憶。川普老是向每個人打聽他們對其他人的意見，請他們品頭評足。這是很有腐蝕性的作法——會傷害到任何人、每個人的聲譽與地位。

蒲博思說：「總統的動機是要讓每個人站出來。把所有的籌碼都放在桌子上。然後他慢慢的一一挑選每個籌碼。」這可能是一個人、一個政策、一個國家、一位外國領導人、一個共和黨人、一個民主黨人、一個爭議、一項調查——川普會試圖以一切手段操縱每個人，有時候他的確成功。「他以我以前從未見過的方式玩弄手段。」

注釋——

本章訊息主要來自和第一手消息來源多次深度背景訪談。

[1] Ashley Parker and Anne Gearan, "President Trump Says He Would Be 'Honored' to Meet with North Korean Dictator," *The Washington Post*, May 1, 2017.

[2] Donald J. Trump, "Remarks Prior to a Briefing on the Opioid Crisis and an Exchange with Reporters in Bedminster, New Jersey," August 8, 2017. Online by Gerhard Peters and John T. Woolley, *The American Presidency Project*. http://www.presidency.ucsb.edu/ws/?pid=127991.

[3] "Excerpts from Trump's Interview with the Times," interview conducted by Michael S. Schmidt, *The New York Times*, December 28, 2017.

[4] Donald. J. Trump, "Remarks to the United Nations General Assembly in New York City," September 19, 2017. Online by Gerhard Peters and John T. Woolley, *The American Presidency Project*. http://www.presidency.ucsb.edu/ws/?pid=128326.

[5] "Full Text of Kim Jong-un's Response to President Trump," *The New York Times*, September 22, 2017.

[6] https://twitter.com/realdonaldtrump/status/911789314169823232.

[7] Arit John and Mark Niquette, "Tillerson Vows 'Peaceful Pressure Campaign' Against North Korea," Bloomberg, September 17, 2017.

[8] https://twitter.com/realdonaldtrump/status/914497877543735296; https://twitter.com/realdonaldtrump/status/914497947517227008.

[9] 克蘭恩總結局內探員的抱怨信可在此查閱：https://jicreport.com/wp-content/uploads/2017/11/POTUS-Ltr-11_13_2017.pdf。

[10] Ashley Parker and Matt Zapotosky, "Trump Taps Kirstjen Nielsen to Lead Department of Homeland Security," *The Washington Post*, October 11, 2017.

[11] Andrew Restuccia and Eliana Johnson, "Advisers Bad-Mouth Nielsen as a 'Never Trumper,'" Politico, May 11, 2018.

[12] 同前注。

[13] Sophie Tatum, "Kelly on Immigration: Trump 'Has Changed the Way He's Looked at a Number of Things,'" CNN, January 17, 2018.

[14] 作者看過一位與會人士的筆記。

[15] 同前注。

[16] 同前注。

35 通過稅改方案

他答應留下來推動稅制改革，葛瑞・柯恩就必須兌現支票。美國目前的公司稅率35％，是世界最高的國家之一。多年來降稅一直是共和黨和企業界的重大主張。

它也是川普起先提出的首要政見。小布希總統和歐巴馬總統時期，美國數十家大型企業鑒於外國稅率較低，把總部遷到海外。這個過程英文稱為「倒置」（inversion），通常作法是在如愛爾蘭的低稅率國家成立新的母公司，再把既有的美國公司列為子公司。在川普的企業界朋友心目中，這是一件天大地大的事。降低公司稅稅率可從國外帶回數兆美元。

川普說：「公司稅稅率應降為15％。」

柯恩說：「閣下，我們會努力達成目標。」財政部的估算顯示，很少數公司付到35％的全額稅率，因為有許多漏洞，而且國會也通過一些特別減免。

柯恩同意，美國是和世界各國脫節。某些國家，如愛爾蘭，公司稅稅率低到只有9％。柯恩同意，「應該把錢帶回美國。數兆美元泊靠在海外，避開美國的高稅率。」

川普說，約有四兆美元，甚至還更多——有可能高達五兆美元。

柯恩有一張表，顯示金額是二兆六千億美元。

總統一度提議調升高所得者的稅率——目前最高一級的稅率是39.6％——來彌補大幅降低的公

司稅之缺口。

川普說：「如果可以把公司稅稅率降到15％的話，我可以把個人所得稅最高稅率調升到44％。」

柯恩知道這是個瘋狂的想法，不過他也了解，川普有那麼多的不動產和其他抵減扣除額，恐怕從來沒有、或者罕於付出最高稅率39.6％的稅款。

柯恩說：「閣下，你不能提高（個人所得稅）最高稅率。不行的。」

「你這話什麼意思？」

柯恩解釋：「你是共和黨員。」柯恩本身是民主黨，而共和黨一向主張降低個人所得稅率。共和黨是雷根政黨，雷根總統當年把聯邦個人所得稅最高稅率由70％調降為28％。「如果你把最高稅率調升，你絕對會遭到摧毀。」

川普好像明白了。

柯恩準備了一套高盛風格的圖表，要教育川普稅務知識。川普沒有興趣，也沒有讀它們。

在橢圓形辦公室的一次會議中，川普想知道新的個人所得稅稅率是如何規畫。

他說：「我喜歡整數的數字。10％、20％或25％。」很好，堅實的數字比較容易推銷。

米努勤、柯恩和預算管理局局長米克．穆瓦尼（Mick Mulvaney）說，他們需要分析、研究和討論對稅收、赤字的影響，以及和聯邦預期開銷的關連。

川普說：「我要知道會是什麼數字。」然後又丟出數字，「我認為應該是10％、20％或

25％。」

他不同意調整這些數字。殊不知，稅率稍有小變動，對美國國庫收入會有出奇的重大影響。

川普說：「我不管。」堅實的整數最重要。他說：「這是老百姓能夠理解的數字。我要這樣推銷它。」

柯恩擬訂的稅改方案，其核心特色標明在第一頁：「經濟成長率從2％提升至3％。」將在十年內創造三兆美元的預算節省。

柯恩說：「閣下，如果我們能從2％提升到3％，只需要做到這一點，稅改減稅的缺口就補齊了。」經濟越成長，政府就能收到越多稅。理論上很簡單，但是要達到3％的經濟成長率很難，也或許不可能達到──它經常是共和黨的幻想。

川普喜歡這個點子。他滿腦子就是這種簡單化的東西，開始在演講中引用各種高經濟成長率。

柯恩試圖說明，雷根時期美國的經濟非常有競爭力，其他國家也開始降低稅率。這裡有許許多多的歷史和技術細節。

但是川普說：「我管它去死。」

眾議院議長保羅．萊恩每星期一晚上在他的會議室擺設義大利式自助餐，招待代表國會和行政部門的六大稅改主角。「六巨頭」是：眾議院議長萊恩，參議院多數黨領袖麥康諾、眾議院籌款委員會主席凱文．布瑞迪（Kevin Brady），參議院財政委員會主席歐林．哈奇，財政部長米努勤和白宮全國經濟委員會主席柯恩。這組人馬是民主黨的夢魇——五個保守派共和黨人和一個前任高盛銀行總裁推動修改稅法。

這群人訂出四項原則：簡化稅法；中等所得家庭減稅；創造就業機會及工資增長；將企業滯留海外的數兆美元帶回美國，並予以課稅。

柯恩對待幾位國會領袖的方式就是把他們當做黃金珍視。他過去數十年在高盛服務客戶的經驗，每個客戶都被當做最重要的貴賓。他對自己的客戶說：「我是每週七天、每天二十四小時上班。你要找我，歡迎隨時找我。」顧客永遠第一，顧客最大。現在，國會領導人是他唯一的顧客。

米努勤在上任一開始就得罪了幾位眾議院共和黨籍議員。因為他堅持他們必須投票支持某些維持政府持續運作的預算決議案以及支持政府舉債上限。

預算管理局長穆瓦尼曾經在眾議院任職六年，他向柯恩報告說，有位共和黨議員告訴米努勤：部長先生，上一次有人告訴我一定要做什麼事，那時我十八歲。他是我老爸。從此以後，我再也沒聽過他的話。

後來米努勤提議 把納稅人應繳付的營業所得稅移轉到依較低的個人所得稅稅率申報、並訂出一個上限。他說，這種移轉申報的稅款約95%，年收入不到三十五萬美元。

萊恩和布瑞迪說不行。這是他們聽過的最愚蠢的想法。米努勤沒有考量到其他5%的人，他們之中有許多人是共和黨的大金主，如柯奇（Koch）兄弟。*

米努勤避開萊恩和布瑞迪，嘗試爭取眾議院其他共和黨籍議員的支持。

穆瓦尼在柯恩桌上留字條：如果你想要稅改案過關，別讓米努勤進入國會山莊。

柯恩把這個情形向凱利報告。十一月，稅改談判緊鑼密鼓，米努勤跑遍全國各地演講，推銷稅改計畫——和伊凡卡一起在十一月五、六日到加州，十一月十三日到紐澤西州；另外，自己在十一月十四日到俄亥俄州。

參議院方面，財政委員會主席歐林·哈奇委由賓夕凡尼亞州參議員派特·涂梅（Pat Toomey）、俄亥俄州羅布·波特曼（Rob Portman）、南卡羅萊納州提姆·史考特（Tim Scott）和南達科塔州約翰·杜尼（John Thune）成立一個小組，代表他處理談判事宜，因為他本人對稅務政策了解不深。柯恩不斷與這幾位參議員透過電話溝通。

柯恩發現推動稅改方案實在險阻重重。他有一張表標題訂為「聯邦所得稅制非常進步」，他認為這是很重要的一張表；它呈現全貌，把整個制度來龍去脈交代得清清楚楚。44%的美國人不用付聯邦所得稅。

二〇一二年總統大選期間，因為前幾年的金融大風暴，不用繳稅的百分比更高，共和黨提名的總統候選人米特·羅穆尼說了一段瞧不起的話。他說：「有47%的人支持（歐巴馬總統），仰賴政府，自認是受害人，認為政府有責任照顧他們，認為他們有權利享受健保、食物、住宅等等補助，而且政府應該給予他們。他們無論如何都會投票支持這位總統……這些人不用付所得稅……我的職責不是要擔心這些人。我絕不能說服他們，他們自己應該負起責任、照管好他們的生活。」

固然這44%的人當中絕大多數[4]繳交薪資所得稅、從中又繳交社會安全和健保費，他們也繳納州稅、地方稅、房地產稅、營業稅，但是他們不用繳交任何一毛錢的聯邦所得稅。換言之，聯邦政府預算的歲入只來自56%的人民。

柯恩的投影片顯示，許多低收入戶付的聯邦稅比零還低。他們的所得太低[5]，不僅不用繳交聯邦所得稅，還要聯邦政府花錢養他們——聯邦政府要退稅給他們，譬如勞動所得稅扣抵（Earned Income Tax Credi）、撫養子女所得稅扣抵（Child Tax Credit）等。** 伊凡卡川普和馬可．魯比歐（Marco Rubio）、麥克．李（Mike Lee）兩位參議員聯手推動，要把撫養子女所得稅扣抵的上限由每個子女一千美元調升為二千美元。魯比歐和李堅持一定要納入這一項，否則不會投票贊成最後的稅改方案。柯恩說：「我們必須買下他們的票。我們被李和魯比歐勒索了。」他認為聯邦政府把

譯注

* 查爾斯和大衛柯奇兩兄弟是柯奇產業集團主持人，資產超過五百億美元以上，是美國排名第八位富翁，一向對共和黨人慷慨資助。

** 勞動所得稅扣抵是美國的一種租稅扣抵制度，針對低收入和中等收入的個人和夫婦進行補貼，特別是家有未成年子女的夫妻。當勞動所得低於一定金額時，部分稅賦可以抵免，以彌補社會安全稅的負擔，並保持工作的誘因。美國家庭年所得不足十一萬美元者，每個未成年子女可享有全額撫養子女所得稅扣抵，在川普稅改之前，其上限為一千美元。

稅和福利混為一談，但是當然是運用稅法來幫助窮人。

公司稅稅率還是關鍵議題。川普堅持15%。柯恩和米努勤後來爭取到他同意18%。接下來，熟悉稅法的議長萊恩力促川普提升為20%。歐林．哈奇這組參議員和柯恩則研訂出21%。

柯恩打電話向川普報告，他向總統囉囉嗦嗦從技術層面解釋這個稅率的好處。稅務律師或許能了解各個不同稅率的微妙差異或某些漏洞，川普則根本不懂，也不介意。

川普說：「行了，就這麼辦。」

柯恩發現他在稅改上可以盡情發揮，只要川普能夠宣示這是勝利就行。

川普提出一個行銷點子──「把它稱為『減減減法案』（Cut, Cut, Cut Bill）。」他很喜歡這個點子，和萊恩、布瑞迪通了很長的電話，推銷這個名稱。掛上電話之後，川普的印象是它在眾議院裡將被稱為「減減減法案」。

後來眾議院版的稅改法案取名《減稅及就業法》（*The Tax Cut and Jobs Act*）。但是依據參議院古老的規矩，這個名稱太短，最後令人難以置信竟然落落長變成《二〇一八會計年度預算共同決議案第二章及第五章折衷法案》（*An Act to Provide for Pursuant to Title II and V of the Concurrent Resolution on the Budget for Fiscal Year 2018*）。

柯恩發現在參議院拉票就得給予個別參議員他們偏愛的稅負優惠，做為交換。他說：「簡直就像開糖果店。」恰克・葛拉斯萊（Chuck Grassley）、約翰・杜尼和狄恩・海勒（Dean Heller）等參議員要求給予另類燃料（包括風力發電）稅負扣抵。蘇珊・柯林斯堅持中小學老師掏錢給學生買教材文具，應享稅負減免。如果這項減免不列入，她就不投贊成票。威斯康辛州的隆・詹森關心中小企業。麥康諾也做了一些其他承諾，包括答應傑夫・佛雷克（Jeff Flake）在移民法上納入他的主張。*最後的法案是一部令人頭昏眼花的數字、規定和類別的大雜燴。但是它毫無疑問是共和黨的稅法，最照顧到大企業和富人。不過這部稅法將使全部的所得群在二〇一八年都享到減稅的好處。[6]根據稅務政策中心（Tax Policy Center）的研究，稅後所得平均將上升2.2%。

中產階級絕大部分人——稅前所得一萬九千美元至七萬七千美元之間的美國人——可從15%級距降到更低的新級距12%，平均每人可減稅幾百美元。不過，這些個人所得的減稅將逐年遞減，至二〇一五年全部停止。

企業受惠的部分包括公司稅稅率由35%降為21%。另一部分就是所謂的中小企業，包括類似川普公司的合夥制和小型企業在內，可以得到20%的稅負減免。

二〇一七年十二月二十日，副總統潘斯坐進議事廳，如果正反雙方票數相等，他就要投下一

譯注

* 愛荷華州聯邦參議員葛拉斯雷是參議院司法委員會主席。佛雷克是亞里桑那州聯邦參議員。

票，打破僵局。

法案最終在參議院以五十一票對四十八票表決通過。

與柯恩是好朋友的一位民主黨資深參議員起身跟他打招呼。他似乎是走出參議院議事廳最激動的一位議員。

這位參議員說：「這會貽禍未來十年。我們將在未來十年試圖打破它。」

柯恩拜託他放輕鬆。他說：「在企業世界，我們必須保持競爭力。我們非如此不可。當你看看我們的競爭者這張表——你會發現我們是處於相互競爭的世界。」

個人所得稅稅率分別為10%、12%、22%、24%、32%、35%，以及最高的37%等幾個級距。從原本最高稅率39.6%降下來，是共和黨標準的減稅辦法。

最後，這項稅法估計在未來十年會使年度赤字推升一兆五千億美元。

共和黨領袖和川普在白宮相互慶賀。[7]川普發表談話說：「最後它代表什麼意義？它代表工作、工作、工作。」

稅改案是川普主政第一年唯一通過的重大立法。

注釋——

本章訊息主要來自和第一手消息來源多次深度背景訪談。

[1] 柯恩知道這是個瘋狂的想法：流漏在外的二〇〇五年川普納稅申報書顯示，他在那一年收入一億五千多萬美元，繳稅三千八百萬美元，稅率約25%。View the document at https://www.nytimes.com/interactive/2017/03/14/us/politics/

document-Donald-Trump-2005-Tax.html.

[2] 十一月，稅改談判緊鑼密鼓：Saleha Mohsin, “Mnuchin Crosses the U.S. Trying to Sell the GOP Tax Plan,” Bloomberg, November 16, 2017.

[3] 二〇一二年總統大選期間：Molly Moorhead, “Mitt Romney Says 47 Percent of Americans Pay No Income Tax,” *PolitiFact*, September 18, 2012.

[4] Roberton C. Williams, “A Closer Look at Those Who Pay No Income or Payroll Taxes,” Tax Policy Center, July 11, 2016.

[5] 根據 PolitiFact，二〇一三年聯邦國庫在勞動所得稅扣抵上花了六三〇億美元。根據 Committee for a Responsible Federal Budget，二〇一三年撫養子女所得稅扣抵花了五七〇億美元。

[6] Howard Gleckman, “How the Tax Cuts and Jobs Act Evolved,” Tax Policy Center, December 28, 2017.

[7] Donald J. Trump, “Remarks on Congressional Passage of Tax Reform Legislation,” December 20, 2017. Online by Gerhard Peters and John T. Woolley, *The American Presidency Project*. http://www.presidency.ucsb.edu/ws/?pid=129018.

36 砲火和怒火

二〇一八年初，川普總統對巴農全面口誅筆伐，因為巴農明顯和記者麥可．沃夫（Michael Wolff）有過深入密談，成為他寫的那本譏諷川普的書《砲火和怒火》（*Fire and Fury*）的主要消息來源。

川普沒有透過推特，改為發表長篇聲明[1]，他說：「史帝夫．巴農和我、或我的總統公職毫無任何瓜葛。當他被革職時，不僅失去工作，也失去理智……現在他自己過自己日子，史帝夫正在學習，成功並沒有如表象那麼容易。」

從巴農的角度看，他認為川普已經大違主張改革的初衷。巴農認為，國家安全的舊秩序在川普元年大勝。或許唯一的例外是，對中國採取強硬立場，察覺到在國際事務方面中國是真正的敵手。

巴農被二〇一七年十二月發表的「國家安全策略」嚇了一跳。[2]這份五十五頁的文件，在中東部分提到美國的政策是「維護有利的區域均勢」。

巴農心想，這又他媽的是怎麼一回事？這是舊世界的翻新，回到季辛吉式的舊秩序，追求政治穩定。川普二〇一七年訪問利雅德的高峰會議，其目的是組成同盟，封殺伊朗的擴張和霸權。在巴農的眼裡，「均勢」代表美國安於現狀，對伊朗的「不戰」戰略是把對峙推升到邊緣、但又允許伊朗擁有灰色地帶。

巴農認為川普是要逼伊朗退回從前——逼伊朗退出伊拉克，退出敘利亞，退出黎巴嫩，退出葉門半島。而美國要聯合沙烏地阿拉伯、波斯灣各國和以色列，組成同盟。

中國是真正的敵人，俄羅斯不是問題。俄羅斯的經濟規模僅與紐約州相當——大約一兆五千億美元；而中國的經濟很快就會大於美國，可能是十年之內的事。

巴農仍然認為民粹主義—民族主義運動的力量十分強大。但是舊秩序在川普元年仍然能夠阻擋這股新力量。舊秩序還不肯滾到一邊去。

民粹主義運動顯示它的力量不足以突破永久的政治階級。川普雖然是穿甲砲彈，可以穿透柯林頓堡壘，卻打不倒其他豪門巨室。

他相信，共和黨建制派已經收服川普。稅改方案是百分之百以企業利益思考的減稅計畫，增添一兆五千億美元赤字的預算案是永久的政治階級最令人詬病的一部分。何況邊境圍牆毫無蹤影。華府的政治沼澤贏了。

被稱為國中之國的深層政府（Deep State）不是問題，眼前當下的政府才是問題。

照巴農看來，川普最喪失立場的是二〇一八年一月二十六日在瑞士達沃斯世界經濟論壇上的演講。[3]《紐約時報》的標題是「川普以破壞派對者之姿抵達達沃斯，臨走被譽為務實者」。[4]

巴農認為那是一種在商會的演講。川普注重建制派的感受，本質上已經擁抱建制派。

川普痛罵司法部長賽辛斯令巴農特別痛心。他深信川普再也找不到更好的人選能被參議院認可同意。

怨天怨地發牢騷是川普的常態，很像十四歲的男孩覺得冤枉遭責怪。你沒辦法以成年人的邏輯和他講話。必須用青少年的邏輯才行。

川普入主白宮後頭六個月，很少人知道他每天在新聞媒體上耗費多少時間。實情很驚人。川普每天上午不到十一點不下樓上班。他經常每天看六至八個小時的電視。巴農問說，如果這樣長期下來，想想看，你的腦袋會變成什麼樣子？

巴農聲稱，他曾經告訴川普：「戒掉你那他媽的壞習慣。」

在海湖山莊，川普打完高爾夫回來。那是二、三月某個星期六下午。非常美好的一天。梅蘭妮亞在隔壁房間，川普打開電視機看有線電視新聞網的脫口秀，一群名嘴嘰哩呱啦，說得口沫橫飛。巴農認為這些人是超級仇視川普的人。而川普聽著聽著就火冒三丈。巴農會說：「你這是幹嘛？幹嘛聽這些呢？關掉、關掉。它們完全沒營養。你何不享受一下清淨呢？」

川普通常的反應是：「你看見了沒有？那是他媽的謊話。這個他媽的小子是誰？……」

巴農會說：「去跟梅蘭妮亞親熱親熱吧。」川普也沒跟十一歲的小兒子巴隆太親近。

巴農覺得他不是川普的朋友。川普也沒有真正的朋友。他是舊時代──一九五〇年代的人物。他是男人中的男人。

巴農相信，「時間到」（#TimesUp）和「我也是受害人」（#MeToo）等婦女及女權運動將製造另一種選項，終結男性主宰的父權主義。

他的總結評語是：「川普是個徹頭徹尾的失敗。他是個爛父親，差勁的第一先生。那種把妳X了之後，浪費掉妳的青春，再把妳甩了的負心漢。那種不時亂摸妳的私處，貶損妳的爛老闆。」

川普總統的推特在二〇一八年初差點引爆美國和北韓的戰爭。外界從來不知道川普和金正恩公開叫陣對罵背後危機的全面故事。

它始於金正恩的新年講話。金正恩提醒全世界和美國總統，他手上握有核武器。金正恩宣告：「這不只是威脅，而是事實。我辦公室桌上就有核武按鈕。整個美國大陸都在我們核子打擊的射程範圍內。」[5] 這是一項醜惡、挑釁意味十足的威脅。

一月二日聽完總統每日簡報之後[6]，川普說：「我這個職務常常要同時打五副牌，而現在我們大部分都打贏。伊朗已經被修理，政府受到極大壓力。巴基斯坦嚇壞了，深怕丟掉我們全部的安全援助和補助。而南韓也將在貿易議題及與北韓談判上向我們屈服。」他似乎掌握全球局勢發展，不過並沒有提到他的第五副牌究竟是什麼。

實際的力量是恐懼。

對付北韓的方法就是嚇唬金正恩。川普告訴波特：「他在唬爛。他是個強悍的對手，但是對付這種人的方法就是不能示弱，你也要強悍。我要嚇他，也要耍他。」

當天晚上，川普發出一段嘲笑意味十足、我的比你的還大的推文，嚇壞了白宮和外交圈。[7]川普晚間七點四十九分推文說：「北韓領導人金正恩剛說核武按鈕一直在他辦公桌上，能不能請在他那個一窮二白、缺食少糧國家裡的那位人士向他報告，我也有核武按鈕，而且比他的更大、更有威力，甚至我的按鈕是有效能用的！」

這是在挑弄金正恩的不安全感。根據核不擴散研究中心（Center for Nonproliferation Studies）的研究，過去六年，金正恩進行八十六次飛彈試射，其中十八次失敗。

這位美國總統正在演出電影《奇愛博士》（*Dr. Strangelove*）裡的一幕戲。互聯網已經使人集體失去理性。

《華盛頓郵報》官方推特帳戶趕緊澄清：「（美國）沒有核武按鈕。」[8]

柯林．卡爾（Colin Kahl）在歐巴馬政府擔任國防部副助理部長。[9]他在推特上說：「人們不是在怕是不是真有核武按鈕。他們怕的是有個人精神不穩定，沒經任何人允許就可以害死幾百萬人。」

許多人在推特上質疑川普是否違反平台的服務條件，公然以核子戰爭做為威脅。其他人回想起希拉蕊．柯林頓二〇一六年七月在民主黨全國代表大會演講時說過一段話：「你能用推特為餌釣他的人，我們怎麼能將核武器信託給他。」[10]

不過並不是沒有人支持川普的推文。保守派《華盛頓檢察人報》（*Washington Examiner*）的一位作家認為：「前任總統歐巴馬最大的一項挑戰就是，外國——敵、友皆然——對他的觀感，認為他不願使用美國的全副力量……我認為川普現在擲骰子，反其道而行是對的。」[11]

川普可還沒完。他並不滿足於美國這個全球頂級核武大國只發出史無前例的威脅。川普並未公開、只在白宮內部提出來，想要發送推特，宣布他已下令駐韓美軍兩萬八千五百名部隊的所有眷屬通通撤出南韓。

撤退軍眷的動作肯定會被北韓解讀為美國認真考慮備戰的跡象。

十二月四日，麥馬斯特在白宮接到警訊。北韓勞動黨中央政務局副委員長李洙墉告訴一位中間人，「北韓將把美國撤僑行動視為即將發動攻擊的訊號」。

撤退軍眷是最後的王牌之一。川普可能發出撤離推特，把五角大廈領導層——馬提斯和鄧福德——嚇壞了。美國三軍統帥在推特上宣布此一意向會造成什麼後果，幾乎無法想像。下令所有軍眷撤出南韓的推文可能刺激金正恩。北韓這樣一個剛發展出核武器的國家之領導人，可能躍躍欲試。他可能有不用它、就會輸掉的心態。

這則推文沒有貼出去，但是川普並沒有放棄撤出軍眷的念頭，又跟葛萊漢參議員提起這件事。

十二月三日，也就是川普和金正恩言詞交鋒之前、北韓試射洲際彈道飛彈之後[12]，葛萊漢曾經主張將軍眷撤出南韓。他在哥倫比亞廣播公司《面對全國》新聞節目中說：「把眷屬子女送到南韓是瘋狂的。」他建議以後規定駐韓美軍不再攜眷服役，他說：「我認為，現在該是開始把美軍眷屬撤出南韓的時候了。」

現在，時隔一個月，川普來電，葛萊漢卻似乎改變了主意。

葛萊漢說：「你在做出這個決定前，必須再三慎重考慮。因為一旦你做出決定，就無法回頭了。你宣布決定的當天，南韓股市、日本經濟都將大受震動。這是一件他媽的大事。」

川普問：「你認為我應該等一等嘍？」

葛萊漢說：「總統先生，我不認為你應該啟動這個程序，除非你準備開戰。」

川普暫時停住貼文，但是撤出駐韓美軍眷屬的議題並未消失。不過，美軍仍繼續把軍眷送到南韓。

注釋——

本章訊息主要來自和第一手消息來源多次深度背景訪談。

[1] Donald J. Trump, “Statement on Former White House Chief Strategist Stephen K. Bannon,” January 3, 2018. Online by Gerhard Peters and John T. Woolley, *The American Presidency Project*. http://www.presidency.ucsb.edu/ws/?pid=128962.

[2] 這份國家安全策略可在此查閱 https://www.whitehouse.gov/wpcontent/uploads/2017/12/NSS-Final-12- 18-2017-0905.pdf

[3] Donald J. Trump, “Remarks and a Question and Answer Session at the World Economic Forum in Davos, Switzerland,” January 26, 2018. Online by Gerhard Peters and John T. Woolley, *The American Presidency Project*. http://www.presidency.ucsb.edu/ws/?pid=128980.

[4] Peter S. Goodman and Keith Bradsher, "Trump Arrived in Davos as a Party Wrecker. He Leaves Praised as a Pragmatist," *The New York Times*, January 26, 2018.

[5] Peter Baker and Michael Tackett, "Trump Says His 'Nuclear Button' Is 'Much Bigger' Than North Korea's," *The New York Times*, January 2, 2018.

[6] 作者看過一位與會人士的筆記。

[7] Peter Baker and Michael Tackett,"Trump Says His 'Nuclear Button' Is 'Much Bigger' Than North Korea's," *The New York Times*, January 2, 2018.

[8] https://twitter.com/washingtonpost/status/948380549156098052.

[9] https://twitter.com/colinkahl/status/948395216213626881.

[10] Hillary Clinton, "Address Accepting the Presidential Nomination at the Democratic National Convention in Philadelphia, Pennsylvania," July 28, 2016. Online by Gerhard Peters and John T. Woolley, *The American Presidency Project*. http://www.presidency.ucsb.edu/ws/?pid=118051.

[11] Tom Rogan, "Trump's'Nuclear Button' Tweet About North Korea Was Good," *Washington Examiner*, January 3, 2018.

[12] "Transcript: Sen. Lindsey Graham on 'Face the Nation,' " December 3, 2017.

37 看帳本治國

凱利將軍向總統報告，他的兩位高階外交政策顧問——麥馬斯特和提勒森——為了誰該負責和沙烏地阿拉伯談判以取得四十億美元，吵得不可開交。這筆錢有一部分要用來支付在敘利亞作業費用，其中包括代號TEAK的中央情報局支援敘利亞叛軍的祕密計畫。

爭取外國政府支付美軍及中央情報局在外國作業經費，一直是川普最大的目標之一。川普說，去他的，麥馬斯特。這個尖頭書呆子根本不懂生意或如何談判。

凱利也同意此一看法。麥馬斯特的確不適合這個任務，到目前為止，和沙烏地的談判並非相當成功。沙烏地通常很樂意花大筆錢支持在敘利亞的各種項目。根據提勒森的說法，麥馬斯特跳進來表示：「我跟沙烏地國安顧問接上線，我將直接和他們談判。」

總統氣炸了。即使他和提勒森在許多方面意見不合，至少提勒森多年來擔任艾克森石油公司執行長，有和沙烏地王室談生意的經驗。提勒森也曉得不能相信沙烏地人，就川普而言，不相信談判桌另一邊的人是跟對方討價還價，爭取好條件的第一原則。你必須強悍，先說NO，才能得到YES。麥馬斯特究竟跟提勒森爭什麼嘛？他說，這沒有道理。

但是，當天是二〇一八年一月十九日，也就是川普就任總統一周年的前一天，他還有更急迫的事有待處理。

川普已經和南韓總統文在寅透過安全電話有過幾次對話，他對美韓自由貿易協定的批評很強烈。他不肯放過一八〇億美元貿易赤字，和維持駐韓美軍兩萬八千五百人要花三十五億美元經費這兩件事。川普的姿態傷害到他和文在寅的關係，而其實他也不喜歡文在寅。川普的執著和不知節制的發火，使他又再次走到懸崖邊緣。

川普告訴文在寅，他要發出一八〇天的廢約通知，破壞貿易關係。

他說，你們占了我們便宜。他要把貿易和安全議題脫鉤處理。我受夠了給你們免費的！

文在寅說，貿易和安全交織在一起。他說，我們希望和你合作。他刻意求好。你是我們的盟友、我們的夥伴。我們對經濟關係可能有些誤會。我們希望達成諒解。

川普提高聲音。你們必須為薩德反飛彈系統付錢，否則我們幹嘛要把我們的反彈道飛彈系統擺在哪兒？

他貶抑美韓自由貿易協定、南韓及其新任總統。對於盟國如此幾乎不加掩飾的輕蔑，非常不符外交禮儀，不過川普就愛這個樣子。他可以說是站在毀壞雙方關係的邊緣。

凱利、麥馬斯特、提勒森和馬提斯私底下開玩笑，真難理解，總統對南韓的惱怒，竟比對我們的敵國——中國、俄羅斯、伊朗、敘利亞和北韓——還凶悍。

白宮高級幕僚和國安團隊都被嚇壞，他們不知道總統會有什麼樣的言行。這是重要的關係，尤其在當下時刻。他們必須制止他。他們的共識是，必須預作防備，以免文在寅忍無可忍。

麥馬斯特排訂二〇一八年一月十九日在白宮戰情室召開國家安全會議。[1]會議主旨是讓總統和相關首長——提勒森、馬提斯、凱利、麥馬斯特、鄧福德、柯恩——商討南韓問題。

川普開門見山、直接切入主題。他問：「我們在朝鮮半島維持龐大駐軍，我們得到什麼？」他又回到心心念念的錢與駐軍問題。

他又問：「還有，我們從保護台灣又得到什麼？」他一直認為這是放眼全世界、都發生的問題；美國付錢保衛亞洲、中東和北約組織等其他國家。他要知道，我們為什麼和南韓交好？我們從中得到什麼好處？他已經叫嚷了一年，答案還是不能讓他滿意。

馬提斯和鄧福德再次說明，好處太大了。馬提斯說，我們在我們很有需要的區域得到一個穩定的民主國家盟友。南韓是最堅強的民主堡壘之一，有自由的選舉和強勁的資本主義。

南韓人口五千萬，是世界第二十七大，但是它的經濟地位居全球第十一位，國內生產毛額一兆五千億美元，與俄羅斯相當。

川普已經聽過報告，知道「特准接觸項目」情報作業使美國能偵測北韓發射飛彈——七秒鐘以及阿拉斯加州十五分鐘之差別。另外美國還有攻勢的網路攻擊能力。它在北韓發射飛彈之前或之後予以破壞的效力則成敗互見。

馬提斯顯露跡象，他已經不耐煩老是貶抑軍方和情報機關的能力，以及川普不願意理解它們的重要性。

馬提斯說：「我們這樣做是為了防止第三次世界大戰。」他口氣平靜、但十分堅定。這是令人屏息的話，挑戰總統，暗示他有掀起核子戰爭的風險。時間頓時凝住。

有位與會官員說，馬提斯的意思很清楚：別在這上面再瞎纏胡搞行不行？！我們這麼做是因為我們一定要防止第三次世界大戰。這不是萬一你會破產或什麼的那種商業賭博。那些都不是大事。

馬提斯和其他人似乎都已經受不了川普。你怎麼會問這種這麼明顯、這麼基本的問題？馬提斯彷彿在說，老天爺，別再鬧了！

馬提斯還沒完。他說，由於「前進部署（兩萬八千五百名部隊），我們有能力防衛本土」。他不願在這樣一個大型會議中提起「特准接觸項目」。

馬提斯解釋說，沒有情報能力和部隊，戰爭的風險將大幅增加。防衛南韓和日本的手段會降低。若無這些資產，一旦爆發戰爭，「剩下來唯一的對策就是動用核武器。我們沒有（別的方法）達成相同的嚇阻效果」。「我們也沒有辦法在有效的成本代價下完成它」。與南韓的安排是有史以來最棒的國安協議之一。馬提斯設法以總統最愛的成本效益分析語言進言。

川普反駁說：「可是我們在和南韓、中國及其他國家貿易往來時，損失那麼多錢。我寧願把錢花在我們國家身上。」美國以貿易失衡在補貼其他國家。

川普又說：「其他國家同意幫我們承擔安全任務，只是因為他們拿了我們很多錢。」他們幾乎等於是從我們身上偷錢。

馬提斯回答說：「前進部署部隊是達成我們安全目標最便宜的方法，撤軍只會導致盟國對我們全然失去信心。」

鄧福德將軍附議，熱切贊同所有這些說法。

川普又強調他的重點：「我們在非常富有的國家身上花了大量的錢，它們並沒有分攤負擔。」

然後，他突如其來，提起凱利向他報告的事：麥馬斯特和提勒森為了誰該去和沙烏地談判，以便取得四十億美元在敘利亞及其他地方作業一事爭執不下。

他說，他聽到麥馬斯特促請提勒森不要管。他責罵他的國家安全顧問：「你怎麼會這麼做呢？沙烏地人給搞糊塗了。這是四十億美元耶。由雷克斯去辦，老麥，你退出。我真的不明白，你怎麼會認為由你從雷克斯手中接下它是明智之舉。現在，你別管了。由雷克斯負責。」

麥馬斯特默然接受這頓斥責。他在他應該負責領導和協調的國家安全會議成員面前遭到洗臉羞辱。

麥馬斯特是個職業軍人，回答：「是的，長官。」

另一方面，提勒森把話題拉回到主題：前進部署的價值。「這是最好的模式。全球體系。貿易和地緣政治方面聯手合作導致良好的安全結果。」

鄧福德再度支持這個論點。他說：「我們在南韓的前進部署花費大約二十億美元。南韓分攤其中八億多美元。我們並沒有要求他們退回我們駐軍的費用。」鄧福德又說，其他國家每年也補貼美國為了保護自己都會進行的一些活動之經費。「我們在保護本土上，每年收到四十億美元的補貼。」

川普說：「我認為我們如果不笨的話，就會富裕多了。我們根本像呆子，尤其在北約組織上面。」集體防衛在他嘴裡成了呆子的玩意。

川普引述巴農常用來描述在中東所有戰爭的財務犧牲和代價、以及駐軍及外援的數字，他總結說：「我們在中東花了七兆美元。我們竟湊不出一兆美元在國內進行基礎設施建設。」

總統退席後，首長們不禁惱怒這些問題。我們為什麼一直忍受這些？他什麼時候才會學懂？他們無法相信會有這種對話，必須替自己的說法找論據支持。馬提斯特別慍怒和驚慌，告訴他的親信副手，總統的行為和理解程度「像小學五、六年級學生」。

當我第一次聽到這一次國家安全會議進行的情形時，我回頭找出歐巴馬總統二〇一〇年接受採訪之錄音謄文，對我提到他最擔心的事。[2]

歐巴馬說：「核武器……炸毀美國一個大城市，將是改變博奕的一個潛在因素……所以，當我列出我必須時時刻刻擔心的事項之清單時，它一直就是最重要的項目，因為那是你承擔不起任何錯誤的領域。我們將如何開始加強，並將它置於我們國家安全討論的中心？確保即使是機會十分遙遠，也絕對不會發生。」

二〇一八年冬季奧運會二月九日至二十五日在南韓舉行期間，對北韓的施壓行動實質上叫停。

鄧福德將軍獲悉美國空軍為研究和設計之需，計畫從加州向太平洋試射具有核武力的彈道飛彈，日期就排在冬季奧運會之前和之後。

這種測試正是美國施壓、要求北韓停止的試射。他立刻下令空軍暫停此一試射。

二〇一八年初，中央情報局研判結論認為，北韓沒有精準將核彈頭的飛彈射到美國本土的能力。根據針對北韓試射火箭的情報和資訊研究，他們的飛彈重回大氣層的能力還不完美。但是他們向目標一路邁進。中央情報局此時似乎說服川普，北韓能力還不足。

注釋——

本章訊息主要來自和第一手消息來源多次深度背景訪談。

[1] 作者看過一位與會人士的筆記。

[2] 二〇一〇年七月十日對歐巴馬總統的專訪。

38 軍人不懂做生意

阿富汗問題一直讓川普很煩心。幾個月前的九月底，川普在紐約聯合國年會期間舉行一項招待會。亞塞拜然總統伊利罕·阿利耶夫（Ilham Aliyev）夫婦和川普合影。[1]這位亞塞拜然領導人提到中國人正在阿富汗大量開採銅礦。

川普大怒。美國付了好幾十億美元打仗，中國卻來盜取銅礦！

阿富汗總統阿夏拉夫·賈尼曾拿採礦權釣美國，聲稱美國可以享有在阿富汗山區沒人碰過的龐大礦產之獨家開採權。他的論據是：在我們阿富汗有太多錢可以賺，別撤走。譬如，鋰等稀土礦物，就是最新電池的成分。某些誇張的估計認為，阿富汗所有的礦物資源價值可能高達數兆美元。

川普希望拿到這些礦物資源。他在一次會議中說：「他們要把礦產送給我們！什麼東西都願意給我們。我們過去為什麼不拿呢？你們這些傢伙只會坐在那兒。現在中國人大舉進軍。」

葛瑞·柯恩說：「閣下，這不是我們走進去，就能搬走礦物那麼簡單。他們沒有法律制度，沒有土地所有權。」他又說，美國需要花數十億美元建設開礦的基礎設施。

川普說：「我們需要有家公司進去。參加投標。」這是巨大的商機。資本主義、全力興建和開發。「我們為什麼不進去呢？」

柯恩問：「我們，指的是誰呢？」

川普說：「我們真的應該進去、接受它。」他說得真像有一家國營礦業公司就在哪兒，隨時可以進入阿富汗似的。

後來在橢圓形辦公室另一次會議，川普又問：「這件事怎麼還不做呢？」

麥馬斯特說：「我們國安會正在評估它。」

川普大吼：「我不需要它經過他媽的什麼評估！我要你們給我進去、拿回這些東西。它是免費的！誰要做？」免費耶。誰要這個巨大商機？

商業部長威爾伯．羅斯自告奮勇。「我來管這件事，長官。我來負責。」他說得彷彿這是商務部的職責。

川普立刻核准。

凱利沒說什麼話，他請麥馬斯特、羅斯和柯恩到他辦公室。

麥馬斯特發飆凱利竟然沒說話。「你從我身上砍斷腿。你曉得（國安會）展開評估程序。」他和往常一樣依照課本走，邀集國務院、國防部及其他相關部會參加評估。「你讓我當著總統的面出糗！」

沒有別的事能比從別的國家拿到錢支付前朝政府的國安承諾——北約組織、阿富汗、伊拉克——更能讓川普開心。能夠令他開心的其他事就是簽訂一項好買賣，而現在好買賣就在眼前。

國務院評估採礦權後提出的分析報告是，全世界極端主義可以拿它來大做文章，指控美國要來蹂躪你們的國土，偷走你們的地下資源。他們徵詢法務意見，盼能把這件事拖延。

二〇一八年二月七日，麥馬斯特在白宮戰情室召集幾位首長開會，聽取商務部長羅斯的報告。[2]他當天上午與阿富汗礦業部代理部長通了電話。「中國人沒有拿走任何礦產。他們簽訂這些重大合約，跟在全世界各地一樣，然後就按兵不動。他們打算長期抗戰。他們不需要立刻從中間賺錢。」

因此，這件事沒有什麼好擔心的。他說，阿富汗沒有基礎設施或交通運輸，沒有法規或環境控制。沒有一家民間公司肯去投資。

羅斯說：「這是假新聞。」引來大家一笑。

麥馬斯特補充說，這些礦脈大部分也不可能接近，因為很多是位於塔里班控制地區，那是交戰地區。開礦之前也得先建立軍事防衛周邊。他說，最理想的狀況是，要花十年功夫才能順利推展。

羅斯說他會去向總統報告、說明。

凱利似乎只是試圖維持船隻不沉沒就行了。二〇一八年初一次高階幕僚會議中，他很驕傲的宣布：「現在我知道我不會是任期最短的幕僚長了。我的任期現在已經超過萊恩斯。」蒲博思在職一百八十九天，是史上白宮幕僚長任期最短的一位。

二〇一八年初，電視節目《六十分鐘》（*60 Minutes*）播出一段有關阿富汗戰爭的報導[3]，指出喀布爾十分動盪，美軍司令都沒有把握安全開車穿過市區到達他的總部。距離只有兩英里，倪可森將軍必須搭乘直升機上下班。他清楚表示，他採取川普的求勝作法。倪可森說：「這是可以達成勝戰的政策。」

倪可森的情報和作戰地圖顯示，美國領導的聯軍控制全國約50％的土地。五角大廈和國務院知情人士都知道，倪可森曾經宣稱：「我將在兩年內達成控制80％土地。」

他決心強化聯軍和阿富汗軍隊的兵力，以便奪回高達七萬五千平方哩面積的土地。在阿富汗服役過的許多人都認為這是做不到、甚至是荒唐的誇口大話。

倪可森的第二個目標是，四年之後，塔里班會醒悟他們贏不了，會坐上談判桌。殊不知，同樣這個塔里班已經和美國作戰十六年。

全國情報總監屬下情報專家在二〇一八年初向川普簡報阿富汗局勢：美軍在領土上沒有進展。沒有搶回土地。沒有比上一年度有進展；實際上，有些地區比以前更糟。部分理由是美國和阿富汗必須護衛遭到塔里班一再攻擊的首都喀布爾。光是一月最後九天，四次受到攻擊，就死了一三〇人。[4] 因此聯軍沒有太多兵力可用於收復土地。

分析員還有更冷峻的結論。巴基斯坦並沒有配合，或是對施壓有所反應。任何解決方案都需以巴基斯坦參與為假設前提。

當下的前景是，如果美軍撤走，會出現更多叛亂，甚至爆發內戰。聖戰士已經走出敘利亞、而且趕往阿富汗，它是炸彈客新的應許之地。

聯軍恐怕只剩下二〇一九年春天之前有能力維持現狀。政治結構似乎已經開始瓦解。完美風暴正在形成，而天候等實際問題可能是轉捩點。山頂積雪不多或甚至沒雪，因此沒有水流入農田。乾旱一旦出現，糧食危機就起。大約同時，巴基斯坦或許送一、兩百萬難民越過邊境、進入阿富汗。這些難民有許多是一九七九年俄羅斯入侵阿富汗之後，逃亡到巴基斯坦的阿富汗人民。大約兩百萬人已在巴基斯坦住了幾十年，從來沒踏入阿富汗老家，但是他們會跨境回國的。

可是倪可森繼續說他在阿富汗會「贏」。馬提斯並不喜歡。五角大廈有位官員私下承認：「部長很不高興他（倪可森）剛說的話，我們正在試圖規範他。」

如果三軍總司令口口聲聲是「贏」，怎麼能怪前敵指揮官也說「贏」呢？但是情報顯示，明年的情勢趨於惡化、而非改善。

二〇一八年初，有位重要的參與會議人士說：「軍方似乎希望有南韓式的長期駐軍。如果果真如此，伊朗、俄羅斯和中國都將升高他們的對抗，因為突然間我們在他們後院出現常駐軍隊。但是軍方可能會得遂心願，因為撤走將是非常丟臉。（總統）說，我們會贏。你又沒辦法把它界定為永久僵局。到某一時點，人們將會體認到你在哪兒都贏不了。」

國務院和情報界某些官員開始悄悄的、緊張的展開極其敏感的情境計畫——擬訂B計畫。軍方一向都有情境計畫，文職部門為何也不未雨綢繆呢？

分析員敘述此一B計畫的結果。「它不是撤退、崩潰和內戰。它不是深刻集權中央的自由民主政府。中間是什麼？聯邦制是否比較務實、比較能永續？是否可能讓塔里班參與某個角色？但是最難掌握的因素是總統的注意力很短，以及他一再質疑別人提出的所有的假設。而且他一再指責它們是狗屎。」譬如，說是會和巴基斯坦達成合作。「但是巴基斯坦自從九一一以來就沒有改變過，他們以後也不會改變。那麼，唯一的替代方案就是退出。」

總之，阿富汗是一座新的爛玩具之家。政治不穩定，阿富汗政府千瘡百孔。美國國會和民眾批評不已。軍方成就相當有限。乾旱，極大的糧食不足，難民。

川普特別怪罪兩個人。他怪罪的第一個對象是前任總統小布希，先後在二〇〇一年和二〇〇三年發動阿富汗戰爭和伊拉克戰爭。他告訴波特：「很差勁的總統，他是戰爭販子，他想要發揮美國的勢力，把民主散播到全世界，又想做為世界警察、掀起所有這些戰爭。」這是蠻幹、也是錯誤。即使川普決定加派幾千名部隊，他說他不會繼續維持現狀。

川普怪罪的第二個人是麥馬斯特。他舉伊拉克做為證明。「我不曉得他們（伊拉克人）是怎麼騙了麥馬斯特。他不是生意人。他們（美國將領）不了解成本效益分析。我不能相信我竟然讓他說服我增派部隊。」他認為麥馬斯特被騙上鉤。

川普非常輕蔑的模仿他的國家安全顧問。總統挺起胸膛、開始明顯誇張的呼吸，然後像呼口號似的大聲說：「我認得伊拉克總統。報告長官！他是個好人。我知道他以我們的最佳利益為念。」

川普恢復他的正常聲調，說：「那個傢伙是一肚子大便。我見過這傢伙。麥馬斯特根本不知道他在說什麼。」川普二〇一七年三月在白宮接見過伊拉克總理海德爾·阿拉巴迪（Haider al-Abadi）。

「這些軍人，他們不懂生意。他們曉得如何當軍人，曉得如何作戰。但是他們不了解價錢、成本。」

針對阿富汗，川普告訴波特：「那裡一團亂。它絕不會成為有效運作的民主政府。我們必須全面退出。」[5]

注釋——

本章訊息主要來自和第一手消息來源多次深度背景訪談。

[1] "President of Azerbaijan Ilham Aliyev Met President Donald Trump," U.S. Embassy in Azerbaijan, September 21, 2017, https://az.usembassy.gov/president-azerbaijan-ilham-aliyev-met-president-donald-trump/.

[2] 作者看過一位與會人士的筆記。

[3] "16 Years Later, Afghan Capital Under Siege," *60 Minutes*, CBS, January 11, 2018.

[4] Pamela Constable, "A String of Deadly Attacks in Afghanistan Exposes Government Weakness, Limits of U.S. Training Effort," *The Washington Post*, January 29, 2018.

[5] 二〇一八年四月，為了爭取足夠的票數讓參議院通過龐培歐出任國務卿的人事案，川普對肯塔基州共和黨籍聯邦參議員蘭德·保羅（Rand Paul）說了類似的話。保羅轉述：「總統一再告訴我，大體上我們是得撤退了。」

39 「茅屎坑國家」的移民

二〇一七年十二月十日、即聖誕節前兩星期，川普和葛萊漢參議員在西棕櫚灘的川普國際高爾夫俱樂部打球。葛萊漢讚美球場「相當壯觀」[1]，這種話肯定讓川普龍心大悅。但是若和他們在球賽進行中葛萊漢對川普連連恭維的話一比，可又算不了什麼。

他告訴川普：「你是非常傑出的總司令。」總統聽他的軍事將領的建議，改變在中東地區的交戰準則，阿富汗情勢已趨於好轉。

葛萊漢向川普推銷：「你可以做一些別人所不及的事情。你正在清理歐巴馬留給你的爛攤子，你的清理工作棒極了。你在重建軍隊。你替經濟抽掉溼毛毯。你在替軍方和經濟解除桎梏。天保佑你，你在解除過去八年製造的傷害。你要往哪裡走？你希望留下什麼政績？你的遺澤不只是解除他做了什麼，而是你在史書上要留下什麼紀錄。」

川普聽了這一番讚美，十分窩心，但是他對葛萊漢說：「你是個中間路線派。我希望你百分之百支持川普。」

這很像當時的聯邦調查局局長柯米所說的，川普要他表態宣誓效忠。根據柯米的說法，川普就任總統後頭一星期，他們兩人在白宮綠廳一對一晚餐時，川普曾說：「我需要效忠。我期待效忠。」

葛萊漢說「好吧，現在是什麼問題？我再告訴你我是否百分之百支持你。」

川普說：「你像是82%。」

「是啊，有時候我是百分之百，有時候我可能是零。」

「我希望你是百分之百的支持者。」

葛萊漢問：「為什麼你希望我在認為你不對時偏說你對呢？這對你或對我有什麼好處呢？總統需要有人能夠告訴他事實真相。由你來決定我是否狗屎吧。」

二〇一七年十二月二十九日，川普的推特總結他對「達卡辦法」的立場：「民主黨已經被告知，也完全明白，若沒有迫切需要的南方邊境之圍牆，以及終止可怕的連鎖移民，不可能保留達卡辦法……我們必須不計代價保衛我們的國家！」[3]

總統邀請二十位參、眾議員到白宮內閣廳討論有關「追夢人」的移民計畫。[4]川普指示，一月九日星期二這次會議，全程五十五分鐘都透過電視直播出去。他全神進入表演狀態，承諾要立法。「的確，這應該是愛的法案，我們可以做到。」

總統相當投入、又風趣。葛萊漢很驚訝，川普明顯在他們面前對最為兩極化的議題之一改變了態度。反移民的強硬派一定大吃一驚。川普原本是他們的領導人。葛萊漢希望這是川普樂於妥協、尋求協議的表現。

葛萊漢從來不看好川普有能力搞定移民法修訂。他多年來致力移民法修訂，試圖與泰德・甘洒迪、恰克·舒默和狄克·杜賓等民主黨人協商出折衷方案。經過川普這番表態，他發現終於或許能夠成功。他發表聲明欣慰的表示：「這是我從政二十多年來曾經參與過的一次最美妙的會議。」[5]

各報標題也增強葛萊漢的樂觀。《紐約時報》是「川普顯然支持數百萬移民走上公民之路」。[6]《華盛頓郵報》是「放上檯面：川普試圖談判和證明穩定」。[7]

次日，川普打電話給葛萊漢。

葛萊漢說：「我認為你太棒了。別讓這些人」——共和黨強硬派——「嚇跑你。你走在正軌上。這就是我們打高爾夫時，我想向人民介紹的先生。這是我全力支持的唐納·川普。只有你才辦得到。布希試過，歐巴馬辦不到，只有你能辦得到。」

讓葛萊漢預料不到的是，川普讓第一夫人梅蘭妮亞在電話中和他說話。第一夫人以她柔和的腔調說：「我想告訴你，我喜歡你說的內容，以及你的舉止和說話方式。我認為它太棒了。」

葛萊漢回答說：「謝謝妳，夫人。妳讓我受寵若驚。」他對她的優雅風度非常折服。這是他第一次真正和她對話。很顯然，身為移民的她，對「達卡辦法」下的孩童相當同情。

川普很快就把談話主題轉移到他最不爽的一個重點上：「我們能修訂誹謗法嗎？」

熟諳法律的葛萊漢說：「不行。」

「為什麼？」

葛萊漢說，我們不是英格蘭。英格蘭的誹謗法更嚴格。

川普說，可是人們寫了一大堆「狗屎屁話」。

葛萊漢同意他的感受：「對於這一點，我毫不懷疑。但是不行，我們不能修改誹謗法，不過你也不用擔心。」在一九六四年里程碑似的「紐約時報控蘇利文案」（*New York Times v. Sullivan*），聯邦最高法院對誹謗立下極高的門檻：只有在出版者或敘說者明知其為不實，又悍然不理會真相時才能成立。

川普說：「我不想成為像英格蘭。」

葛萊漢說：「天底下沒有人比美國總統更容易招致各方批評。而你更是遭到太多沒有根據的批評，但是這正是你手上的牌。總統先生，你如何對付它們，那是你的抉擇。你能擊敗批評者的方法是，你不去告他們，你要證明他們全都錯了。」

葛萊漢覺得這是他和總統歷次對話最棒的一次。大部分時間是他說、川普聽。

次日上午約十一點，參議院第二號民主黨籍參議員狄克．杜賓打電話找葛萊漢。杜賓和葛萊漢聯手推動移民法折衷法案。他說：「我剛和川普掛上電話。他喜歡我們兩人正在做的事。他希望你、我再去見他談一談。」

葛萊漢打電話到白宮去，安排見面時間。凱利到葛萊漢辦公室拜訪，洽商細節。

凱利在移民議題上是個強硬派，他顯得很不高興。他曾經告訴西廂幕僚人員、甚至國會山莊某些人，總統不了解達卡辦法是什麼，對政策和機制也不了解。總統已授權凱利處理達卡辦法，而他也認為這項工作包括不讓川普在沒有他陪同下、就達卡辦法做任何事或見任何人，如葛萊漢和杜賓。他告訴西廂的同事，總統無法自己做這件事，他若自己做，會把事情搞砸。

葛萊漢說：「我所要的只是能有機會向總統說明。」葛萊漢強調，他的計畫很簡單。川普接受有關追夢人的立法，換取經費興建圍牆。葛萊漢說：「讓他自己做決定。」他重述凱利在每件事上最愛掛在嘴上的一句話。他希望把事實呈現在總統面前，由他做決定。

因此，葛萊漢和杜賓來到白宮時，以為兩人將和川普單獨會談。不料，一大堆反移民的參、眾議員和幕僚，包括凱利和史帝芬·米勒都在場。葛萊漢認為像是一群搞凌遲私刑的暴徒在橢圓形辦公室等著修理他們似的。

葛萊漢細述計畫，包括川普要求增進邊界安全的經費要從哪裡來。

川普高姿態的說，這還不夠。

葛萊漢說，他相信他們還可以做得更好，但這只是起始點。他提到從絕大多數非洲國家會有兩萬五千份簽證。他又說，由於地震、飢荒和暴力，從海地和薩爾瓦多等地也會有一些簽證。

川普說：「海地人？我們不需要更多海地人。」針對這一點，以及非洲國家來的移民，川普說：「為什麼這些茅屎坑國家的人民都來美國？」他才剛和挪威總理見過面。為什麼挪威人不來？至少亞洲人來了，也能有助於經濟啊。

杜賓作嘔。葛萊漢也被擊倒在地上。

葛萊漢伸手表示說：「暫停。我不喜歡這樣討論下去。」他說，美國是個理想國度。「我希望從全球每個角落都是依其長處審查而移民進來，不是只准歐洲人前來。我們很多人也來自茅屎坑國家。」

川普立刻恢復理智，但是傷害已經鑄成。

杜賓公布會談經過，揭露川普這一席「茅屎坑國家」的評論[8]，葛萊漢證實杜賓所言不假。

兩天後，星期六，川普打電話找葛萊漢。葛萊漢認為川普來電話是探測溫度，看他有多麼氣憤。

川普說，他正在西棕櫚灘他的俱樂部打高爾夫。

葛萊漢說「喔，好好打呀。」

川普說：「有一些話他說我說了，我可沒說喔。」他指的是杜賓。

葛萊漢堅稱：「有的，你有說。」

「是嗎？有人喜歡我說的話。」

葛萊漢說：「我不是其中之一。我希望幫你忙。我喜歡和你一起打高爾夫。但如果那是門票費，那就算了。祝你好運，好好打球。」

「茅屎坑國家」對川普而言並不是新鮮的刻薄話。二〇一六年競選期間，川普走訪邁阿密的「小海地」。海地社區領袖走上講台，指控柯林頓夫婦腐敗，從海地竊取資源。

活動過後，私底下，川普似乎很同情。他說：「我真的為這些人感到難過。他們來自這樣一個茅屎坑。」

巴農離開白宮後，史帝芬・米勒成為白宮對達卡政策堅持強硬路線的幕後推動力。川普經常仍對達卡辦法中的年輕人表示同情，聲稱很多時候這些孩子會來到美國，並不是他們的過錯。他們值得同情。他也指出，照顧追夢人在政治上會有好處。

米勒則對他灌輸強硬路線。他說，請注意，人人都說他們是小孩、是追夢人。不是的，他們已經不再是小孩。許多人已經二十四歲，或二十六、七歲。米勒的立場是：一定要堅持、不容打折扣；要交換白宮在達卡辦法上妥協，我們得要求未來十年——不只是一年——全部的邊境圍牆興建經費；另外，要停止連鎖移民，以及綠卡大樂透抽獎。（後者是從移民至美國占率低的國家之申請者當中，每年抽獎發出五萬張綠卡、以求種族多元化的一項移民政策。）三大條件，缺一不可。

一月二十一日，葛萊漢公開抨擊米勒。[9]「只要米勒負責談判移民法，我們就不可能有什麼成績。他多年來都是局外人。我曾經和總統講過話——他的心就放在這個議題上。他非常了解什麼方案才推銷得出去，可是每次我們有了提案，都被幕僚人員丟回來。」

二〇一八年二月二十三日，星期五上午，川普向全國最重要的保守派團體「保守派政治行動會議」（Conservative Political Action Conference, CPAC）演講。[10]總統心情輕鬆、充滿自信，滔滔不絕講了一個多小時。他照預定講稿說話，但也興高采烈的脫稿演出，即興發揮。

他說：「你們會得到圍牆。別擔心。是有一些人在說，喔，其實他並不想蓋圍牆。他只是競選時利用它號召。我說，你們能相信這種說法嗎？你們曉得，我每次聽到它，牆就高了十呎，你們曉得的，每一次都如此。OK，現在，我們將要興建圍牆。」

關於移民，他說：「我不要未來五十年有人來到美國，接受我們國家所有的權利卻毫無貢獻……我希望人們喜愛我們……我不希望人們以今天的方式進入美國。」

然後，他講了一則他喜愛的故事[11]，一位婦人收養一隻蛇的打油詩。

有位善心婦人某天上午上班途中，在湖邊路上看到一隻可憐、半凍僵的蛇。牠色彩漂亮的皮膚全罩在凍結的露水中。

她高聲說，「可憐的東西啊，我會收容你。我會照顧你。」

邪惡的蛇哀求說：「收容我，善心的女士，求求你收容我；收容我，善心的女士。」

她用絲被把牠包起來，放在火堆邊，還餵牠蜂蜜和牛奶。

當天晚上，她下工後趕緊回家，很快就到了家。

她發現她收容的那隻蛇復活過來……

她再度撫摸牠漂亮的皮膚，擁抱牠、親吻牠。

可是蛇沒有說感謝妳，反而惡毒的咬她一口……

婦人大叫：「我救了你。你卻咬我。天啊！為什麼？」「知道嗎，你是有毒的，這一咬，我就要死了。」

毒蛇猙獰的說：「噢，閉嘴。蠢女人！」「你在收容我之前，就知道我是蛇呀。」

川普說：「這就是我們國家的現況。我們放人進來，卻招來一大堆麻煩，而且還益發惡劣。」

川普剛核准了為期兩年八兆六千億美元的預算案——但是其中分文未列圍牆的興建費用。

川普和他的國務卿的關係已經無可挽回的破碎。一連多月，外界紛傳提勒森即將辭職或被免職。二〇一八年三月他正在非洲訪問，凱利通知他提前回國。[12]凱利說：「你可能會收到一則推特短訊。」三月十三日上午，川普發出推文，宣布中央情報局局長龐培歐即將接任國務卿。[13]針對提勒森，他只提到：「感謝雷克斯．提勒森的服務！」

川普在白宮南草坪對記者說：「雷克斯和我就這件事已經討論很久……我們對事情看法不一致……我們真正沒有相同想法……的確，那是不同的心態、不同的思維。」[14]

注釋——

本章訊息主要來自和第一手消息來源多次深度背景訪談。

[1] https://twitter.com/LindseyGrahamSC/status/939988068823715842.

[2] 柯米在二〇一七年六月八日參議院情報委員會的證詞可在此查閱 https://assets.documentcloud.org/documents/3860393/Comey-Opening-Statement-June-8.pdf

[3] https://twitter.com/realdonaldtrump/status/946731576687235072.

[4] Donald J. Trump, "Remarks in a Meeting with Members of Congress on Immigration Reform and an Exchange with Reporters," January 9, 2018. Online by Gerhard Peters and John T. Woolley, *The American Presidency Project*. http://www.presidency.ucsb.edu/ws/?pid=128934.

[5] https://twitter.com/LindseyGrahamSC/status/950800026401492992.

[6] Julie Hirschfeld Davis and Sheryl Gay Stolberg, "Trump Appears to Endorse Path to Citizenship for Millions of Immigrants," *The New York Times*, January 9, 2018.

[7] Ashley Parker and Philip Rucker,"55 Minutes at the Table: Trump Tries to Negotiate and Prove Stability," *The Washington Post*, January 9, 2018.

[8] John Byrne and Katherine Skiba, "Sen. Dick Durbin: President Trump Used 'Hate-Filled, Vile and Racist' Language in Immigration Meeting," *Chicago Tribune*, January 12, 2018; Josh Dawsey,"Trump Derides Protections for Immigrants from 'Shithole' Countries," The Washington Post, January 12, 2018.

[9] Elana Schor, "Graham Tees Off on Stephen Miller over Immigration," *Politico*, January 21, 2018.

[10] Donald J. Trump, "Remarks at the Conservative Political Action Conference in Oxon Hill, Maryland," February 23, 2018. Online by Gerhard Peters and John T. Woolley, *The American Presidency Project*. http://www.presidency.ucsb.edu/ws/?pid=129472.

[11] The story is an appropriation of lyrics by radical black singer, songwriter and activist Oscar Brown Jr. done repeatedly on the campaign trail to the harsh criticism of the Brown family.

[12] Peter Baker, Gardiner Harris and Mark Landler, "Trump Fires Rex Tillerson and Will Replace Him with CIA Chief Pompeo," *The New York Times*, March 13, 2018.

[13] 同前注。

[14] Donald J. Trump, "Remarks on the Nomination of Director of the Central Intelligence Agency Michael R. Pompeo to Be Secretary of State, the Termination of Rex W. Tillerson as Secretary of State, and the Nomination of Gina C. Haspel to be Director of the Central Intelligence Agency and an Exchange with Reporters Upon Departure for San Diego, California," March 13, 2018. Online by Gerhard Peters and John T. Woolley, *The American Presidency Project*. http://www.presidency.ucsb.edu/ws/?pid=129510.

40 穆勒的特別調查

川普一再向他的律師陶德抱怨，認為穆勒的調查使他無法正常發揮總統的職能。陶德已經取得安全許可。川普講了一些機密故事，讓他傳遞給也都取得安全許可的穆勒和奎爾斯。

川普提醒陶德，這件事非常敏感，發生在四月，他親自出面交涉三十歲的美國公民阿亞．希加茲（Aya Hijazi）獲釋事宜。希加茲是個慈善團體工作人員，在開羅已經被關押三年。

川普敘述他和埃及總統阿布杜．法塔．塞西（Abdel Fattah el- Sisi）的對話。塞西有極端惡劣的人權紀錄，包括羈押大量民眾、手下安全部隊殺害抗議民眾，以及以軍法審判平民等。他說：「陶德，請記得我是跟什麼人在講話。這傢伙是個他媽的殺手。這傢伙是個他媽的殺手！我卻把事情搞定了。他在電話裡都會讓你汗流浹背。而就在我們談判前，塞西講話了。」川普換上非常嚴肅的低嗓音說：「唐納，我很擔心這項調查耶。假如我需要你還人情時，唐納，你還會在嗎？」川普說：「這好像ＬＰ被他踢到，很痛呢！」

十一月某日，凱利打電話給陶德。「總統說，你即將和穆勒會面。」

「是的，我們約好在兩個小時後碰面。」

「馬提斯向總統報告，普丁和俄國人已經越來越危險——我們必須跟他們打交道。我要你把這件事傳遞給鮑布。鮑布認得馬提斯的。」穆勒和這位國防部長都是陸戰隊出身。

陶德向穆勒描述，川普若對俄羅斯有任何動作都會招惹嫌疑。「鮑布，我知道你認得馬提斯將軍。」穆勒二〇〇二年一月擔任聯邦調查局局長期間，訪問坎達哈（Kandahar），見過馬提斯。陶德提到馬提斯擔心俄羅斯。「如果你想查證，請抓起電話打給他。他也認得你是誰。他曉得你是陸戰隊同袍。」

陶德提醒穆勒，他說過不會讓草長太高。「老兄，現在草已經約一呎高囉。我們一直在總統面前替你說話。」

穆勒說，他非常認真要結束調查工作。

「好的，鮑布，我必須告訴你，我不知道自己還能撐多久。我一直替你們說話。我支持你做的一切。但是你也曉得，有許多人遭到一再的約談。」

對穆勒，陶德客氣的催促快點結案。

對奎爾斯，他則怨聲載道：「有完沒完？夠了吧！」

陶德還有其他的問題。泰．科布開始接受媒體訪問，聲稱調查工作將在二〇一七年底結束。他告訴路透記者說：「如果這件事到了感恩節還糾纏著白宮，或是更糟，到了年底還糾纏著他，那我就很尷尬了。」[1]媒體登出新聞，還附上科布的照片。陶德現在認為科布還真像西部電影或小說中的警長，留著一把大鬍子。他是總統委聘的首席律師。難道科布和奎爾斯瞞著他，另有對話？

科布堅稱沒有。他說：「內人要我退出這件事。因此我想公開呼籲調查步調加快。」陶德說：「他們已經排了、預定十二月訪談。坦白說，一切都對總統有利，因此我們決定讓他們這麼做。」

凱利問陶德：「你從哪裡找到這個他媽的朋友泰？」科布一開始就冒犯了凱利。他繞過幕僚長，直接向總統討到辦公室安排在西廂。他警告科布：「你以後可別再他媽的繞過我背後！」

陶德向總統擔保，他們處理穆勒的策略是「合作，直到我們拿到三度空間影象、曉得他們腦子裡在盤算什麼」。根據這個影象，以及三十七位證人的配合、加上交出的所有文件，陶德說了很多次：「我不認為可以成立案子。」

陶德向總統解釋，根據憲法第二條，總統總攬行政部門一切事務。他的所有行為，特別是有關免除柯米職務的決定，是在權限範圍內。「我絕不會告訴你，你對這些人的直覺、以及你所做的一切是錯的。我們受到禮遇，不過我們對待他們也很客氣。」

十二月間，德國《商業日報》（*Handelsblatt*）報導[2]，穆勒調查團隊向德意志銀行（Deutsche Bank）發出傳票，調閱其紀錄。德意志銀行是德國最大銀行，也是貸款給川普的主要銀行。

總統當天早上七點鐘就打電話給陶德，大發雷霆。

他說：「我知道我和德意志銀行的關係。」他堅稱銀行喜歡他，他也一向準時付款。「我知道我借了什麼，什麼時候借，什麼時候還清。我他媽的每一筆都記得清清楚楚。」他也記得是跟誰接洽、以及其他詳盡細節。「我要告訴你，這全是狗屎。」

陶德找奎爾斯：「嘿，吉姆。這裡頭沒什麼祕密呀。這全是狗屎。」

於是乎安排了所有相關律師樓的律師們一起進行電話會議。每個人講話都像在用密碼通話。

陶德說：「嗨，幫幫忙好嗎？我們不會用密碼講話。」

後來，奎爾斯回報：「裡面沒有任何玄機。我們是在夏天時向德意志銀行發出傳票，但是它不涉及總統或其財務。」

十二月二十一日上午十點，陶德去拜訪穆勒，預備掀桌子。通常，最好的防禦就是進攻。

陶德說：「所有的紀錄都交給你了。所有的證人，除了一、兩位之外，全部接受約談了。整個調查顯得像是民主黨全國委員會、融合 GPS 公司（Fusion GPS）*——它製作出史提爾檔案——以及聯邦調查局高級情報官員要破壞川普總統的陰謀所做出來的產品。沒有調查柯米促成（特別檢察官之）調查的角色本來就很滑稽。柯米怪異和不誠實的行為應該要受到調查。」司法部督察長正在調查柯米在希拉蕊・柯林頓電郵案的相關行為。陶德聲稱：「把罐子踢給督察長……有害對你的調查之信心。」

穆勒沒有回答。

穆勒和奎爾斯節節進逼。他們要求約談川普。二〇一八年一月八日，穆勒口述十六項的一份清單，是他們打算約談的主題。幾乎全都涉及到佛林、柯米或賽辛斯。

陶德向總統報告，這份清單不夠明確。「我想再進逼一下，你才能有更好的了解。你也曉得，十六個題目，等於是你要猜他們究竟想問什麼。」

川普問：「你預備怎麼辦？」

「嗯，我的想法是，我們寫一封信給他，回答這些問題。」他們將提出他們所知的事實，並提出法理論據，尤其是憲法第二條賦予總統的權力。「把它當做在聯邦最高法院報告一樣。」

川普堅持說：「我們什麼都給他們了。」為什麼還不夠？他又補了一句：「我不介意跟他談話。」

接下來，陶德和傑・謝克樓（Jay Sekulow）花了兩個星期起草這封信。謝克樓經常上「基督徒廣播網」和福斯新聞發表時事評論，過去三十多年一直是保守派、宗教和反墮胎團體的代言人。

川普終於問陶德：「進行得怎麼樣啦？我能看看嗎？」

陶德在二〇一八年一月二十七日星期六，大約下午一點來到白宮官邸區。

總統稍微帶領陶德參觀一下官邸，包括林肯臥房，而且開玩笑說：「你和我放得進這張床。」

譯注

＊融合GPS公司是華府一家商業研究及策略情報公司，從事開放來源的調查，為企業、律師事務所、投資人及政治活動提供研究及策略建議。公司名稱裡的GPS三個字母代表「全球研究」「政治分析」「策略建議」。

陶德也回敬一句：「我們可以在鏡子裡看到我們。」

川普說：「如果你打贏了這個案子，我會給你一個A級導覽，花好幾個鐘頭參觀。我個人認為，這是全世界最美麗的華廈。沒有任何地方比得過它。」

川普的兒子巴隆跟一個朋友走了進來。

巴隆說：「爸爸，他想跟你合拍照片，行嗎？」

當然沒問題。照片也就拍了。

川普和陶德在一張桌子旁坐下來，可以遠眺華盛頓和傑佛遜紀念碑。

陶德說：「我要讓你感受到作證是怎麼樣一種狀況。」他們要進行演練。「我們會談論到幾個這些主題。或許是柯米和佛林。放輕鬆。你不需要做任何準備動作。冷靜就行。」

「我要你讀我們擬的信。我已經預備簽名，但是除非你覺得沒問題，我不會簽名。因為它是重要的呈堂文件。它告訴鮑布我們站在哪裡、我們認為他站在哪裡，以及為什麼你不應該——為什麼他不應該問你問題。」

「如果問題看起來沒有傷害，千萬不要掉以輕心。我要你徹底的專注聽每一個字。我不是一個愛多話的考官，我喜歡簡短又甜蜜的問題，我喜歡慢慢來，我非常有耐心，我會給你標準的建議——只要回答問題就好。好不好？明白了嗎？」

是的。

「你是什麼時候第一次知道佛林將軍有問題？」

「我不很確定。我想是當唐・麥甘恩跟（代理司法部長）莎莉・葉慈談話時。但是，約翰，我不確定。」川普說，葉慈表示，佛林向副總統講的一些話不正確。

「你對這件事有什麼動作？」

川普說，他不以為自己有任何動作。「我認為唐在管這件事……」

「你有找佛林來問話嗎？」

「沒有。」

「你究竟有沒有跟佛林談過話？」

「我不知道。我腦子裡依稀記得……他和蒲博思打電話給我。」

「好的，總統先生，你有沒有問過他，他是否與（俄羅斯大使）基斯雅克談到制裁？」

「沒有。」

「你確定嗎？總統先生。我們有些證據認為可能有此一對話。你確定嗎？」

陶德曉得蒲博思的證詞對總統有利。有一個版本是蒲博思在場，佛林當著總統的面說，他從來沒和總統談論與基斯雅克的對話。」

川普此時離題，沒有太大意義的長篇大論。

陶德說：「讓我們回到主題吧。」

「噢。」

陶德又問起跟佛林有關的話題：「你是怎麼想到要他辭職的？」

「是的。」

「你記得是怎麼發生的嗎？」

「不。我認為他提出了辭呈。我不介意告訴你，我為他覺得很難過。他有缺陷，但他是個大好人，我很敬佩他。你也曉得，我喜歡軍人。可是，底下人建議上來，我就這麼做了。」蒲博思和麥甘恩建議將佛林免職。

「他們有跟你提到聯邦調查局的約談嗎？」

「我不知道。我不記得了。」

陶德覺得川普是真的不記得了。當他繼續問更多問題時，川普頻頻說他不記得了。他覺得這是可以理解的，總統必須日理萬機耶。

因此陶德把話題帶回到二〇一六年十二月大選過後不久，再問些有關佛林的問題。「他有和外交官等等接觸嗎？」

「我想他是有的。」

「他有跟基斯雅克談話嗎？」

「你也曉得，我不知道的。我知道當時幕僚彼此之間有許多對話。我認為我也在推特上講了一些事情。」

三月三十一日，川普在推特上貼文：「麥克·佛林應該要求免責，這是媒體和民主黨破天荒大輸之後的獵巫。」[3]

陶德問：「你對歐巴馬核准的制裁，是什麼立場？」歐巴馬在二〇一七年一月將三十五名俄羅斯外交官驅逐出境，制裁幾個個人和實體，又關閉兩處俄羅斯設施。

「喔，我的立場是它給了我談判的槓桿。」

陶德說：「噢！人人都認為你會反對它，因為你想和普丁建立良好關係。」

川普重申：「不對。我把它們當做談判槓桿。」

依據陶德所閱讀過的證詞，這是正確的。陶德認為他的領航相當不錯。白宮和陶德就佛林案編纂的六頁備忘錄，其資訊比川普現在能記得的多得多。陶德已把白宮如何發現佛林說謊的每日進展紀錄交給穆勒和奎爾斯；而他們也誇獎備忘錄資料透徹。

陶德接下來問：「為什麼你告訴柯米局長——你像是要求他高抬貴手，放過佛林。這究竟是怎麼一回事？」

川普說：「我從來沒有說過。」

陶德說：「他當下就寫出備忘錄，也向他的好朋友提到它。」[4]

川普說：「我沒有那樣說。約翰，我絕對沒有那樣說。」

「哦，他說……」

川普說：「他說謊。」他破口大罵柯米。「這傢伙是個敗類、是個說謊者。他在柯林頓（電子郵件）事件和製作備忘錄及洩露故事之間閃閃爍爍。」

總統一發不可收拾，一路罵到底。陶德試圖攔阻他，但沒有用。川普火力全開，破口大罵。

風暴稍微止息後，陶德說：「注意啦，你不能這樣子回答問題。這就是他們所說的不當言詞，非常不好。明白嗎？你要客氣、有禮貌。」

「去他媽的蛋！」

一月六日，「他是不是告訴你沒有受到調查？」

「是的，他是這麼說的。」

陶德問：「他指的是嫖妓買春那一部分，而不是勾結那一部分。是嗎？」這是穆勒團隊的一個理論。

「狗屁！他根本沒對我這樣說。」

陶德相信他，因為柯米也說過，在當時那個時點上，並沒有就任何事進行調查。

接下來三十分鐘完全浪費。「這件事根本就是他媽的胡鬧。」川普重覆他已經在推特或講話中多次說過的老話。陶德無法讓他平靜下來。川普氣沖斗牛。陶德擔心，他若是穆勒的話，恐怕當場就被免職。這彷彿是川普在問：我幹嘛坐在這兒回答問題？「我是美國總統耶！」

真是一團亂。陶德聳聳肩，時間就這樣平白浪費掉。但是他也看到噩夢全景。美國總統竟然如此暴跳如雷，有如莎士比亞戲劇中憤憤不平的國王。

川普終於平靜下來，控制住情緒。

陶德說：「總統先生，這正是為什麼你不能作證的原因。我知道你相信它。我知道你想過。我也知道你經驗過。但是當你回答問題時。當你是事實證人時，你要嘗試提供事實。如果你不知道事實，我寧可你說，鮑布，我不記得了。這裡有太多事夠忙了。不要去猜測或亂下各種結論。」

然後陶德把要給穆勒的信之初稿交給川普。主旨是「對涉嫌妨礙司法要求作證」。信中以黑體字略述總統的權力：「他若希望，可以停止調查，或他若希望，亦可實施赦免權。」

川普仔仔細細讀了這封二十二頁的長信，有時候還停下來，高聲唸幾段文字。他說，他喜歡這封信。「你曉得，我是站得住腳的。我喜歡它的組織和陳述。」他也嘉許信中附了五十九個注釋。

他又說：「這是這件事發生以來，我最痛快的一天。」他有能力在情緒起伏動盪之間轉換自如的能力，於此充分表露。「它寫得真棒。我猜它已經包括我能想到的一切、甚至還更好。現在我懂了。我知道你在做什麼了。」

陶德說，是呀。

「讓我們把他們逼到牆邊去。但是你真的不要我作證？」

陶德回答說：「不要。我們為什麼不善加利用它呢？也許在談判中，我會向鮑布建議，給我一些題目。我們會回答它們。我們會寫好稿子。你們可以過來，問問題，他會宣讀答案。如果你信任我們所提供的一切時，你怎麼能抱怨這個？何況總統也不可能事事都記住。順便說一句，他會很樂意見到你、並且把事情說清楚，但他需要（劇本）的幫助。」

川普說：「好啊，我要這麼做。太棒了。」

陶德說：「好吧，但是你想像一下，你若沒有劇本會是怎麼樣。」

「我不曉得，約翰。我們剛演練過。你覺得我結結巴巴嗎？」

「是的，你是結結巴巴。但是總統先生，這不能怪你。這不代表你說謊、或有什麼不好。以你這樣公務繁忙——你看看這個下午做了什麼。」

他們談話過程中，好幾次被其他公事打斷，兩度有人進來簡短報告世界問題，還有些機密文件有待川普簽字。他怎麼可能什麼事都記得住？

陶德又說：「你曉得，這一切都會阻礙你試圖回憶六個月之前、或甚至九個月之前發生的事。」

川普說：「好極了。我同意你的看法。我也不是真的想要作證。」

在白宮演練完的第二天，川普打電話給陶德。川普說：「我睡得跟一塊岩石一樣。我真喜歡那封信。我可以有一份副本嗎？」

陶德說：「不行。」

陶德已經把總統規範住。

二〇一八年一月二十九日星期一，陶德和謝克樓簽署了那封信。然後陶德安排好在二月一日把信交給奎爾斯。陶德認為，簡直就像演電影。奎爾斯在街上走著、走著，然後就跳進陶德停在路邊的汽車上。

他們稍微寒暄兩句，互問對方家裡都好嗎。

陶德說：「這是給你的信。」

「是什麼？」

陶德說：「這是針對你們十六道題目的答覆，我們講了我們的論據。我把門開著。我將會要求某些明確的問題，你回去想想看，你若要討論它，告訴鮑布我們可以碰面談。」

注釋——

本章訊息主要來自和第一手消息來源多次深度背景訪談。

[1] Karen Freifeld, "White House Lawyer Cobb Predicts Quick End to Mueller Probe," Reuters, August 18, 2017.

[2] "Mueller's Trump-Russia Investigation Engulfs Deutsche," *Handelsblatt*, December 5, 2017.

[3] https://twitter.com/realdonaldtrump/status/847766558520856578.

[4] 柯米的備忘錄可以在此查閱 https://assets.documentcloud.org/documents/4442900/Ex-FBI-Director-James-Comey-s-memos.pdf

41 中美貿易戰

二〇一八年一月某一天，納瓦羅、羅斯、柯恩和波特聚集在橢圓形辦公室開會。[1] 經過幾個月來各自堅持立場討論課徵關稅之後，現在辯論變得相當激烈與尖銳。

柯恩在波特支持下舊調重彈，從經濟面和地緣政治、國家安全面重申立場。他談到課徵關稅將會如何擾亂市場，傷害股市漲幅。他說，課徵關稅實質上將等於是對美國消費者課稅。課徵關稅將取走川普透過減稅和法規改革帶給人民的許多好處。

川普說，你是個全球主義者。葛瑞，我根本不再介意你有什麼想法。

川普把他罵走。柯恩退到沙發區。

接下來納瓦羅和波特兩人爭辯，羅斯不時插嘴替納瓦羅助陣。納瓦羅聲稱課徵關稅可以增加稅收，又會得到企業和工會喜愛。他說這是川普爭取工會支持、並提前鞏固二〇一八年期中選舉政治基礎的好方法。

波特提起小布希總統課徵關稅，造成就業機會淨損失的前車之鑒。波特說，此後幾年，使用及依賴鋼鐵的下游產業——營造廠、油氣管線業及汽車工業——大為擴張，可是擴大鋼鐵製造及生產就業機會的可能性不大。現在若推出課徵關稅，就業機會減損會比小布希時期更為嚴重。

波特說，納瓦羅相信課徵關稅會普受稱讚是「錯得一塌胡塗」。許多企業會反對課徵關稅，因為他們是鋼鐵的買家和消費者。

波特說：「汽車製造業一定痛恨它。他們的利潤空間不大，這一來勢必提升他們的成本。」油氣管線製造商也是。「我們現在正在開放所有的聯邦公有土地空間，以及外海鑽油。它需要有人興建管線。」

波特又說：「至於工會，那更是瘋狂。沒錯，鋼鐵業工會會喜愛它，但是聯合汽車工人工會肯定不會喜歡它。營造公會不會喜歡它。這會使他們成本上升。」

波特通常都保持誠實的中間人角色，只負責便利談論。當他有強烈意見時，往往等到他有機會和總統單獨相處時才說出來。現在他挺身而出，亮出自由貿易派的身分。

納瓦羅針對每一項論據，都予以強烈反駁，火力不下於波特。幕僚長凱利在會議進行到一半時走進來。總統則十分注意雙方攻防。

川普在波特和納瓦羅激烈辯論近半個小時之後，質問波特，你現在變成經濟學家啦？你懂什麼經濟學？你是律師耶。

波特說，當他拿羅德學人獎學金在牛津大學唸書時，唸過經濟學，也教別人經濟學。他指出他的許多論點並不純然是經濟。

川普說：「我一直都知道葛瑞是個他媽的全球主義者。我可不知道羅布你也是個他媽的全球主義者。」

川普轉頭向凱利。小心這個傢伙。他也是個全球主義者！

凱利點頭微笑。他提醒大家，散會時間到了。

這場會議沒有得出真正決議就散會，不過它提醒川普，他已簽了決定備忘錄要對中國啟動三〇一條款調查，並對外宣布。這必須先於課徵關稅，這是原定的策略和協議。

由於兩位前妻公布他當年家暴，波特在二月七日辭職離開白宮。其中一位前妻公布一張眼睛瘀黑的照片，指控波特揍她。有一位向報界投訴，另一位透過部落格貼文，兩人都繪聲繪影敘述如何遭到波特家暴。[2]

波特很快就下定決心，為了大家的好——他的兩位前妻、家人和親近友人、白宮及他本人——他提出辭呈。他希望全力修復關係和療傷止痛。

《紐約時報》寫說：「家暴陰影終結明星在白宮崛起」，以及「前同事透露，助理形象清新讓人不知他火爆脾氣」。[3]

波特發表聲明說：「給予媒體的照片攝於約十五年前，我認為它以及背後的事實都和目前外界所描述者有相當距離。」[4]

川普在推特上貼文說：「人們的生活只因為媒體傳聞就給毀了。」[5]

《華盛頓郵報》社論指責白宮「推諉家暴」，《紐約時報》則說「川普顯然懷疑『我也是』（#MeToo）運動」。[6]

柯恩認為對川普還能起節制作用的一個重要影響力消失了。

二月二十八日星期三晚間六點半後，商務部長威爾伯．羅斯和彼得．納瓦羅來到橢圓形辦公室，說服總統在完成三〇一條款調查之前，就先啟動課徵關稅，毀棄整個貿易策略。羅斯早先已提出一項研究報告，聲稱鋼鐵和鋁進口大增對國家安全構成威脅，賦予川普權力可不經國會同意即課徵關稅。

羅斯和納瓦羅安排美國鋼鐵業界主要負責人次日來到白宮。

柯恩聽到消息，於晚上十點左右打電話給凱利。

凱利說：「我完全不知道有這場會議。沒有會議啦。」

「喔，是有這樣一場會議。」

「你在說什麼呀？葛瑞。」

柯恩試圖扼殺次日這場會議，原本以為成功了。但是它又立刻恢復。

次日，十多位業界領袖來到白宮。[7] 川普在內閣廳和他們見面，宣布他已決定對外國製鋼鐵課徵25％關稅，對鋁課徵10％關稅。

川普告訴業者：「你們在長久以來第一次受到保護。你們將會重振你們的產業。」即使柯恩所蒐集的所有數據都顯示它不實際、或甚至不可能。

柯恩認為如果他們完成對付中國的智慧財產權調查案，可以聯合盟友展開強大的貿易案件，這將會是大多數國家聯手對付中國，他們的經濟對手將遭到孤立。課徵鋼鐵關稅打翻了這一切。

柯恩下了結論，川普就是喜歡讓人互鬥。總統從來沒有從事他必須有長期策略思考的生意。他去找川普報告他要辭職了。

柯恩說，「如果這是你治理的方式」，他將要離職了。「只要我們遵循一定的規則和程序，我不介意在白宮輸掉一場作戰。但是當兩個人在晚上六點半走進你的辦公室，安排了幕僚長和其他人都不曉得的一場會面，我就沒辦法在這種環境下工作。」

柯恩曉得霍普．希克斯的重要性，她已被擢升為白宮通訊室主任。每當柯恩要與川普進行艱困的對話時，常常邀她作伴。柯恩說：「霍普，跟我一起進去吧。」她發現希克斯可以軟化總統，當她在場時，川普對待柯恩的態度就不一樣。

三月六日星期二，他去找希克斯。他們擬了一份聲明稿讓總統用來宣布柯恩的辭職。

「葛瑞是我的首席經濟顧問，表現卓越，推動我們的議程，協助達成歷史性的減稅和改革，使美國經濟再度恢復活力。他是罕見的才子，我感謝他對美國人民的專注服務。」

他們潤飾稿子之後，拿著打印版進入橢圓形辦公室。他們在總統辦公桌前坐下來。

柯恩說：「總統先生，今天可能是我提出辭呈的日子了。」

希克斯說：「葛瑞貢獻極大，」試圖緩和現場氣氛，「我們一定會很懷念他。太可惜了，我們必須找個方法另行重用他。」

總統說：「當然啦，我們將另行重用他。」

這是最後一刻的假惺惺。柯恩想到自己曾經對別人評價過川普的話：「他是個職業的說謊者。」

希克斯說：「我準備了一份葛瑞已經看過的稿子，請你核准它。」

川普接過稿子、改了一個字，接受聲明稿。

川普說：「這是重人的損失。但是我們不會有事。他還會歸隊。」

《彭博》報導「葛瑞・柯恩因關稅爭議辭去川普顧問職位」。[8]《華盛頓郵報》說「葛瑞・柯恩因與川普對貿易議題觀點不同辭職」。[9]《大西洋月刊》說「葛瑞・柯恩辭職，顯然是為關稅議題」。[10]《華爾街日報》說「葛瑞・柯恩輸掉關稅戰，辭去白宮經濟顧問」。[11]

柯恩辭職之後，仍然擔心課徵關稅會造成經濟不安定、以及它對消費者的影響。美國是消費者驅動的經濟體。如果消費者不確定經濟前景、不確定他們的可支配所得，會很快反映在經濟和股市上。

川普在課徵關稅上的行動和升高威脅並不和諧。柯恩認為川普一定曉得。「但是他不夠種，不敢承認。他從來沒錯。他已經七十一歲了。他絕不會承認他錯了。」

湯姆・波瑟特（Tom Bossert）是總統的國土安全、網路安全和反恐事務顧問。他在二〇一八年春天某天來到橢圓形辦公室，發現川普坐在隔壁他的專用餐室裡。

四十三歲的波瑟特是個律師和安全專家，他問：「長官，你方便說話嗎？」

川普說：「我要看名人賽。」這是世界最著名的高爾夫球大賽，他已經錄下奧古斯塔全國高爾夫俱樂部這場賽事，正聚精會神在觀賞。

波瑟特是白宮新貴，即使在凱利時代也得到許可，可以自由進出橢圓形辦公室。他也就不客氣，一屁股坐下來和總統一起觀賞球賽。

波瑟特曉得美國與先進的外國對手，如中國、俄羅斯、北韓和伊朗，已進入持續的低密度網路戰爭狀態。這些國家有能力關掉美國各城市的發電廠，唯一的嚇阻力量就是讓它們明白，一旦發動大規模網路攻擊，美國絕不會只以網路對網路回敬。

美國軍方的全部力量，包括核武器，都必須是嚇阻的核心元素。波瑟特喜歡說、也常常說，使用全面國力的任何元素都有道理。在後果關係重大的網路攻擊中，美國的可能損失太大，絕不能掉以輕心。波瑟特已經一再強調，總統似乎也明白了。不過，這一點——以核武器做為嚇阻網路攻擊的力量——的重要性，卻還未成為公共辯論的一部分。

川普終於看完球賽，問：「有什麼事？」

波瑟特說：「我來向你再次請示。我即將上電視接受訪問。」——美國廣播公司星期日新聞節目《本週》（*This Week*）。除了網路議題，「這個中國議題也一定會出現。」

川普說：「你和你的網路東東——那一大堆網路狗屎——將害我捲入戰爭。」

「這正是重點。我試圖盡力以其他國力元素來防止網路上出現不當行為，這使我捲入你正在做的所有決定之中。這也是為什麼我要來向你請示。你現在正和習主席進行私下談判。你剛向中國祭出一千五億美元的關稅威脅。」「很好。你希望我在電視上怎麼處理它？我不想上場說了一些會令你不爽的話。」[12]

川普欣然接受邀請，提供上電視的技術指導，增強表演效果。太高興了。

川普手指比畫到半空中，他說：「你要這麼做。湯姆，你準備好了嗎？你上去後，你說……」他想找出確切的詞句表達。「你告訴他們，你從來沒見過——不，等一等。首先你告訴他們，『川普非常認真』。你就這麼告訴他們。你準備好了嗎？」

川普的雙手和手指又比畫到半空中。「你告訴他們一千五百億美元。不，等一等！你告訴他們一千五百億美元算不了什麼。他預備提高到五千億美元，因為他已經不耐煩遭到不公平對待。你就這樣告訴他們！」

川普繼續比手畫腳：「你準備好了嗎？你就這樣告訴他們。」

波瑟特說：「好的。你要我表現強硬，對不對？」

川普熱切的說：「對，你要強硬！如果不是星期天，你會使得股市休市。你他媽的就是必須這麼他媽的強硬！」

手指又升到半空中。「等一下！等一下！然後你說：『別擔心。』這時候，注意喔，這時候你就要……」川普手又高舉，建議為了舞台效果，「這時候你說：『不會有事的，因為川普和習近平的交情……』」他停了一下，斟酌字詞：「是最好的。」等一下！「你這輩子從來沒見過兩個元首之間有這麼深厚的交情。或許以後也見不到。」

總統又問一次：「你準備好了嗎？」

波瑟特認為他記住了台詞和川普的表演，或許一輩子都忘不了。川普在強調，要強硬，川普願意豁出去。因為我們受到不公平對待。

川普說：「而且不用擔心黃豆的問題。」中國已經宣布，他們會針對美國農產品和其他商品課徵關稅，以示報復。[13]川普以第三人稱方式說話：「如果川普需要的話，他可以買下更多的黃豆。他會在中國反擊之前就向自己的農民買下他媽的黃豆。這時候你告訴他們：『沒有關係，他和習近平會搞定一個協議。它將是美妙的交易。將是你生平僅見最美妙的交易』。」

波瑟特現在又問：「因此你要我軟硬兼施囉？」——決心要很堅定，在和習近平的關係上則必須軟調處理。

「是的。」

波瑟特再度提起網路。

川普說：「喔，天老爺。如果你必須提到網路問題，好吧。你就說吧。」

波瑟特明白，川普要他集中力量在貿易議題。「長官，我想這麼說：這是貿易爭端，不是貿易戰爭。而且有貿易赤字。在一九八〇年代，我們和日本也有過貿易爭端，可是同時我們跟他們也是親密盟友。」

川普說：「太棒了！你完全懂了。你上去就講這些好聽的話，然後你說出我告訴你的話。然後你就沒事了。」顯然是試圖平撫任何焦慮，他又補充一句：「湯姆，你不會有問題的。」

告辭後，波瑟特到凱利辦公室探個頭，禮貌性的照會他一聲，他剛向總統請示過上電視的談話重點，沒有什麼特別公事報告。凱利揮揮手，沒事，沒事。在波瑟特看來，幕僚長十分消沉，大體上已經放棄。

波瑟特準備好了他的談話重點[14]，但是到了美國廣播公司，主持人瑪莎．雷達茲（Martha Raddatz）卻專談邊界安全。川普曾說他要派兩千至四千名國民兵部隊到南方邊界。由於川普這番話，這是當天的熱門話題。她根本沒問到中國問題。

波瑟特相當失望，因為他已經「準備」好要傳遞總統的訊息：川普決心堅定，而且他和中國國家主席習近平交情深厚。

注釋——

本章訊息主要來自和第一手消息來源多次深度背景訪談。

[1] 作者看過一位與會人士的筆記。

[2] MJ Lee and Kevin Liptak, "Former White House Aide's Ex-Wives Detail Abuse Allegations," CNN, February 8, 2018; Colbie Holderness, "Rob Porter Is My Ex-Husband. Here's What You Should Know About Abuse," *The Washington Post*, February 12, 2018; Felicia Gans, "Jennifer Willoughby Called Rob Porter's Alleged Abuse 'Insidious' Last Year," *Boston Globe*, February 10, 2018.

[3] Maggie Haberman and Katie Rogers, "Abuse Claims End Star's Rise in White House," *The New York Times*, February 8, 2016, p. A1; Katie Rogers, "Aide's Clean-Cut Image Belied His Hot Temper, Former Colleagues Say," *The New York Times*, February 20, 2018, p. A14.

[4] Josh Dawsey, Beth Reinhard and Elsie Viebeck,"Senior White House Official to Resign After Ex-Wives' Allegations of Abuse," *The Washington Post*, February 7, 2018.

[5] https://twitter.com/realdonaldtrump/status/962348831789797381.

[6] "The White House Shrugged Off Domestic Violence. It's Not Alone," *The Washington Post*, February 8, 2018; Mark Landler, "Trump, Saying 'Mere Allegation' Ruins Lives, Appears to Doubt #MeToo Movement," The New York Times, February 10, 2018.

[7] Donald J. Trump, "Remarks at a Listening Session with Steel and Aluminum Industry Leaders and an Exchange with Reporters," March 1, 2018. Online by Gerhard Peters and John T. Woolley, *The American Presidency Project*. http://www.presidency.ucsb.edu/ws/?pid=129484.

[8] Justin Sink, Jennifer Jacobs, Dakin Campbell and Shannon Pettypiece, "Gary Cohn to Resign as Trump Adviser After Dispute over Tariffs," Bloomberg, March 6, 2018.

[9] Damian Paletta and Philip Rucker,"Gary Cohn, Trump's Top Economic Adviser, to Resign Amid Differences on Trade Policy," *The Washington Post*, March 7, 2018.

[10] Derek Thompson, "Gary Cohn Resigns, Apparently over Tariffs," *The Atlantic*, March 6, 2018.

[11] Nick Timiraos, Peter Nicholas and Liz Hoffman, "Gary Cohn Resigns as White House Economic Adviser After Losing Tariffs Fight," *The Wall Street Journal*, March 6, 2018.

[12] Bob Davis, "Trump Weighs Tariffs on $100 Billion More of Chinese Goods," *The Wall Street Journal*, April 5, 2018. Bossert and Trump met on April 6, 2018.

[13] 同前注。

[14] "Transcript of *This Week*," ABC News, April 8, 2018.

42 「通俄門」之爭

二月，陶德一直沒有接到消息。他認為穆勒和奎爾斯故意慢下來。終於消息來了，排訂三月五日星期一下午兩點在穆勒辦公室會面。

穆勒由奎爾斯和其他三位檢察官陪同出席。

陶德帶傑．謝克樓和另一位律師與會。很快的，雙方就明白，彼此對召開會議各有不同的目的。

穆勒說：「好了，我猜就是這樣囉。」

陶德問：「你在說什麼？題目呢？」

穆勒一副撲克牌選手在賽局中的神情，他說：「你也曉得，我不知道耶。」

「吉姆說的情況不一樣。」

穆勒再說一遍：「你也曉得，我不知道耶。我覺得，貴方並不想作證。」

「在這種情況下，確實是如此。」

穆勒說：「好呀，你也曉得，我總是可以弄到大陪審團傳票的。」

陶德氣得一拳擊到桌上：「你就他媽的去拿呀！我迫不及待就要提出動議駁回它。而且我要聽到你跟聯邦地方法院法官說清楚罪名是什麼。而且我要你解釋。」

陶德說穆勒已經拿到他可能需要的所有證據。「我的駁回動議將是我們已經把所有的東西交給你，包括三十七個證人的證詞。包括一四〇萬頁文件，把總統最私密的談話一一標示出來。我要你向法官解釋，為什麼你需要大陪審團傳票。順便告訴你一聲，美國史上從來沒對任何一位總統發出傳票。再順便告訴你一聲，一直上溯到傑佛遜，沒有一位總統是如此透明。」

陶德繼續說：「你想開戰？那就開戰吧！順便告訴你一聲，我會向總統報告，你現在威脅我們要發大陪審團傳票。『因此，總統先生，如果你不作證，我將當著大眾拖著你的屁股，我們將拿到大陪審團傳票。我們將開庭偵訊。』順便告訴你一聲，這些證據都還未提交大陪審團。因此我要你向聯邦法官解釋，為什麼這些證據都還沒送到他或她的大陪審團。」

陶德相信，所有的主體證據都在約談筆錄和文件中。只有在罕見情況下，所謂證據才會交給大陪審團。

穆勒試圖讓陶德平靜下來：「約翰，好了，好好說嘛。」

「鮑布，你威脅美國總統，他還不是被告、是否是偵察對象都還不一定，就要簽發大陪審團傳票。他基本上只是證人。我也要向法官申明這一點。直到二〇一八年三月五日，他都還不具刑案責任。」——這是他們開會這一天。「什麼都不是。我也要告訴法官，我不會讓你玩把戲。我不會讓你就某些事——而且毫無犯行的某些事——考驗這位總統的記憶。而且，鮑布呀，我問你。是你要和我們接觸的。就談談禮尚往來吧。你們告訴我，哪裡有勾結。」陶德說：「別跟我扯六月那場雞屎會面。」——他指的是小唐納．川普在川普大樓與一名俄羅斯律師會面那件事。

「根本沒有事。根本沒有勾結這回事。妨礙司法？那是笑話。妨礙司法根本就是笑話。佛林呢？葉慈和柯米不認為他說謊。順便告訴你一聲，他告訴——在白宮法律顧問的備忘錄裡，他告訴他們，探員說已經結案。我說的是，佛林認為他沒有妨礙司法。是的，根本沒有。」

陶德繼續說：「我等不及要讀你的文件。我的文件會先送進去。順便告訴你一聲，你就放馬過來，把傳票交給我吧。我會收下來。」

穆勒說：「約翰，我不是要威脅你。我只是想到可能性。」

陶德順著樓梯下台，改採老朋友作法。「另一個可能性是把題目給我。我們有相互信任的關係。我們信任你們。你們也信任我們。我們從來沒讓你們失望。鮑布，重要的事不就是你要找出真相嗎？我們是在幫你呀。」

陶德決定再往前走一步。陶德說：「我對你們不保留祕密。我要告訴你們，我和美國總統對作證這件事的對話。」他提到他和川普在白宮官邸討論過的三道題目。（川普）對第三道題目根本不記得，「他就亂說一通。那是他的本性。」

陶德發現，他已經引起穆勒的注意。

陶德轉身對傑．謝克樓說：「傑，你來扮演總統，我扮演穆勒。行嗎？」他們將角色扮演陶德目擊總統表現的一幕。「我們來談談柯米。」陶德問起川普和柯米的一次對話。謝克樓的回答就是經典的川普說話方式——一堆空話、前後矛盾、瞎扯、憤怒。完美的表演。完美掌握川普的特色。

「逮到你了！逮到你了！一〇〇一！」陶德一拳捶桌，提到美國刑法一〇〇一條做偽證的條款。「逮到你了！一〇〇一！」

陶德朝仍然扮演川普的謝克樓又問了一個簡單的問題。

謝克樓說：「我不知道，我不知道，我不知道。」

陶德說：「傑，當我們跟他談話時，他說了幾次我不知道？」

「喔，十幾、二十次。」

陶德朝穆勒說：「鮑布，我要說的是，你要我坐在總統旁邊，而他答到第三題以後就開始語無倫次。我會建議他，他根本不知道，也記不得。因此他將說我不記得一連二十次。我現在就告訴你，鮑布，他不記得。順便告訴你一聲，如果你要，我也可以請凱利將軍到這兒告訴你，他不記得。他不記得的原因很簡單。這些事實和這些事件在他這一生只占很小一段時刻。」大半發生在他剛接任總統之初。

「突然間，他成了大老闆。但是他收到來自四面八方的訊息，包括媒體每天的報導。恐怕有好幾噸吧。事實是，我不希望他像個白痴。我絕不會袖手旁觀，讓他看起來像個白痴。你會發表談話謄文，因為在華府任何訊息都會外洩，然後國外的人就會說，我告訴過你了嘛，他是個白痴。我告訴你，他是個他媽的笨蛋。我們幹嘛要跟這個白痴打交道？他根本記不住跟自己的聯邦調查局局長的X、Y、Z事情。」

陶德很清楚，他描述的總統是「明顯喪失能力」。

穆勒說：「約翰，我明白了。」

「好了，鮑布，你想知道什麼？提一個沒有人回答過的問題。」

「哦，我想知道他是否有腐敗的意圖。」

「鮑布，你認為他會說有嗎？我代表他，現在就告訴你沒有。如果你要從總統那兒拿到證詞，說他沒有腐敗的意圖，我會拿給你。」

穆勒說：「讓我再想一想。我不願意認為你在耍我們。」

陶德說：「等一等，等一等。你他媽的饒了我行不行。我的紀錄是毫無瑕疵。你問吉姆・奎爾斯我有沒有耍他？有沒有任何一件事我告訴了你們，卻是不正確的？」

奎爾斯掛保證，沒有。「約翰是我們交往過最棒的律師之一。」

陶德開始認為穆勒不了解案情全貌。

依據與三十七名證人的聯合辯護協議，陶德收到他們的律師送來的供詞。

陶德問：「有人說謊嗎？」

穆勒說：「沒有。」

「有任何人湮滅文件嗎？」

穆勒說：「沒有。」

「我是不是說對了，你要的是優質、可靠的答覆？」

「是的。」

陶德說：「把要問的題目給我。我會收下它們，再告訴你我們是否能夠回答。」他會提供答覆——每道題目答一、兩行。他說：「公平交換。你把要問的題目給我，我好知道你有什麼念頭。」

凱利將軍可以把穆勒及其團隊，以及法院紀錄員神不知鬼不覺帶進白宮。「我們會準備劇本。」總統可以宣誓作證。「我們將以我們的方式準備劇本。但是我們會把我們所知道的真相告訴你。總統會在律師協助下，說出他所了解的真相。因此，不是這樣，就是你在那邊乾坐六個小時、我們試圖打斷他滔滔不絕，或是他一直說『我不知道』。」

穆勒的團隊頻頻搖頭，明白表示過去從來沒有過這種先例。不行。從來沒有聽過這種事。

穆勒說：「讓我想一想是否給你一些題目。」

陶德提醒穆勒，七、八月間，川普抨擊穆勒和賽辛斯，穆勒聯繫陶德，表示：「我碰到問題了，你能否勞駕過來一談？你說，有人不需要拒絕作證、卻拒絕作證。他們根本沒有罪。但是我害怕那種氣氛，他們覺得若是作證，就是不忠實。」

當時陶德告訴他：「我會公開聲明，表示我們希望人人合作。總統會合作。我們會百分之百合作。我們也鼓勵人人合作。」報上引述陶德和科布的話，他倆都說，川普和白宮將「繼續全面合作」。[1]

陶德重覆他在歷次會議相同的說詞：「請以國家為重。」總統需要全神貫注公務，沒有時間糾纏在這項調查當中。全世界有相當嚴重的緊張局勢有待處理——北韓、伊朗、中東、俄羅斯和中國。

穆勒回答說：「我對這一點也很敏感，我會盡力照顧到。」

陶德又進逼：「你何不乾脆就把題目開給我們？」

穆勒並不喜歡這一作法。

陶德曉得自己在賭博，挑戰穆勒大家來打一場大陪審團傳票戰。這是他的構想，發送訊息說，如果穆勒要走大陪審團的路子，情況就會如此發展。他的動議會附上種種圖表解說。聯邦地院法官至少得花兩個星期閱卷。

陶德盡全力強悍的向穆勒表示：「你就必須出庭，告訴法官為什麼你要把美國總統送上大陪審團審訊。鮑布，你也曉得，我處理過這類案件。我不會要把美國總統送上大陪審團的。」

他還有最後的論據。他指控穆勒團隊玩的就是偽證陷阱。「你對佛林玩這一套，你對蓋茨玩這一套，你對帕帕多普洛斯也玩這一套。[2] 嘿，你們就是玩這一套把戲。」喬治·帕帕多普洛斯（George Papadopoulos）是川普競選總部一名助理。里克·蓋茨（Rick Gates）是馬納福的事業夥伴、也是川普競選總部副主席。蓋茨雖然有第一流的律師陪同出庭，還是說了謊話。「你們沒給他時間準備。現在他就遭到重罪罪名起訴。鮑布，我就是這麼告訴總統的：檢方就是想在約談中給你戴上一頂帽子。」

陶德認為有可能、甚至很有可能，有某些事他並不知道。「鮑布，你們在布置某種事情。肯定有些什麼。」你們或許不能認同總統的行為，「但是你們證據不足、不能成案」。陶德說，我才不管你們掌握了什麼，「去跟大山講、去跟國會山莊講」，我才不介意呢！

穆勒扳著臉坐在那裡——像塊大理石，毫無表情，他如此的控制住情緒。會議結束。

下午五點，陶德和謝克樓到橢圓形辦公室旁的餐廳面見總統。

川普問：「進行得怎麼樣啊？」

陶德說：「總統先生，太荒唐了。」

川普說：「喔，喔，我的天呀。」陶德對於與穆勒的會議反應十分負面，讓川普開始擔心現在他真的有大麻煩了。

陶德說：「你從來沒有真正尊敬過穆勒。你有非常好的直覺，可是我從來不相信它。現在我必須告訴你，我認為你的直覺可能是正確的。他真的沒有準備。否則，我們為什麼空手而返呢？」

一個星期後的三月十二日，陶德率領他的團隊再度和穆勒及其團隊會面。他認為機會不大、但猶抱最後一絲希望，盼望穆勒會說他傾向於不起訴，但是需要總統的證詞，以便撰寫結案報告，呈送給司法部副部長羅森斯坦。

穆勒的團隊——奎爾斯及其他三名檢察官——口述四十九道題目[3]，而傑・謝克樓忙著筆記下來。幾乎所有題目都涉及到川普對佛林、柯米和賽辛斯等幾位主角人物的態度、意見、決定或結論。有些題目則問到小唐納・川普在川普大樓那場著名的會面，以及俄羅斯律師表示可提供有關希拉蕊・柯林頓黑材料的經過。其他則涉及在俄羅斯的不動產開發案。

題目包山包海，證實新聞界所報導穆勒的調查方向和範圍。

陶德認為，這是狗屎，法學院二年級學生寫出來的題目。許多問題老早就有人回答過了。讓川普再來回答，當然可能出現災禍，因為川普可能情緒失控、什麼話都端出來。就某個層面而言，題目包羅廣泛代表穆勒手上沒掌握具體事證，希望釣魚、能釣出大東西。給脾氣暴躁的川普設下偽證罪陷阱，分明形同兒戲。

陶德告訴穆勒：「從這裡頭看，你成立不了案子。」

穆勒說：「我需要總統的證詞。他對柯米有什麼意圖？」

陶德告訴他：「我不以為依據憲法你可以質疑這一點。」憲法第二條有關總統權力的規定，長期以來都受承認，連柯米也贊同。

穆勒再度說：「我要查明是否有腐敗的意圖。」這是整個調查的重心。妨礙司法這項法令並沒有明訂什麼行為本身為違法。行為必須是「腐敗的」和「故意的」有妨礙司法的意圖，罪名才能成立。思想狀態是關鍵。為什麼會以他的方式行為？這正是為什麼穆勒要總統作證。陶德是這麼認為。

陶德問：「你有什麼證據他拿了錢了嗎？」收錢搞不法行為，賄賂收買偽證，或湮滅證據，通常是證明妨礙司法的要素。錄音帶、證人宣誓過後的證詞或文件，是最好的證據。除非檢察官從調查對象嘴裡挖出來，除非有人自踩地雷——陶德肯定川普一定會自挖陷阱。

陶德說：「你自己的司法部副部長是支持總統的證人。」羅森斯坦寫了備忘錄促請川普就柯米處理希拉蕊．柯林頓的電郵事件不恰當，將柯米免職。

「事實上，他（羅森斯坦）收下總統的四頁信，將它改寫。後來你們找司法部長問話、再找副總統問話。然後又找麥甘恩以及總統周邊的每個人問話。然後才有柯米的行為，而他這些行為正是副部長和司法部長所譴責的柯林頓案件之行為。」

陶德繼續說：「意圖，所有的證詞和文件」都提供了解答。「你們問證人，他（總統）說了什麼、做了什麼、什麼時候做的。我在第一時間就把這些東西都給了你們。」要找出總統的意圖，這些就夠了。

穆勒不吃這一套。

陶德和謝克樓走出大樓。

謝克樓問：「你有什麼看法？」

陶德說：「他不能作證。」以為穆勒會以不起訴簽結已經證明是幻想。

陶德認為當年比爾．柯林頓的農業部長麥克．伊斯比（Mike Espy）遭到獨立檢察官調查時，聯邦上訴法院所作的裁決，他可以拿來援用。法院當時裁決行政特權可以適用在總統及其顧問身上。檢察官若要克服此一特權，必須證明他要找的含有重要證據之材料，在別的地方不存在。法院裁定，檢察官必須證明受調查事件是嚴重罪行，除了受傳的證人之外沒有別人可答覆問題。

陶德和謝克樓向川普回報。

陶德告訴川普：「我現在對穆勒的看法完全改變。」總統一直都正確。「我不信任他。」四十九道題目，讓陶德很擔心。為什麼不是只有五道題目？為什麼不尊重一下美國總統呢？他日理萬機，處理那麼多世界問題都來不及了，那裡有空準備、再回答問題呢？陶德說這更堅定了總統不應該作證的決定。

川普說：「是呀，他們已經拿到所有的答案了嘛。」

科布又開始公開表示，總統真心希望作證，並解答幾個問題。

陶德說：「總統先生，這不是幾個問題。總共有四十九道題目耶。我建議你千萬不可作證。」

川普問：「那老百姓會怎麼說？媒體又會怎麼說？」

「總統先生，那是陷阱。他們沒有法律或憲法的理由來和你說話。」他提起過去代表過川普的律師們，「如果你不信我的話」，可以打電話給他們問一問。

川普在三月底某天從空軍一號專機上打電話給陶德。

陶德說：「總統先生，你一定要接受我的建議，否則我們將會出大禍。你絕對撐不過這一關。你記得上次我們碰面、讀回信稿那一次？你記得你覺得放心、你了解策略那一次？總統先生，我們不用做什麼就已經贏了。你同意的，這四十九道題目已經得到答覆了，你的屬下已經答覆了，你聘請的律師已經答覆了。你有部屬，我指的是蒲博思、巴農等等全都作了證，也被特別檢察官接受。他對這部分沒有異議。」

「總統先生，井裡頭沒有毒。沒有人說謊，沒有文件遺失。美國歷史上沒有任何一位總統做得像你這樣。我為什麼不能讓你對此感到自豪、而不再多做什麼呢？」

「而且總統先生，我建議的是我們把這一切都公開。我們客氣的告訴鮑布，基於明顯的理由和憲政理由，你不會坐下來接受約談，你是在保護未來後繼者的職權。如果你作證，以後幾十年我們將陷入不斷的鬥爭，讓我們把總統傳來宣誓作證。它將造成全新賽局。尤其是現在根本不涉犯罪，毫無成案基礎。你明白了嗎？」

他說，伊朗—尼游案調查雷根、白水案和柳文斯基案調查柯林頓、水門案調查尼克森，全都涉及犯罪行為。「而且，假設真有犯罪行為，你的白宮可以幫忙。我毫不懷疑，你會有反應。你會——如果有人問到你屬下某人犯下不當行為，而你也目擊某些事情，你會是很好的證人。你會作證。但是現在完全不是這麼一回事。這是所有的問題都已有解答的案子。」

「總統先生，你剛把我的雙腳砍了。我努力要當一個好律師呀。」

川普說：「你是一個好律師。你是一個偉大的律師。」

「總統先生，身為律師，又是法院訴訟過程相關人員，當我完全明白你不能時，我不能還坐在你旁邊，允許你回答問題。」

陶德希望盡可能修飾用詞，要說這不是你的錯。你的職位負擔國政重任才是原因。他知道在這次對話中，不能冒犯川普。他不能把他明知的真相說破，指明「你是他媽的一個說謊者」——這才是大問題。

因此陶德說：「你沒辦法聚精會神在一個主題上。這就會要了你老命。你會試圖糾正、然後就又說錯話和哄騙。這就好像麥克．佛林不記得和基斯雅克有過對話一樣。」

川普再次從空軍一號專機上打電話給他的律師。

總統問他：「你高興了嗎？」

陶德說：「不，我並不高興。總統先生，這件事很令我傷心。我覺得好像我失敗了。做為你的律師，我沒有善盡職責，我未能說服你接受我的建議。我和醫生沒有兩樣，我知道你的疾病，我知道你的困難，我開了藥，知道它們會使你脫離傷害。記得第一條規則，總統先生，就是『不受傷害』。我們今天就在這兒。如果我出庭和你坐在一起，讓你做出我認為會對你不利、而且會使你陷入更大麻煩的事情，那我就應該喪失我的執照。或許有些律師對這一切只會眨眨眼睛。」

「我了解。約翰，我知道你感到十分沮喪。」

「我是沮喪呀。我也不介意向你報告，我很遺憾我竟推薦泰．科布給你。我不能相信他竟出賣我。」

川普說：「哦，是我叫他」公開放話，顯示總統並不怕作證。

「他應該拒絕的。他是政府雇員。我要告訴你，他們可以傳喚他為證人。他和你並沒有律師和當事人之間的特權。」

川普說：「天啊！」似乎緊張起來，「我跟他說了很多話耶。」

陶德說：「我希望我可以說服你。不要作證。別作證，否則就是穿上橘色囚衣。這是做決定的時刻，如果你執意繼續走下去，我可不能陪你了。」

川普說：「什麼？你要打退堂鼓了？你怎麼可以棄我而去？」

陶德說，這是原則問題，而且律師有責任保護其當事人。

「我希望你留下來。你是個偉大的律師。」

陶德心知肚明這是屁話，但這就是川普弔詭之處。他們可能會激烈辯論，但是不管是在電話中吵，或是當面爭得臉紅脖子粗，一旦吵完，川普總是會說，謝謝你。我感謝你所做的一切。

陶德一生在法界服務，或許只遇見五個當事人如此客氣表達他們的謝忱。

謝克樓和科布打電話找陶德，抱怨總統不接他們電話。他們需要陶德打電話給總統。

陶德在三月二十一日晚上十點鐘左右和川普通電話。

「嗨，約翰。」總統很和氣、平靜。

陶德說：「總統先生，抱歉打擾你了。但是泰和傑打電話找我。」他們要你就作證這件事明確給個指示。

川普說，他已經決定作證。他可以對付得了穆勒。「約翰，我已經決定了。很遺憾，你不同意。」

「我的職責不是同意，我的職責是照顧你。如果你開始接受自己的建議，你會陷入麻煩的。總統先生，我都不會接受自己的建議。」

「你也會聘請律師喔？」

「絕對的。我經歷了那麼多事，當然，我也聘請律師。」

川普重申：「約翰，我現在的立場是這樣。我認為美國總統不宜引用（憲法）第五條（修正案）。」* 「總統先生，我們可以做出比它高明太多的陳述。對了，我要補充一點。我們應該在公布之前先向國會山莊領袖打個招呼。」在介入法庭爭戰之前，帶著所有的證詞和文件，向他們說明為什麼你站得住腳。「告訴他們我們不會作證。如果我們把這些東西給他們看……」

川普說：「這個主意不錯。但是，約翰，如果我不作證，那些人會不高興的。」他沒有說「那些人」是誰，但是陶德曉得他指的是川普的粉絲、死忠分子、參加他造勢集會的群眾、福斯新聞網的觀眾、所謂可悲的人。

陶德問：「當穆勒要求以違反一〇〇一條款起訴時，他們會怎麼想？」他指的是假聲明、做偽證。

譯注

* 美國憲法第五條修正案部分條文為：「任何人不得在任何刑事案件中被迫自證其罪；不經正當法律程序，不得被剝奪生命、自由或財產。」

「不，不，我是很好的證人。我將是很棒的證人。」

陶德曉得這是自吹自擂，完全胡說八道。他早先告訴過總統，他從佛羅里達州一位律師朋友聽來的故事。這位律師曾經向川普錄製證詞，當這位律師問起川普的職業是什麼時，川普花了整整十六頁篇幅回答這個問題。

陶德再次提起：「你不是好證人。」某些人根本不能當證人。陶德舉個實例。「總統先生，你記得拉傑．拉加拉南（Raj Rajaratnam）吧？」

川普記起來：「啊，那個避險基金傢伙。」陶德曾經代表拉加拉南這個身家十億美元帆船集團（Galleon Group）的創辦人。[4]他在二〇一一年因內線交易罪被判有期徒刑十一年定讞。

陶德說：「非常聰明的一號人物。如果你坐下來跟他聊天，你會說，他是我生平所見最天才、最雄辯滔滔的人物。他天上地下無所不知。總統先生，當我開始向他問供取證時，不到五分鐘，他就屁滾尿流。他突然間變得緊張兮兮——我是說，他不能……然後我給他一記直球，他連自己名字都差點答不出來。這是動物本能。我對這種動物絕對是專家。」

陶德說：「總統先生，我恐怕幫不了你。」

他告訴總統，他絕對有權利不爽穆勒。

「他們不會彈劾你的。你跟我說笑話啊？他們全都是懦夫、全城都是。媒體、國會，通通都是無膽之徒。彈劾的罪名是什麼？執行憲法第二條啊？哼？哈囉？我要聽萊恩議長在法規委員會（Rules Committee）和司法委員會怎麼開口。」

川普說，都是媒體追著打我啦。

「總統先生，你在稅制改革上堅持不懈，你已經贏了第一回合。他們痛得不得了，他們痛恨你，他們痛恨你的膽識。」

川普問，究竟媒體想要什麼呀？

「我會撤銷他們的採訪證。我會把他們他媽的趕出去。我不認為他們有權利進入白宮，然後那般我行我素。」

川普說，他也是這樣認為。「但是我老是被否決。約翰。他們」——霍普．希克斯和凱利——「每次我要撤銷某個人採訪證時，他們都否決我。」

陶德說，媒體、修勒和國會，「我們應該告訴他們回家去X自己。讓我們回到擔任美國總統。因為相較於你每天的工作，這是在大象屁股四周打轉的蚊蚋。我們必須把它們當做蚊蚋處理，繼續向前走。」陶德認為這是他的結辯之詞。

川普說：「你太偉大了。我感謝你。很抱歉拖得這麼晚，打擾你休息。」

翌日上午，陶德告訴太太卡洛：「我要辭職了。」他打電話給總統，表示他要辭職了。「我很抱歉我要辭職了。我敬愛你。我支持你。我也希望你事事如意。但是如果你不接受我的建議，我沒辦法代表你。」

總統說：「我了解你的挫折感。你的表現非常優秀。」

「總統先生，如果還有什麼事是我可以效勞的，請隨時打電話過來。」

「謝謝你。」

兩分鐘後，《紐約時報》打電話找陶德，《華盛頓郵報》也打電話來。陶德可以想像得到川普拿起電話，打電話給《時報》的瑪姬．哈伯曼（Maggie Haberman）。「瑪姬嗎？他媽的陶德辭職了。」川普一向喜歡是第一個傳播新聞的人。

陶德覺得至少他搶先一步提出辭呈，不是被免職、一屁股踢出去。

陶德仍然相信穆勒根本在「通俄門」事件上不能成立案子，在妨礙司法上也無法立案起訴。他布下的是偽證罪陷阱。而在一番嚴厲自我檢討之後，他相信穆勒耍了他、也耍了總統，騙他們在證人和文件方面合作。

陶德對穆勒非常失望，竟然耍了這套詭計。

陶德累積四十七年的經驗，曉得把戲、也曉得檢察官。他們極力要建立案子。藉由所有的證詞和文件，穆勒可以串連起某些看來齷齪的東西。或許他們現在已經掌握了某些不利的新事證；或許某些證人如佛林，已經翻供、改變證詞。這種事情不是沒有發生過，它可能使得大局丕變。前任高階助理承認說謊、反咬總統。陶德不認為會是如此，但是他必須擔心、並思索此一可能性。

在如此複雜、夾纏的調查中，有些事很清楚，許多事則不然。這裡頭沒有完好的X光片，沒有錄音帶，沒有工程師繪圖。陶德相信總統並未勾結俄羅斯或妨礙司法。

但是在川普這個人身上和他的總統職責上，陶德看到悲劇性的缺陷。在政治拉鋸、閃躲、否認、推特、阻礙、高喊「假新聞」和暴跳如雷當中，川普有一個極大的問題。陶德曉得，但不敢告訴總統：「你是個他媽的說謊者。」

注釋——

本章訊息主要來自和第一手消息來源多次深度背景訪談。

[1] Michael S. Schmidt, Matt Apuzzo and Maggie Haberman, "Mueller Is Said to Seek Interviews with West Wing in Russia Case," *The New York Times*, August 12, 2017.

[2] Jeremy Herb, Evan Perez, Marshall Cohen, Pamela Brown and Shimon Prokupecz, "Ex-Trump Campaign Adviser Pleads Guilty to Making False Statement," CNN, October 31, 2017; Carrie Johnson, "Rick Gates Pleads Guilty and Begins Cooperating with Mueller's Russia Investigation," NPR, February 23, 2018.

[3]《紐約時報》二〇一八年四月取得穆勒的題目，詳見 https://www.nytimes.com/2018/04/30/us/politics/questions-mueller-wants-to-ask-trump-russia.html.

[4] Peter Lattman, "Galleon Chief Sentenced to 11-Year Term in Insider Case," *The New York Times*, October 13, 2011.

謝辭

這是我在過去四十六年裡與 Simon & Schuster 編輯 Alice Mayhew 合作的第十九本書。川普就任總統立刻引起種種爭議和調查，Alice 立即明白了解川普以總統身分在國內外政策之作為的重要性。Alice 對這本書的概念、進展、結構和基調做出全面而精彩的貢獻。

Simon & Schuster 成人書籍出版部總裁兼發行人 Jonathan Karp 掌握全局，他把時間和敏銳的智慧投入到這本書中。他幫助編輯，並且透徹思考了在這個動盪時刻出版這樣一本關於川普總統的書的機會、責任和困境。我欠他很多。他曾經是青年才俊；現在則是中年才俊，但仍然擁有青年才俊的活力。

我感謝 Simon & Schuster 執行長 Carolyn K. Reidy，數十年如一日一直贊助和促銷我的著作。

我要感謝 Simon & Schuster 以下同仁：Stuart Roberts—Alice Mayhew 才華橫溢、精力充沛且思想細膩的助理，以及 Richard Rhorer、Cary Goldstein、Stephen Bedford、Irene Kheradi、Kristen Lemire、Lisa Erwin、Lisa Healy、Lewelin Polanco、Joshua Cohen、Laura Tatum、Katie

Haigler、Toby Yuen、Kate Mertes 和 Elisa Rivlin。

我特別感謝 Fred Chase，他是旅行顧問和傑出的文案編輯，他在華府與 Evelyn 和我一起度過了一個星期。Fred 喜歡文字和點子。在那一星期中，他以細緻的關心和智慧三次潤飾手稿。我們稱 Fred 為修理專家，幾乎每一頁上都有銳利的紅筆和綠筆痕跡。

我與當年攜手追查尼克森—水門事件的戰友 Carl Bernstein 過去兩年經常對話，討論川普的種種事跡，我曾經仔細做下筆記。我們未必總是意見一致，但是我喜歡這樣的對話，以及他對總統權責、華府和媒體的深刻了解。和Carl的友誼和感情是我生命中的喜樂之一。

《華盛頓郵報》大方的讓我掛名副主編。其實這些日子我貢獻不大，很少到華府市中心的報社上班，而是在家裡工作。我的編輯工作最多就是與記者在電話中交談，通常他們來請教有關於過去事件的細節。然而，副主編是一個很妙的職銜，允許我跟記者工作保持關聯。《郵報》是我過去四十七年的老東家和家人。近年來，它經營得有聲有色，針對川普時代做了一些最好的、最積極的和必要的新聞報導。我要感謝總編輯 Marty Baron、副總編輯 Cameron Barr、調查編輯 Jeff Leen 和 Robert Costa、Tom Hamburger、Rosalind Helderman、David Fahrenthold、Karen Tumulty、Philip Rucker、Robert O'Harrow、Amy Goldstein、Scott Wilson、Steven Ginsberg、Peter Wallsten、Dan Balz、Lucy Shackelford，以及《郵報》無數的其他同仁。

我感謝今天還在《郵報》服務、或曾經在《郵報》服務過的許多老同事和老朋友：Don Graham、Sally Quinn、David Maraniss、Rick Atkinson、Christian Williams、Paul Richard、

Patrick Tyler、Tom Wilkinson、Leonard Downie Jr.、Marcus Brauchli、Steve Coll、Steve Luxenberg、Scott Armstrong、Al Kamen、Ben Weiser、Martha Sherrill、Bill Powers、Carlos Lozada、Fred Hiatt、John Feinstein 和發行人 Fred Ryan。

非常感謝 Michael Kranish 和 Marc Fisher，他們集合了包括我在內的一群《郵報》記者在選舉前採訪報導川普的新聞；後來他們兩位出版一本書《川普揭密》（Trump Revealed），這是了解這位未來總統的最佳來源之一。它包括對川普的二十多個小時的專訪。所有仍然服務於《郵報》或與《郵報》有關聯的人，都應該感謝亞馬遜創辦人兼執行長 Jeff Bezos 成為《郵報》的東主。他花了很多時間和大量資金為報社提供額外的報導和編輯資源，以便進行深入的報導。Katharine Graham 和 Don Graham 母子細心培養和熱切支持的獨立的報紙文化依然屹立不搖。

寫一本關於現任總統的書，很大程度上要歸功於以前的新聞報導、寫作和書籍。每週七天、每天二十四小時的新聞漩渦中，川普已經占了不少篇幅。它不再是一個循環，而是一個穩定的串流。本書是以我自己的採訪報導為基礎，但不可避免，有些想法或資訊直接或間接來自其他出版物和新聞報導。我非常感謝對川普和這個政治時代做過報導的所有人士和機構，特別是《華盛頓郵報》、《紐約時報》、《華爾街日報》、Axios 和 Politico。

我的律師、顧問和好朋友 Robert B. Barnett 再次有了優秀表現。他堅持完全忠誠於客戶的理念，提供全面的支持服務。羅伯熟悉華府政治和紐約出版界，無人可出其右，他專心致志的將這些知識提供給他的客戶。

Evelyn 和我很幸運，有 Rosa Criollo 和 Jackie Crowe 的存在、關心和善意照顧。

深深感謝和愛我的大女兒 Tali Woodward，她是哥倫比亞新聞學院文學碩士課程的主任，經常提供明智的建議。我也深愛她的丈夫 Gabe Roth 以及他們的兩個孩子 Zadie 和 Theo——我的外孫。

我們的小女兒 Diana Woodward 正在耶魯大學讀四年級，主修人文和心理學。她放假期間回家時，帶來我們十分想念的火花和喜樂。

我把這本書獻給內人 Elsa Walsh，因為她奉行亨利·詹姆斯（Henry James）重視仁慈的哲學，大家都推許她是「仁慈女士」。Elsa 不僅是無私的感謝每個人，也尊重每個人。這是我們結婚三十七年以來的第十五本書。Elsa 曾任《華盛頓郵報》記者和《紐約客》專任作家，她喜歡人、思想和書籍。她把她天生自然、訓練有素和要求嚴謹的編輯技巧運用到本書中。我永遠感激不盡。對於她的愛和支持，我無法以筆墨形容。多年來，我對她的判斷有著永久的尊重。我經常問，她怎麼知道的？這種智慧來自哪裡？這些問題，我從來沒有找到完整的答案，但是我可以在日常生活中看到她的魔力。我珍惜她——她是我一生的伴侶和摯愛。

照片來源

AFP PHOTO/KCNA VIA KNS: 27
J.T. Armstrong（U.S. Air Force）: 5
Joyce Boghosian（The White House）: 1
D. Myles Cullen（The White House）: 26
Shealah Craighead（Official White House photographer）: 8
Glenn Fawcett（U.S. Customs and Border Patrol）: 7
Federal Bureau of Investigation（FBI）: 22
James E. Foehl（U.S. Navy）: 11
Peter Foley（Bloomberg via Getty Images）: 20
Michelle Gonzalez（U.S. Army National Guard）: 21
Andrew Harrer（Bloomberg via Getty Images）: 20
Saul Loeb（AFP/Getty Images）: 19
Office of the President Elect: 9
Dominique A. Pineiro（U.S. Navy）: 4, 14
Gage Skidmore: 2, 6, 10, 15, 17, 25
Chip Somodevilla（Getty Images）: 12, 18
Pete Souza（Official White House Photographer）: 23
The State Department: 3
Evan Walker（The White House）: 13
The White House: 16

譯後感

伍華德四十六年寫十九本書，我在四十六年翻譯超過一百本書。這是一條奇妙的平行軌道。

《華盛頓郵報》記者伍華德和伯恩斯坦因為追查華府水門大廈民主黨全國委員會總部遭宵小闖入事件，捅出一個大醜聞，逼得尼克森總統在一九七四年八月八日辭職下台。我的編譯生涯始於一九七二年尼克森訪問北京之後加入《中國時報》，一年之後，台大政治學研究所課業告一段落後棄筆從商。一九七四年八月八日，我被轉職到《聯合報》的老長官齊振一先生臨時抓公差，幫忙處理尼克森下台新聞，陰錯陽差之下加入《聯合報》工作行列。

伍華德和伯恩斯坦合寫的第二本書《*The Final Days*》，書摘刊在新聞雜誌上，當年台灣並沒有參加國際版權公約，《聯合報》長官囑我搶譯、在報上發表，後來出版單行本，書名《白宮末日記》。將近半個世紀過去，伍華德堅守《郵報》新聞崗位，也寫下他的第十九本書。我卻歷經商界、再回新聞界，乃至非政府組織重要幹部和大學教職，於二〇一三年退休後寄情文字，復經《聯合報》前社長張作錦先生鼓勵，達成一百本書的英翻中任務。而今峰迴路轉，遠流出版社總編輯林馨琴女士邀我翻譯這本書。

二〇一三年正式退休來美國之後，內人和我極想找個鄉下地區退隱，我們在加州至少搜尋二十多個農村，甚至在農村租屋長住兩三個月看看是否合適宜居。這段期間與美國庶民可說有相當的接觸經驗，也正好目睹唐納．川普和希拉蕊．柯林頓競選，乃至脫穎而出的經過。

我不敢說對川普當選的原因有十分清晰、肯定的了解；但是從我和農村庶民的接觸和過去幾年的觀察，我個人在大選前一週已經預言川普將當選。

《恐懼》英文版在二〇一八年九月十一日上市。十月二十二日馨琴通知我可以動筆了，我在十一月二十八日譯完全書二十三萬字。伍華德因為是深入觀察華府政壇動態的內圈人士，撰寫本書當然駕輕就熟，美國讀者對本書內容事件也有一定的了解程度。但是身為台灣讀者、乃至中文世界的讀者，對於以下幾個問題不能不問，《恐懼》這本書則在材料處理上有所不足，我姑且試為詮釋：

第一，川普為什麼會當選？從本書以及美國正統媒體的角度觀察，川普口沒遮攔、行事衝動、刻薄寡恩。但是他選戰的主軸很清楚：外來移民吃垮美國社會福利基礎；美國扮演世界警察，海外駐軍龐大，中東戰事曠日持久、耗費國力；全球化之下的經濟態勢壓迫美國勞動階層生活水平下降。

他的對應決策是否有效，或甚至是否提油救火、導致更大災害，固然見仁見智，但是他提出來的諸多現象卻不容否認：譬如，加州若單獨畫出來，是全世界第六大經濟體，洛杉磯算是經濟發達的城市。但是我們知道，洛杉磯的開發動能是來自外資，尤其是亞洲資金。洛杉磯郡某些市鎮的街道破落、環境骯髒，與四十年前我初到美國唸書時相比，已經敗象明顯。加州農業地帶的景氣蕭條，更是可怕。美國加州監獄囚犯每人每年要花納稅人近六萬美元，中小學生每人每年分配到的教育經費卻不到四萬美元。

美國海外用兵，伊拉克戰爭師出無名，迄今耗費逾兆美元，美國國內公共建設卻是如此落後。二〇一〇年的美國人口普查統計，西班牙語裔人口第二代、乃至第三代在家仍不說英語者是各族裔中最高，占20%以上。美國自詡是新教徒墾殖者的移民國家，已故的哈佛大學教授山繆爾・杭廷頓二〇〇四年出版過一本書《我們是誰？美國國家認同的挑戰》，他提到：「墨西哥移民正在走向以人口重新征服美國人在一八三〇年代及一八四〇年代以武力奪自墨西哥的地區，他們以相當於、但又不同於古巴化南部佛羅里達州的方式，將『美墨邊界』墨西哥化。」據一項研究，到了二〇五〇年，美國三分之一人口可能是講西班牙語的民族。

川普的競選口號會打動某些中產階級，不是沒有原因的。伍華德在本書第五章提到二〇一六年十月二十五日、即投票日前兩週，他應邀到某公司演講，即席抽樣調查，發現四百多名聽眾，近一半表態支持川普，只有十來人表態支持希拉蕊。這應該不是意外。

第二，川普競選陣營是否涉及和俄羅斯勾結？俄羅斯是否動用駭客、企圖影響美國總統大選、暗助川普一臂之力？這是特別檢察官穆勒調查此一所謂「通俄門」事件的重點。截至筆者書寫這篇文字時，穆勒尚未提出結案報告。

但是，歐巴馬政府在二〇一七年一月二十日卸任前已經確認俄羅斯駭客確實侵入美國民主黨全國委員會和好幾個州的選務機關的電腦。川普陣營和俄羅斯是否有犯意連結，依我個人觀察可能性應該不大。川普的第一任國家安全顧問佛林任職不到一個月就下台，和他個人說話前後不一，而且過去卸下軍職後從事公關遊說工作、申報不實的牽連比較有關。但是，川普和主流媒體關係欠佳，主流媒體不但拿放大鏡檢查他及其人馬，更是拿顯微鏡在找碴。

這兒又涉及到幾個問題。其一是書中談到的美國選舉制度。其次是為什麼川普忌恨司法部長賽辛斯如此之深？特別檢察官權限又是如何？

賽辛斯原本是阿拉巴馬州聯邦參議員，川普二〇一六年投入共和黨黨內初選時，共和黨內群雄並起，連川普在內有十七個人參選，大家並不看好素人川普。賽辛斯因為在移民問題上與川普立場相同，最早表態支持川普，連自己的得力幹部史帝芬·米勒也借給川普。川普在接任總統後，即提名賽辛斯出任司法部長，川普簽署的幾道限制移民行政命令相繼遭聯邦法院法官裁定暫緩施行，但是賽辛斯在司法部全力護航，這些行政命令文稿都是出自米勒手筆。

可是，賽辛斯的人事案在參議院審查時，正是佛林灰頭土臉下台，禁止移民行政命令受阻於聯邦法院，媒體也盯著賽辛斯在助選時與俄國大使有過接觸這段事，逼得賽辛斯才宣布自請迴避通俄門事件調查。接下來是川普躁進，罷黜聯邦調查局局長柯米，引爆司法部官員為求自保，順應輿情弄出特別檢察官來專案負責。

第三，川普對全球化自由貿易政策甚不以為然。他的讓美國再度偉大政策，看在美國廣大失業或低度就業民眾眼中，是相當有吸引力的。伍華德透過白宮全國經濟委員會主委柯恩的角度解讀自由貿易的好處，貶抑白宮貿易委員會主任納瓦羅和商務部長羅斯等人的加徵關稅方案。柯恩必須偷偷抽走川普桌上公文，以防他倉促決策、貽害國家，相當戲劇化。不過這本書只交代到柯恩辭職，後續的發展未及著墨。

這裡頭也有幾個故事可以補綴。其一，美國傳統是「一朝天子一朝臣」，總統換人、若再加上政黨輪替效應，新任總統可以任命四千多個政務職官員。內閣部會凡助理部長（等於台灣司長級）以上官員皆需經參議院人事聽證會審查通過。

白宮官員則不需經參議院審查通過，而且白宮官員並無定制，沒有什麼〈總統府組織法〉或〈組織章程〉之類的東西，總統有極大的裁量權。譬如說，本書所謂柯恩主持的白宮全國經濟委員會總綰財經大計，這是柯林頓擔任總統時代才創設的單位。

其二，川普為了表示重視貿易問題，也在白宮設立一個新單位全國貿易委員會，延攬加州大學河濱分校經濟學教授納瓦羅為主任。不過也正因為川普對自己能夠當選都覺得意外，政權交接小組形同虛設，以致正式上任後補人都來不及，制度紊亂，納瓦羅在白宮被壓制在柯恩底下。

柯恩在二〇一八年四月去職，納瓦羅鹹魚翻身。川普在二〇一八年三月二十二日簽署備忘錄，宣布依據一九七四年貿易法三〇一條款對從中國進口商品徵收關稅，以「懲罰中國偷竊美國智慧財產和商業機密」，涉及商品總計達六百億美元。中國商務部也做出反制，雙方爆發貿易戰。二〇一八年七月六日，川普政府正式對來自中國價值三百四十億美元的商品加徵25%關稅。二〇一八年十二月一日，二十國集團峰會上，習近平和川普達成共識，同意舉行為期九十天的談判，並在談判期內暫停新增貿易措施。

至於川普心心念念的《北美自由貿易協定》（NAFTA）經過協商、修訂，也趕在十一月三十日、即墨西哥新舊任總統將在十二月一日交接的前夕正式生效，改名「美墨加協定」（USMCA Agreement）。

第四個問題是，我們只看到川普新政府上台後，人事一片紊亂。關鍵環節是本書第五章提到的，川普不重視政權交接小組。川普的競選總幹事巴農很傳神的說了一句話：「這個傢伙完全沒有準備。希拉蕊．柯林頓成年後花了一輩子準備迎接〔勝選〕這一刻，川普卻沒花一秒鐘為這一刻做準備。」

巴農說：「他根本不認為自己會贏。他根本沒有準備。他從來沒認為他會輸，但也不認為他會贏。兩者是有差異的。你必須記得：沒有準備、沒有政權交接小組。」

台灣雖然經過三次政權轉移，迄今沒有一套定制，其實十分危險。美國雖有定制，碰上川普不按牌理出牌，也是相當危險。台灣一向不重視文件紀錄，二〇〇八年陳水扁敗選，傳出總統府購買許多碎紙機，拚命銷毀文件。二〇一六年一月蔡英文當選總統，民進黨全面勝選，國民黨潰不成軍，毛治國成了落跑行政院長，連馬英九登門請他相忍為國、撐到五月二十日都不幹，硬是來個閉門不見。國民黨問蔡英文是否可提前組閣，她也不肯，也硬是讓國政空轉四個月。

美國不是沒有國政空轉四個月的紀錄。一九三二年十一月八日，民主黨候選人小羅斯福藉經濟大蕭條、民生凋敝，人民望治心切，一舉推翻根深柢固、長年執政的共和黨政權。選戰打得激烈，羅斯福和胡佛結了樑子。當時，美國總統交接不是訂定在大選過後約一百天的翌年一月二十日，兩人交接日期是一九三三年三月四日。

當時的東亞局勢緊張，日本一九三一年發動九一八事變、占領中國東北，次年三月成立滿洲國。中華民國不服，告到國際聯盟，國聯派出李頓調查團調查。李頓調查報告在一九三二年十月二日發表，指出日本發動事變是侵略中國。國聯雖要求中國承認日本在中國東北特殊地位，但並不承認滿洲國是獨立國家。日本表示抗議，退出國際聯盟。美國國務卿史汀生也發表「不承認宣言」，不承認日本侵略中國所造成的既成事實。可是這個節骨眼上，美國政黨輪替，羅斯福和胡佛兩人不對話，急死史汀生。

按照美國法令，聯邦政府總務署要提供辦公空間和經費給兩黨正式提名之總統候選人，在任政府要對兩黨候選人提供國情機密簡報，以利當選人掌握大局發展。各黨的交接小組也分別替候選人篩選可能的重要官職人選，以利迅速接事。但是川普完全沒有準備，以國務院而言，提勒森擔任國務卿已經七個多月，國務院助理國務卿級人事只補實不到五分之一。

有個朋友聽說我在翻譯這本書，她問我對川普施政作為有什麼感想？我不假思索就說：「孫悟空大鬧天宮。」

川普是個生意人。中國人所謂的「十商九奸」的說法若是能夠成立，他肯定是那九人之一。他做生意只求對己有利，破產、倒閉是必要手段，坑殺下包廠商絕不手軟。這樣的一個人入主白宮，難怪美國主流媒體對他是每日照三餐撻伐。

我個人認為問題癥結不在民粹主義，而是美國政治體制出了問題。民主、共和兩黨競選總統經費動輒幾十億美元起跳，其他公職的競選花費也相當龐大，各級政客已經淪入財團企業桎梏。升斗小民苦不堪言。歐巴馬推出全民健保，福蔭好幾百萬沒有健保的民眾，固然號稱德政，但是中產階級、尤其是受薪階級，一毛錢稅都跑不掉，由於「歐巴馬健保」，過去每月保費一兩百美元、而今相同保險項目，保費加倍。在民主黨大政府政策之下，社會福利不能減，公務員不能裁，但是政府訂出許多規章制度，卻卡死中小企業，連中產階級都苦不堪言。十二月十四日，聯邦法官裁定「歐巴馬健保」違憲，乃是一葉知秋的跡象，支持川普的力量仍不容小覷。

川普喊出的清掉華府泥淖的口號，當然打動小百姓的心弦。川普橫衝直撞，打破一切定制，不就等於孫悟空大鬧天宮。玉皇大帝這套「既有體制」在「商人總統」川普心目中不就是生意天平上的砝碼？

走筆至此，美國期中選舉已於十一月六日塵埃落定，民主黨贏得新一屆國會眾議院多數席次。固然川普不再具有完全執政優勢，但是他還有兩年任期，總綰行政權；聯邦最高法院經他提名兩名保守派大法官，往後相當長一段時候保守勢力也將掌握住司法權；立法權的參議院仍在共和黨手中。加上現年八十五歲的自由派女大法官金斯伯格（Ruth Bader Ginsburg）十二月二十一日動大手術，可能退職，又騰出一個機會讓川普有可能罕見的在任上提名第三位大法官。聯邦最高法院大法官職司釋憲，對未來二、三十年美國政治思潮走向影響至鉅。

現在川普正在積極部署二〇二〇年競選連任。他在十一月七日第一項人事部署即是罷黜司法部長賽辛斯；十二月十四日指派白宮預算管理局長穆瓦尼自一月起代理凱利的幕僚長職缺。加州已經出現「Trump for 2020」的告示牌。

在對外軍事同盟關係上，十二月十九日川普突然宣布將從敘利亞撤走剿擊伊斯蘭國的兩千名美軍部隊，造成國防部長馬提斯抗議辭職。白宮另外示意考量從阿富汗撤走一萬四千名美軍的半數。這項決策讓盟國對美國的決策失去信心。原本預定二月底離職的馬提斯獲得輿論好評，卻惹惱睚眥必報的川普，一怒之下在二十三日決定要馬提斯在一月一日前打包走人。

伍華德這本書取名FEAR，是否預示惡兆難免？

林添貴，寫於二〇一八年十二月二十三日

國家圖書館出版品預行編目（CIP）資料

恐懼：川普入主白宮／鮑布．伍華德（Bob Woodward）著；林添貴譯．-- 初版．-- 臺北市：遠流，2019.02
面；　公分
譯自：Fear : Trump in the White House
ISBN 978-957-32-8447-5（平裝）

1. 川普（Trump, Donald, 1946-）2. 傳記 3. 美國政府

752.27　　　　107023803

恐懼

川普入主白宮

Fear：Trump in the White House

作者／鮑布・伍華德（Bob Woodward）
譯者／林添貴
總監暨總編輯／林馨琴
校對／楊伊琳
行銷企畫／張愛華
封面完稿／賴維明

發行人／王榮文
出版發行／遠流出版事業股份有限公司
地址：臺北市南昌路二段 81 號 6 樓
電話：（02）2392-6899
傳真：（02）2392-6658
郵撥：0189456-1

著作權顧問／蕭雄淋律師
2019 年 2 月 1 日　初版一刷
新台幣定價 499 元（如有缺頁或破損，請寄回更換）

ISBN　978-957-32-8447-5

遠流博識網
http://www.ylib.com
E-mail: ylib @ ylib.com